行政判例研究 XXI-1

社團法人 韓國行政判例研究會 編

2016

博英社

Studies on Public Administration Cases

Korea Public Administration Case Study Association

Vol. XXI-1

2016

Parkyoung Publishing & Company

간 행 사

어느 사이 「행정판례연구」 제21집 제1호를 발간하게 되었습니다. 세월의 빠름은 流水와 같다는 표현이 새삼스럽게 실감나고 있습니다.

우리 행정판례연구회는 금년 6월 11일에 제주지방법원의 후원 하에 제주대학교 법학전문대학원 "법과 정책연구원"과 공동으로 "행정소송과 행정판례"라는 주제를 가지고 아주 의미 있는 특별 세미나를 개최하였습니다. 당일 행사에는 많은 교수님들과 실무가 분들이 참석하여 관련 주제에 관한 중요 판례들에 대하여 활발하고 진지한 발표와 토론을 하였습니다. 특히 당일 세미나에서는 일본 고베 대학의 가토마츠 나루후미((角松生史) 교수가 "일본행정사건소송법 2004년 개정과 그 영향"이라는 주제발표를 하여 우리 행정소송법 개정에 중요한 참고와 시사를 주었습니다. 특별 세미나의 공동개최를 위하여 노력하여 주신 오성근 법과 정책연구원 원장님, 당일 행사를 후원하여 주신 이승영 제주지방법원장님, 멀리 일본에서 오셔서 훌륭한 주제발표를 하신 가토마츠 나루후미 교수님께 지면을 통하여 깊은 감사를 전해 드립니다.

이번 행정판례연구 제21집 제1호에서는 그간의 월례발표회 발제문과 제주도 특별 세미나 발제문 및 개별적으로 투고된 논문들 중 엄격한 심사를 통하여 선정된 7편의 논문들과 행정법 연구자료로서 경성전수학교(京城專修學校)의 다카마쓰 류다네(鷹松龍鐘) 교수가 스스로 집필하여 행정법 교재로 사용하였던 「行政法規」(1915)의 번역본을 특별기고문 형식으로 게재하였습니다. 다카마쓰 류다네 교수의 「行政法規」에 기술된 행정법제의 대부분은 오늘날 우리 행정법제의 원형이나 기원을 이루고 있는바, 한국의 행정법발달사 연구에 중요한 참고가 된다고 할 것입니다. 귀중한 문헌을 발굴하여 이를 한국의 행정법학자들에게 소개하도록 추천하고 격려해 주신 학술원 회원이신 김효전 교수님께 존경의 마음을 전하며, 일본어 古文을 현대 한국어로 완벽하게 번역하여 주신 유진식 교수님의 노고에 깊은 감사와 위로의 말씀을 드립니다.

이번 「행정판례연구」 제21집 제1호의 출간을 위하여 헌신적으로 노력하여 주신 출판이사 정남철 교수, 출판간사 계인국 박사, 이혜진 박사께 깊은 감사를 드립니다. 아울러 「행정판례연구」가 전문학술지로서 높은 질적 수준을 유지하기 위하여 노고를 아끼지 않은 편집위원 및 심사위원 여러분께 고마운 마음을 전합니다.

2016년 6월

정하중

차 례

Table of Contents

行政行爲의 概念과 種類

규제에 대한 판결의 새로운 패러다임 － 건축신고 판례의 예를 중심으로－ / 成奉根

규제에 대한 판결의 새로운 패러다임
-건축신고 판례의 예를 중심으로-

成奉根*

Ⅰ. 머리말

1. 문제의 제기

이미 우리 법관들이 행정규제에 대한 재판을 할 때 근거로 삼아야 할 많은 훌륭한 선행 연구들이 진행되어 있지만, 특히 행정법이론(Dogmatik; Dogma)은 민사나 형사 분야와 달리 정체되지 않도록 끊임없이 되짚어 보지 않으면 안 된다.[1)]

법관들은 항상 기존에 형성된 판례의 법리에 대한 '나르시즘'

* 법학박사, 고려대학교 강사.

1) Schmidt – Aβ mann, Verwaltungsrechtliche Dogmatik – Eine Zwischenbilanz zu entwicklung, Reform und Künftigen Aufgaben, 2013, S. 6.

(Narcissism)에 빠지고 싶은 유혹에 놓여 있다. 법원이 행정법 도그마에 대한 연구와 적용을 소홀히 하기 시작하게 되면, 법원의 판결은 문제를 해결할 수 있는 이론적인 힘을 서서히 잃어버리게 된다. 법원의 판결이 폐쇄적이 되어가며 개방성과 현재성을 잃어버리고, 사고의 유연함과 멀어지게 된다. 부가하여 독일처럼 법원의 판결문 작성의 이론적 근거가 되는 학계의 논문을 각주로 인용하는 법원의 변화도 함께 촉구한다.

더구나 수십 년 간 판례의 배경과 기초가 되었던 국가관이나 헌법관에 대한 중대한 변화가 발생하였거나 계기가 전개되고 있다. 판결의 대상이 되는 개별적이고 다양한 시장은 우리 법관들이 생각하고 있는 것과는 이미 다른 특성과 규모로 발전해 나가고 있다. 비유하자면, 마차에서 자동차로 교통수단이 변화하였지만, 기존의 마차가 다니던 도로를 대상으로 하던 판결의 규제기준을 그대로 적용하는 것과 마찬가지의 오류가 발생할 수 있다.

그렇다면, 법관들이 기존의 판례에서 사용해 오던 규제에 대한 패러다임과 도그마를 그대로 여과 없이 현재의 사건에 적용하였을 때, 오류가능성과 경직성, 자기모순성, 방향성의 혼란 등이 발생하는 것은 당연한 일인지도 모른다. 따라서 이러한 문제가 판례상에서 나타나기 시작했을 때에는 미시적인 고민에 그칠 것이 아니라 근본적이고 거시적인 고민을 해 볼 필요가 있다.

분명한 것은 기존의 판례가 형성되었던 시대적 배경과 국가관과 틀림없이 무언가 다른 모습으로 국가와 사회의 관계가 형성되고 있으며, '재판의 수요자'로서의 국민들의 인식에도 큰 변화가 진행되고 있다. 국가 주도적인 행정과 이에 종속되는 사회나 시장이 아니라, 시장의 자율성과 특성이 강하게 형성되면서 국가와 사회가 질서유지나 공공복리의 책임을 다양한 형태로 분담하고 분할하고 있는 현상이 이미 팽배해 있다. 국가와 사회의 관계를 더 이상 국가주도적인 단절관계에서 판결하려 들어서는 안 될 수도 있다.

달라진 이러한 국가와 사회, 국가와 시장의 관계 속에서 일선 법관들은 물론 변호사들도 자신 있게 판단을 내리지 못할 정도로 누구에게도 말할 수 없는 고뇌와 속앓이를 하고 있을 것이라고 생각된다. 이러한 고민은 유럽과 미국 등 국제적으로도 광범위하게 진행되고 있다. 우리 판결의 국제적인 수준으로의 발전을 위해서도 이러한 고민을 이제는 해 보아야 한다.

따라서 국가와 사회의 책임분담, 시장의 자율적 힘의 팽창과 성장 등 새로운 관점에서의 조명을 통하여 변화되는 시장과 사회에 보다 부합할 수 있도록 규제에 대한 행정실무와 행정법 도그마의 발전을 추구할 필요가 있다.

2. 제어학으로서의 행정법의 성장과 3가지 규제의 분류

결정적인 계기가 되는 것 중의 하나는 '제어학(制御學; Steuerungs-wissenschaft)으로서의 행정법'의 등장이다.[2] 이에 따라 기존의 법 이론과 실무에서 사용하던 행정작용들에 대한 수평적인 분류와 다르게 시장의 특성과 거리에 따라 3가지 규제로 수직적으로도 분류하는 시각이 독일 등 유럽과 영미에서 함께 진행되고 있다.[3]

우리가 말하는 규제라는 표현 속에 강도와 시장의 자율성을 고려하

---

2) 김남진, 제어학으로서의 행정법학론, 법연 제39권, 2013. 5, 29면.; Steuerung (Steering)의 번역 용어에 대하여 종래 '조종'이라고 하다가 최근에는 '제어'라는 용어가 혼용되거나 선호되는 경향에 있다. 따라서 제어라고 하거나 조종이라고 하거나 두 용어 모두 같은 의미로 사용될 수 있다고 보여 진다.

3) Schulz, Regulierte Selbstregulierung im Telekommunikationsrecht, in Regulierte Selbstregulierung als Steuerungskonzept des Gewährleistungsstaat, Die Verwaltung, Beiheft 4., Duncker & Humblot, Berlin, 2001, S. 101, 103.; Coglianese · Mendelson, Meta-Regulation and Self-Regulation, in Baldwin · Cave · Lodge (Edited by.), The Oxford Handbook of Regulation, Oxford University Press, Reprinted, 2013, p.147-148.

는 정도, 규제의 주체 등을 기준으로 구별되는 세 가지 종류의 다른 규제가 존재한다. 특히 이러한 규제는 다양한 각종 시장(Market)의 사적 자치와 자율성을 고려하여 유연하고 탄력성 있는 접근을 가능하게 한다는 점에서, 시장과 조화되는 새로운 행정작용의 분류방식이다. 행정청을 위주로 바라보면서 행정작용의 목록을 병렬적으로 확장해 나가는 기존의 분류방식과는 차이가 있다.

그동안 시장과의 관계나 거리에 대하여는 제대로 인식하지 못한 채 판결이 형성되어 현재성과 적응성, 유연성 등에 있어서 어려움을 겪었다면, 이제는 새로운 규제의 관점을 기존의 규제의 관점에 추가하여 종합하는 새로운 패러다임으로 판결하면 어떨까?

시장의 특성과 관계, 상황에 따라 시장이 자율적으로 잘 돌아가는 경우에는 시장과의 '거리'(Distanz; Distance)를 멀리 두고 규제를 약하게 하여야 비례의 원칙 등에 부합한다. 시장의 자율성이 제대로 작동하지 않는 위험이 증가하는 경우에는 시장과의 거리를 좁혀서 강하게 규제를 행하는 것이 오히려 비례의 원칙 등에 부합한다.[4] 시장의 자율성이 중대한 위험에 처해지지는 않았지만, 자율기능에 대한 중간정도의 개입을 통해 시장을 치유하여야 할 경우에는 중간 정도의 규제를 가하는 것이 적합하다. 이렇게 제대로 제어하고 조정하지 못하는 행정작용은 제어국가의 헌법적 국가관과 후술하는 '거리의 법칙'(Distanzgebot; Distance Principle)에 위반되어 위법하거나 부당하다고 판결을 내릴 수 있게 된다.

후술하듯이 경찰국가와 급부국가에 이어, 보장국가라는 헌법적 국가관을 새로운 패러다임으로 받아들이게 된다면, 우리 법관들은 제어학으로서 변화하고 있는 행정법 도그마를 실무에서 활용이 가능하도록 고민하여야 한다.

이를 위해 가장 중요한 시작점이 되는 것은 규제에 대한 판결의 대

---

4) Coglianese · Mendelson,, Id. (Fn. 3), p. 150.

상이 되는 사건과 관련된 시장의 상황과 거리를 고려하고, 규제의 강도와 자율성을 고려한 3가지 종류 중 어느 것이 적합한지를 '검토하여 판결문을 작성'하는 것을 시도하는 것이 될 것이다.

우리 법원의 판례를 국제적인 수준에 발맞추도록 하려는 노력도 중요한 과제이다. 이러한 새로운 시각의 반영은 이미 영미는 물론 독일과 프랑스에서도 법이론과 실무상 주목을 함께 받고 있다.

어쩌면 이러한 시각은 최근에 자기모순과 충돌, 성장통을 내적으로 앓고 있으며, 성장의 한계에 부딪혀 정체되기 시작하는 대법원과 헌법재판소는 물론 행정법원을 비롯한 일선 법원의 판례에 대하여 새로운 관점으로 명쾌한 판결을 내릴 수 있도록 도움을 줄 수 있을지 모른다.

법원에서 왜 시장의 특성과 유형 및 거리에 따라 행정청의 규제에 대하여 권리구제나 위법성에 대하여 다르게 판결하여야 하는지, 그리고 어떻게 접근하여 판결하여야 할지에 대하여 신선한 해법을 제시해 줄 수도 있을 것이다.

3. 건축신고 판례를 선정한 이유와 선행연구와의 구별

재판의 배경이 되는 변화들로 인하여 과거에는 허가나 특허, 인가 등 행정청이 일방적으로 주도하는 행정규제에 대한 소송이 많았지만, 최근에는 신고나 협약, 등록 등에 대한 사인들이 주축이 된 형태에 대한 소송의 비중이 빠르게 증가하고 있다. 우리 법관들을 비롯한 법조인들은 이러한 변화에 주목할 필요가 있다.

허가와 같은 행정규제에서 신고와 같은 자율규제로 점차 비중이 이전해 가는 시장 상황 속에서, 건축신고와 주민등록 신고, 노조설립 신고 등의 사건에서 보듯이 판례의 태도가 일관되지 않고 흔들리고 있다. 법원의 판례들이 기존의 허가와 같은 행정규제와 동일하게 접근할지 아니면 다르게 접근할 지에 대하여 명확한 이론적 중심을 잡지 못하고 표류하고 자기충돌 마저 보이는 현상은 기존의 판례상의 사고에 대한 개혁이 필요하다는 징표를 나타내는 것일 지도 모른다.

행정청이 일방적으로 하명하고 허가하여 규제하는 형태와는 규제의 주체와 강도 및 자율성 등의 측면에서 확연히 구별되는 사건들을 선정하여 분석할 필요가 있다고 생각된다. 따라서 최근의 신고에 대한 판례들을 분석의 대상으로 삼고자 한다.

이미 건축신고 판례에 대한 기존의 분류와 관련된 선행 연구들은 방대하게 축적되어 확고한 도그마로 자리를 잡아가고 있지만, 새로운 규제의 관점을 고려한 연구들은 매우 부족하므로 이에 대한 연구가 필요하다고 생각한다. 따라서 기존의 선행 연구들에서 이미 완성단계까지 도달한 이론들에 대하여는 어느 쪽의 논리가 옳은지 등에 대한 논의를 하기보다는 새로운 관점에서의 논의에 비중을 두어 검토하기로 한다.

이러한 새로운 관점은 신고뿐만 아니라 다양한 행정작용과 관련된 사안에 적용될 수 있을 것이다. 특히 건축신고의 판례들을 예로 들어 규제 등에 대한 새로운 관점을 추가하고 종합하여 법원의 판례 형성에 실질적인 도움을 줄 수 있도록 이론에 대한 논의와 판례평석을 하기로 한다. 기존의 보장국가들의 논의는 주로 입법과 행정에 대하여 개혁을 촉구하기 위한 것이다. 그러나 이 글에서는 법관들의 '열린 자세'를 기대하며, 최근의 행정법 이론으로서 활발하게 논의되는 보장국가와 제어국가 등에 대하여 '법관들의 관점'에서 활용할 수 있는 '재판의 매뉴얼'을 제시할 수 있도록 논의하고자 한다.

Ⅱ. 건축신고에 대한 판례간의 충돌과 모순

1. 대법원 2010. 11. 18. 선고 2008두167 전원합의체 판결

(1) 항고소송의 대상적격으로서의 처분성에 대한 판례의 판단기준

행정청의 어떤 행위가 항고소송의 대상이 될 수 있는지의 문제는 추상적·일반적으로 결정할 수 없고, 구체적인 경우 행정처분은 행정청이 공권력의 주체로서 행하는 구체적 사실에 관한 법집행으로서 국민의 권리의무에 직접적으로 영향을 미치는 행위라는 점을 염두에 두고, 관련 법령의 내용과 취지, 그 행위의 주체·내용·형식·절차, 그 행위와 상대방 등 이해관계인이 입는 불이익과의 실질적 견련성, 그리고 법치행정의 원리와 당해 행위에 관련한 행정청 및 이해관계인의 태도 등을 참작하여 개별적으로 결정하여야 한다.[5)]

(2) 건축신고수리거부처분의 처분성 여부에 대한 판례의 변경

그런데 건축법관련 규정의 내용 및 취지에 의하면, 행정청은 건축신고로써 건축허가가 의제되는 건축물의 경우에도 그 신고 없이 건축이 개시될 경우 건축주 등에 대하여 공사 중지·철거·사용금지 등의 시정명령을 할 수 있고(제79조 제1항), 그 시정명령을 받고 이행하지 아니한 건축물에 대하여는 당해 건축물을 사용하여 행할 다른 법령에 의한 영업 기타 행위의 허가를 하지 아니하도록 요청할 수 있으며(제79조 제2항), 그 요청을 받은 자는 특별한 이유가 없는 한 이에 응하여야 하고(제79조 제3항), 나아가 행정청은 그 시정명령의 이행을 하지 아니한 건축주 등에 대하여는 이행강제금을 부과할 수 있으며(제80조 제1항), 또한 건축신고를 하지 아니한 자는 5000만 원 이하의 벌금에 처해질 수 있다(제111조).

---

5) 대법원 2007. 6. 14. 선고 2005두4397 판결, 대법원 1992. 1. 17. 선고 91누1714 판결 등

이와 같이 건축주 등으로서는 신고제하에서도 건축신고가 반려될 경우 당해 건축물의 건축을 개시하면 시정명령, 이행강제금, 벌금의 대상이 되거나 당해 건축물을 사용하여 행할 행위의 허가가 거부될 우려가 있어 불안정한 지위에 놓이게 된다. 따라서 건축신고 반려행위가 이루어진 단계에서 당사자로 하여금 반려행위의 적법성을 다투어 그 법적 불안을 해소한 다음 건축행위에 나아가도록 함으로써 장차 있을지도 모르는 위험에서 미리 벗어날 수 있도록 길을 열어 주고, 위법한 건축물의 양산과 그 철거를 둘러싼 분쟁을 조기에 근본적으로 해결할 수 있게 하는 것이 법치행정의 원리에 부합한다. 그러므로 이 사건 건축신고 반려행위는 항고소송의 대상이 된다고 보는 것이 옳다.

이와 달리, 건축신고의 반려행위 또는 수리거부행위가 항고소송의 대상이 아니어서 그 취소를 구하는 소는 부적법하다는 취지로 판시한 대법원 판결들[6]을 비롯한 같은 취지의 판결들은 이 판결의 견해와 저촉되는 범위에서 이를 모두 변경하기로 한다.

(3) 위법성 판단

원고인 건축주는 2006. 5. 19.경 피고인 행정청에게 임야인 이 사건 토지를 대지로 형질변경하여 그 지상에 건축면적과 연면적을 각 95.13㎡로 하는 1층 단독주택을 신축하겠다는 내용의 건축신고 등을 하였다. 피고인 행정청은 2006. 6. 23. '이 사건 토지에 접하는 진입도로가 완충녹지를 가로지르는데, 관계 법령에 의하면 건축법상 진입로로 사용하기 위하여 완충녹지 점용을 허가할 수 없으므로, 진입로가 확보되지 아니하여 건축신고 등이 불가하다'는 이유로 위 건축신고 등을 반려하였다. 그러나, 이 사건 진입도로는 완충녹지가 지정되기 전부터 이

6) 대법원 1967. 9. 19. 선고 67누71 판결; 대법원 1995. 3. 14. 선고 94누9962 판결; 대법원 1997. 4. 25. 선고 97누3187 판결; 대법원 1998. 9. 22. 선고 98두10189 판결; 대법원 1999. 10. 22. 선고 98두18435 판결; 대법원 2000. 9. 5. 선고 99두8800 판결 등

사건 토지 주변에 있는 축산농가 등이 차량 등의 통행로로 이용하고 있는 도로이고, 위 완충녹지는 아직 조성되지 아니한 녹지로서 그 지정 후 이 사건 진입도로가 차단되지 아니하였고 이를 대신할 이면도로도 설치되지 아니하였으며, 위 축산농가 등은 계속 이 사건 진입도로를 통행로로 이용할 수밖에 없는 사실을 알 수 있다. 그런데, 도시공원 및 녹지 등에 관한 법률 시행규칙 제18조 제3항 은 "녹지의 설치시에는 녹지로 인하여 기존의 도로가 차단되어 통행을 할 수 없는 경우가 발생되지 아니하도록 기존의 도로와 연결되는 이면도로 등을 설치하여야 한다." 고 규정하고 있고, 구 도시계획시설의 결정·구조 및 설치기준에 관한 규칙 제10조 제13호 후문도 같은 취지로 규정하고 있다. 이와 같이, 이 사건 진입도로는 완충녹지 지정 전부터 존재하던 도로로서 아직 녹지가 조성되지 아니한 상태에 있고, 행정청이 녹지를 설치하는 때에는 녹지로 인하여 기존의 도로가 차단되어 통행을 할 수 없는 경우가 생기지 아니하도록 기존의 도로와 연결되는 이면도로 등을 설치하여야 한다는 것이므로, 이 사건 진입도로로써 이 사건 토지에 대한 진입로가 확보되었다. 따라서 피고인 행정청이 원고인 건축주의 건축이 이루어지더라도 진입도로가 확보되는데도 불구하고 이 사건 건축신고 등을 반려한 것은 잘못이다.[7)]

---

7) 판결의 내용에 변형이 가해지지 않는 범위 내에서 문장의 이해를 위한 원고, 피고 등에 대한 자구 수정이 있다.

2. 2011. 1. 20. 선고 2010두14954 전원합의체 판결

(1) 건축법 제14조 제2항에 의한 인·허가의제 효과를 수반하는 건축신고가, 행정청이 그 실체적 요건에 관한 심사를 한 후 수리하여야 하는 이른바 '수리를 요하는 신고'인지 여부(적극)

1) 다수의견

건축법에서 인·허가의제 제도를 둔 취지는, 인·허가의제사항과 관련하여 건축허가 또는 건축신고의 관할 행정청으로 그 창구를 단일화하고 절차를 간소화하며 비용과 시간을 절감함으로써 국민의 권익을 보호하려는 것이지, 인·허가의제사항 관련 법률에 따른 각각의 인·허가 요건에 관한 일체의 심사를 배제하려는 것으로 보기는 어렵다. 왜냐하면, 건축법과 인·허가의제사항 관련 법률은 각기 고유한 목적이 있고, 건축신고와 인·허가의제사항도 각각 별개의 제도적 취지가 있으며 그 요건 또한 달리하기 때문이다. 나아가 인·허가의제사항 관련 법률에 규정된 요건 중 상당수는 공익에 관한 것으로서 행정청의 전문적이고 종합적인 심사가 요구되는데, 만약 건축신고만으로 인·허가의제사항에 관한 일체의 요건 심사가 배제된다고 한다면, 중대한 공익상의 침해나 이해관계인의 피해를 야기하고 관련 법률에서 인·허가 제도를 통하여 사인의 행위를 사전에 감독하고자 하는 규율체계 전반을 무너뜨릴 우려가 있다. 또한 무엇보다도 건축신고를 하려는 자는 인·허가의제사항 관련 법령에서 제출하도록 의무화하고 있는 신청서와 구비서류를 제출하여야 하는데, 이는 건축신고를 수리하는 행정청으로 하여금 인·허가의제사항 관련 법률에 규정된 요건에 관하여도 심사를 하도록 하기 위한 것으로 볼 수밖에 없다. 따라서 인·허가의제 효과를 수반하는 건축신고는 일반적인 건축신고와는 달리, 특별한 사정이 없는 한 행정청이 그 실체적 요건에 관한 심사를 한 후 수리하여야 하는 이른바 '수리를 요하는 신고'로 보는 것이 옳다.

2) 반대의견[8]

그런데, 다수의견과 같은 해석론을 택할 경우 헌법상 기본권 중 하나인 국민의 자유권 보장에 문제는 없는지, 구체적으로 어떠한 경우에 수리가 있어야만 적법한 신고가 되는지 여부에 관한 예측 가능성 등이 충분히 담보될 수 있는지, 형사처벌의 대상이 불필요하게 확대됨에 따른 죄형법정주의 등의 훼손 가능성은 없는지, 국민의 자유와 권리를 제한하거나 의무를 부과하려고 하는 때에는 법률에 의하여야 한다는 법치행정의 원칙에 비추어 그 원칙이 손상되는 문제는 없는지, 신고제의 본질과 취지에 어긋나는 해석론을 통하여 여러 개별법에 산재한 각종 신고 제도에 관한 행정법 이론 구성에 난맥상을 초래할 우려는 없는지의 측면 등에서 심도 있는 검토가 필요한 문제로 보인다. 그런데 다수의견의 입장을 따르기에는 그와 관련하여 해소하기 어려운 여러 근본적인 의문이 제기된다. 여러 기본적인 법원칙의 근간 및 신고제의 본질과 취지를 훼손하지 아니하는 한도 내에서 건축법 제14조 제2항에 의하여 인·허가가 의제되는 건축신고의 범위 등을 합리적인 내용으로 개정하는 입법적 해결책을 통하여 현행 건축법에 규정된 건축신고 제도의 문제점 및 부작용을 해소하는 것은 별론으로 하더라도, '건축법상 신고사항에 관하여 건축을 하고자 하는 자가 적법한 요건을 갖춘 신고만 하면 건축을 할 수 있고, 행정청의 수리 등 별단의 조처를 기다릴 필요는 없다'는 대법원의 종래 견해[9]를 인 · 허가가 의제되는 건축신고의 경우에도 그대로 유지하는 편이 보다 합리적인 선택이라고 여겨진다.

8) 대법관 박시환, 대법관 이홍훈

9) 대법원 1968. 4. 30. 선고 68누12 판결; 대법원 1990. 6. 12. 선고 90누2468 판결; 대법원 1999. 4. 27. 선고 97누6780 판결; 대법원 2004. 9. 3. 선고 2004도3908 판결 등 참조

(2) 국토의 계획 및 이용에 관한 법률상의 개발행위허가로 의제되는 건축신고가 개발행위허가의 기준을 갖추지 못한 경우, 행정청이 수리를 거부할 수 있는지 여부(적극)

1) 다수의견

일정한 건축물에 관한 건축신고는 건축법 제14조 제2항, 제11조 제5항 제3호에 의하여 국토의 계획 및 이용에 관한 법률 제56조에 따른 개발행위허가를 받은 것으로 의제되는데, 국토의 계획 및 이용에 관한 법률 제58조 제1항 제4호에서는 개발행위허가의 기준으로 주변 지역의 토지이용실태 또는 토지이용계획, 건축물의 높이, 토지의 경사도, 수목의 상태, 물의 배수, 하천·호소·습지의 배수 등 주변 환경이나 경관과 조화를 이룰 것을 규정하고 있으므로, 국토의 계획 및 이용에 관한 법률상의 개발행위허가로 의제되는 건축신고가 위와 같은 기준을 갖추지 못한 경우 행정청으로서는 이를 이유로 그 수리를 거부할 수 있다고 보아야 한다.

2) 반대의견[10)]

수리란 타인의 행위를 유효한 행위로 받아들이는 수동적 의사행위를 말하는 것이고, 이는 허가와 명확히 구별되는 것이다. 그런데 다수의견에 의하면, 행정청이 인·허가의제조항에 따른 국토의 계획 및 이용에 관한 법률상 개발행위허가 요건 등을 갖추었는지 여부에 관하여 심사를 한 다음, 그 허가 요건을 갖추지 못하였음을 이유로 들어 형식상으로만 수리거부를 하는 것이 되고, 사실상으로는 허가와 아무런 차이가 없게 된다는 비판을 피할 수 없다. 이러한 결과에 따르면 인·허가의제조항을 특별히 규정하고 있는 입법 취지가 몰각됨은 물론, 신고와 허가의 본질에 기초하여 건축신고와 건축허가 제도를 따로 규정하고 있는 제도적

---

10) 대법관 박시환, 대법관 이홍훈.

의미 및 신고제와 허가제 전반에 관한 이론적 틀이 형해화 될 가능성이 있다.

(3) 위법성 판단

너비 약 3m인 이 사건 토지의 소유자이었던 소외인은 1991. 7.경 이 사건 토지와 인접한 용인시 기흥구 마북동 180−7, 180−8 각 토지상에 건축되는 다세대주택의 건축허가를 위하여 이 사건 토지를 진입도로로 사용할 것을 승낙하였다. 그 후 이 사건 토지는 이 사건 건축신고 수리거부처분이 있은 2009. 3. 6.까지 약 17년 7개월 동안 아스팔트 및 콘크리트 포장이 된 상태로 다세대주택의 거주자들이 공로에 이르는 유일한 통행로로 사용되어 왔다. 한편 원고는 2006. 3. 7. 이 사건 토지를 경매절차에서 취득하였는데, 원고가 이 사건 건축신고 내용대로 이 사건 토지상에 건물을 신축하면 다세대주택의 거주자 등 인근주민들이 공로에 이르는 유일한 통행로가 막히게 된다. 이와 같이 이 사건 토지는 원래의 소유자의 의사에 기하여 인근주민들의 통행에 제공되었고, 그에 따라 현재에 이르기까지 장기간 인근주민들의 통행로로 사용되어 왔는데, 이곳에 이 사건 건축신고 내용대로 건물이 신축되면 인근주민들이 공로에 이르는 유일한 통행로가 막히게 될 것이다. 그리고 일반적으로 경매에 의하여 토지의 소유권을 취득하려는 자는 매각기일의 공고내용이나 매각물건명세서 또는 집행기록의 열람 등의 방법에 의하여 해당 토지의 위치, 현황과 부근 토지의 상황 등을 미리 점검해 볼 것이 경험칙상 당연히 예상되기 때문에, 원고도 이 사건 토지가 인근주민들의 통행로로 제공되고 있다는 사정을 용인하거나 적어도 그러한 사정이 있음을 알고서 소유권을 취득하였다고 볼 수 있어 원래의 소유자와 마찬가지로 이 사건 토지에 대한 인근주민들의 통행을 수인하여야 한다고 볼 여지도 있다. 이처럼 인근주민들이 이 사건 토지를 통행로로 사용하는 현재의 토지이용실태가 위법하다고 판명되지 아니한 이상, 이 사건 건축신고 대상

건축물의 건축은 이 사건 토지를 통행로로 사용하는 주변 지역의 토지이용실태 등과 조화를 이룬다고 보기 어려워 국토계획법 제58조 제1항 제4호 에서 정한 개발행위허가의 기준을 갖추었다고 할 수 없다. 따라서 이를 이유로 한 이 사건 건축신고 수리거부처분은 적법하다.

3. 대법원 2011. 6. 10. 선고 2010두7321 판결

(1) 행정청의 행위가 항고소송 대상이 되는지를 판단하는 기준

행정청의 어떤 행위가 항고소송의 대상이 될 수 있는지의 문제는 추상적·일반적으로 결정할 수 없고, 구체적인 경우 행정처분은 행정청이 공권력의 주체로서 행하는 구체적 사실에 관한 법집행으로서 국민의 권리의무에 직접적으로 영향을 미치는 행위라는 점을 염두에 두고, 관련 법령 내용과 취지, 행위 주체 · 내용 · 형식 · 절차, 행위와 상대방 등 이해관계인이 입는 불이익의 실질적 견련성, 그리고 법치행정의 원리와 당해 행위에 관련된 행정청 및 이해관계인의 태도 등을 참작하여 개별적으로 결정하여야 한다.

(2) 행정청의 착공신고 반려행위가 항고소송의 대상이 되는지 여부(적극)

건축법의 관련 규정에 따르면, 행정청은 착공신고의 경우에도 신고 없이 착공이 개시될 경우 건축주 등에 대하여 공사중지 · 철거 · 사용금지 등의 시정명령을 할 수 있고(제79조 제1항), 시정명령을 받고 이행하지 아니한 건축물에 대하여는 당해 건축물을 사용하여 행할 다른 법령에 의한 영업 기타 행위의 허가를 하지 않도록 요청할 수 있으며(제79조 제2항), 요청을 받은 자는 특별한 이유가 없는 한 이에 응하여야 하고(제79조 제3항), 나아가 행정청은 시정명령의 이행을 하지 아니한 건축주 등에 대하여는 이행강제금을 부과할 수 있으며(제80조 제1항), 또한 착공신고를 하지 아니한 자는 5,000만 원 이하의 벌금에 처해질 수 있다(제111조). 이와 같이 건축주 등으로서는 착공신고가 반려될 경우, 당해 건축물의 착공을 개시하면 시정명령, 이행강제금, 벌금의 대상이 되거나 당해 건축물을 사용하여 행할 행위의 허가가 거부될 우려가 있어 불안정한 지위에 놓이게 된다. 따라서 착공신고 반려행위가 이루어진 단계에서 당사자로 하여금 반려행위의 적법성을 다투어 법적 불안을 해소한 다음 건축행위에 나아가도록 함으로써 장차 있을지도 모르는 위험에서 미리 벗어날 수 있도록 길을 열어 주고, 위법한 건축물의 양산과 철거를 둘러싼 분쟁을 조기에 근본적으로 해결할 수 있게 하는 것이 법치행정의 원리에 부합한다. 그러므로 행정청의 착공신고 반려행위는 항고소송의 대상이 된다고 보는 것이 옳다.

Ⅲ. 이론적 검토- 기존의 수평적 분류와 새로운 수직적 분류의 종합적 접근

1. 전통적인 규제의 수평적 분류방식의 내용과 한계

시장에 대한 규제를 하는 기존의 행정작용의 수평적인 분류 방식은 경찰국가의 단계와 급부국가의 단계를 거치면서 처분 또는 행정행위, 행정입법, 행정계획, 행정지도 등의 일방적 행정작용에 비중을 두어서 이론을 형성하여 실무에 적용되어 왔다.

최근 행정작용으로서 공법상 계약과 신고 등이 추가될 수 있는지 논쟁을 거쳐서 행정작용의 목록(目錄; Catalog, List)을 병렬적이고 수평적으로 확장해 가고 있다. 이러한 의미에서 기존의 행정작용의 분류를 '수평적 분류'라고 부를 수 있다. 우리 행정판례는 이러한 행정작용의 분류와 관련하여 처분성 유무에 따라 소송의 형태와 소송요건을 결정짓는 도그마를 따라 실무를 수행하고 있다.

특히 신고와 관련하여서는 기존의 분류 방식과 관련하여 허가와 수리를 요하는 신고가 실질적으로 동일한 지[11] 아니면 구별되는 것인지[12]에 대하여 크게 대립되는 도그마가 설정되어 있다. 나아가서 수리를 요하는 신고와 수리를 요하지 않는 신고로 구별할 때 수리를 요하지 않는 신고는 언제나 처분성이 없다는 2분설[13]과 수리를 요하지 않는 신고라도 처분성이 있는 경우가 있을 수 있다는 3분설[14] 등에 논의의 비중이 두어져서 판례가 다기하게 판결되었으며, 또한 이에 대한 심도 깊은 연구들[15]이 진행되어 왔다.

그리고 위법성에 대한 판단은 주체, 절차, 형식, 내용 등의 요건별로 검토하면서, 내용에 대하여는 행정주체의 행정작용이 법률의 우위, 법률의 유보, 행정법의 일반원칙 등에 위반되는지 여부를 판단하는 패러다임으로 진행되어 왔다.

이 글에서 새로운 규제 도그마를 논의하기 위해 선정한 신고는 사인이 행정청에 대하여 행정규제를 풀기 위하여 일정한 사실을 알리는 행위를 의미한다. 규제의 주체 면에서 신고는 사인이 행정청에게 스스로 자기를 규제하고 있음을 알리는 것이 규제를 완화하는 핵심이라는 점에서, 사인에게 주도적인 역할을 부여하는 자율규제와 관련된 사인의

11) 박균성, 노조설립신고의 신고요건 및 신고요건의 심사방식, 행정판례연구 XX-1, 박영사, 2015, 78면.

12) 김남진ㆍ김연태, 행정법 Ⅰ, 법문사, 제20판, 2016, 141면. 수리를 요하지 않는 신고와 수리를 요하는 신고로 나누고, 다시 수리를 요하는 신고를 지위승계 신고, 인ㆍ허가적 성격 또는 등록적 성격의 신고로 유형화하기도 한다.; 홍정선, 행정법특강, 제15판, 박영사, 2016, 108면.

13) 홍정선, 앞의 책 (주 12), 115-116면.

14) 김중권, 행정법기본연구 Ⅳ, 법문사, 제1판, 2013, 182면.

15) 신고수리 요부에 의한 신고유형구분은 기준이 모호할 뿐만 아니라, 법리적으로도 설득력이 떨어지므로 건축법령에 근거규정을 마련하여 항고소송의 대상을 명확하게 하자는 입법론이 최근 제시되고 있다. 정남철, 행정규제의 기본원리, 제1판, 법문사, 2013, 447-448면

공법행위이다. 이와 달리 신청은 행정청에게 허가나 특허 및 인가 등을 발급해 줄 것을 요구한다는 점에서 행정청에게 주도적이고 일방적인 역할을 부여하는 행정규제와 관련된 사인의 공법행위라는 점에서 차이가 있다.

이러한 수평적인 행정작용의 분류와 체계를 통하여 그동안 행정판례는 가파르게 발전해 왔다고 평가할 수 있다. 다만, 최근에는 발전하는 각도가 더 이상 가파르지 않고 다소 막히고 갇힌 듯한 모습을 보이고 있다.

특히 행정규제와 관련된 판례들이 집적되어 양적 성장은 포화상태인 채로 한계점에 도달해 가고 있다. 다른 분야들과 마찬가지로 법원의 판례 역시 양적 성장 다음 단계에서는 양적 성장은 다소 축소되면서, 질적인 성장을 지향해 가게 될 수 있다. 양적 성장의 축소 과정에서 기존의 패러다임에 안주하거나 고수하려드는 시스템들과 관계기관, 이해관계인들은 상당한 충격을 받게 될 수 있다. 그리고 새로운 체계와 패러다임에 대한 연구와 학습 및 적응을 신속하고 탄력적으로 하는 기관과 이해관계인들은 탄력을 받게 될 것이다.

휴리스틱적으로 접근할 수밖에 없고, 수많은 시행착오를 거쳐 나가야 하는 다양한 시장과 정부의 변화 속[16]에 새롭고 명쾌하게 판결을 내릴 수 있는 또 하나의 새로운 관점에 눈을 기울여야 할 시기이다. 전통적인 행정법의 배경이 되던 국가와 사회의 경계가 급격하게 무너지고 관계가 변화되어 감에 따라 최근 독일 등 유럽과 영미에서는 행정작용과 관련한 규제의 분류와 체계에 대하여 새로운 시각을 활발하게 접목시키고 있다.

따라서 법관들이 재판을 하면서 기존의 전통적인 행정작용의 분류를 기초로 하되, 개별 시장과 관련하여 새로운 관점을 추가하여 종합적

---

16) 김연태, 현대 행정법학의 과제, 법학연구, 제12권 제2호, 2002, 136면.

으로 판결문을 작성하는 것이 요청된다.

2. 판결의 배경이 되는 국가관과 사회관의 변화

(1) 새로운 국가관의 등장

최근 세계적인 흐름은 국가와 사회가 단절된 채, 국가가 일방적으로 규제를 행하고 사회와 시장이 종속되어 따라오는 모습은 파괴되고 있다. 오히려 국가와 사회를 단절하던 경계는 허물어지고, 국가와 사회가 공익에 대하여 함께 책임을 분할[17]하고 분담하며, 다양한 형태로 시장의 특성과 자율성이 강조되는 새로운 시대적 현상들이 급격하게 확장되고 있다. 이러한 현상은 '탈경계화'(脫境界化; Entgrenzung; De-bordering; Beyond)[18] 라고 표현되며, 최근의 세계적인 추세를 보이고 있다.

따라서 국가와 사회를 엄격하게 구분한 채 일방적으로 '명령통제 형식의 규제'(Command-and-Control Regulation)를 하던 패러다임은 정부의 실패를 초래하게 되었고, 시대착오적인 것이 되어 버렸다. 기존의 수평적인 행정작용에 대한 접근만으로는 실무에서 어려움을 겪게 되는 배경이라고 볼 수 있다. 국가가 사회에게 책임을 이전하면서 민간에게만 책임을 지우려던 민영화 국가 역시 시장의 실패로 나타나면서 법원의 판결의 백그라운드가 될 수 없게 되었다.

새로운 국가관은 국가와 사회가 책임을 분담 또는 분할하면서 국가와 사회, 국가와 시장이 상호 소통하면서 조화로운 규제를 모색해 간다. 따라서 규제의 패러다임에 있어서 정(正)과 반(反)의 모순과 대립을 극복

---

17) 정하중, 행정법의 이론과 실제, 제1판, 법문사, 2012, 23면, 46면.; 박재윤, 보장국가론의 비판적 수용과 규제법의 문제, 행정법연구, 제41호, 2015.2, 190-192면. 208면.

18) Hoffmann-Riem, Das Recht des Gewährleistungsstaates, in Schuppert (Hrsg.), Der Gewährleistungsstaat - Einleitbild auf dem Prüfstand, 1.Auflage, Nomos Verlagsgesellschaft, Baden-Baden, 2005, S. 98.; Hoffmann-Riem, a.a.O. (Fn 1.), S. 37-38.

하고 종합하는 합(合)으로서[19] 새로운 국가관이 최근 유럽과 미국 등에서 주목받아 오고 있다.

시장의 자율성을 존중하되, 시장이 제대로 기능하는지를 관찰하고 시장을 보살피며, 시장이 자율적인 기능을 상실할 위험이 있을 때마다 거리를 좁혀서 행정개입을 한다. 이러한 국가관을 보장국가(保障國家; Gewährleistungsstaat, Garantie Staat; Guarantee State, Ensurance State)라고 부른다. 보장국가는 국민의 생명과 신체 및 재산의 안전을 보장하고 책임을 지는 국가이다.[20]

(2) 보장국가와 제어국가의 관계

보장국가는 사회와 책임을 분담하고 분할하지만, 책임의 분할 이후에도 시장과의 관계에서 국민의 생명과 신체 및 재산의 안전과 관련된 위험을 제어하고 조절하는 책임을 이행하여야 한다는 점에서 제어국가(Steuerungsstaat; Steering State)라고도 한다.[21] 보장국가는 민영화의 폐단을 수정하는 측면에서 논의가 시작되었지만, 오늘날은 행정개혁의 패러다임으로서 다양하고 광범위하게 논의되고 있다.[22]

보장국가와 제어국가는 마치 법치국가와 법치행정의 관계처럼 밀접한 연관성을 가진다.

보장국가라는 국가론은 기존의 행정규제 방식과는 결합이 되기 힘

---

19) http://terms.naver.com/entry.nhn?docId=1101985&cid=40942&categoryId=31530 최종 방문일 2016.5.27.

20) 성봉근, 보장국가로 인한 행정법의 구조변화, 지방자치법연구, 제15권 제3호, 2015.9, 190면.

21) 김남진, 제어학(制御學)으로서의 행정법학론(行政法學論), 법연, 제39권, 2013, 27면.; 김현준, 행정개혁의 공법적 과제, 공법연구 제41집 제2호, 2012, 165면.; 성봉근, 행정법에서 '비용'과 '가치' 재검토, 행정법연구, 제43호, 2015.11, 63면.

22) 계인국, 보장행정의 작용형식으로서의 규제, －보장국가의 구상과 규제의미의 한정, 공법연구 제41집 제4호, 2013.6, 167－168면.; 조태제, 공사협동 시대에 있어서의 보장국가, 보장행정 및 보장행정법의 전개, 한양법학, 제23권 제2집, 2015.5, 277면., 280면.

들다. 결국 행정주체와 민간이 책임을 분담하고 분할하여야 하는 보장국가를 구체적으로 행정실무에서 적용하게 되면, 행정청이 일방적으로 규제하여서는 안 되고, 시장과의 거리에 따라 다양하게 제어하는 제어국가의 규제모델과 규제방법을 따를 수밖에 없게 된다. 책임을 분담하고 분할하는 보장국가가 아니라면 굳이 시장과의 거리를 고려하면서 제어할 필요가 크지 않다.

결국 보장국가는 국가관으로서 동전의 앞면이며, 보장국가를 행정에 구체적으로 실현하게 되면 제어국가라는 동전의 뒷면으로 나타나게 된다. 따라서 보장국가라는 국가관과 제어국가라는 규제의 방법론은 밀접한 관련성을 가지게 된다.

(3) 국가발전단계와 시장과의 관계 고려

법원에서 보장국가에 대하여 어떻게 받아들여야 할지 도움을 주기 위하여 보장국가에 대한 최근의 선행 연구들의 핵심을 국가발전단계와 관련하여 다음과 같이 요약할 수 있다.

보장국가는 국가와 지방자치단체의 책임을 일방적으로 지지 않고 사회와 책임을 분할하여 적은 비용으로 최대한의 성과를 효과적으로 달성하면서도, 책임성[23]과 민주성[24]까지 고려하여 시장과 공존하면서 제어한다. 동일한 맥락에서 공생의 법리에서 설명하기도 한다.[25]

이제 우리 법학계와 법조계에서도 보장국가에 대하여 적극적인 입장[26]이든 다소 비판적 입장[27]이든 보장국가의 개념과 논의의 필요성,

23) 성봉근, 앞의 논문 (주 21), 59면, 63면.

24) 문병효, 통신비밀보호법 개정안에 대한 비판적 고찰, 토지공법연구, 제45집, 2009.8, 505면.

25) 정남철, 앞의 논문 (주 15), 258면.

26) 김남진, 앞의 논문 (주 21), 27면. ; 정하중, 앞의 논문 (주 17), 46면.; 김해룡ㆍ최승필, 강한 및 약한 규제 – 한국에서의 규제수단, 토지공법연구 제59집, 2012.11, 352면; 조태제, 앞의 논문 (주 22), 280면.; 이부하, 위험사회에서 국민의 안전보호의무를 지는 보장국가의 역할 –현행 안전법제에 관한 고찰을 겸하며–, 서울대학교

관점의 시사점 등에 대하여는 어느 정도 공통된 인식을 하고 있다. 독일 등 유럽과 영미에서도 새로운 국가관과 새로운 규제의 패러다임에 대하여 논의대상으로 활발하고 광범위하게 규명되고 있다.[28)]

새로운 국가관과 규제의 패러다임의 필요성을 긍정하는 시각에서는 토마(Thoma)의 경우 경찰국가(Polizeistaat), 급부국가(Leistungsstaat), 제어국가(Steuerungsstaat) 등으로 국가발전 단계를 배열한다. 보장국가와 이를 구현하는 제어국가는 최종적인 단계에 해당하게 되고, 새로운 패러다임에 따른 행정의 개혁을 논의한다.[29)] 담(Damm)은 경찰국가(Polizeistaat), 시민적 법치국가(Rechtsstaat), 사회국가(Sozialstaat), 최종적으로 제어국가(Steuerungsstaat) 내지 예방국가(Präventionsstaat)로 표현되는 위험국가(Risikostaat)의 4단계로 분류한다.[30)]

국내에서는 경찰국가, 급부국가, 보장국가 등의 3단계로 분류하기도 한다.[31)]

따라서 이제 국가와 지방자치단체는 시장을 존중하여 거리를 멀리 두고 시장을 감싸고 보호하면서 시장의 자율적 성장을 촉진시키다가, 시장이 자율적으로 기능하지 못하는 위험이 발생하면 이에 비례하여 공행정은 거리를 좁혀서 개입하고 시장의 기능이 회복하도록 제어하여야

법학, 제56권 제1호, 2015.3, 352면.; 박재윤, 보장국가론의 비판적 수용과 규제법의 문제, 행정법연구, 제41호, 2015.2, 190-192면. 208면.; 계인국, 앞의 논문 (주 21), 167-168면.

27) 문병효, 앞의 논문 (주 24), 505면.

28) 성봉근, 앞의 논문 (주 21), 66면.

29) Thoma, Regulierte Selbstregulierung im Ordnungsverwaltungsrecht, Duncker & Humblot Gmbh, Berlin, 2008, S. 60.; Damm, Risikosteuerung im Zivilrecht-Privatrecht und öffentliches Recht im Risikodiskurs, in Hoffmann-Riem/ Schmidt-Aßmann(Hrsg.), 1 Aufl., 1996, S. 112.

30) Damm, Risikosteuerung im Zivilrecht-Privatrecht und öffentliches Recht im Risikodiskurs, in Hoffmann-Riem/ Schmidt-Aßmann(Hrsg.), 1 Aufl., 1996, S.112.

31) 김남진, 자본주의 4.0과 보장국가·보장책임론, 학술원통신, 제221호, 2011. 12, 6-7면, 2면; 성봉근, 앞의 논문 (주 21), 185-186면. ; 板垣 勝彦, 保障行政の法理論, 弘文堂, 2013, 24頁.

한다. 결국, 시장과의 거리를 조절하면서 제어하는 방식으로 보완책임(補完責任) 또는 포촉책임(哺促責任)을 의미하는 Auffangverantwortung[32]을 이행하게 되므로, 보장국가는 제어국가로 구현되게 된다.

3. 법원이 고려할 수직적인 규제의 분류와 체계

전통적인 수평적인 방식으로만 행정작용과 규제에 접근하는 것은 행정청이 일방적으로 주도하는 국가관에 바탕을 둔 행정규제에 대하여만 시각을 한정한 것이다. 이러한 방식만으로는 '변화되고 경계가 무너진' 국가와 사회 속에서 시장의 특성과 종류, 상황에 따라 규제가 적법하거나 정당하게 행사되었는지에 대한 정확한 판결을 내릴 수 없다.

따라서 시장과의 거리와 규제의 강도, 자율성 보장의 정도 등을 고려한 새로운 분류가 필요하다. 이는 기존의 행정작용의 병렬적 목록 확장 방식과는 다른 관점이므로 '수직적인 분류'라고 부를 수 있을 것이다.

시장의 특성[33]과 종류, 상황과 동떨어진 판결의 잦은 등장은 판결의 국민에 대한 '설득기능'을 현저하게 떨어뜨리고, '현실과 괴리'된 판결로 평가되게 되며, 사안에 따라 '일관되지 못한 모순'된 판결들이 등장할 위험이 증가하게 된다. 수많은 개별 시장들의 급격한 팽창과 발전은 더 이상 행정주체를 중심으로 바라보고 판결하는 방식을 유지할 수 없게 한다.

따라서 규제에 대한 수직적인 분류와 기존의 전통적인 수평적인 분

32) Auffangverantwortung은 보충책임, 보증책임, 예비책임, 개입책임, 수용책임 등으로 다양하게 번역되어 혼용되고 있다. 전체적인 구조를 설명하기에는 어떤 용어들도 완벽하게 부합하지 않는 면이 있다. 시장을 외곽에서 잘 붙잡아주면서 부족한 점을 채우고 자율적인 성장을 촉진시키며 양육시킨다는 의미가 설명되어야 하기 때문이다. 따라서 포촉책임이라고 용어가 적당한데, 일본식 표현과 다른 우리말의 표현상 보완책임이 가장 자연스러울 것 같다, 성봉근, 앞의 논문 (주 21), 200면,

33) 주지홍/류지태/송동수/오태원, 지식정보사회에서의 정보화법제 재정립을 위한 법제도 연구, 정보통신정책연구원, 2002, 14면.

류를 결합하여 종합해서 판결하는 것이 보다 정확하고 세밀한 판결을 내릴 수 있는 '종합적인 방법'(Synthese)일 것이다. 슐츠(Schulz), 슈펠트(Schuppert), 코글리안니즈(Coglianese) 등 최근의 유럽과 영미의 학자들은 세 가지 유형의 규제들로 나누어 새롭게 분류한다.[34] 이 세 가지 규제는 시장의 특성과 유형 및 상황에 따라 유연하게 선택하여 사용되게 된다. 새로운 규제의 분류와 체계는 독일의 '막스 플랑크 협회'(Max-Planck-Institut für Gesellschaft)가 연구하여 제안하기 시작하였는데[35], 규제를 다시 고권적인 행정규제와 자율규제, 규제된 자기규제 등의 3가지로 세분화한다. 이들을 구별하는 기준은 행정청이 일방적으로 규제하는 것인가 아니면 철저하게 시장의 자율에 맡기는가, 제3의 방식으로서 행정과 시장, 국가와 사회의 상호 협조와 협동 속에서 행하는 규제인가에 있다.[36] 그리고 이러한 분류와 체계는 독일, 프랑스 등 유럽은 물론 영미에서도 관심이 집중이 되고 있다.

첫 번째 규제는 시장의 자율에 일임하고 맡기는 '자율규제'[37] (Selbstregulierung, Weiche Regulierung; Self-Regulation, Soft Regulation)이다. 이는 약한 규제에 해당한다.[38] 수리를 요하지 않는 신고, 자기인증, 교육, 자체 조사, 자기 검증, 자기 검사, 자기 등록 등 최근에 증가하고 있는 형태이다.[39]

시장이 자율적으로 원활하게 잘 운영될 때에는 강한 규제를 사용하는 것은 특별한 사정이 없는 한 비례의 원칙에 위반하여 위법할 가능성이 매우 크다.[40] 법원은 규제의 수단으로서 동원된 행정작용이 과연 제

34) Schulz, a.a.O. (Fn 3.), S. 101, 103.; Coglianese · Mendelson, Id. (Fn. 2), pp.147-148.
35) Schulz, a.a.O. (Fn 3.), S. 103.
36) Coglianese · Mendelson,, Id. (Fn. 3), p. 150.
37) 김중권, 행정법기본연구 Ⅳ, 제1판, 2014, 69면.
38) 김해룡 · 최승필, 앞의 논문 (주 26), 352면.; 이부하, 앞의 논문 (주 26), 352면.
39) 최철호, 행정법상의 자율규제의 입법형태에 대한 연구, 법학논총 제23집, 2012.2, 359면. 363면. 365면.
40) 김해룡 · 최승필, 앞의 논문 (주 26), 352면.; 이부하, 앞의 논문 (주 26), 352면.

대로 이러한 관점에서 사용된 것인지를 의심하고 확인해 보아야 한다.

두 번째 규제는 기존의 행정청에 의하여 주도되는 '행정규제'로서 강한 규제(Hart Regulierung, Hoheitliche Regulierung[41]); Hard Regulation, Sovereign Regulation)에 해당한다. 새로운 패러다임에서는 과거와 달리 시장의 자율적인 기능과 사적 자치가 파괴될 위험성이 현저하게 증가하는 경우에만 비로소 기존의 고권적인 행정규제를 사용하는 것이 정당화된다.

법원은 이러한 특별한 상황이 있는 경우에만 행정청의 강한 규제를 적법하거나 정당하다고 판결을 내릴 수 있다. 반면에 행정청이 이러한 특별한 사정이 있는 상황임에도 불구하고 시장을 방치하여 행정규제를 발동하여 개입하지 않는다면, 이에 대한 부작위를 위법하다고 판결할 수 있다.

세 번째 규제는 중간 영역의 제3의 메타규제(Meta Regulation)로서 '규제된 자기규제'(Regulierte Selbstregulierung; Regulated Self-Regulation)이다. 행정청이 시장의 자율규제를 대상으로 규제하는 것이다. 시장의 자율규제로서 행해지는 기준이나 행위가 문제가 있을 때에는 이를 방치하지 아니하고 행정청이 자율규제의 기준이나 자율규제행위를 제어하는 것이다. 슐츠(Schulz)는 Selbstregulierung에 대하여 자기규제에 대한 고권적인 행정규제(hoheitliche regulierte gesellschaftliche Selbstregulierung)라는 표현을 사용하기도 한다.[42] 규제의 주체가 사인이 아니라 행정청이 사인과 함께 자기규제를 제어하기 때문에 자율규제보다는 강하다. 그러나 시장의 자율을 존중하기 때문에 행정규제보다는 약하다.

법원은 자율규제가 잘 운영되고 있는데도 특별한 사정없이 행정청이 메타규제나 행정규제를 함부로 사용하면 본안전 판단과 관련하여 권리·의무를 직접 제한하는 행위를 발급했다고 볼 여지가 크며, 나아가서

---

41) Schulz, a.a.O. (Fn 3.), S. 103.

42) Schulz, a.a.O. (Fn 3.), S. 103.

본안에서 위법하다고 판결할 사유로 인정할 가능성과 확률이 증가한다. 반면에 법원은 자율규제의 기준과 행위가 하자가 있어서 시장의 질서를 교란하고 시민들의 법익을 침해하는 특별한 사정이 있는데도 불구하고, 중간규제인 메타규제나 더 강한 행정규제를 사용하지 않으면 행정청의 부작위가 위법하다고 판결할 수 있다.

시장에 대한 규제를 할 것인지 여부에 대한 결정재량(Entschließ-ungsermessen)과, 수직적 규제와 수평적 규제의 종류 중에서 어떠한 것을 어떻게 사용하여야 할 것인지에 대한 선택재량(Auswahlermessen)[43]의 일탈·남용은 시장의 종류와 특성, 상황에 따라 행정청과 시장의 거리를 파악하여 어떠한 규제의 종류가 제어행정의 수단으로서 적합한지 여부로 판단하게 된다. 이를 제어행정에서는 '거리의 원칙'(Distanzgebot; Distance Principle)이라고 한다.[44] 그리고 이 거리에 따른 규제의 종류로서 제대로 사용되었는지 여부에 대한 판결은 '비례의 원칙'(Der Grundsatz der Verhältnismässigkeit; Proportionality)을 보조적인 수단으로서 활용하여 행하면 될 것이다.

앞으로 우리 법관들은 성문법과 비례의 원칙 등만을 획일적으로 사용하지 말고, 시장의 특성과 자율성 보장의 정도, 규제의 강·중·약 등을 고려하여 판결하여야만 잡음이 없는 주파수를 찾아내는 판결의 미세조정(fine tuning)이 가능할 것이다.

---

43) 김남진·김연태, 앞의 책 (주 12), 214면.

44) Schmidt-Aßmann, Das allgemeine Verwaltungsrecht als Ordnungsidee, 2004, §2 Rn .3, §2 Rn81, §5 Rn 37.; 성봉근, 앞의 논문 (주 20), 74면.; Schuppert, Der Gewährleistungsstaat -modisches Label oder Leitbild sich wandelnder Staatlichkeit? in Schuppert (Hrsg.), Der Gewährleistungsstaat - Einleitbild auf dem Prüfstand, 1.Auflage, Nomos Verlagsgesellschaft, Baden-Baden, 2005, S. 49.

4. 법원의 새로운 행정작용의 위법성 판단 기준

소극적인 경찰국가에서의 판결과 적극적인 급부국가에서의 판결의 방향과 기준이 달랐듯이, 이제 시장과의 관계에서 거리에 따라 제어하면서 보장국가를 구현하는 제어국가의 시대에서 새로운 판결의 기준과 관점을 종합하여야 한다.

따라서 법관들은 국가와 사회의 관계를 단절한 채 행정작용의 위법성을 판단하면 족하다고 여겨서는 안 된다. 이제는 법관들은 행정주체가 개별 시장의 특성을 고려하고, 시장과의 거리를 적절하게 조절하면서 규제하였는지를 추가적으로 판시하여야 한다. 규제의 새로운 패러다임은 이러한 제어국가(Steuerungsstaat; Steering State)의 새로운 규제로 발전하고 있다.

제어국가의 제어행정의 적법성 기준은 기존의 적법성 판단기준에다가 '거리의 원칙'(Distanzgebot; Distance Principle)[45]을 추가적으로 고려하여야 한다. 법관들은 원칙적으로 행정주체가 특별한 사정이 없는 한, 시장에 대하여 멀리 떨어져서 '거리'(Distanz; Distance)를 유지하면서 모니터링하고 자율적인 체계를 설계하고 유지하도록 1차적인 책임을 수행하였는지를 고려하여야 한다.

법관들은 이제 앞으로 규제와 관련된 행정작용의 위법성을 판단할 때에는 교통시장, 통신시장, 복지시장, 보건시장, 환경시장, 증권시장, 전자거래시장, 원자력 발전 시장, 드론 시장, 콘텐츠 시장, 국방관련 시장, 전통적인 건축시장 등등 다양한 개별시장의 특성과 상황에 따른 거리를 고려하여 판결하여야 한다. 법관들이 위법성 판단기준으로 추가하여야 할 '거리의 원칙'(Distanzgebot; Distance Principle)은 전통적인 판결문에서와 달리 행정주체와 시장과의 관계와 특성을 별도로 고려하는 논리

45) Schmidt-Aßmann, Das allgemeine Verwaltungsrecht als Ordnungsidee, 2004, §2 Rn .3, §2 Rn81, §5 Rn 37.; 성봉근, 앞의 논문 (주 21), 74면.

적 단계를 판결문 작성시 요구한다.

거리의 원칙은 비례의 원칙(Der Grundsatz der Verhältnismässigkeit)[46]의 도움을 받아 시장의 특성과 거리를 고려하여 판단함으로써 행정주체와 시장과의 거리에 따른 행정작용이 이루어진 것인지에 대한 명확한 답을 내리게 한다. 법관들은 행정청이 시장의 거리와 특성을 고려한 규제를 사용하여 적합성이 있는지, 굳이 약한 규제가 아닌 보다 강한 규제를 사용할 필요성이 있었는지, 나아가 시장의 자율성과 시민들의 기본권 및 공익 등의 구체적인 이익형량상 법익균형성을 유지하고 있는지 등에 대한 추가적인 판시를 하여야 한다.

법원은 이러한 방식으로 새로운 규제의 체계와 분류를 매우 용이하게 사용할 수 있고, 개별 시장과 동떨어지지 않고 시장의 특성에 부합하는 정확하고 세분화된 판결을 내릴 수 있게 한다.

5. 신고에 대한 새로운 판결방식의 적용

법관들은 이제 신고를 시장의 자율적인 역할(Market's Autonomy)과 자율규제[47](Selbst－Regulierung; Self－Regulation)를 신뢰하는 형태로서 공권력이 시장과의 거리(Distanz; Distance)를 멀리 두는 '약한 규제'의 형태에 해당하는 새로운 시각을 가질 필요가 있다.

이와 달리 행정청이 일방적으로 행하는 하명과 허가, 특허, 인가, 예외적 승인 등은 행정청이 시장과의 거리를 매우 좁혀서 '강한 규제'를 하는 기존의 고권적인 행정규제의 형태이다. 행정청의 일방적인 하명과 허가 등을 통한 규제는 '명령통제 형식의 규제'(Command－and－Control Regulation)이다.[48]

---

46) Maurer, Allgemeines Verwaltungsrecht, 18. Aufl., Verlag C.H. Beck, 2011, §10 Rn 17.

47) Selbst－Regulierung, Self－Regulation을 자율규제라고도 용어를 사용하기도 하고, 자기규제라고 용어를 쓰기도 한다.

법관들은 제어국가에서는 특정한 규제의 방식으로만 문제를 해결하려고 하지 않고, 다양한 규제의 방식을 선택하는 '부드러운 행정'(Soft 행정)을 선호한다는 것을 염두에 두어야 한다. 복합적인 문제 상황에서 서로가 윈윈할 수 있는 전략(win-win strategy)을 창출(Schaffung von win-win-Situationen)하는 창의적인 '옵션의 선택'(Optionenwahlen)을 선호한다.[49] 이를 위하여 행정작용은 다양하게 확장되는데, 전형적인 행정작용을 고수하는 것을 피하고, 비전형적인 행정작용으로 포함하여 다양하게 구사하는 것을 선호한다.[50] 시장과 공행정이 서로 윈윈할 수 있는 방식은 일방적인 하명과 허가보다는 신고와 공사법상 계약 및 각종 대화와 중재 및 조정, 자율규제, 규제된 자기규제를 활용하는 것을 선호하게 된다. 시장이 자율적인 기능을 제대로 수행할 수 없을 때 비로소 예외적인 강한 행정규제가 정당화된다.

법관들은 트루테(Trute)가 '법치국가는 거리의 국가이다'라고 한 의미를[51] 이렇게 구체적으로 이해하고 판결을 할 때 활용하면 된다. 법관들이 국가의 시장에 대한 거리의 적정성에 대한 판단할 때 어려움을 겪게 될 수도 있는데, 이는 비례의 원칙을 활용하여 도움을 받아 판단하면 되다.[52]

신고는 이러한 '거리의 행정'(Verwaltung des Distanz; Administration of Distance)이라는 관점에서는 시장의 자율성을 최대한 존중하고 국민의 영업의 자유나 재산권 행사를 최대한 보장하기 위하여 행정청과의 거리를 최대한 멀리 두는 형태의 규제에 해당한다.

---

48) Coglianese · Mendelson,, Id. (Fn. 3), p.146.

49) Schmidt-Aßmann, Das Recht des Gewährleistungsstaates, in Schuppert (Hrsg.), der Gewährleistungsstaat – Ein Leitbild auf dem Prüfstand, Nomos, 1. Aufl., 2005, S.102.

50) Schmidt-Aßmann, a.a.O.,(Fn 49), S. 102.

51) 板垣 勝彦, ドイツ公法学における「距離」概念について, 日本公法学会 公募報告セッション, 2012, 1頁.

52) 김남진, 公私協力과 행정법상 주요문제, 학술원통신, 제269호, 2015.12, 22면.

제어국가는 시장의 자율적인 기능이 위험해지는 특별한 경우에는 그 위험성에 비례하여 시장과의 거리를 좁히고 규제의 강도를 강화하는 다양한 제어(制御)에 대한 재량(裁量)이 인정된다. 따라서 법관들은 판결을 내리는 과정에서 특별한 사정이 없다면 시장에 충격을 강하게 주는 규제보다는 시장의 자율적인 규제기능이 잘 작동할 수 있도록 소프트한 규제수단을 원칙적으로 사용하는 것이 타당하다는 관점에 입각하여야 할 것이다. 이러한 점은 법관들이 판결을 내리는 과정에서 규제와 관련된 법의 해석이나 적용을 할 때에도 마찬가지라고 할 것이다.

이러한 의미에서 협의의 신고인 '수리를 요하지 않는 신고'는 규제의 주체가 사인 스스로가 되며, 자율성이 최대한 존중된다는 점에서 '자율규제'(Self-Regulation)에 해당한다.

반면에 허가는 규제의 주체가 행정청이면서 강한 규제를 사용하는 것이므로 전통적인 고권적인 행정규제(Regulation)에 해당한다.

그리고 수리를 요하는 신고는 '사인이 스스로 규제하는 것'에 '대하여 행정청이 규제'하는 것이다. 수리를 요하는 신고는 규제의 주체가 일방적으로 행정청이나 사인이 되는 것이 아니라, 자기규제에 대하여 '행정청과 사인'이 함께 상호 소통하면서 규제하는 메타 규제인 것이다. 따라서 수리를 요하는 신고는 '규제된 자기규제'(Regulated Self-Regulation)에 해당한다.

이러한 수직적인 규제의 분류와 체계를 적용하면, 수리를 요하지 않는 신고와 수리를 요하는 신고, 허가는 성질이 사실은 규제의 주체와 자율성의 보장 정도 및 규제의 강도 등의 측면에서 서로 다른 규제들에 해당한다.

수리를 요하지 않는 신고가 수리를 요하는 신고나 허가 보다, 수리를 요하는 신고가 허가보다 시장과의 거리를 적절하게 두면서 시장의 자율성을 보다 존중하는 방식의 규제라고 할 수 있다.

이러한 새로운 규제의 시각에서 본다면, 법관들은 의심스러울 때에는 특별한 사정이 없는 한 보다 소프트한 규제의 방식이 적법하다고 해석하고 적용하는 것이 타당하다는 법리가 도출된다.

Ⅳ. 판례 평석

1. 법원이 고려할 새로운 규제의 분류와 체계의 적용

소규모 건축물의 경우는 건축시장의 활성화와 자율성을 강화하는 것이 유용하고 바람직한 특성이 있다. 따라서 소규모건축물에 대한 규제를 풀고 건축의 자유를 회복하게 하는데 굳이 강한 규제나 중간규제를 사용할 필요성은 없다. 따라서 이러한 성질의 시장에 대하여는 자율규제(Selbstregulierung, Self-Regulation)를 사용하여야 하며, 강한 규제나 중간규제를 사용하기 위해서는 이를 정당화할 만한 특별한 사정이 있어야 한다.

이러한 새로운 규제의 고려는 처분성 여부와 위법성 판단 두 가지에 영향을 주게 되며, 법관들이 고민스러울 수 있는 상황에서 보다 명확한 판결을 내리는데 도움을 줄 수 있다.

특별한 사정이 없는데도, 시장과의 거리를 멀리 두지 않고 강한 규제나 중간 규제를 함부로 사용하는 것은 국민의 권리·의무를 '직접 제한하는 것'이므로, 처분성을 인정할 가능성이 커진다. 약한 규제를 받는 것이 통상적인데도, 정당한 사유 없이 강한 규제에 의하여 자율적인 행동의 자유를 침해받은 국민의 재판청구권은 보장되어야 하므로, 항고소송의 대상으로서 요구되는 처분성을 인정하는 방향으로 가급적 판결하여야 한다. 마찬가지로 강한 규제를 사용할 법적 작위의무가 있음에도 불구하고 특별한 사정없이 약한 규제를 사용하거나 아예 규제를 하지 않는 것은 '부작위'로서 처분성이 검토될 수 있다.

본안에 들어가서 규제행정이 위법한지 여부는 강한 규제를 사용하여야 할 만한 특별한 사정이 있어서 정당화시킬 수 있는지 여부를 시장의 특성과 상황 등을 종합하여 거리에 따라 판결하여야 한다. 그러한 사정이 없다면 필요성의 원칙과 상당성의 원칙 등을 고려할 때 비례의 원칙에 위반할 가능성이 높아진다. 역시 마찬가지로 강한 규제를 사용할 법규상·조리상 작위의무가 있음에도 불구하고 특별한 사정없이 약한 규제를 사용하거나 아예 규제를 하지 않는 것은 부작위의 위법성이 검토될 수 있다.

따라서 대법원 2011.1.20.선고 2010두14954 전원합의체 판결과 대법원 2010.11.18.선고 2008두167 전원합의체 판결, 대법원 2011. 6. 10. 선고 2010두7321 판결 등의 세 판례들을 분석해 보면, 건축신고를 한 것으로 인정해 주지 않은 행정청의 행위는 자율규제를 하면 충분한 경우임에도 불구하고 자율규제를 불허한 것으로 볼 수 있다. 소규모 건축시장은 특성상 자율규제로 충분한 경우가 많고, 이에 대한 신고를 용인하지 않는 것은 이례적인 것으로서, 특별한 사유가 있는지 여부에 대하여 헌법 제27조의 재판청구권을 보장해 줄 필요가 있다. 자율규제에 의하여 건축의 자유를 용이하게 누릴 수 있었던 소규모 건축주가 행정청의 메타규제, 즉 규제된 자기규제의 행사에 의하여 기본권이 직접 제한되게 된 사건이다. 따라서 이러한 경우 새로운 규제의 관점을 고려하면, 두 판례 사례에서 행정청들이 건축신고를 인정하지 않은 것은 항고소송의 대상이 되기 위한 요건인 처분성을 충족한다는 판단을 보다 용이하게 할 수 있게 되며, 법관들의 판결에 대한 확신에 근거를 제공할 수 있다.

최근 판례들은 행정작용의 분류와 처분성 여부가 반드시 일치하는 것은 아니며, 행정작용의 구체적인 분류와 처분성 유무가 논리필연적인 연관성이 있는 것은 아니라는 점을 인식하기 시작하고 있다.[53] 판례는

53) 예를 들면 예전에는 공적 장부의 기재나 거부에 대하여 사실적인 성질의 것으로만 보다가, 국민의 권리·의무를 직접 제한하는 성질이 법령과 실무에서 인정되는 이

행정작용이 신고인지, 허가인지, 행정행위인지, 공적 장부기재인지 등에 따라 처분성을 단정 짓지 않고, 처분성에 대한 판단기준을 '국민의 권리·의무를 직접 제한하는지 여부'에 대한 것으로 보고 있다.[54] 이러한 판단기준에 대하여 학계에서는 찬성하는 입장[55]과 반대하는 입장[56]의 대립이 있지만, 대체로 다수설은 판례의 기준에 대하여 찬성하는 입장에 있다.[57]

이러한 관점에서도 수리를 요하지 않는 신고라고 해서 반드시 처분성을 부정하여야 하는 논리필연적인 연관성은 없다고 보여 진다. 따라서 처분성을 인정한다고 보아 항고소송을 인정한 결론에 대하여는 두 판례 모두 타당하다. 처분성을 인정하는 이유를 논증하는 과정에서 대법원 2010.11.18.선고 2008두167 전원합의체 판결은 수리를 요하지 않는 신고로 분류하면서도 건축법의 규정을 검토하여 건축신고가 반려될 경우 당해 건축물의 건축을 개시하면 시정명령, 이행강제금, 벌금의 대상이 되거나 당해 건축물을 사용하여 행할 행위의 허가가 거부될 우려가 있어 불안정한 지위에 놓이게 된다는 점을 들어 처분성을 긍정하고 있다. 처분성에 대한 논증이 이렇게 일관된 기준을 가지고 성공적으로 실무에서 이루어질 수 있다면, 굳이 행정작용의 분류와 처분성을 필연적으로 연동시키거나 결부시킬 필요는 없다는 데는 판례에 찬동한다.[58]

상 처분성을 부정할 수 없다고 보고 있다. 대법원 2013. 10. 24. 선고 2011두13286 판결, 대법원 2013. 10. 24. 선고 2011두13286 판결, 대법원 2009. 2. 12. 선고 2007두17359 판결 등.

54) 대법원 1992. 1. 17. 선고 91누1714 판결; 대법원 2007. 6. 14. 선고 2005두4397 판결 등 참조

55) 김남진ㆍ김연태, 앞의 책 (주 12), 200면. ; 홍정선, 앞의 책 (주 12), 680-681면.; 판례의 입장을 쟁송법적 처분개념을 받아들인 것이라고 다르게 보면서 판례를 지지하는 입장으로는 박균성, 행정법강의, 제13판, 박영사, 2016, 698면.

56) 박정훈, 행정소송의 구조와 기능, 박영사, 제2판, 2007, 176면.

57) 처분성을 어떻게 바라보는가를 상세하게 규명하는 것은 이 글의 직접적인 주제가 아니므로, 처분성 자체에 대한 상론은 생략하기로 한다.

58) 정남철, 앞의 논문 (주 15), 447-448면. ; 홍정선, 앞의 책 (주 12), 680-681면.

그러나, 기존의 처분성에 대한 기준과 행정작용의 분류체계만으로는 일선 법관들에게 처분성 여부에 대한 본안 전 판단과 위법성에 대한 본안판단 등에 대한 확신을 심어주기가 부족한 면이 있으며, 이로 인하여 일관되지 못한 판결들이 자주 등장하게 될 수 있다.

규제와 관련된 행정작용들에 대하여는 기존의 도그마 위에 시장에 대한 제어행정이 적절했는지 여부, 자율성의 보장정도, 시장과의 거리 등에 대한 추가적 고려도 필요하다. 기존의 전통적인 행정작용 목록의 수평적 분류는 먼저 건축법 규정을 바탕으로 파악하게 된다. 이에 따르면 건축법 제14조 제1항상 소규모 건물의 건축은 수리를 요구하는 규정을 두고 있지 않다. 따라서 이는 수리를 요하지 않는 신고로 일단 입법이 되어 있다. 그러나 이러한 분류만으로는 실질적으로 수리를 요하는 신고인지 수리를 요하지 않는 신고인지 판단이 어려우며, 처분성이나 위법성에 대한 판단이 용이하지 않을 수 있다.

새로운 수직적 분류를 추가하여 판단해 보면, 소규모 건축시장은 건축규모와 경제규모 및 주변에 미치는 환경적 피해 등이 크지 않고 자율적으로 운영이 용이한 성격의 시장으로 보인다. 따라서 이는 굳이 중간적인 메타 규제나 행정청의 강한 규제를 사용할 필요가 없다. 그런데도 약한 규제를 부정하는 것은 특별한 사정이 없는 한 통상적이라고 볼 수 없다. 따라서 소규모 건축물에 대한 신고는 자율규제 내지 자기규제로 보아야 하므로 수리를 요하지 않는 신고로 파악하고 분류함이 타당하다. 자율규제에 의하여 건축의 자유를 용이하게 누릴 수 있었던 소규모 건축주가 행정청의 메타 규제, 즉 규제된 자기규제의 행사에 의하여 직접 제한되게 되기 때문에 항고소송의 대상이 되기 위한 요건인 처분성을 충족한다고 보는 것이 타당하다.

이러한 관점에서 인허가의제 규정이 있어야만 수리를 요하는 신고로 보아 처분성을 인정할 수 있다고 판시한 대법원 2011.1.20.선고 2010두14954 전원합의체 판결은 처분성 인정을 위하여 자율적인 규율로 충분하고 가능한 소규모 건축시장에 대하여 굳이 메타 규제인 '규제된 자기규제'를 사용하여야 하는 것으로 보는 것이어서 타당하지 않다. 소규모 건축시장의 특성상 규제된 자기규제로 행정청과의 거리를 좁혀야 할 특별한 사정이 존재하지 않는다면, 대법원 2011.1.20.선고 2010두14954 전원합의체 판결의 접근방식은 시장과의 관계를 고려하지 않고 행정청 중심의 일방적인 사고 중심으로 접근한 측면이 있다. 더구나, 대법원 2011. 6. 10. 선고 2010두7321에서 보듯이 건축법 제21조의 건축착공신고의 경우는 수리를 요하지 않는 신고로 입법이 되어 있으면서도, 인허가의제 규정이 존재하지 않는다. 이러한 경우에 대법원 2011.1.20.선고 2010두14954 전원합의체 판결의 접근 방식에 의하면 인허가의제 규정이 없는 이상 수리를 요하지 않는 신고로 볼 수밖에 없고, 설사 행정청이 정당하지 않은 사유로 건축착공신고를 인정하지 않더라도 건축주의 취소소송을 받아줄 수 없게 된다. 이는 법원의 고객인 국민의 재판청구권을 침해하는 것이 된다. 이러한 접근 방식 때문에 인허가의제규정이 없다는 이유로 건축주에 대한 부당한 재판거부의 사례를 남길 수 있는 위험이 존재하고 있다. 처분성 여부에 대하여는 굳이 인허가의제 규정 유무를 논리필연적인 요건으로 끌어 들일 필요가 없다. 국민의 재판청구권을 보장하기 위해서는 인허가의제규정에 필사적으로 의존하게 되는 논리는 처분성을 확대해 나가는 법원의 최근의 흐름에서 보더라도 부담이 되는 접근방식이다. 수리를 요하지 않는 신고에 대하여 인허가의제 규정이 없으면 수리를 요하는 신고로 의제할 수 없게 되어, 국민의 권리·의무가 직접 제한되는 경우에도 재판청구권을 보장해 줄 수 없게 된다. 따라서 처분성 여부에 대한 판단에 있어서는 인허가의제 규정을 결부 짓는 것은 적합하지 않다. 인허가의제규정은 의제되는 처분의 내용과 관련한 위법성 판단에만 결부되어야 할 것이다.

따라서 대법원 2011. 6. 10. 선고 2010두7321 판결에서 선행 판례 내지 리딩 판례(Leading Case)로서 대법원 2011.1.20.선고 2010두14954

전원합의체 판결을 택하지 않고, 명시적으로 대법원 2010.11.18.선고 2008두167 전원합의체 판결을 택한 것은 이러한 새로운 규제의 관점과 체계에서 바라볼 때 타당하다.

2. 법원의 새로운 위법성 판단 기준의 추가 적용 - 거리의 원칙과 비례의 원칙

위법성에 대한 판단도 기존의 전통적인 관점에서만 판결을 내려서는 시장의 개별적인 특성과 상황에 따른 행정과의 거리를 충분히 고려할 수 없다. 다양한 개별 시장들의 특성 및 현실과 상황에 대하여 무시한 채, 이와 동떨어지고 획일적이며 기계적인 판결이 나오게 될 가능성이 높아진다. 따라서 법관들은 새로운 수직적인 규제의 분류와 체계도 기존의 전통적인 관점과 이론에 더하여 함께 적용하여 본안 판결하는 것이 요청된다.

따라서 법관들은 기존의 위법성 판단에 대한 논증과정에서 '거리의 원칙'을 검토하여야 한다. 개별 시장과의 거리에 따른 구체적 타당성 있는 판결을 도출하기 위하여 비례의 원칙이나 평등의 원칙 등 행정법의 일반원칙을 보조적으로 활용할 수 있다.

소규모 건축시장의 특성상 자율규제 또는 자기규제로 비교적 원활하게 돌아가는 시장으로 볼 수 있다. 따라서 그렇지 않은 보건·위생 분야나 각종 위험과 재난을 예방하는 분야와 동일하게 접근해서는 안 된다. 다른 것을 다르게 취급하는 것이 합리적인 차별(Rational Discrimination)로서 행정과 재판의 평등에 부합하는 판결의 방식이다.

대법원 2010.11.18.선고 2008두167 전원합의체 판결의 경우에는 소규모 건축물은 주변의 진입도로가 확보되어 있는 상태이므로 주변 축산농가들과 공존이 자율적으로 가능하다. 그럼에도 불구하고 행정청이 소규모 건축주의 건축의 자유를 불합리하게 차별하여 침해하고 있는 반면, 주변의 축산 농가들과 환경보전에 대하여 가중치를 두는 잘못된 이익형량을 하고 있다. 따라서 행정청이 소규모 건축주 스스로 자율적으로 규제하고 있는 모습이 신고 서류에 나타나 있는 이상, 중간 규제인 메타 규제를 사용하여 건축의 자유를 침해하도록 제3자와 공익에 기울도록 규제를 행사한 것은 위법하다. 이 사건에서는 소규모 건축 시장과 행정 간의 거리가 멀리 떨어져야 함에도 불구하고 강한 규제를 과도하게 사용하여 불필요하게 시장과의 거리를 좁힌 것이므로 위법하다. 그러므로 대법원 2010.11.18.선고 2008두167 전원합의체 판결이 위법성을 인정한 것은 타당하지만, 앞으로는 이러한 시장의 특성과 상황을 고려하고 거리를 판단하여 위법성을 보다 명쾌하게 이끌어 내야 할 것이다.

대법원 2011.1.20.선고 2010두14954 전원합의체 판결의 경우에는 건축법 제14조 제2항에 의하여 소규모 건축물에 대하여도 건축법 제11조 제5항의 인허가의제규정이 적용되도록 되어 있는 것을 반영하여 위법성을 판단하고 있다. 인허가의제 규정은 신속하고 간편하게 복잡한 다수의 민원을 한꺼번에 해결하려는 취지가 반영된 특별규정이라고 볼 수 있다. 인허가의제의 범위와 효과에 대하여는 관할집중설, 절차집중설, 실체집중설 등이 대립하는 것으로 대별할 수 있다.59) 다수설과 판례의 입장은 절차집중설을 취하는 바, 건물을 관할하는 행정청에게로 토지에 관련된 다수 행정청의 권한이 집중되고, 비록 토지와 관련된 행정청의 협의와 협조가 필요하지만 건물과 관련된 절차만 밟으면 된다. 그러나, 토지에서 요구하는 다양한 내용적 요건은 통합되지 않고, 별도로 심사하여야 하도록 되어 있다. 이렇게 인허가의제를 요구하는 입법의 취지를 고려하여 새로운 규제의 수직적 분류와 체계를 적용하면, 토지에 대한 내용적 요건인 그린벨트, 하천보호, 군사시설보호 등등에 대하여는 자율규제로 충분하지 않으며, 토지에 대하여는 강한 규제인 행정

59) 김남진·김연태, 앞의 책 (주 12), 248면. ; 홍정선, 앞의 책 (주 12), 221면.; 박균성, 앞의 책 (주 52), 447면.

규제에 의하여 건축시장을 제어하도록 하고 있다고 해석할 수 있다. 건축법 제14조 제1항의 규정의 취지는 수리를 요하지 않는 신고로서 자율규제로 입법되어 있지만, 건축법 제14조 제2항의 규정의 취지는 인허가의제에 의하여 토지에 대하여 강한 행정규제로 입법되어 있다. 그러므로 건축신고의 성질은 수리를 요하지 않는 신고로 보고, 인허가의제의 효과는 별도로 검토하는 대법원 2011.1.20.선고 2010두14954 전원합의체 판결의 반대의견이 인허가의제의 효과로서 처분성과 인허가의제를 필연적으로 연결하는 동 판례의 다수의견 보다 타당하다.[60]

다만, 인허가의제의 효과에 대하여는 절차집중설을 취하는 다수의견이 실체집중설을 취하여 내용까지 모두 건물에 대한 요건으로 집중된다는 반대의견 보다 타당하다. 왜냐하면, 건축시장의 특성만으로는 토지개발시장의 특성을 모두 고려할 수 없으며, 각각 검토하여 시장에 접근하는 것이 타당하기 때문이다. 따라서 인허가의제와 관련된 위법성 판단에 있어서 전체적으로는 토지에 대한 내용을 이유로 건축의 자유를 제한할 수 있는 재량행위가 인정된다.[61]

새로운 규제의 분류와 체계를 적용하여 재량의 일탈ㆍ남용에 대하여 판단해 보면, 대법원 2011.1.20.선고 2010두14954 전원합의체 판결의 경우에는 사안에서 소규모 건축주의 건축의 자유를 허용하게 되면, 소규모 건물로 인하여 토지와 관련된 다세대주택의 거주자들이 공로에 이르는 유일한 통로가 막히게 된다. 이러한 사정을 고려하면, 소규모 건축시장의 자율에만 맡길 수 없게 되는 특별한 사정이 발생한다. 제어국가의 제어행정은 이 경우 소규모 건축시장과의 거리를 좁혀서 자율기능을 저해하는 요소를 제거하고 시장의 자율적 기능이 회복되도록 메타

---

60) 김중권, 앞의 논문 (주 14), 179면.; 논리적 필연적 연관성을 긍정하는 입장으로는 최계영, 건축신고와 인ㆍ허가의제, 행정법연구, 제25호, 2009.12, 188면.

61) 김남진ㆍ김연태, 앞의 책 (주 12), 248면.; 홍정선, 앞의 책 (주 12), 221면.; 박균성, 앞의 책 (주 52), 447면.

규제나 강한 행정규제를 사용할 수 있는 정당화 사유가 존재한다. 대법원 2011.1.20.선고 2010두14954 전원합의체 판결에서 행정청의 건축신고수리거부는 적법하다고 보았으며, 이는 시장의 자율적 기능이 작동되지 않는 위험을 고려하여 시장과의 거리를 좁혀 제어행정을 수행한 것이므로, 재량의 남용이라고 볼 수 없다.

그러므로 대법원 2011.1.20.선고 2010두14954 전원합의체 판결 역시 위법성을 인정한 결론은 타당하다. 그러나 앞으로 법원은 수직적인 규제와 분류도 활용하여 시장의 특성과 상황, 자율기능의 유지 여부와 위험의 정도, 시장과의 거리 등을 고려하여 법적 안정성과 구체적 타당성을 조화롭게 추구하는 판결을 내려야 할 것이다.

3. 관련 문제 - 제어행정의 위법성에 대한 입증책임의 분배

이러한 새로운 규제의 패러다임은 위법성 판단에 대한 입증책임의 분배에도 영향을 미치게 된다. 입증책임도 자율규제로 충분하지 않은 예외적인 경우라고 주장하는 행정청에게 건축신고를 받아 줄 수 없었던 특별한 사정에 대한 입증책임이 전환되는 것으로 보아야 한다. 예를 들면 환경오염이나 난개발, 주변 주민들이나 생명체에 대한 생명과 건강의 위험 등에 대한 위험이 자율규제로는 제거되지 않는다는 사정을 행정청이 주장하고 입증하여야 한다.

반대로 시장의 성격이 국민의 생명·신체의 중대한 안전이나 포기할 수 없는 생존배려의 영역 등이어서 자율적인 규제만으로는 시장의 실패를 가져오게 되는 경우에는 강한 규제나 메타 규제가 원칙이고, 자율규제가 예외가 될 것이다. 이때에는 행정청의 강한 규제를 사용하지 않은 부작위의 위법성이 문제되게 되며, 강한 규제나 메타 규제가 필요한 특별한 사정을 규제의 상대방인 국민이나 기업에서 주장과 입증을 하여야 할 것이다.

V. 결 론

법원이 판결을 내리는 배경이 되는 국가관이 변화하고 있고, 규제의 객체인 사회와 시장이 급격하고도 감당할 수 없을 정도로 다양하게 변화하고 있다. 국가와 사회의 엄격한 구별과 전제로 전개된 법원의 그동안의 판례는 한계에 봉착하게 되었다. 국가와 사회, 국가와 시장의 경계는 무너지고, 정부는 시장의 특성을 고려하여 다양한 규제를 유연하게 행사하도록 '더 좋은 정부'로서 요구받게 되었다.

따라서 행정작용도 행정 위주의 일방적 규제에서 시장과의 거리를 적절하게 조절하면서 규제하는 제어국가의 새로운 규제로 발전하고 있다. 제어국가는 '거리의 원칙'에 의하여 시장에 대하여 멀리 떨어져서 '거리'를 유지하면서 모니터링하고 자율적인 체계를 설계하고 유지하도록 1차적인 책임을 수행하여야 한다. 법원은 시장과의 거리의 원칙에 입각하여 개별 시장에 대한 제어행정의 위법성을 판단할 수 있다. 이때 비례의 원칙 등 행정법의 일반원칙도 함께 활용할 수 있다. 트루테(Trute)가 '법치국가는 거리의 국가이다'라고 한 의미는 이렇게 구체화된다.

따라서 규제에 대한 수직적인 분류와 기존의 전통적인 수평적인 분류를 결합하여 판결하는 것이 보다 정확하고 세밀한 판결을 내릴 수 있는 방법이다. 우리가 행정작용이나 규제라고 통칭하는 광의의 개념 안에는 성질이 이질적인 세 가지 유형의 규제들이 들어 있다. 이 세 가지 규제는 시장의 특성과 유형 및 상황에 따른 시장과의 거리에 따라 소송의 대상 여부와 위법성에 대하여 어떻게 접근하여 판결하여야 할지 두 가지 면에서 체계적이면서도 구체적인 해법을 찾도록 도움을 줄 수 있다.

새로운 규제의 분류와 체계상 규제에는 규제의 주체와 규제의 대상, 자율성의 존중 정도, 시장과의 거리 등을 기준으로 분류하였을 때, 성질이 서로 다른 이질적인 세 가지 규제들이 존재한다. 첫 번째 규제는 시장의 자율에 일임하고 맡기는 자율규제이다. 이는 약한 규제에 해당한다. 두 번째 규제는 기존의 행정청에 의하여 고권적으로 주도되는 행정규제로서 강한 규제에 해당한다. 세 번째 규제는 중간 영역의 제3의 메타규제로서 규제된 자기규제이다. 행정청이 시장의 자율규제를 대상으로 규제하는 것으로서 행정청과 시장이 상호 소통하면서 조화로운 규제를 추구한다.

신고는 시장의 자율적인 역할과 자기규제를 신뢰하는 형태로서 행정청과 시장 사이의 거리를 멀리 두는 약한 규제인 '자율규제'에 해당한다. 이와 달리 수리를 요하는 신고는 신고가 제대로 이루어진 것인지에 대해서만 행정청이 규제하는 메타규제로서 '규제된 자기규제'에 해당한다. 그러나 건축허가는 고권적인 '행정규제'에 해당한다.

대법원 2011.1.20.선고 2010두14954 전원합의체 판결과 대법원 2010.11.18.선고 2008두167 전원합의체 판결 사안들을 분석해 보면, 건축신고를 한 것으로 인정해 주지 않은 행정청의 행위는 자율규제를 하면 충분한 경우임에도 불구하고 자율규제를 불허하고 행정청이 규제된 자기규제를 행사하여 국민의 권리·의무를 직접 제한한 것이다. 따라서 두 판례 사례에서 행정청들이 건축신고를 인정하지 않은 것은 항고소송의 대상이 되기 위한 요건인 처분성을 충족하다고 한 것은 결론에서는 타당하다. 그러나 앞으로는 법원은 새로운 규제의 체계와 분류를 고려하여 취소소송을 통한 재판청구권의 보장 여부를 판단할 것이 필요하다.

위법성과 관련해서도 법원은 새로운 규제의 체계와 분류를 고려하여 시장과의 '거리의 원칙'에 따라 판단하여야 한다. 행정청과 시장 사이의 거리를 측정하고 위법성을 도출하기 위해 비례의 원칙이나 평등의 원칙 등 행정법의 일반원칙을 활용할 수 있다.

소규모 건축시장은 특성상 자율규제 또는 자기규제로 비교적 원활하게 돌아가는 시장이다. 따라서 그렇지 않은 보건·위생 분야나 각종 위험과 재난을 예방하는 분야와 동일하게 접근해서는 안 된다. 소규모 건축 시장과 행정청 간의 거리가 멀리 떨어져야 함에도 불구하고 과도한 규제를 사용한 것으로서 위법하다. 건축신고에 대한 대법원 판결들이 위법성을 인정한 것은 타당하지만, 법원은 앞으로는 이러한 시장의 특성과 상황을 고려하고 거리를 판단하여 위법성을 보다 명쾌하게 이끌어 내야 할 것이다.

규제에 대한 새로운 분류와 체계는 입증책임의 분배에도 영향을 주게 된다.

이렇듯이 규제에 대한 새로운 분류와 체계는 변화하는 국가관의 등장, 다양하고 전문적이며 개별적인 시장들로 인하여 흔들릴 수 밖에 없는 법관들에게 정확한 판결을 내리기 위해 도움을 줄 수 있을 것이다. 행정작용과 관련된 새로운 규제의 분류와 체계는 최근 독일 등 유럽과 영미에서도 매우 활발하게 받아들여지고 있으므로, 법원이 국제적인 수준의 판례로 발전시키기 위해서도 앞으로 적극적으로 활용하여야 할 것이다.

참고문헌

국내문헌

〈단행본〉
김남진, 행정법의 기본문제, 제4판, 법문사, 1996.
김남진·김연태, 행정법 Ⅰ, 법문사, 제20판, 2016.
김중권, 행정법기본연구 Ⅳ, 법문사, 제1판, 2013.
박균성, 행정법강의, 제13판, 박영사, 2016.
박정훈, 행정소송의 구조와 기능, 박영사, 제2판, 2007
정남철, 행정구제의 기본원리, 제1판, 법문사, 2013.
정하중, 행정법의 이론과 실제, 제1판, 법문사, 2012.
주지홍·류지태·송동수·오태원, 지식정보사회에서의 정보화법제 재정립을 위한 법제도 연구, 정보통신정책연구원, 2002
홍정선, 민간위탁의 법리와 행정실무, 박영사, 제1판, 2015.
______, 행정법특강, 제15판, 박영사, 2016.

〈논문〉
계인국, 보장행정의 작용형식으로서의 규제, - 보장국가의 구상과 규제의 미의 한정, 공법연구 제41집 제4호, 2013.6
김기홍, 미국에 있어서의 민영화와 그 공법적 한계, 한국외국어대학교 박사학위논문, 2014.
김남진, 공사협력과 행정법상 주요문제, 학술원통신, 제269호, 2015.12.1.
______, 독일의 행정·행정법(학)의 변용, 학술원통신, 제245호, 2014. 9. 1.
______, 자본주의 4.0과 보장국가·보장책임론, 학술원통신, 제221호, 2011. 12.
______, 제어학(制御學)으로서의 행정법학론(行政法學論), 법연, 제39권,

2013.

______, 행정의 사화와 관련 문제, 학술원통신, 제235호, 2013. 2.

김성수, 금융감독법상 자율규제에 관한 연구, 지역발전연구, 제15집, 2006.

김승완, 자율환경관리가 배출업소 관리효과에 미치는 인식에 관한 연구, 한국정책연구, 제9권 제1호, 2009.6.

김연태, 현대 행정법학의 과제, 법학연구, 제12권 제2호, 2002.

______, 정보의 자기결정권과 경찰의 정보관리, 고려법학, 제36호, 2001. 4.

김중권, 건축법 제14조상의 건축신고가 과연 수리를 요하는 신고인가?, in 김중권, 행정법기본연구 Ⅳ, 법문사, 제1판, 2014.

김현준, 행정개혁의 공법적 과제, 공법연구, 제41집 제2호, 2012.

김해룡·최승필, 강한 및 약한 규제 – 한국에서의 규제수단, 토지공법연구 제59집, 2012.11.

김형남, 행정법상 비례의 원칙에 대한 검토, 경성법학 제10호, 2001.10.

문병효, 통신비밀보호법 개정안에 대한 비판적 고찰, 토지공법연구, 제45집, 2009.8, 505면.

박균성, 노조설립신고의 신고요건 및 신고요건의 심사방식, 행정판례연구 XX–1, 박영사, 2015

박민영, '경제원칙에 입각한 공법관계의 해석원리: 특히, 미국의 비용–이익분석(cost–benefit analysis)을 중심으로', 청주법학, 11권, 1996.

박정훈, 행정법의 구조변화로서의 '참여'와 '협력', 행정법의 체계와 방법론, 박영사, 2010.

박재윤, 보장국가론의 비판적 수용과 규제법의 문제, 행정법연구, 제41호, 2015.2

성봉근, 보장국가로 인한 행정법의 구조변화, 지방자치법연구, 제15권 제3호, 2015.9.

______, 행정법에서 '비용'과 '가치' 재검토, 행정법연구, 제43호, 2015.11.

송태수, 독일 지방자치개혁의 현주소: 신공공관리 행정개혁과 직접민주주의, 한국정치연구, 제12집 제1호, 2003.

이부하, 위험사회에서 국민의 안전보호의무를 지는 보장국가의 역할 – 현행 안전법제에 관한 고찰을 겸하며-, 서울대학교 법학, 제56권 제1호, 2015.3.

이원우, 공기업 민영화와 공공성확보를 위한 제도개혁의 과제, 공법연구, 제31집 제1호, 2002.

이주선, 공기업의 민영화와 구조개혁, 공기업논총, 제10권 제1호, 1998

이창훈, 공기업 독점의 헌법적 근거, 공법연구, 제41집 제3호, 2013.2.

정남철, 건축신고와 인인보호 -독일 건축법제와의 비교법적 고찰을 겸하여 -, in 정남철, 행정구제의 기본원리, 법문사, 제1판, 2013.

______, 행정법학의 공익개념 -특히 공익개념의 현안과 과제를 중심으로 -, 공익개념에 관한 국제적 경향, 유럽헌법학회/ 한국입법정책학회 발표문, 2015.10.2.

정형근, 집중효가 발생하는 건축신고에 관한 법률적 검토, 외법논집, 제34권 제1호, 2010.2.

정하중, 법치행정의 원리와 공법상 계약 - 독일 행정절차법의 내용을 중심으로, 서강법학, 2009.6.

최계영, 건축신고와 인·허가의제, 행정법연구, 제25호, 2009.12

최철호, 행정법상의 자율규제의 입법형태에 대한 연구, 법학논총 제23집, 2012.2.

〈독일문헌〉

Bremer, Gewährleistungsverantwortung als Infrastrukturverantwortung am Beispiel der Eisenbahnreform in Deutschland, in Schuppert (Hrsg.), Der Gewährleistungsstaat – Einleitbild auf dem Prüfstand, 1.Auflage, Nomos Verlagsgesellschaft, Baden-Baden, 2005.

Damm, Risikosteuerung im Zivilrecht – Privatrecht und Öffentliches Recht im Risikodiskurs, in Hoffmann-Riem/Schmidt-Aßmann(Hrsg.), 1 Aufl., Nomos Verlagsgesellschaft, 1996.

Franzius, Gewährleistung im Recht, Mohr Siebeck Tübingen, 2009.

Hermes, Gewährleistungsverantwortung als Infrastrukturverantwortung, in Schuppert (Hrsg.), Der Gewährleistungsstaat – Einleitbild auf dem Prüfstand, 1.Auflage, Nomos Verlagsgesellschaft, Baden–Baden, 2005.

Hoffmann–Riem, Das Recht des Gewährleistungsstaates, in Schuppert (Hrsg.), Der Gewährleistungsstaat – Einleitbild auf dem Prüfstand, 1.Auflage, Nomos Verlagsgesellschaft, Baden–Baden, 2005.

__________, Modernisierung von Recht und Justiz – Eine Herausforderung des Gewährleistungsstaates, 1 Aufl., Shurkamp, 2001.

__________, Ermöglichung von Flexibilität und Innovationsoffenheit im Verwaltungsrecht – Einleitende Problemskizze–, in Hoffmann–Riem/Schmidt–Aßmann, Innovation und Flexibilität des Verwaltungshandelns, 1. Aufl., Nomosverlagsgesellschaft, Baden–Baden, 1994.

Maurer, Allgemeines Verwaltungsrecht, 18. Aufl., Verlag C.H. Beck, 2011.

Schmidt–Aßmann, Das allgemeine Verwaltungsrecht als Ordnungsidee, Springer–Verlag Berlin Heidelberg, 2004.

__________, Das Recht des Gewährleistungsstaates, in Schuppert (Hrsg.), der Gewährleistungsstaat – Ein Leitbild auf dem Prüfstand, Nomos, 1. Aufl., 2005.

__________, Regulierte Selbstregulierung als Element verwaltungsrechtlicher Systembildung, in Schuppert (Hrsg.), Der Gewährleistungsstaat – Einleitbild auf dem Prüfstand, 1.Auflage, Nomos Verlagsgesellschaft, Baden–Baden, 2005.

__________, Verwaltungsrechtliche Dogmatik – Eine Zwischen–bilanz zu entwicklung, Reform und Künftigen Aufgaben, Mohl Siebeck, 2013.

Schmitt Glaeser, Partiztipation an Verwaltungsentscheidungen,

Veröffentlichungen der Vereinigung der Deutschen Staatsrecht-slehrer, Heft 31, Wallter de Gruyter & Co., 1973.

Schulz, Regulierte Selbstregulierung im Telekommunikationsrecht, in Regulierte Selbstregulierung als Steuerungskonzept des Gewährl-eistungsstaat, Die Verwaltung, Beiheft 4., Duncker & Humblot, Berlin, 2001

Schuppert, Der Gewährleistungsstaat – modisches Label oder Leitbild sich wandelnder Staatlichkeit? in Schuppert (Hrsg.), Der Gewährleistungsstaat – Einleitbild auf dem Prüfstand, 1.Auflage, Nomos Verlagsgesellschaft, Baden – Baden, 2005.

Suchanek, Grundsatzüberlegungen zur Verwaltungskontrolle aus ökonomischer Sicht, in Hoffmann-Riem/Schmidt – Aßmann (Hrsg.), Verwlatungskontrolle, 1 Aufl., Nomos Verlagsgesell-schaft, 2001.

Thoma, Regulierte Selbstregulierung im Ordnungsverwaltungsrecht, Duncker&Humblot Gmbh, Berlin, 2008.

Voßkuhle, Neue Verwaltungsrechtswissenschaft, in: Hoffmann-Riem/Schmidt-Aßmann/Voßkuhle(Hrsg.), Grundlagen des Verwaltungs-rechts, 2Aufl., Verlag C.H. Beck, 2012.

〈영미문헌〉

Barberis, The New Public Management and a New Accountability, Blackwell Publishers Ltd., 1998

Coglianese、Mendelson, Meta-Regulation and Self-Regulation, in Baldwin·Cave·Lodge (Edited by.), The Oxford Handbook of Regulation, Oxfor University Press, Reprinted, 2013.

Croley, Regulation and Public Interest – The Possibility of Good Regulatory Government, Princeton University Press, Princeton and Oxford, 2008, p. 305.

Cukierman/Meltzer, A Positive Theory of Discretionary Policy, the Cost of Democratic Government and the Benefits of a Constitution, Economic Inquiry, Vol 14, 1986.7.

Gellhorn, Administrative Law and Process in a Nutschell, West Publishing Co., 1972

Lane Davis, The Cost of Realism: Contemporary Restatements of Democracy, The Western Political Quarterly, Vol. 17, No. 1, University of Utah, 1964.3.

Nussbaum, the Cost of Tragedy: Some Moral Limits of Cost−Benefit Analysis, in Adler/Posner, Cost−Benefit Analysis − Legal, Economic, and Philosophical perspectives, the University of Chicago Press, 2001.

Priddat, Communication and Economic Theory − How to deal with rationality in a communicational Environment, Springer, 2014.

〈일본문헌〉

亘理格, 公益と行政裁量, 弘文堂, 2002.

板垣 勝彦, 保障行政の法理論, 弘文堂, 2013.

板垣 勝彦, ドイツ公法学における「距離」概念について, 日本公法学会公募報告セッション

米田雅宏, 「私人によろ警察活動とその統制 『ドイツ警察法における2つの公私協同モデルを素材にして』」, 岡村周一, 「世界の公私協同」, 日本評論社, 2012.

樓井美橞子·國領二郎『自治体ICT ネットワーキング』ー3° 11後 災害對應·情報發信·教育·地域活性化 慶應義塾大學出版會株式會社, 2012.

大橋 洋一, 對話型行政法學の創造, 弘文堂, 1999.

Zajac, 公正と效率 −公益事業料金槪論−, 慶應通信株式會社, 藤井弥太郎監譯, 1987.12.

국문초록

법원이 그동안 판결을 내리던 배경이 되는 국가관이 변화하고 있고, 규제의 객체인 사회와 시장이 급격하고도 감당할 수 없을 정도로 다양하게 변화하고 있다. 국가와 사회의 엄격한 구별과 전제로 전개된 법원의 그동안의 판례는 한계에 봉착하게 되었다. 국가와 사회, 국가와 시장의 경계는 무너지고, 정부는 시장의 특성을 고려하여 다양한 규제를 유연하게 행사하도록 '더 좋은 정부'로서 요구받게 되었다.

따라서 행정작용도 행정 위주의 일방적 규제에서 시장과의 거리를 적절하게 조절하면서 규제하는 제어국가의 방식으로 발전하고 있다. 제어국가는 '거리의 원칙'에 의하여 시장에 대하여 멀리 떨어져서 '거리'를 유지하면서 모니터링하고 자율적인 체계를 설계하고 유지하도록 1차적인 책임을 수행하여야 한다. 법원은 시장과의 거리의 원칙에 입각하여 개별 시장에 대한 제어행정의 위법성을 판단할 수 있다. 이때 비례의 원칙 등 행정법의 일반원칙도 함께 활용할 수 있다. 트루테(Trute)가 '법치국가는 거리의 국가이다'라고 한 의미는 이렇게 구체화된다.

광의의 규제나 행정작용 안에는 성질이 이질적인 세 가지 유형의 규제들이 들어 있다. 자율규제, 규제된 자기규제, 고권적인 행정규제 등 세 가지 규제의 분류와 체계는 시장의 특성과 유형 및 상황에 따른 시장과의 거리에 따라 위법성에 대하여 어떻게 접근하여 판결하여야 할지 체계적이면서도 구체적인 해법을 제공한다.

자율규제는 시장의 자율에 일임하고 맡기는 약한 규제에 해당한다. 행정규제는 기존의 행정청에 의하여 고권적으로 주도되는 규제로서 강한 규제에 해당한다. 규제된 자기규제는 중간 영역의 제3의 메타규제로서, 행정청이 시장의 자율규제를 대상으로 규제하는 것으로서 행정청과 시장이 상호 소통하면서 조화로운 규제를 추구한다.

신고는 시장의 자율적인 역할과 자기규제를 신뢰하는 형태로서 행정청과 시장 사이의 거리를 멀리 두는 약한 규제의 형태에 해당한다. 이와 달리 수리를 요하는 신고는 신고가 제대로 이루어진 것인지를 행정청이 규제하는 메타규제로서 '규제된 자기규제'에 해당한다. 그러나 건축허가는 전통적인 규제행정에 해당한다.

대법원 2011.1.20.선고 2010두14954 전원합의체 판결과 대법원 2010. 11.18.선고 2008두167 전원합의체 판결 사안들을 분석해 보면, 건축신고를 한 것으로 인정해 주지 않은 행정청의 행위는 자율규제를 불허하고 행정청이 규제된 자기규제를 행사하여 국민의 권리ㆍ의무를 직접 제한한 것이다. 따라서 두 판례 사례에서 처분성을 충족하다고 한 것은 결론에서는 타당하다. 그러나, 앞으로는 법원은 새로운 규제의 체계와 분류를 고려하여 취소소송을 통한 재판청구권의 보장 여부를 판단할 것이 필요하다.

위법성과 관련해서도 법원은 새로운 규제의 체계와 분류를 고려하여 시장과의 '거리의 원칙'에 따라 판단하여야 한다. 행정청과 시장 사이의 거리를 측정하고 위법성을 도출하기 위해 비례의 원칙이나 평등의 원칙 등 행정법의 일반원칙을 활용할 수 있다. 소규모 건축시장은 특성상 자율규제 또는 자기규제로 비교적 원활하게 돌아가는 시장이다. 따라서 그렇지 않은 보건·위생 분야나 각종 위험과 재난을 예방하는 분야와 동일하게 접근해서는 안 된다. 소규모 건축 시장과 행정청 간의 거리가 멀리 떨어져야 함에도 불구하고 과도한 규제를 사용한 것으로서 위법하다. 건축신고에 대한 대법원 판결들이 위법성을 인정한 것은 타당하지만, 법원은 앞으로는 이러한 시장의 특성과 상황을 고려하고 거리를 판단하여 위법성을 보다 명쾌하게 이끌어 내야 할 것이다. 규제에 대한 새로운 분류와 체계는 입증책임에도 영향을 주게 된다.

따라서 규제에 대한 수직적인 분류와 기존의 전통적인 수평적인 분류를 결합하여 판결하는 것이 보다 정확하고 세밀한 판결을 내릴 수 있는 방법이다. 독일의 '막스 플랑크 협회'의 연구와 추천에 의하여 시작된 이 분류와 체계는 최근 독일 등 유럽과 영미에서도 주목받고 있는 방법론이다. 우리 판례가 국제적인 수준까지 발전할 수 있도록 하는데 도움을 줄 수 있을 것이다.

주제어: 신고, 건축신고, 인허가의제, 규제, 자기규제, 자율규제, 규제된 자기규제, 메타규제, 거리, 제어국가, 보장국가

Abstract

The Review on the New Paradigm of Judicial Judgment about Regulation

– Focused on the Judgement about Construction Report –

Sung, Bong Geun*

Courts are experiencing the big and fast Changes in Judgment's background, for example Paradigm of State as Regulator, variously prosperous and expanding Market as target of Regulation. Courts can not judge with the idea that State and Market or Society is strictly divided. Traditional Government is asked to change to 'better Government' which can considerate and understand Market's own Character.

So Government's many Actions including Regulation are progressing from Command–and–Control Regulation to Soft and Optional Regulation which is from Steering State and Ensuring State. In Steering State Government keeps proper Distance by the 'Principle of Distance' so that Market's Autonomy can be secured and protected.

Steering State use 3 options flexibly which are Self–Regulation, Meta–Regulation so called Regulated Self–Regulation, Strong Regulation by the Distance to Market. For Self–Regulation and Meta–Regulation, Steering State use the method, for example monitoring of Market and gathering Information, Planning, Communication with Market etc.

* Ph.D. in Law, Korea University, The Department of Law.

But in the Case that Self－Control in Market is not effective any more and is out of order, Steering State make the narrow distance and try to control actively Market so that Market can be recovered.

From now on Courts had better to judge whether Government's Act is righteous by the 'Principle of Distance' being helped by General Principle for example Proportionality. As Trute says 'The Principle of Rule of Law is in the State of Distance to Market or Society', Steering State is able to regulate with three kinds of Regulation than Traditional Regulatory State.

Report System is belongs to Self－Regulation for long distance from Government to Market. Report with Acceptance by the Government is belongs to 'Regulated Self－Regulation' which is also called Meta－Regulation. Meta－Regulation controls and steers of Self－Regulation through communication between Government and Market. But Construction Permission by the Government is belongs to traditional Regulatory Government.

When we analyze three Supreme Court's Judgment of 2010 Du 14954, 2008 Du 167, 2010 Du 7321 etc., Supreme Court's Conclusions are righteous, but Court had better to use and consider New Regulation Paradigm and System. If Court's Judgement is synthesized with Traditional Horizontal Classification and New Vertical Classification, Court is going to be progressive and very punctual to judge whether Government's Regulation to Market is proper and righteous.

Although this New Regulation Paradigm was started to discuss by the suggestion of 'Max－Planck－Institut für Gesellschaft' (Max Planck Society), now this Paradigm is focused in many countries including EU, UK and US.

In conclusion, I suggest Court had better to use this Paradigm from now on for the Progress of Judicial Judgement to the international high level and implement Steering State and Ensuring State.

Key Words: Report, Report with Acceptance,
Construction Permission, Self-Regulation,
Meta-Regulation, Regulated Self-Regulation,
Strong Regulation, Change of Paradigm

투 고 일: 2016. 5. 23
심 사 일: 2016. 6. 24
게재확정일: 2016. 6. 27

公法契約의 解止의 處分性 與否에 관한 小考*

金重權**

Ⅰ. 대상판결 및 상반된 판결의 요지

1. 대법원 2015.8.27. 선고 2015두41449판결: 처분성 부인 판결:

[2] 중소기업기술정보진흥원장이 갑 주식회사와 중소기업 정보화 지원사업 지원대상인 사업의 지원에 관한 협약을 체결하였는데, 협약이 갑 회사에 책임이 있는 사업실패로 해지되었다는 이유로 협약에서 정한 대로 지급받은 정부지원금을 반환할 것을 통보한 사안에서, 중소기업

* 이 글은 한국행정판례연구회 제318차 월례발표회(2016.6.11.)에서 발표한 것을 수정, 보완한 것이다.
**중앙대학교 법학전문대학원, 교수

정보화지원사업에 따른 지원금 출연을 위하여 중소기업청장이 체결하는 협약은 공법상 대등한 당사자 사이의 의사표시의 합치로 성립하는 공법상 계약에 해당하는 점, 구 중소기업 기술혁신 촉진법(2010.3.31. 법률 제10220호로 개정되기 전의 것) 제32조 제1항은 제10조가 정한 기술혁신사업과 제11조가 정한 산학협력 지원사업에 관하여 출연한 사업비의 환수에 적용될 수 있을 뿐 이와 근거 규정을 달리하는 중소기업 정보화지원사업에 관하여 출연한 지원금에 대하여는 적용될 수 없고 달리 지원금 환수에 관한 구체적인 법령상 근거가 없는 점 등을 종합하면, 협약의 해지 및 그에 따른 환수통보는 공법상 계약에 따라 행정청이 대등한 당사자의 지위에서 하는 의사표시로 보아야 하고, 이를 행정청이 우월한 지위에서 행하는 공권력의 행사로서 행정처분에 해당한다고 볼 수는 없다고 한 사례.

2. 상반된 판결: 처분성인정 판결

(1) 대법원 2011.6.30. 선고 2010두23859판결

산업집적활성화 및 공장설립에 관한 법률(이하 '산업집적법'이라 한다) 상의 입주계약과 관련한 규정들에서 알 수 있는 피고의 지위, 입주계약 해지의 절차, 그 해지통보에 수반되는 법적 의무 및 그 의무를 불이행한 경우의 형사적 내지 행정적 제재 등을 종합적으로 고려하면, 이 사건 해지통보는 단순히 대등한 당사자의 지위에서 형성된 공법상계약을 계약 당사자의 지위에서 종료시키는 의사표시에 불과하다고 볼 것이 아니라 행정청인 관리권자로부터 관리업무를 위탁받은 피고가 우월적 지위에서 원고에게 일정한 법률상 효과를 발생하게 하는 것으로서 항고소송의 대상이 되는 행정처분에 해당한다고 보아야 할 것이다.

(2) 대법원 2014.12.11. 선고 2012두28704판결

이러한 학술진흥법 등과 과학기술기본법령의 입법 취지 및 규정 내용 등과 아울러 ① 학술진흥법 등과 과학기술기본법령의 해석상 국가가 두뇌한국(BK)21 사업의 주관연구기관인 대학에 연구개발비를 출연하는 것은, '연구 중심 대학'의 육성은 물론 그와 별도로 대학에 소속된 연구 인력의 역량 강화에도 그 목적이 있다고 보이는 점, ② 기본적으로 국가 연구개발사업에 대한 연구개발비의 지원은 대학에 소속된 일정한 연구 단위(이하 '연구팀'이라고 한다)별로 신청한 연구개발과제에 대한 것이지, 그 소속 대학을 기준으로 한 것은 아닌 점, ③ 대학은 학술진흥법 등에 정한 연구개발비의 공식적 지원 대상이자 그 관리·집행의 대외적 주체로서 협약 당사자로 되어 있을 뿐, 협약으로 인한 실질적 이해관계는 해당 연구개발과제의 수행주체인 연구팀에 귀속된다고 볼 수 있는 점, ④ 나아가 과학기술기본법령상 사업 협약의 해지 통보는 단순히 대등 당사자의 지위에서 형성된 공법상 계약을 계약당사자의 지위에서 종료시키는 의사표시에 불과한 것이 아니라 행정청이 우월적 지위에서 연구개발비의 회수 및 관련자에 대한 국가연구개발사업 참여제한 등의 법률상 효과를 발생시키는 행정처분에 해당하므로(대법원 2011.6.30. 선고 2010두23859 판결 참조) …

Ⅱ. 사안과 경과

중소기업기술정보진흥원장(피고)은 중소기업청장으로부터 정부출연금을 위탁받아 그 지급 및 정산 등의 예산집행관리업무를 수행하는 전담기관의 장이다. 중소기업기술정보진흥원장은 2008. 4. 18. 갑 주식회사(원고)와 중소기업 정보화지원사업의 지원대상인 이 사건 사업의 지원

에 관한 이 사건 협약을 체결하였다. 원고와 피고는 이 사건 협약에서, 피고가 일정한 경우 원고에 대하여 이 사건 협약을 해지할 수 있고(제11조 제2항), 원고는 원고의 귀책사유로 협약이 해지되는 경우 피고로부터 지급받은 정부지원금을 반환하여야 한다(제11조 제5항)고 약정하였다. 피고가 2010. 8. 25. 원고에 대하여 이 사건 협약이 원고의 책임으로 인한 사업실패로 해지되었으니, 이 사건 협약 제11조 제5항에서 정한 대로 이미 지급받은 정부지원금을 반환하여 줄 것을 통보하였다(이하 '이 사건 환수통보'라 한다).

원심(대전고등법원 2015.4.2. 선고 2014누12022판결)은 이 사건 환수통보는 항고소송의 대상이 되는 처분에 해당한다고 판단하였는데, 그 논거는 다음과 같다: ① 피고가 이 사건 협약 당시 중소기업청장으로부터 구 중소기업 기술혁신 촉진법(2009.1.30. 법률 제9378호로 개정되기 전의 것) 제9조 제1항 제8호, 제18조에 정해진 중소기업 정보화 지원사업과 관련하여 지급된 정부지원금에 대하여 회수 등의 조치를 행할 권한을 부여받은 점, ② 이 사건 환수통보 당시 시행되던 구 중소기업 기술혁신 촉진법(2010.3.31. 법률 제10220호로 개정되기 전의 것, 이하 '법'이라 한다) 제32조 제1항에 의하면, 중소기업청장은 일정한 사유에 해당하는 경우 이미 출연한 사업비의 전부 또는 일부를 환수할 수 있는데, 이와 같은 중소기업청장의 사업비 환수에 관한 권한이 피고에게 위탁되어 있는 점, ③ 이 사건 환수통보로 인하여 원고는 이미 지원받은 정부지원금을 반환해야 하는 등 직접적인 불이익을 입게 되는 점 등 그 판시와 같은 이유로 이 사건 환수통보는 항고소송의 대상이 되는 처분에 해당한다고 판단하였다.

Ⅲ. 대법원 2015.8.27. 선고 2015두41449판결의 근거

① 중소기업 정보화지원사업에 따른 지원금 출연을 위하여 중소기업청장이 체결하는 협약은 공법상 대등한 당사자 사이의 의사표시의 합

치로 성립하는 공법상 계약에 해당한다고 봄이 타당한 점, ② 법 제32조 제1항은[1] 법 제10조가 정한 기술혁신사업과 제11조가 정한 산학협력 지원사업에 관하여 출연한 사업비의 환수에 적용될 수 있을 뿐, 이와 근거 규정을 달리하는 중소기업 정보화지원사업에 관하여 출연한 지원금에 대하여는 적용될 수 없고 달리 그 지원금 환수에 관한 구체적인 법령상 근거가 없는 점, ③ 중소기업 정보화지원사업을 위한 협약에서 해지에 관한 사항을 정하고 있고 이에 따라 협약 해지를 통보한 경우, 그 효과는 전적으로 협약이 정한 바에 따라 정해질 뿐, 달리 협약 해지의 효과 또는 이에 수반되는 행정상 제재 등에 관하여 관련 법령에 아무런 규정을 두고 있지 아니한 점.

Ⅳ. 문제의 제기

사안에서 중소기업 정보화지원사업에 따른 지원금 출연은 자금조성(Subvention)에 해당한다. 자금조성의 법형식은 행정행위, 공법계약, 이단계적 접근[2] 등이 모색되는데, 대상판결은 일단 공법계약의 차원에서 접근하였다. 공법(행정)계약의 경우 그것의 해지의 법적 성질이 다투어지곤 한다. 판례는 공중보건의사와 같은 전문직 공무원근무관계에서의 채용계약해지에 대해서 시종 처분성을 부인하였다.[3] 대상판결은 지

---

1) 제32조(출연금의 환수) ① 중소기업청장은 제10조 제1항에 따른 기술혁신사업 및 제11조제1항에 따른 산학협력 지원사업에 참여한 중소기업자·학교·기관·단체 또는 그 소속 임직원이나 소속 외의 연구책임자·연구원이 제31조제1항 각 호의 어느 하나에 해당하는 경우에는 이미 출연한 사업비의 전부 또는 일부를 환수할 수 있다. <개정 2012.12.11>
② 제1항에 따른 환수 기준 및 절차 등에 관하여 필요한 사항은 대통령령으로 정한다.

2) 김병기/황선훈, 독일 이단계이론에 대한 법적 소고, 중앙법학 제17집 제2호(통권 제56호), 185면 이하.

원금 출연을 위하여 중소기업청장이 체결하는 협약은 공법상 대등한 당사자 사이의 의사표시의 합치로 성립하는 공법상 계약으로 보면서, 협약의 해지 및 그에 따른 환수통보 역시 계약의 차원에서 접근하여 처분성을 부인하였다. 당초행위의 법적 성질과 그것의 반대행위의 법적 성질은 특별한 법규정이 없는 한 동일하여야 한다. 이런 관점에서 보면 대상판결은 당연하다. 그런데 판례는 종종 공법(행정)계약의 해지를 행정처분으로 보기도 한다. 이런 상반된 상황을 그것을 정당화할 수 있는 근거의 차원에서 검토하고자 한다.[4)]

V. 사안에서의 협약 및 협약해지의 법적 성질

사안에서 중소기업 정보화지원사업에 따른 지원금 출연을 위하여 체결한 협약과 관련해서는 그것의 법적 성질 및 그 해지의 성격이 문제된다.

구 중소기업 기술혁신 촉진법 시행령(대통령령 제20519호, 2008.1.3., 일부개정) 제8조는 법 제10조 제1항에 따른 기술혁신사업, 법 제11조제1항에 따른 산학협력 지원사업과 기술지도사업 등에 대해 협약체결을 규정하고 있다. 즉, 기본적으로 자금조성(출연)이 공법계약의 형태로 행해짐을 규정한 것이다. 반면 중소기업 정보화지원사업의 경우에는 비록 모법 제18조 제3항이 중소기업 정보화의 기반조성과 정보기술의 보급·확산 지원사업에 관하여 필요한 사항은 대통령령으로 정하도록 규정하였지만, 동법 시행령과 시행규칙에서 별반 그에 관해 규율하지 않고 있었다. 하지만 사안에서 중소기업 정보화지원사업에 따른 지원금 출연을

3) 대법원 1996.5.31. 선고 95누10617판결 등.

4) 행정계약에 관한 최근 문헌으로 김판기, 행정계약의 공법적 체계에 관한 연구, 2016.2.

위하여 체결하는 협약을 공법계약으로 보는 데 별다른 문제가 없다.

출연금의 환수에 관한 모법률 제32조가 2009.1.30.에 신설되기 이전에는 시행령 제8조 제4항에 의해 출연금을 지급 받은 자가 정당한 사유 없이 용도외의 용도로 출연금을 사용한 때에는 그 출연금의 전부 또는 일부를 회수할 수 있었다. 다른 이유로 출연금을 회수하기 위해서는 계약해지에 따른 후속절차를 밟아야 한다. 하지만 법률 차원에서 환수근거가 마련되어 있는 이상, 환수사유에 해당하는 한 계약해지의 절차를 거치지 않고서 곧바로 회수절차를 진행할 수 있다. 모법률 제32조가 적용되는 한, 협약해지와 환수처분이 함께 행해진 경우에는 협약해지가 환수처분에 흡수되는 셈이 되고, 협약해지만이 내려진 경우에는 그것의 처분성여부가 문제될 수 있는데, 판례는 실정법상 관련규정 유무에 초점에 맞춰 판단을 한다.[5] 결론적으로 모법률 제32조의 적용대상이 아닌 사안에서의 협약의 해지 및 그에 따른 환수통보의 경우 공법계약의 차원에서 접근하여야 한다.

판례는 공법관계의 일방적 해소행위(의사표시)를 전적으로 행정행위로 단정할 수는 없다고 전제하면서, 관계법령에 해소에 관한 특별규정이 존재하는지를 결정적으로 기준으로 삼는다.[6] 그리하여 사안에서 기술혁신사업과 산학협력 지원사업의 경우와는 달리 중소기업 정보화지원사업의 경우에는 특별규정이 없음을 들어 비처분성을 논증하였다. 그런데 단지 특별규정의 존부에 초점을 맞추는 것은 재고될 필요가 있다(후술).

---

5) 대법원 2011.6.30. 선고 2010두23859판결 등의 문제점은 후술한다.

6) 대법원 2015.08.27. 선고 2015두41449판결 등: 행정청이 자신과 상대방 사이의 법률관계를 일방적인 의사표시로 종료시켰다고 하더라도 곧바로 의사표시가 행정청으로서 공권력을 행사하여 행하는 행정처분이라고 단정할 수는 없고, 관계 법령이 상대방의 법률관계에 관하여 구체적으로 어떻게 규정하고 있는지에 따라 의사표시가 항고소송의 대상이 되는 행정처분에 해당하는지 아니면 공법상 계약관계의 일방 당사자로서 대등한 지위에서 행하는 의사표시인지를 개별적으로 판단하여야 한다.

Ⅵ. 처분성인정 판결에 대한 비판적 분석

(1) 대법원 2011.6.30. 선고 2010두23859판결

가) 사안과 경과

피고는 지식경제부장관으로부터 국가산업단지의 관리업무를 위탁받은 공법인으로서 반월공업공단의 지위를 승계하였다. 반월공업공단은 1980.12.31. 원고와 반월공업단지 내 공업용지 B-12-42 5,820.3㎥에 관하여 입주계약(이하 '이 사건 입주계약'이라 한다)을 체결하였다. 그 계약에서 정한 원고의 사용계획은 '제조업(모피제품 가공 및 임가공 등)'을 영위하는 것이고, 피고의 동의 없이 그 사용계획과 상위한 용지의 사용이나 수익행위를 할 수 없고, 용지 및 건물을 생산활동 이외의 목적으로 사용하거나 수익할 수 없으며 그 위반시에는 피고가 계약을 해지하기로 약정하였다. 피고는 2008.12.17. 원고에게 계약해지를 통보하였는데(이하 '이 사건 해지'라고 한다), 그 사유는 원고가 공장에서 할 수 없는 서비스업(세탁업)을 영위하였다는 것이었다. 이에 대하여 원고는 주위적으로, 피고의 이 사건 해지를 처분으로 보아 그 취소를 구하고, 예비적으로는 이 사건 해지의 무효확인 또는 원고가 반월공단 입주업체의 지위에 있다는 확인을 구하였다.

원심(서울고등법원 2010.9.28. 선고 2009누32439판결)은 원고의 주위적 청구에 대하여 다음과 같이 판단하여 그 부분 소를 각하하였다: 이 사건 입주계약은 공법상의 계약관계일 뿐 반월공업공단이 우월한 지위에서 원고에게 행정상의 설권행위 등을 한 것이라고 볼 수 없고, 그 계약의 해지는 민법에서 정한 계약의 해지와 성격이 같다. 그러므로 이 사건 해지는 행정청이 고권적인 지위에서 계약관계를 일방적으로 해소한 것으로 볼 수 없어 행정처분에 해당하지 아니하고, 따라서 항고소송으로서 그 취소를 구하는 원고의 주위적 청구는 부적법하다.

하지만 대법원 2010두23859판결은 원심판결을 파기하고, 서울고등법원에 환송하였다.

나) 검토

여기선 주위적 청구를 중심으로 살펴본다. 문제는 공법계약관계에서의 해지를 계약차원의 본래의 것으로 이해할 것인지 아니면 일방적 공권력행사의 차원에서 그것을 이해할 것인지 여부이다. 그런데 법원은 사안을 공히 공법계약(행정계약)으로 보는 데는 아무런 이견이 없다. 그런데 사안처럼, 당해 공법계약관계에 관해 개별법률이 특별한 규정을 하고 있을 때 그 법상황을 어떻게 이해할 것인지, 즉, 그로 인해 공법계약의 본질에 변화가 초래되는지가 문제된다. 대상판결은 해지통보에 수반되는 법적 의무 및 그 의무를 불이행한 경우의 산업집적법상의 형사적 내지 행정적 제재에[7] 착안하여 입주계약해지를 행정처분으로 보았다.[8]

공법계약관계적 틀에서 벗어난 이런 접근은 타당하지 않다. 입주계약의 해지에 따른 법효과가 법률에 의해 직접적으로 발생하더라도 이들 규정은 공법계약으로서 입주계약을 설정하는 데 이바지하는 특별규정일 뿐이다. 대상판결처럼 일방적 의사표시인 계약해지를 행정행위로 설정하면, 입주계약의 이행 역시 하명과 같은 행정행위의 형식으로 관철할 수 있다는 식으로, 타당하지 않은 결과가 초래된다.[9]

7) 입주계약이 해지된 자는 잔무처리 등을 제외하고는 그 사업을 즉시 중지하여야 하고(산업집적법 제42조 제1항 제6호, 제2항, 제5항), 이에 위반하여 계속 그 사업을 영위하는 자는 3년 이하의 징역 또는 1천 5백만 원 이하의 벌금에 처하며(제52조 제10호), 그가 소유하는 산업용지 및 공장 등을 일정한 기간 내에 처분 또는 양도하여야 하고(제43조), 이에 위반한 때에는 관리권자가 이행강제금을 부과할 수 있고(제43조의3), 과태료에 처한다(제55조 제1항 제4호).

8) 동지: 안철상, 행정소송과 민사소송의 관계, 법조 제616호(2008.1.), 333면.

9) 졸고, 2011년도 主要 行政法(行政)判決의 分析과 批判에 관한 小考, 안암법학 제38호(2012.5.31), 27면 이하 참조.

(2) 대법원 2014.12.11. 선고 2012두28704판결

가) 사안과 경과

○○대 해양소재사업팀이 2009.3. 2단계 BK21사업의 지원대상자로 선정되어 2009.4.14. 한국학술진흥재단 이사장과 ○○대학교 총장, 산학협력단장 및 해양생물유래 고부가식품·향장·한약 기초 소재 개발 인력양성사업팀장 사이에 2단계 BK21 사업협약(이하 '이 사건 협약'이라 한다)을 체결하였다. (한국학술진흥재단을 승계한) 한국연구재단이 ○○대학교 총장에게 다음과 같은 내용의 통보(이하 '이 사건 통보'라 한다)를 하였다: BK21 사업 ○○대 해양소재사업팀 협약해지, 국고지원금 집행잔액 반납, 사업팀장(원고) 국가연구개발사업 3년간 참여제한, 사업팀장(원고)에 대한 대학 자체징계 요구. 이에 사업팀장이 일종의 제3자효 행정행위의 차원에서 '이 사건 통보'에 대해 소를 제기하였다.

제1심(대전지방법원 2012.07.18. 선고 2011구합4277판결)은, 원고는 이 사건 처분의 직접 상대방이 아니고, 원고가 이 사건 통보 중 사업팀 협약해지 부분으로 인하여 입게 되는 불이익은 처분의 직접 상대방인 ○○대학교 총장에 대한 불이익한 처분으로 인한 간접적·사실적·경제적 이해관계에 불과하므로, 원고는 이 사건 통보 중 사업팀 협약해지 부분에 관하여 원고적격이 없다고 보았고, 대학 자체징계 요구 부분에 대해서는 원고의 권리, 의무에 직접적 변동을 초래하는 행위가 아니라, 권유 또는 사실상의 통지로서 원고의 법률상 지위에 직접적인 법률적 변동을 일으키지 아니하는 행위에 해당하므로, 이 사건 통보 중 대학 자체징계 요구 부분은 행정처분에 해당하지 않는다고 보았으며, 국가연구개발사업 3년간 참여제한 부분은 아무런 위법이 없다고 판시하였다. 항소심(대전고등법원 2012.11.22. 선고 2012누1769 판결) 역시 그대로 따랐다.

대법원 2012두28704판결은 이 사건 통보 중 대학 자체징계 요구와 국가연구개발사업 3년간 참여제한 부분과 관련해서는 원심과 같은 입장을 취한 반면, 사업팀 협약해지 부분과 관련해서는 원심과는 달리 원고적격과 대상적격을 인정하되, 적법하다고 판시하였다.

나) 검토

대법원 2014.12.11. 선고 2012두28704 판결은 이상의 대법원 2011.6.30. 선고 2010두23859판결을 참조하여 관련 법규정에 의거하여 사업팀 협약해지의 처분성을 인정하였다. 과학기술기본법 제11조의 2 제1항에 의하면, 중앙행정기관의 장은 소관 국가연구개발사업에 참여한 기관, 단체, 기업, 연구책임자·연구원 또는 소속 임직원에 대하여 다음 각 호의[10] 어느 하나에 해당하면 5년의 범위에서 소관 국가연구개발사업의 참여를 제한할 수 있으며, 이미 출연하거나 보조한 사업비의 전부 또는 일부를 환수할 수 있다. 그리고 동법의 위임에 의해 제정된 국가연구개발사업의 관리 등에 관한 규정(대통령령 제26729호) 제11조에 의하면, 중앙행정기관의 장은 다음 각 호의[11] 어느 하나에 해당하는 사유가 발

10) 1. 연구개발의 결과가 극히 불량하여 중앙행정기관이 실시하는 평가에 따라 중단되거나 실패한 연구개발과제로 결정된 경우
2. 정당한 절차 없이 연구개발 내용을 국내외에 누설하거나 유출한 경우
3. 정당한 사유 없이 연구개발과제의 수행을 포기한 경우
4. 정당한 사유 없이 기술료를 납부하지 아니한 경우
4의2. 정당한 사유 없이 사업비 환수금을 납부하지 아니한 경우
5. 연구개발비를 사용용도 외의 용도로 사용한 경우
6. 정당한 사유 없이 연구개발성과인 지식재산권을 연구책임자나 연구원의 명의로 출원하거나 등록한 경우
7. 거짓이나 그 밖의 부정한 방법으로 연구개발을 수행한 경우
8. 그 밖에 국가연구개발사업을 수행하기 부적합한 경우로서 협약의 규정을 위반한 경우

11) 1. 연구개발목표가 다른 연구개발에 의하여 성취되었거나 대내외 기술환경의 변화 등으로 연구개발을 계속할 필요성이 없어진 경우
1의 2. 연구개발과제 수행 중에 추진 중인 다른 연구개발과제와 중복되는 것으로 확인된 경우. 다만, 제7조제11항 단서에 해당하는 경우는 제외한다.
2. 주관연구기관 또는 참여기업의 중대한 협약 위반으로 인하여 연구개발을 계속 수행하기가 곤란한 경우
3. 주관연구기관 또는 참여기업이 연구개발과제의 수행을 포기한 경우

생하였을 때에는 협약으로 정하는 바에 따라 해약할 수 있고(제1항), 해약하였을 때는 출연금을 회수하여야 하거나 할 수 있으며, 참여제한을 할 수 있다(제3항).12)

그런데 협약해약에 따른 법효과는 대법원 2011.6.30. 선고 2010두23859판결에서의 사안에서 산업집적법의 상황과는 달리 과학기술기본법령에 의해 직접적으로 발생하지는 않고, 기본적으로 후속적 행정처분에 의해서 비로소 법효과가 발생한다. 결국 대법원 2011.6.30. 선고 2010두23859판결과 동일하게 접근하는 것은 바람직하지 않다.

---

4. 주관연구기관 또는 참여기업에 의하여 연구개발의 수행이 지연되어 처음에 기대하였던 연구개발성과를 거두기 곤란하거나 연구개발을 완수할 능력이 없다고 인정되는 경우
5. 다년도 협약과제의 경우에는 제16조제1항 단서에 따른 연차실적·계획서에 대한 검토 및 단계평가 결과 중앙행정기관의 장에 의하여 연구개발 중단조치가 내려진 경우
6. 부도 · 법정관리 · 폐업 등의 사유로 주관연구기관 또는 참여기업이 연구개발과제를 계속 수행하는 것이 불가능하거나 계속 수행할 필요가 없다고 중앙행정기관의 장이 인정하는 경우
7. 제24조에 따른 보안관리가 허술하여 중요 연구정보가 외부로 유출되어 연구수행을 계속하는 것이 불가능하다고 중앙행정기관의 장이 인정하는 경우
8. 제31조제3항에 따라 연구부정행위로 판단되어 연구개발과제의 연구개발을 계속 수행하는 것이 불가능하다고 중앙행정기관의 장이 인정하는 경우
9. 연구책임자가 다른 연구개발과제 수행과정에서 제27조에 따라 연구개발비의 용도 외 사용 등의 사유로 참여제한이 확정된 경우
10. 연구개발과제 수행에 따른 연구실 등의 안전조치가 불량하여 연구수행을 계속하는 것이 불가능하다고 중앙행정기관의 장이 인정하는 경우
11. 참여기업이 연구개발비 부담 의무를 이행하지 아니하는 경우
12. 거짓이나 그 밖의 부정한 방법으로 연구개발과제가 선정된 경우

12) ③ 중앙행정기관의 장은 제1항에 따라 협약을 해약하였을 때에는 실제 연구개발에 사용한 금액을 제외한 나머지 연구개발비 중 정부 출연금 지분에 해당하는 금액을 회수하여야 한다. 이 경우 제1항 제2호부터 제4호까지, 제6호부터 제8호까지, 제11호 및 제12호에 해당하는 사유로 협약을 해약하였을 때에는 정부 출연금의 전부 또는 일부를 회수할 수 있고, 필요한 경우 법 제11조의2에 따라 참여제한을 할 수 있다.

Ⅶ. 대법원 2015.12.24. 선고 2015두264판결의 문제점

1. 판결요지

[1] 구 국가연구개발사업의 관리 등에 관한 규정(2014. 11. 28. 대통령령 제25779호로 개정되기 전의 것, 이하 '국가연구개발사업규정'이라 한다) 제9조 제1항에 의하면, 중앙행정기관의 장은 주관연구기관의 장과 연구개발결과의 평가에 관한 사항(제8호), 협약의 변경 및 해약에 관한 사항(제10호), 협약의 위반에 관한 조치(제11호) 등을 포함하여 연구개발에 필요한 사항을 정한 협약을 체결해야 하고, 다만 같은 조 제2항에 따라 전문기관의 연구개발사업계획을 승인하여 국가연구개발사업을 추진하는 경우에는 전문기관의 장에게 직접 주관연구기관과 협약을 체결하도록 할 수 있다.

그런데 국가연구개발사업규정 제17조 제1항 제2호, 제11조 제2항에 따른 연구개발 중단 조치와 연구비의 집행중지 조치는 행정청이 최종적으로 협약의 해약 여부를 결정하기 전까지 일단 주관연구기관의 연구개발과 연구비 사용을 중지시킴으로써 연구비 환수 등 해약에 따른 후속 조치의 실효성을 확보하기 위한 잠정적·임시적인 조치이므로 이러한 조치를 할 수 있는 권한은 협약을 체결한 행정청에 부여되는 것이 성질에 부합한다. 따라서 국가연구개발사업규정 제9조 제2항에 따라 전문기관의 장인 한국환경산업기술원장이 환경부장관의 승인을 얻어 직접 주관연구기관과 협약을 체결한 국가연구개발과제에 관하여, 환경부훈령인 환경기술개발사업 운영규정 제33조 제1항 제1호, 제24조 제2항, 제1항 제5호, 제29조 제6항(이하 '훈령조항'이라 한다)에서 한국환경산업기술원장에게 연구개발 중단 조치와 연구비 집행중지 조치를 할 수 있는 권한을 부여한 것은 국가연구개발사업규정의 해석상 가능한 것을 명시하거나 위임받은 범위 내에서 세부적인 내용을 정한 것으로 볼 수 있고,

이와 달리 훈령조항이 국가연구개발사업규정 제34조에 반하여 규정에 저촉되는 내용을 규정하였다고 볼 것은 아니다.

[2] 한국환경산업기술원장이 환경기술개발사업 협약을 체결한 갑 주식회사 등에게 연차평가 실시 결과 절대평가 60점 미만으로 평가되었다는 이유로 연구개발 중단 조치 및 연구비 집행중지 조치(이하 '각 조치'라 한다)를 한 사안에서, 각 조치는 갑 회사 등에게 연구개발을 중단하고 이미 지급된 연구비를 더 이상 사용하지 말아야 할 공법상 의무를 부과하는 것이고, 연구개발 중단 조치는 협약의 해약 요건에도 해당하며, 조치가 있은 후에는 주관연구기관이 연구개발을 계속하더라도 그에 사용된 연구비는 환수 또는 반환 대상이 되므로, 각 조치는 갑 회사 등의 권리·의무에 직접적인 영향을 미치는 행위로서 항고소송의 대상이 되는 행정처분에 해당한다고 한 사례

2. 사안과 경과

사안은 한국환경산업기술원장이 환경기술개발사업 협약을 체결한 갑 주식회사 등에게 연차평가 실시 결과 절대평가 60점 미만으로 평가되었다는 이유로 연구개발 중단 조치 및 연구비 집행중지 조치를 한 경우이다. 원심(서울고법 2014.12.17. 선고 2014누1217판결)은, 이 사건 훈령조항은 대통령령인 국가연구개발사업규정의 위임 없이 중앙행정기관의 장이 아닌 피고에게 연구개발 중단과 연구비 집행중지를 명할 수 있는 권한을 부여하였기 때문에 대외적 구속력을 갖는 법규명령이 아니라고 보았다. 그 결과 피고가 원고들에 대하여 한 이 사건 연구개발 중단 조치와 이 사건 연구비 집행중지 조치(이 둘을 합하여 '이 사건 각 조치'라 한다)는 법령의 근거 없이 이 사건 협약 당사자 간의 대등한 지위에서 한 의사표시에 불과하여 항고소송의 대상이 되는 행정처분이 아니고, 따라서

그 취소를 구하는 이 사건 소가 부적법하다고 판단하였다.

3. 검토

먼저 대상판결은 이 사건 훈령조항인 환경기술개발사업 운영규정의 법적 성질의 적극적으로 규명하지 않은 채 그것이 상위법령에 위배되지 않는다는 점만을 판시하였다. 일찍이 판례가 근거규정의 법적 성질과 처분성여부를 연계시키지 않는 접근을 강구하고 있지만,[13] 그와 관계없이 환경기술개발사업 운영규정은 비록 환경부훈령이지만, 「환경기술개발 및 지원에 관한 법률」, 동법 시행령 및 「국가연구개발사업의 관리 등에 관한 규정(대통령령)」에서 위임한 세부사항을 정하고 있다. 따라서 그것은 법령보충적 규칙으로서 법규적 성질을 갖는다.

대상판결은 연구개발 중단 조치 및 연구비 집행중지 조치에 대해 처분성을 인정하였는데, －대상판결도 시인하듯이－ 이들 조치는 협약의 해약 이전에 예방적으로 취하는 것이다.[14] 즉, 환경기술개발사업 협약은 여전히 유효하게 존재하고 있다. 협약해약 이후에 취하는 출연금 회수의 경우와는 다르다. 그렇다면 이들 조치의 법적 성질은 공법계약의 존속하에서 접근하여야 한다. 이 점에서 처분성을 부인한 원심이 타당하다.

---

13) 대법원 2005.2.17. 선고 2003두14765판결 등. 필자가 이런 비연계성을 처음 주장한 이래로 판례에서 적극적으로 수용되었다. 졸고, 불문경고조치의 법적 성질과 관련한 문제점에 관한 소고, 인권과 정의 제336호, 2004.8., 125면 이하.

14) 국가연구개발사업규정 제11조 ② 중앙행정기관의 장은 제1항 각 호의 사유가 발생하였을 때에는 연구비의 집행 중지 및 현장 실태조사 등 적절한 조치를 하여야 한다.

Ⅷ. 맺으면서-행정소송법의 개정을 통한 공법계약론의 활성화

행정절차법 등의 처분개념적 징표는 행정행위의 해석을 위해 중요한데, 그것은 수령자의 차원에 좌우된다. 이 점은 행정행위의 내용은 물론, 문제의 작용이 행정행위에 해당하는지 여부의 물음에 대해서도 통용된다. 이런 범주에서 가늠잣대는 외견상으로 볼 수 있는 행정청의 실제적 의사(의도)에 좌우되지, 액면상의 표현에 좌우되지 않는다.[15] 하지만 행정행위에 의한 행정법관계의 경우 기본적으로 공적 판단에 Favor를 두는 점에서, 처분성의 인정이 자칫 시민을 불리한 처지에 놓이게 할 수 있다는 점을 유의하여야 한다.

공법계약에서 행정은 시민과 의사합치적 규율을 받기에 당연히 시민과 동등한 질서의 차원에 선다. 따라서 계약상의 급부청구권의 실현이나 그 관계의 해소(해지)에 있어서도 이런 차원에 변함이 없어야 한다. 행정법관계가 행정계약에 의해 성립한 이상, 그것의 전개와 해소를 둘러싼 논의 역시 기본관계의 차원에서 행해져야 한다. 권리보호의 차원에서 행정행위가 더 유용하더라도 그것의 확대인정이 행정작용의 체계를 몰각하여선 아니 된다. 우리의 경우 공무원채용계약상의 불채용통보,[16] 읍·면장에 의한 이장의 임명 및 면직이[17] 정당하게 처분성이 부정되나, 공법계약은 입지가 매우 좁다.[18] 공법계약론의 발전적 전개를 위해서는 가칭 행정기본법을 제정함에 있어서 공법계약에 관한 일반규

---

15) Ruffert, in: Ehlers/Pündr, Allg. VerwR, 15.Aufl., 2015, §21 Rn.15.

16) 대법원 2014.4.24. 선고 2013두6244판결.

17) 대법원 2012.10.25. 선고 2010두18963판결. 반론: 김유환, 이장에 대한 면직처분의 법적 성격, 행정판례연구 제18집 제2호(2013), 89면 이하.

18) '送油管移設協約'의 法的 性質을 부담의 협약으로 부관의 일종으로 본 대법원 2009.2.12. 선고 2005다65500 판결; 2009.2.12. 선고 2005다65500 판결이 그 예이다. 이런 접근의 문제점에 관해서는 김중권, 행정법기본연구Ⅰ, 2008, 463면 이하 참조.

정을 두는 것이 필요하다.

그런데 실체법적 규정의 마련이 전부는 아니다. 행정법관계를 권력관계가 아닌 법관계(법률관계)로 바꿀 계기가 될, 당사자소송의 활성화가 강구되지 않고서는 공법계약론의 발전적 논의 역시 기대할 수 없다.[19] 2011.11.15. 제1차 회의를 시발로 출범한 법무부 행정소송법개정위원회가 마련한 개정안은 2013.3.의 입법예고단계를 지난 수준에서 멈추었다. 2004년, 2007년, 2011년 세 차례에 걸친 행정소송법개정의 노력이 무산된 것처럼, 이 번 제4차 개정작업 역시 '혹시나'로 시작하여 '역시나'로 끝날 우려가 크다. 행정소송법의 1984년 체제가 그동안 행정의 민주화에 결정적으로 이바지한 것은 명백하지만, 지금은 행정현실과 국가시스템의 측면에서만이 아니라, 공법학 전반에 심각한 정체상황을 초래하고 있다. 밤이 깊으면 깊을수록 새벽이 가까워지듯이, 시대에 부응한 행정소송법의 개혁이 하루바삐 실현되길 기대한다.

19) 졸고, 當事者訴訟의 活性化에 즈음한 行政法의 改革에 관한 小考, 이강국 헌법재판소장 퇴임기념논문집(2013.1.19.), 379면 이하.

참고문헌

김남진, 행정법의 기본문제, 1994.
김남진·김연태, 행정법 I, 2016.
김동희, 행정법 I, 2016.
김중권, 행정법, 2016.
_____, 행정법기본연구 I (2008), II (2009), III (2010), IV (2013).
김철용, 행정법, 2016.
김철용·최광율, 행정소송법, 2004.
김형배, 법학방법론, 1981.
박균성, 행정법론(상), 2016.
박정훈, 행정소송의 구조와 기능, 2006.
석종현·송동수, 일반행정법(상), 2011.
유지태·박종수, 행정법신론, 2012.
정남철, 행정구제의 기본원리, 2015.
정하중, 행정법개론, 2016.
정하중, 행정법의 이론과 실제, 2012.
한견우, 현대행정법신론 1, 2014.
홍정선, 행정법원론(상)(하), 2016.
홍준형, 행정법, 2012.

김병기·황선훈, 독일 이단계이론에 대한 법적 소고, 중앙법학 제17집 제2호(통권 제56호), 185면 이하.
김유환, 이장에 대한 면직처분의 법적 성격, 행정판례연구 제18집 제2호(2013), 89면 이하.
김중권, 불문경고조치의 법적 성질과 관련한 문제점에 관한 소고, 인권과 정의 제336호, 2004.8., 125면 이하.

_____, 2011년도 主要 行政法(行政)判決의 分析과 批判에 관한 小考, 안암법학 제38호 (2012.5.31), 27면 이하.

_____, 當事者訴訟의 活性化에 즈음한 行政法의 改革에 관한 小考, 이강국 헌법재판소장 퇴임기념논문집(2013.1.19.), 379면 이하.

안철상, 행정소송과 민사소송의 관계, 법조 제616호(2008.1.), 319면 이하.

Ehlers/Pünder, Allg. VerwR, 15.Aufl., 2015.

Maurer, Allg. VerwR, 18.Aufl., 2011.

국문초록

대상판결은 공법계약의 해지의 처분성을 정당하게 부인하였다. 하지만 판례는 공법계약의 해지의 처분성을 인정하기도 한다. 판례상의 태도가 이처럼 상반된다는 것은 법집행에서의 안정성의 차원에서 심각한 문제이다. 공법계약에서 행정은 시민과 의사합치적 규율을 받기에 당연히 시민과 동등한 질서의 차원에 선다. 따라서 계약상의 급부청구권의 실현이나 그 관계의 해소(해지)에 있어서도 이런 차원에 변함이 없어야 한다. 행정법관계가 행정계약에 의해 성립한 이상, 그것의 전개와 해소를 둘러싼 논의 역시 기본관계의 차원에서 행해져야 한다. 권리보호의 차원에서 행정행위가 더 유용하더라도 그것의 확대인정이 행정작용의 체계를 몰각하여선 아니 된다. 공법계약론의 발전적 전개를 위해서는 가칭 행정기본법을 제정함에 있어서 공법계약에 관한 일반규정을 두는 것이 필요하다. 아울러 당사자소송을 활성화시킬 수 있도록 행정소송법의 개혁이 요구된다.

주제어: 행정행위의 개념적 징표, 실체적 상관관계이론, 행정법관계, 공법(행정)계약의 해지, 행정소송법의 개혁

Zusammenfassung

Die rechtliche Natur der Kündigung eines öffentlich-rechtlichen Vertrages

Kim, Jung-Kwon

In dieser Untersuchung wird auf der Ebene der Rechtsprechung eine Verfügbarkeit der Kündigung von öffentlich-rechtlichem Vertrag ausführlich behandelt. Die in diesem Betrag eingehend dargestellte Rechtsprechung hat die Verfügbarkeit der Kündigung von öffentlich-rechtlichem Vertrag rechtsmäßig abgelehnt. Dennoch hat im Übrigen andere Rechtsprechung diese Verfügbarkeit bejaht. Der gegensätzliche Blickpunkt der Rechtsprechungen führt vor allem im Hinblick auf Sicherheit der Vollzug des Rechts zum erheblichen Problem. Im Rahmen des öffentlich-rechtlichen Vertrags besteht eine Stellung der Verwaltung grundsätzlich gleich wie Status von Bürger, weil beides unter dem Einfluss der gleichmäßigen Ordnung sowie Regelung stellt. Diese Auffassung ist beispielsweise auf der Ebene von Leistungsansprüche bzw. ihre Kündigung auch zu beachten. Sofern ein Verwaltungsverhältnis von dem öffentlich-rechtlichen Vertrag entsteht, soll die Diskussion um Entfaltung sowie Kündigung dieses Verhältnisses auch unter Grund-Verhältnis behandelt werden. Vor allem ist es benötigt, dass sog. beim Erlass des allgemeinen Verwaltungsgesetzes bezüglich des öffentlich-rechtlichen Vertrags allgemeine Regelungen vorgeschrieben werden, um den öffentlich-rechtlichen Vertrag weiter zu entfalten.

---

* Chung-Ang University Law School

keywords: Begriffsmerkmale des VAs, Sachzusammenhangstheorie, Verwaltungsrecht,sverhältnis, Kündigung eines öffentlich-rechtlichen Vertrages, Reform des Verwaltungsprozessrechts

투 고 일: 2016. 6. 17
심 사 일: 2016. 6. 24
게재확정일: 2016. 6. 27

損害塡補

公法上 制限을 받는 土地에 대한 損失補償 / 朴均省

公法上 制限을 받는 土地에 대한 損失補償

朴均省*

대법원 2015.08.27. 선고 2012두7950 판결[토지보상금증액]

I. 사안의 정리

1. 사건의 개요

(1) 피고 강남구는 도시계획시설사업(도곡근린공원 조성사업, 이하 "이 사건 사업"이라 한다)을 시행하면서 원고 소유의 서울 강남구 도곡동 산 55−1 임야 2,959㎡(이하 "이 사건 토지"라 한다) 및 지상 수목을 수용하였다. 사업인정고시일은 2002. 9. 16.이고, 수용재결일은 2009. 2. 13.이다.

---

* 경희대학교 법학전문대학원 교수

(2) 이 사건 토지의 상황 및 변동내역은 다음과 같다.

1) 이 사건 토지는 원고가 1971. 7. 6.경 매입하였는데, 그 당시에는 주거지역으로 지정된 토지였으며, 분필 등을 거쳐 서울 강남구 도곡동 산 55-1 임야 856㎡(이하 '병합전 산 55-1 토지'라 한다), 같은 동 산 56-1 임야 117㎡(이하 '산 56-1 토지'라 한다), 같은 동 산 47 임야 102㎡(이하 '산 47 토지'라 한다), 같은 동 산 48 임야 1,884㎡(이하 '산 48 토지'라 한다) 등 4필지가 되었다가, 사업인정고시 이후인 2007. 5. 11.경 원고의 병합신청에 따라 이 사건 토지로 병합되었다.

2) 이 사건 토지는 매봉산의 끝자락에 위치하고 있고 그 지목은 임야인데, 1977. 7. 9. 도시계획시설인 근린공원(도곡공원)의 부지로 결정·고시되었다. 그 당시 이 사건 토지의 북쪽과 서쪽으로는 자연림 상태의 임야지대가 형성되어 있었고, 동쪽으로는 주택으로 이루어진 주거지대와 전·답으로 이루어진 농경지대가 형성되어 있었으며, 남쪽으로는 비포장도로로 보이는 대로에 접하고 있었다.

3) 1980년대 들어 위 대로의 남쪽에 있던 농지가 대지로 변경되기 시작하였고 1988년경부터 이 사건 토지의 서쪽에 논현로 개설공사가 진행되어 논현로 서쪽의 임야지대가 대지로 변경되었다.

4) 이 사건 토지는 용도지역이 주거지역 또는 일반주거지역이었다가 2003. 10. 20.경 피고 보조참가인 서울특별시(이하 '참가인'이라 한다)의 일반주거지역 종세분화 조치에 따라 제1종 일반주거지역으로 지정되었다. 한편 서울특별시 일반주거지역 세분화 매뉴얼에 따르면, 제1종 일반주거지역은 저층주택을 중심으로 편리한 주거환경을 조성하기 위하여 필요한 지역이고, 제2종 일반주거지역은 중층주택을 중심으로 편리한 주거환경을 조성하기 위하여 필요한 지역이며, 제3종 일반주거지역은 중·고층주택을 중심으로 편리한 주거환경을 조성하기 위하여 필요한 지역을 가리킨다.

5) 이 사건 토지는 현재 서울 강남구 도곡동에 있는 지하철 3호선

매봉역의 서쪽 인근에 남쪽으로는 남부순환로에, 서쪽으로는 논현로에 접하는 상태로 위치하고 있다. 이 사건 토지의 논현로 건너편으로는 대규모 아파트 단지가 형성되어 있고, 남부순환로 건너편으로는 근린생활시설 및 주택 등이 있으며, 동쪽 및 북쪽으로는 순수 자연림 상태의 시가지 주변 임야지대가 있다.

6) 이 사건 토지 중 병합전 산 55-1 토지 부분은 1977년경부터 무단으로 형질변경되어 조경수 등이 식재되어 있고, 산 56-1 토지 부분도 무단으로 형질변경되어 주차공간으로 이용되고 있는 반면, 산 47 토지 부분과 산 48 토지 부분은 참나무 등 잡목이 우거진 자연림 상태의 토지이다. 특히 산 47 토지 부분은 도로보다 13m 내지 26m 정도 지대가 높다.

(3) 1심 판결에서 인정한 이 사건 토지의 인근 토지의 현재의 이용상황은 다음과 같다.

1) 이 사건 토지 인근의 남부순환로나 논현로에 직접 맞닿은 토지들은 이 사건 토지와 같이 근린공원(도곡공원) 부지로 결정·고시된 부분을 제외하고는 모두 제3종 일반주거지역으로 지정되어 상업용 부지 혹은 대규모 아파트 부지로 이용되고 있다.

2) 남부순환로나 논현로의 후면에 위치한 토지들은 제2종 일반주거지역으로 지정되어 주택 및 상업용 혼용지대를 형성하고 있다.

3) 이 사건 토지의 북동쪽에 위치한 공원용지로 지정된 토지들은 제1종 일반주거지역으로 공원부지 내지 임야 상태로 이용되고 있다.

4) 이 사건 토지의 동쪽으로 공원용지로 지정된 토지들을 지나 남부순환로와 북쪽으로 접하고 있는 토지들은 제2종 일반주거지역으로 주거용 부지 등으로 이용되고 있다.

(4) 서울특별시지방토지수용위원회의 2009. 2. 13.자 수용재결에서

는 손실보상금이 4,031,880,500원{4,007,965,500원(이 사건 토지) + 23,915,000원(이 사건 수목)}으로 결정되었고, 중앙토지수용위원회의 2009. 6. 18.자 이의재결에서는 4,330,346,450원{4,305,492,950원(이 사건 토지) + 24,853,500원(이 사건 수목)}으로 손실보상금을 증액하였다.

(5) 제1심은 다음과 같이 원고 일부 승소판결(약 143억 증액 인정[1])을 하였다. 즉, 만약 위와 같이 도시계획시설인 공원용지로 결정되지 않았더라면 이 사건 토지 중 병합전 산 55-1 토지와 산 56-1 토지 부분은 제3종일반주거지역이 되어 상가용 부지로 활용되었고, 산 47 토지와 산 48 토지 부분은 제2종일반주거지역이 되어 주거용 부지로 활용되었을 개연성이 크다고 보고, 비교표준지로 서울 강남구 도곡동 411-11 대 374㎡(이용상황 : 상업용, 용도지역 : 2002년 당시 일반주거지역, 현재 제3종일반주거지역, 표준지공시지가 3,750,000원)를 선정하였고, 품등비교 등을 통해 적용단가를 병합전 산 55-1 토지와 산 56-1 토지 부분은 7,380,000원/㎡, 산 47 토지와 산 48 토지 부분은 5,740,000원/㎡으로 하였다.

(6) 원심은 다음과 같이 원고 일부 승소판결(약 78억 증액 인정)을 하였다. 이 사건 토지가 이 사건 사업에 따라 공원용지로 지정되지 않았더라면 그 중 병합전 산 55-1 토지 및 산 56-1 토지 부분은 가격시점 당시 제3종일반주거지역으로 분류되어 상업용 부지로 이용되었을 것이라는 고도의 개연성이 인정된다고 보고, 비교표준지로 병합전 산 55-1 토지와 산 56-1 토지 부분은 서울 강남구 도곡동 411-11 대 374㎡(이용상황 : 상업용, 용도지역 : 2002년 당시 일반주거지역, 현재 제3종 일반주거지역, 표준지공시지가 3,750,000원)로, 산 47 토지와 산 48 토지 부분은 서울 강남

1) 청구금액은 약 175억 원이다.

구 도곡동 193－34 대 307㎡(이용상황 : 단독주택, 용도지역 : 제2종일반주거지역, 표준지공시지가 : 1,700,000원)로 선정하고, 품등비교 등을 통해 적용단가를 병합전 산 55－1 토지와 산 56－1 토지 부분은 7,820,000원/㎡, 산 47 토지와 산 48 토지 부분은 2,260,000원/㎡로 하였다. 산 47, 48 토지 부분은 현황대로 제1종일반주거지역, 이용상황 임야로 평가하였다.

(7) 이에 대하여 원고는 이 사건 토지 전부를 제3종일반주거지역(상업용 부지)로 평가해야 한다는 이유로, 피고는 이 사건 토지 전부를 제1종일반주거지역(임야)로 평가해야 하고, 산 47, 48 토지 부분도 비교표준지 선정과 보상선례 참작에 잘못이 있어 보상금 액수가 너무 과다하다는 이유로 각각 상고하였다.

2. 판결요지

(1) 1심 판결[2]의 요지

1) 이 사건 토지는 원래 주변 토지와 함께 주거지역이었는데, 1977. 7. 9. 도시계획시설인 도곡공원의 부지로 도시계획결정이 되고 1979. 6. 11. 지적승인이 된 후, 약 30년이 지난 2008. 7. 3.에 이르러 피고가 위 도시계획사업을 시행하게 되었으므로, 1977. 7. 9.자 도시계획결정은 이 사건 사업의 시행을 직접 목적으로 하여 행하여진 것이라고 할 것이다. 따라서 이 사건 토지에 대하여는 위와 같은 제한을 고려하지 아니하고 이 사건 수용 당시의 그 주변 토지의 이용상황 등을 고려하여 위 공원구역으로 결정되지 않았더라면 이 사건 토지의 이용상황이라고 추정되는 상태대로 평가하여야 할 것이다.

2) ① 도시계획결정 당시의 이 사건 토지 및 주변 토지의 현황, 그

2) 서울행정법원 2010. 6. 10. 선고 2009구합28964 판결.

이후의 변천과정, 현재 이 사건 토지 주변의 현황(일반주거지역의 종세분화결과), 이 사건 토지의 병합 경위 및 그 병합 전 토지의 각 입지조건 등에 비추어 보면, 만약 위와 같이 도시계획시설인 공원용지로 결정되지 않았더라면 이 사건 토지 중 산 55-1 토지와 산 56-1 토지 부분은 남부순환로나 논현로에 접한 주변 토지와 같은 제3종 일반주거지역이 되어 상가용 부지로 활용되었고, 산 47 토지와 산 48 토지 부분은 위 광대로의 후면에 위치한 토지와 같은 제2종 일반주거지역이 되어 주거용 부지로 활용되었을 개연성이 큰 점, ② 원고가 이 사건 토지를 매입할 당시에는 이 사건 토지에 공원용지의 제한이 가하여지지 않은 상태였고, 위와 같은 공원용지의 제한이 가하여질 당시 이 사건 토지와 동일하거나 유사한 이용현황을 가지고 있던 주변 토지들은, 그 중 공원용지의 제한을 받는 경우를 제외하고는 그것이 이 사건 토지와 유사한 임야의 형태를 이루고 있는 경우에도 대부분 개발되어 앞서 본 바와 같이 이용되고 있는 점에 비추어 볼 때 막연히 현재의 입목 본수도만을 기준으로 이 사건 토지가 주거용이나 상업용으로 개발되지 아니하였을 것이라고 볼 수 없는 점, ③ 그런데 재결감정들이 모두 이 사건 토지는 공법상 제한을 받지 아니한 상태로 평가되어야 한다고 하면서도, 비교표준지는 공원용지에 편입된 일반주거지역 내 자연림 상태의 표준지인 제1표준지(용도지역이 일반주거지역으로 공원용지에 편입된 서울 강남구 도곡동 산34-6 임야 7,322㎡(이용상황 : 자연림, 용도지역 : 일반주거지역, 도로교통 : 맹지, 형상지세 : 부정형 완경사, 표준지공시지가 150,000원)를 선정하고, 품등비교에 있어서도 이 사건 토지가 공원용지로서 이용제한을 받게 됨으로써 초래된 현실이용상황만을 기초하여 자연림으로 평가하였던 것으로 보여, 그 평가방법에 있어서 관계법령이 정한 모든 가격결정요소들을 제대로 참작하여 한 것으로 볼 수 없는 점, ④ 나아가 법원감정인이 이 사건 각 토지의 비교표준지로 선정한 제2 표준지(용도지역이 일반주거지역으로 공원용지에 편입되지 않은 서울 강남구 도곡동 411-11 대

374㎡(이용상황 : 상업용, 용도지역 : 일반주거지역, 도로교통 : 광대소각, 형상지세 : 부정형 평지, 표준지공시지가 3,750,000원)는 비록 지목과 이용상황이 이 사건 토지와 그대로 일치하지는 아니하나 용도지역이 일반주거지역으로 동일하고, 공원용지로 제한받지 않은 토지이어서, 제1 비교표준지보다는 이 사건 토지에 적용할 표준지로 더 적정해 보이는 점 등을 종합하여 보면, 이 법원은 이 사건 토지에 대한 손실보상금을 법원감정결과에 따라 산정하기로 하되, 산 55-1 토지와 산 56-1 토지 부분에 대하여는 제3종 일반주거지역이 되어 상업용 부지로 이용되는 것을 전제로, 산 47 토지와 산 48 토지 부분에 대하여는 제2종 일반주거지역이 되어 주거용 부지로 이용되는 것을 전제로 평가하여 산정한 적용단가를 적용하기로 한다.

(2) 원심 판결[3]의 요지

1) 공익사업법(토지보상법) 시행규칙 제23조 제2항에서 당해 공익사업의 시행을 직접 목적으로 하여 용도지역 또는 용도지구 등이 변경된 토지에 대하여는 변경되기 전의 용도지역 또는 용도지구 등을 기준으로 평가하도록 하는 규정을 두고 있음에도 이와 별도로 제23조 제1항의 일반 규정을 둔 입법 취지 등을 고려할 때 공법상 제한이 없는 상태를 상정한다는 규정의 의미는 일반적인 경우 당해 공익사업의 시행을 직접 목적으로 한 공법상 제한이 가하여지기 이전의 토지 이용상황을 기초로 그 손실보상액을 평가한다는 것을 말하나, 수용 대상 토지 및 주변 토지의 현황과 그 이용상황의 변천 과정, 관련 공법상 제한의 내용 등의 여러 정황을 종합적으로 검토한 결과 공법상 제한이 가하여지지 않았더라면 당해 토지의 이용상황이 가격시점 당시 다른 이용상황으로 변경되었을 것이라는 점에 관한 고도의 개연성이 인정되는 경우 등과 같은 특별

---

3) 서울고등법원 2012.02.14. 선고 2010누22643 판결[토지보상금증액].

한 사정이 있는 때에는 예외적으로 그와 같이 추정되는 가격시점 당시의 이용상황을 기초로 손실보상액을 정할 수 있다는 것을 말한다(이에 대하여 피고는 위와 같이 해석할 경우 주관적이고 자의적인 손실보상액의 산정이 불가피하여 사실상 공익사업의 수행에 큰 지장이 초래된다는 취지로 다투나, 이는 앞서 본 특별한 사정의 존부에 대한 엄격한 심사를 통하여 해결될 수 있는 문제일 뿐이며, 그 밖에 피고가 내세우는 사정은 위 해석론에 영향을 미칠 만한 정당한 근거가 될 수 없다).

2) 이 사건 토지의 현황과 분필·병합 경위, 주변 토지의 개발 경과 및 이용상황의 변천 내역, 토지 이용규제에 관한 관련 법규의 내용 등을 포함한 아래와 같은 여러 사정들을 종합적으로 검토해 볼 때, 이 사건 토지가 당해 공익사업에 따라 공원용지로 지정되지 않았더라면 이 사건 토지 중 병합전 산 55-1 토지 및 산 56-1 토지 부분은 가격시점 당시 제3종 일반주거지역으로 분류되어 상업용 부지로 이용되었을 것이라는 점에 대한 고도의 개연성이 인정되는 반면, 산 47 토지 및 산 48 토지 부분은 위 각 토지의 현황과 다른 공법상의 이용 제한 등을 감안할 때 공원용지로 지정되지 않았더라도 가격시점 당시 이용상황이 제2종 일반주거지역(주거용 부지) 또는 제3종 일반주거지역(상업용 부지) 등으로 변경되었을 개연성이 있다고 보기 어렵다.

(3) 대법원 판결요지

1) 토지보상법 제70조 제6항의 위임을 받은 법 시행규칙 제23조 제1항은 "공법상 제한을 받는 토지에 대하여는 제한받는 상태대로 평가한다. 다만 그 공법상 제한이 당해 공익사업의 시행을 직접 목적으로 하여 가하여진 경우에는 제한이 없는 상태를 상정하여 평가한다."고 규정하고 있고, 제2항은 "당해 공익사업의 시행을 직접 목적으로 하여 용도지역 또는 용도지구 등이 변경된 토지에 대하여는 변경되기 전의 용도지역 또는 용도지구 등을 기준으로 평가한다."고 규정하고 있다. 따라서

공법상 제한을 받는 토지에 대한 보상액을 산정할 때에 해당 공법상 제한이 용도지역 · 지구·구역(이하 '용도지역 등'이라 한다)의 지정 또는 변경과 같이 그 자체로 제한목적이 달성되는 일반적 계획제한으로서 구체적 도시계획사업과 직접 관련되지 아니한 경우에는 그러한 제한을 받는 상태 그대로 평가하여야 하지만, 도로·공원 등 특정 도시계획시설의 설치를 위한 계획결정과 같이 구체적 사업이 따르는 개별적 계획제한이거나 일반적 계획제한에 해당하는 용도지역 등의 지정 또는 변경에 따른 제한이더라도 그 용도지역 등의 지정 또는 변경이 특정 공익사업의 시행을 위한 것일 때에는 당해 공익사업의 시행을 직접 목적으로 하는 제한으로 보아 위 제한을 받지 아니하는 상태를 상정하여 평가하여야 한다(대법원 2012. 5. 24. 선고 2012두1020 판결 등 참조). 한편 이와 같은 법 시행규칙 제23조 제1항 단서와 제2항은 모두 당해 공공사업의 영향을 배제하여 정당한 보상을 실현하려는 데 그 입법 취지가 있다(대법원 2007. 7. 12. 선고 2006두11507 판결 참조).

2) 용도지역 등의 지정 또는 변경행위는 전문적 · 기술적 판단에 기초하여 행하여지는 일종의 행정계획으로서 재량행위라 할 것이지만, 행정주체가 가지는 이와 같은 계획재량은 그 행정계획에 관련되는 자들의 이익을 공익과 사익 사이에서는 물론이고 공익 상호 간과 사익 상호 간에도 정당하게 비교·교량하여야 하고 그 비교 · 교량은 비례의 원칙에 적합하도록 하여야 하는 것이므로, 만약 행정주체가 행정계획을 입안·결정함에 있어서 이익형량을 전혀 행하지 아니하였거나 이익형량의 고려대상에 마땅히 포함시켜야 할 중요한 사항을 누락한 경우 또는 이익형량을 하였으나 그것이 비례의 원칙에 어긋나게 된 경우에는 그 행정계획결정은 재량권을 일탈·남용한 것으로 위법하다(대법원 2005. 3. 10. 선고 2002두5474 판결, 대법원 2012. 5. 10. 선고 2011두31093 판결 등 참조).

3) 구 공익사업을 위한 토지 등의 취득 및 보상에 관한 법률 시행규칙(2012. 1. 2. 국토해양부령 제427호로 개정되기 전의 것) 제23조 제1항, 제

2항의 규정 내용, 상호 관계와 입법 취지, 용도지역 · 지구 · 구역(이하 '용도지역 등'이라 한다)의 지정 또는 변경행위의 법적 성질과 사법심사의 범위, 용도지역 등이 토지의 가격형성에 미치는 영향의 중대성 및 공익사업을 위하여 취득하는 토지에 대한 보상액 산정을 위하여 토지가격을 평가할 때 일반적 계획제한에 해당하는 용도지역 등의 지정 또는 변경이라도 특정 공익사업의 시행을 위한 것이라면 당해 공익사업의 시행을 직접 목적으로 하는 제한이라고 보아야 하는 점 등을 종합적으로 고려하면, 어느 수용대상 토지에 관하여 특정 시점에서 용도지역 등의 지정 또는 변경을 하지 않은 것이 특정 공익사업의 시행을 위한 것일 경우 이는 당해 공익사업의 시행을 직접 목적으로 하는 제한이라고 보아 용도지역 등의 지정 또는 변경이 이루어진 상태를 상정하여 토지가격을 평가하여야 한다. 여기에서 특정 공익사업의 시행을 위하여 용도지역 등의 지정 또는 변경을 하지 않았다고 볼 수 있으려면, 토지가 특정 공익사업에 제공된다는 사정을 배제할 경우 용도지역 등의 지정 또는 변경을 하지 않은 행위가 계획재량권의 일탈·남용에 해당함이 객관적으로 명백하여야만 한다.

II. 평석

1. 쟁점의 정리

이 사건에서 주된 쟁점은 우선 해당 공익사업을 목적으로 공법상 제한이 가해진 경우, 공익사업을 위한 토지 등의 취득 및 보상에 관한 법률(이하 '토지보상법'이라 한다) 시행규칙 제23조 제1항에 따라 그 공법상 제한이 없었던 것으로 보고 보상액을 산정하여야 하는데, 그러한 공법상 제한이 없었더라면 용도지역 등 법률적인 규제사항 및 물리적인 이용상황이 변경되었을 것으로 보이는 경우 그 변경되었을 상태를 기준으로 보상하는 것이 타당한지 여부이었다. 이 사건의 경우 이 사건 토지가 공원용지로 결정되지 않았다면 용도지역이 1종 주거지역으로 남지 않고 주위 토지와 같이 2종 주거지역 내지 3종 주거지역(고층주택 신축가능)으로 변경되었을 것이라고 보아 이를 기준으로 평가할 수 있는지 여부가 문제되었다. 또한 병합전 산 55−1 토지와 산 56−1 토지의 이용상황을 주변 토지의 이용상황과 같이 상업용으로 보고 보상액을 산정하여야 하는지가 문제되었다. 그리고, 이와 관련하여 비교표준지의 선정이 문제되었다.

평석대상 판결(이하 '대상 판결'이라 한다)이 나오기 전에 이에 관한 대법원 판례도 없었고, 이에 관한 논문도 없었다. 그리고 이 사건에서 다음과 같이 1심, 원심과 대법원 판결이 다른 결론을 내리고 있는 점에서 볼 때 논란의 여지가 큰 문제임을 알 수 있다. 1심 판결은 이 사건 토지에 대하여는 공원용지, 제1종 주거지역 등의 제한을 고려하지 아니하고 이 사건 수용 당시의 그 주변 토지의 이용상황 등을 고려하여 위 공원구역으로 결정되지 않았더라면 이 사건 토지의 이용상황이라고 추정되는 상태대로 평가하여야 할 것이라고 하면서 만약 위와 같이 도시계획시설인 공원용지로 결정되지 않았더라면 이 사건 토지 중 산 55−1 토지와 산 56−1 토지 부분은 남부순환로나 논현로에 접한 주변 토지와 같은 제3종 일반주거지역이 되어 상가용 부지로 활용되었고, 산 47 토지와 산 48 토지 부분은 위 광대로의 후면에 위치한 토지와 같은 제2종 일반주거지역이 되어 주거용 부지로 활용되었을 개연성이 크다고 보았다. 원심판결은 "수용 대상 토지 및 주변 토지의 현황과 그 이용상황의 변천 과정, 관련 공법상 제한의 내용 등의 여러 정황을 종합적으로 검토한 결과 공법상 제한이 가하여지지 않았더라면 당해 토지의 이용상황이 가격시점 당시 다른 이용상황으로 변경되었을 것이라는 점에 관한 고도의 개연성이 인정되는 경우 등과 같은 특별한 사정이 있는 때에는 예외적으로 그와 같이 추정되는 가격시점 당시의 이용상황을 기초로 손실보상액을 정할 수 있다"고 하였다. 이에 대하여 대법원 판결은 "어느 수용대상 토지에 관하여 특정 시점에서 용도지역 등의 지정 또는 변경을 하지 않은 것이 특정 공익사업의 시행을 위한 것일 경우 이는 당해 공익사업의 시행을 직접 목적으로 하는 제한이라고 보아 용도지역 등의 지정 또는 변경이 이루어진 상태를 상정하여 토지가격을 평가하여야 한다. 여기에서 특정 공익사업의 시행을 위하여 용도지역 등의 지정 또는 변경을 하지 않았다고 볼 수 있으려면, 토지가 특정 공익사업에 제공된다는 사정을 배제할 경우 용도지역 등의 지정 또는 변경을 하지 않은 행위가 계획재량권의 일탈·남용에 해당함이 객관적으로 명백하여야만 한다."고 하였다.

대상 판결과 같이 공법상 제한이 없었더라면 용도지역 등이 변경되었을 것으로 보이고, 그 변경되었을 상태를 기준으로 보상하여야 한다고 보는 경우 그러한 변경될 용도지역의 판단주체, 판단시점 및 판단기준이 문제되고 토지의 현황 판단의 시점과 기준 특히 변경될 용도지역의 토지의 현황에 대한 영향을 명확히 할 필요가 있는데, 대상 판결은 이 점에 관하여 재검토될 필요가 있다. 또한 비교표준지의 선정도 문제된다.

2. 현황평가의 원칙

현황평가의 원칙이라 함은 기본적으로 수용대상토지의 지목[4]과 현실적인 이용상황이 다를 때 공부상의 지목보다는 현실적인 이용상황을

4) "지목"이란 토지의 주된 용도에 따라 토지의 종류를 구분하여 지적공부(토지대장, 임야대장, 공유지연명부, 대지권등록부, 지적도, 임야도 및 경계점좌표등록부 등 지적측량 등을 통하여 조사된 토지의 표시와 해당 토지의 소유자 등을 기록한 대장 및 도면(정보처리시스템을 통하여 기록ㆍ저장된 것을 포함한다))에 등록한 것을 말한다(공간정보의 구축 및 관리 등에 관한 법률 제2조 제24호, 제19호).

기준으로 토지가격을 평가하여야 한다는 원칙을 말한다. 현황평가의 취지는 지적공부상의 지목과 현실적인 이용상황이 일치하지 않는 경우가 적지 않은 점을 고려하여 이 경우 지적공부가 정리되지 않았더라도 현실적인 이용상황에 따라 평가하여 보상하도록 함으로써 지목과 달리 현실적으로 토지를 이용하는 토지소유자를 보호하기 위한 것이다.[5)]

토지보상법령은 다음과 같이 현황평가의 원칙을 채택하고 있다. 토지에 대한 보상액은 가격시점[6)]에서의 현실적인 이용상황과 일반적인 이용방법에 의한 객관적 상황을 고려하여 산정하되, 일시적인 이용상황[7)]과 토지소유자나 관계인이 갖는 주관적 가치 및 특별한 용도에 사용할 것을 전제로 한 경우 등은 고려하지 아니한다(토지보상법 제70조 제2항). 토지의 현황은 현실적인 이용상황뿐만 아니라 일반적인 이용방법에 의한 객관적 상황을 고려하여 결정된다. 일반적인 이용방법이라 함은 토지의 위치, 주위의 환경, 공법상의 제한, 규제의 유무 등을 고려할 때 해당 토지의 일반적인 이용방법을 말하고, 객관적 상황이라 함은 토지수요자에 고유한 특별한 상황이 아닌 사회통념에 비추어 본 객관적인 상황을 말한다.

따라서, 현황평가의 원칙에서 현황은 현실적 이용상황과 공법상 제한, 지목 등 법률적 규제사항을 포함한다. 감정평가 실무기준[8)]도 현황

---

5) 한국감정원, 토지보상법, 한국감정원, 2003, 575쪽.

6) "가격시점"이란 제67조제1항에 따른 보상액 산정(算定)의 기준이 되는 시점을 말한다(토지보상법 제2조 제6호). 보상액의 산정은 협의에 의한 경우에는 협의 성립 당시의 가격을, 재결에 의한 경우에는 수용 또는 사용의 재결 당시의 가격을 기준으로 한다(토지보상법 제67조 제1항).

7) 법 제70조제2항에 따른 일시적인 이용상황은 관계 법령에 따른 국가 또는 지방자치단체의 계획이나 명령 등에 따라 해당 토지를 본래의 용도로 이용하는 것이 일시적으로 금지되거나 제한되어 그 본래의 용도와 다른 용도로 이용되고 있거나 해당 토지의 주위환경의 사정으로 보아 현재의 이용방법이 임시적인 것으로 한다(동법 시행령 제38조).

8) 감정평가 실무기준은 부동산 가격 공시 및 감정평가에 관한 법률 및 감정평가에 관한 규칙의 일반적 기준을 구체적으로 규정하고 전문적인 사항을 규정하기 위하

을 대상물건의 이용상황과 공법상 제한 상태 등을 포괄하는 의미로 보고 있다.[9] 이에 따라 예를 들면, 취득하는 토지의 현실지목이 농경지이고 농지로 이용되고 있을지라도 도시관리계획상 주거지역으로 되어 있고 주위의 토지가 이미 택지화되어 있다면 농지를 기준으로 평가할 것이 아니라 택지후보지로 평가하여야 한다.[10]

판례도 다음과 같이 토지가격의 평가에 있어 현황평가의 원칙에 기초하고 있다. "토지가격의 평가를 함에 있어 공부상 지목과 실제 현황이 다른 경우에는 공부상 지목보다는 실제 현황을 기준으로 하여 평가하여야 함이 원칙이며, 평가대상 토지에 형질변경이 행하여지는 경우 형질변경행위가 완료되어 현황의 변경이 이루어졌다고 보여지는 경우에는 비록 공부상 지목변경절차를 마치기 전이라고 하더라도 변경된 실제 현황을 기준으로 평가함이 상당하다."[11] "수용대상 토지에 대한 손실보상액을 평가함에 있어서는 수용재결 당시의 이용상황, 주위환경 등을 기준으로 하여야 하는 것이고, 여기서의 수용대상 토지의 현실이용상황은 법령의 규정이나 토지소유자의 주관적 의도 등에 의하여 의제될 것이 아니라 오로지 관계 증거에 의하여 확정되어야 한다."[12]

무허가건축물등의 부지나 불법형질변경토지에 대해서는 현황평가원칙이 적용되지 않는다. 즉 「건축법」 등 관계법령에 의하여 허가를 받거나 신고를 하고 건축 또는 용도변경을 하여야 하는 건축물을 허가를 받지 아니하거나 신고를 하지 아니하고 건축 또는 용도변경한 건축물(이하 "무허가건축물등"이라 한다)의 부지 또는 「국토의 계획 및 이용에 관한 법률」 등 관계법령에 의하여 허가를 받거나 신고를 하고 형질변경을

여 국토교통부가 제정한 감정평가 실무기준이다. 감정평가업자는 감정평가 실무기준을 지켜야 한다.

9) 한국감정평가협회·한국감정원, 감정평가 실무기준 해설서(I), 2014, 109쪽.

10) 한국감정원, 위의 책, 576쪽.

11) 대법원 1994.04.12. 선고 93누6904 판결[개발부담금부과처분취소].

12) 대법원 1997.08.29. 선고 96누2569 판결[토지수용이의재결처분취소등].

하여야 하는 토지를 허가를 받지 아니하거나 신고를 하지 아니하고 형질변경한 토지(이하 "불법형질변경토지"라 한다)에 대하여는 무허가건축물 등이 건축 또는 용도변경될 당시 또는 토지가 형질변경될 당시의 이용상황을 상정하여 평가한다(토지보상법 시행규칙 제24조).

현실적 이용상황 판단의 기준시점은 협의에 의한 취득의 경우에는 협의성립 당시를, 수용재결에 의한 취득의 경우에는 수용재결 당시이다.[13]

문제는 이 사건에서와 같이 변경될 공법상 제한을 상정하여 평가하는 경우 토지의 현황도 변경될 공법상 제한을 고려하여 결정하여야 하는가하는 것이다.

1심판결에서는 ① 도시계획결정 당시의 이 사건 토지 및 주변 토지의 현황, 그 이후의 변천과정, 현재 이 사건 토지 주변의 현황(일반주거지역의 종세분화결과), 이 사건 토지의 병합 경위 및 그 병합 전 토지의 각 입지조건 등에 비추어 보면, 만약 위와 같이 도시계획시설인 공원용지로 결정되지 않았더라면 이 사건 토지 중 산 55−1 토지와 산 56−1 토지 부분은 남부순환로나 논현로에 접한 주변 토지와 같은 제3종 일반주거지역이 되어 상가용 부지로 활용되었고, 산 47 토지와 산 48 토지 부분은 위 광대로의 후면에 위치한 토지와 같은 제2종 일반주거지역이 되어 주거용 부지로 활용되었을 개연성이 큰 점, ② 위와 같은 공원용지의 제한이 가하여질 당시 이 사건 토지와 동일하거나 유사한 이용현황을 가지고 있던 주변 토지들은, 그 중 공원용지의 제한을 받는 경우를 제외하고는 그것이 이 사건 토지와 유사한 임야의 형태를 이루고 있는 경우에도 대부분 개발되어 앞서 본 바와 같이 이용되고 있는 점 등을 고려하여 산 55−1 토지와 산 56−1 토지 부분에 대하여는 제3종 일반주거지역이 되어 상업용 부지로 이용되는 것을 전제로, 산 47 토지와 산 48

13) 토지보상법 제70조 제2항.

토지 부분에 대하여는 제2종 일반주거지역이 되어 주거용 부지로 이용되는 것을 전제로 평가하는 것이 타당하다고 하였다.

이에 대하여 원심 판결은 수용 대상 토지 및 주변 토지의 현황과 그 이용상황의 변천 과정, 관련 공법상 제한의 내용 등의 여러 정황을 종합적으로 검토한 결과 이 사건 토지가 당해 공익사업에 따라 공원용지로 지정되지 않았더라면 병합 전 산 55-1 토지와 산 56-1 토지 부분은 가격시점 당시 제3종 일반주거지역으로 분류되어 상업용 부지로 이용되었을 것이라는 점에 대한 고도의 개연성이 인정되므로 위 토지 부분에 대하여는 그 용도지역이 제3종 일반주거지역으로서 토지의 이용상황은 상업용 부지로 이용되는 것을 전제로 하여 손실보상액을 산정하여야 한다고 판단하는 한편 다른 토지 부분은 임야인 이용상황 및 다른 공법상의 이용 제한 등을 감안할 때 제출된 자료만으로는 가격시점 당시 원고가 주장하는 다른 이용상황으로 변경되었을 것이라고 단정하기 어렵다고 판단하였다.

대상 판결은 원심이 그 이유설시에 있어 부적절한 부분이 있지만, 산 47 토지와 산 48 토지 부분에 대하여 실제와 같이 용도지역은 제1종 일반주거지역, 이용상황은 임야임을 전제로 하여 평가한 감정결과를 채택한 조치는 정당하다고 보았다. 그러나 원심의 판단 중 병합 전 산 55-1 토지와 산 56-1 토지 부분에 대하여 그 용도지역이 제3종 일반주거지역으로 변경된 상태를 상정하여 손실보상액을 산정하여야 한다고 판단한 부분은 후술하는 바와 같이 그 판단기준에 문제가 있으므로 이를 그대로 수긍하기 어렵다고 하였고, 그에 따라 이용상황을 상업용지로 본 것도 재검토되어야 한다고 하였다. 그리고 산 55-1, 산 56-1 토지 부분의 조경수 식재 및 주차공간 이용은 일시적인 이용상황이므로 보상액 산정에 있어 고려할 것은 아니라고 보았다.

생각건대, 가격시점 당시인 수용재결시의 이용상항은 현재의 이용상황, 사업인정시의 변경될 것으로 추정되는 용도지역, 주위 토지의 이용상황, 공익사업의 내용, 사업인정시와 수용재결시까지의 기간, 토지이용정책 등을 종합적으로 고려하여 수용재결시에 합리적으로 추정되는 이용상황을 정하여야 할 것이다. 대상 판결과 같이 수용대상 토지에 관하여 특정 시점에서 용도지역 등의 지정 또는 변경을 하지 않은 것이 특정 공익사업의 시행을 위한 것인 경우, 공익사업의 시행을 직접 목적으로 하는 제한으로 보아 용도지역 등의 지정 또는 변경이 이루어질 상태를 상정하여 토지가격을 평가해야 한다면 토지의 현황을 결정함에 있어서는 추정되는 변경될 용도지역 등을 고려하여 결정하여야 한다. 또한 수용재결시의 추정되는 물리적 이용상황은 현재의 정상적인 이용상황과 함께 유사한 조건하에 있는 주변 토지의 이용상황을 고려하여 결정하여야 할 것이다. 용도지역 등의 변경에 따른 현실적인 이용상황의 변경을 추정하는 것은 보상 상대방의 토지이용에 관한 의사와 능력, 주위의 토지상황, 행정청의 토지규제정책 등과 긴밀한 관계가 있으므로 물리적인 현실적 이용상황의 변경을 추정하는 것은 쉬운 일이 아니다. 토지의 이용상황이 변경될 것을 추정하여 보상액을 산정하는 것은 과도한 것이라는 견해가 있는데, 공익사업으로 토지의 이용이 부당하게 장기간 제한되었기 때문에 토지의 개발이 이루어지지 않은 것이라는 점과 지나치게 오래된 공법상 제한에 의해 토지를 정상적으로 이용하지 못함으로써 그 동안 토지소유자 등이 받은 손해도 있을 수 있다는 점도 고려하여야 할 것이다. 물리적 이용상황의 변경에는 각종 비용이 수반된다는 점은 토지보상법 제70조 제1항에 따른 구체적인 보상액의 산정에서 고려하여야 할 것이다.

이 사건에서 병합 전 산 55-1 토지와 산 56-1 토지부분은 오래전부터 자연림지대를 포함한 인근 토지들과 확연히 구분되는 이용상황을 보여 온 점, 위 각 토지 부분의 경사도가 그리 높지 않은 점, 관계 법령에 의하면 입목본수도의 경우 1필지를 기준으로 측정하되 판매를 목적으로 재배하는 나무는 산입하지 않도록 되어 있는데 위 각 토지 부분의 경우 대부분 조경수가 식재되어 있어 입목본수도가 개발행위허가가 제한되는 수준에 훨씬 미치지 못할 것으로 보이는 점 등은 재결시의 현실적 이용상황의 결정시 고려되어야 한다.

3. 공법상 제한의 고려 여부

토지보상법 시행규칙 제23조 제1항은 공법상 제한을 받는 토지에 대하여는 제한받는 상태대로 평가하되, 그 공법상 제한이 당해 공익사업의 시행을 직접 목적으로 하여 가하여진 경우에는 제한이 없는 상태를 상정하여 평가한다고 규정하고 있다. 그리고 동조 제2항은 당해 공익사업의 시행을 직접 목적으로 하여 용도지역 또는 용도지구 등이 변경된 토지에 대하여는 변경되기 전의 용도지역 또는 용도지구 등을 기준으로 평가한다고 규정하고 있다. 대상 판결은 이 규정의 입법취지를 당해 공익사업의 영향을 배제하여 정당한 보상을 실현하려는 것이라고 보고 있다.[14)]

대상 판결은 이 규정의 수권법률을 토지보상법 제70조 제6항으로 보고 있다. 그렇다면 문제는 토지보상법 제70조 제6항[15)]이 포괄위임금지의 원칙에 위반될 여지가 있다는 것이다. 또한, 문제의 공법상 제한을 받는 상태대로 평가할지 아니면 제한이 없는 상태대로 평가할지는 중요한 사항이다. 따라서 동법 시행규칙 제23조의 규정내용은 시행규칙(부령)이 아니라 법률로 정하는 것이 타당할 것이다.

판례는 대체로 보상액 산정에 있어서 일반적 계획제한과 개별적 계획제한을 구별한다.[16)] 일반적 계획제한의 경우에는 그 제한이 해당 공

14) 동지 판례: 대법원 2007. 7. 12. 선고 2006두11507 판결 참조.

15) 취득하는 토지와 이에 관한 소유권 외의 권리에 대한 구체적인 보상액 산정 및 평가방법은 투자비용, 예상수익 및 거래가격 등을 고려하여 국토교통부령으로 정한다(토지보상법 제70조 제6항).

16) 일반적 계획제한이라 함은 용도지역·지구·구역(이하 '용도지역 등'이라 한다)의 지

익사업의 시행을 직접 목적으로 하여 가해진 경우에는 제한이 없는 상태대로 평가하고[17], 그 제한이 해당 공익사업의 시행을 직접 목적으로 하여 가해진 것이 아닌 경우에는 그러한 공법상 제한을 받은 상태대로 손실보상액을 평가하여야 하고, 그와 같은 제한이 당해 공공사업의 시행 이후에 가하여진 경우라고 하여 달리 볼 것은 아니다.[18] 이에 반하여 개별적 계획제한의 경우에는 그 제한이 해당 공익사업의 시행을 직접 목적으로 하여 가해진 경우뿐만 아니라 다른 공익사업의 시행을 직접 목적으로 하여 가해진 경우에도 그 제한을 받지 않은 상태대로 평가하여야 한다고 본다.[19] 달리 말하면 개별적 계획제한의 경우 당초의 목

정 또는 변경과 같이 구체적인 사업의 시행을 목적으로 하지 않고 공익목적을 위해 토지의 이용을 일반적으로 제한하는 계획제한을 말하고, 개별적 계획제한이라 함은 도시계획시설제한과 같이 구체적인 공익사업의 시행을 위해 토지등의 이용에 가해지는 계획제한을 말한다. 자연공원의 지정은 일반적 계획제한인 반면에, 도시공원의 지정은 도시계획시설계획에 따라 행해지는데, 도시공원의 지정에 따른 제한은 개별적 계획제한이다.

17) 대법원 2007. 7. 12. 선고 2006두11507 판결: 공원조성사업의 시행을 직접 목적으로 수용대상토지의 용도지역이 일반주거지역에서 자연녹지지역으로 변경된 경우 그 용도지역을 일반주거지역으로 평가하여야 한다고 한 사례.

18) 대법원 2005. 02. 18. 선고 2003두14222 판결: 문화재보호구역의 확대 지정이 당해 공공사업의 시행 이후에 가하여진 경우에도 당해 공공사업인 택지개발사업의 시행을 직접 목적으로 하여 가하여진 것이 아님이 명백하므로 토지의 수용보상액은 그러한 공법상 제한을 받는 상태대로 평가하여야 한다고 한 사례.

19) 대법원 1992.3.13. 선고 91누4324 판결 [토지수용재결처분취소]: 당해 공공사업의 시행 이전에 이미 도시계획법에 의한 고시 등으로 이용제한이 가하여진 상태인 경우에는 그 제한이 도시계획법 제2장 제2절의 규정에 의한 지역, 지구, 구역 등의 지정 또는 변경으로 인한 제한의 경우 그 자체로 제한목적이 완성되는 일반적 계획제한으로 보고 그러한 제한을 받는 상태 그대로 재결 당시의 토지의 형태 및 이용상황 등에 따라 평가한 가격을 기준으로 적정한 보상가액을 정하여야 하고, 도시계획법 제2조 제1항 제1호 나목에 의한 시설의 설치, 정비, 개량에 관한 계획결정으로서 도로, 광장, 공원, 녹지 등으로 고시되거나, 같은 호 다목 소정의 각종 사업에 관한 계획결정이 고시됨으로 인한 제한의 경우 구체적 사업이 수반되는 개별적 계획제한으로 보아 그러한 제한이 없는 것으로 평가하여야 한다고 하여 수용대상토지에 대하여 당해 공공사업의 시행 이전에 개발제한구역 지정으로 인한 제한은 그대로 고려하고 공원용지 지정으로 인한 제한은 고려하지 아니한 상태로 보상

적사업과 다른 목적의 공공사업에 편입수용되는 경우에도 그 제한을 받지 아니하는 상태대로 평가하여야 한다.[20] 이와 같이 "당해 사업을 직접목적으로 공법상 제한이 가해진 경우"를 확장해석하는 이유는 당초의 목적사업과 다른 공공사업에 편입되는 경우에 당해 공공사업의 시행을 직접목적으로 하여 가해진 제한이 아니라는 이유로 당초에 결정고시된 공법상의 제한이 있는 상태대로 평가하여야 한다고 해석한다면 공법상 제한 후에 당초의 목적사업에 편입되었는가 아니면 당초의 목적사업과는 다른 공공사업에 편입되는가의 사정에 의하여 평가방법이 크게 달라지게 되어 매우 불합리할 뿐만 아니라 공익사업의 시행자가 보상액을 적게 하기 위하여 고의적으로 다른 목적의 사업을 이유로 공법상의 제한을 가한 다음에 그와 다른 목적의 사업을 시행하여 보상액을 적게 함으로 인한 토지소유자의 불이익을 방지하기 위함이다.[21]

대상 판결도 토지보상법 시행규칙 제23조의 적용과 관련하여 종래의 판례와 같이 일반적 계획제한과 개별적 계획제한을 구별하고 있다. 즉, 공법상 제한을 받는 토지에 대한 보상액을 산정할 때에 해당 공법상 제한이 용도지역·지구·구역(이하 '용도지역 등'이라 한다)의 지정 또는 변경과 같이 그 자체로 제한목적이 달성되는 일반적 계획제한으로서 구체적 도시계획사업과 직접 관련되지 아니한 경우에는 그러한 제한을 받는 상태 그대로 평가하여야 하지만, 개별적 계획제한이거나 일반적 계획제한에 해당하는 용도지역 등의 지정 또는 변경에 따른 제한이더라도 그 용도지역 등의 지정 또는 변경이 특정 공익사업의 시행을 위한 것일 때에는 당해 공익사업의 시행을 직접 목적으로 하는 제한으로 보아 위 제한을 받지 아니하는 상태를 상정하여 평가하여야 한다고 하였다. 정당

액을 평가하였음이 정당하다고 한 사례. 동지 판례: 대법원 2007. 7. 12. 선고 2006두11507 판결, 대법원 2012. 5. 24. 선고 2012두1020 판결 등

20) 대법원 1989. 7. 11. 선고 88누11797 판결 등.

21) 대법원 1989.07.11. 선고 88누11797 판결 ; 한국감정원, 앞의 책, 605쪽; 이동흡, 공법상 제한을 받는 토지의 평가, 대법원판례해설 12호(89년 하반기), 1990.11, 541쪽.

보상 및 공평이라는 관점에서 볼 때 일반적 계획제한과 개별적 계획제한을 구별하는 판례의 입장은 타당하지만, 이러한 구별을 토지보상법 시행규칙 제23조가 명시적으로 규정하고 있지 않는 문제가 있다. 입법론으로는 일반적 계획제한과 개별적 계획제한의 구별을 명문으로 명확히 하는 것이 타당하다.

토지보상법상 대상 토지에 대한 공법상 제한이 있는지 여부를 판단하는 시점에 대한 명시적 규정은 없다. 토지보상법상 가격시점은 수용재결시로 하면서도 비교표준지의 선정은 사업인정시를 기준으로 하도록 하고 있어서 어느 시점을 기준으로 공법상의 제한 여부를 판단할 것인지가 문제된다. 이러한 문제는 공법상 제한이 사업인정 이후 수용재결 이전에 신설되거나 변경된 경우에 실제로 제기된다. 판례는 수용재결시를 기준으로 대상 토지에 대한 공법상 제한을 결정하여야 한다고 본다. 즉, 공법상 제한이 사업인정 후에 가해졌어도 해당 공익사업의 시행을 직접 목적으로 하지 않은 경우에는 그러한 공법상 제한이 있는 상태대로 보상액을 산정하여야 한다고 보면서 문화재보호구역의 확대 지정이 당해 공공사업인 택지개발사업의 시행을 직접 목적으로 하여 가하여진 것이 아님이 명백하므로 토지의 수용보상액은 그러한 공법상 제한을 받는 상태대로 평가하여야 한다고 하였다.[22] 이 사건에서 원고, 1심 및 원심은 다음과 같이 다른 견해를 취하였다. 즉, 공공사업의 시행 후 가하여진 공법상 제한이 있는 상태대로 평가하여야 한다고 해석한다면 공공사업시행자가 보상액을 적게 하기 위하여 사업시행 후라도 언제든지 일반적인 계획제한을 함으로써 토지소유자에게 부당한 피해를 줄 우려가 있고, 사업시행일 이후 수용재결이 늦어진 상태에서 공법상 제한이 가하여진 경우 이를 그대로 반영한다면 사업시행일 직후 바로 수용재결이 된 경우에 비하여 보상액이 적게 되는 부당함이 발생한다는 것이다.[23]

---

22) 대법원 2005.02.18. 선고 2003두14222 판결[토지수용이의재결처분취소].

23) 임영호, 공공사업시행 이후에 당해 공공사업의 시행을 직접 목적으로 하지 않는 공

이에 대하여 대법원 판례를 지지하는 견해는 구 공특법 시행규칙 제6조 제4항이 판단시점에 관하여는 규정하고 있지 않으므로 그 문언에 충실하게 해석하는 것이 타당하다는 점, 일반적 계획제한은 일반적으로 적용되므로 사업구역 내에 포함되어 있지 않은 경우에 비하여 특별히 원고에게 불리하다고 할 수 없다는 점 등을 논거로 하고 있다.[24] 생각건대 현행법상 비교표준지는 사업인정시를 기준으로 선정하고, 현황은 수용재결시를 기준으로 하는 것으로 규정되어 있으므로 비교표준지의 선정과 관련하여서는 사업인정시의 공법상 제한을 기준으로 하고, 현황평가를 함에 있어서는 수용재결시의 공법상 제한을 기준으로 하는 것이 타당할 것이다. 그렇지만, 사업인정 후 공법상 제한의 변경이 보상액을 적게 하고자 하는 등 명백히 불합리한 경우에는 해당 사업을 직접 목적으로 하지 않는 공법상 제한도 보상액 산정시 배제하여야 할 것이다.

4. 특정 공익사업의 시행을 위하여 용도지역 등의 지정 또는 변경을 하지 않은 경우의 문제

수용대상 토지에 관하여 특정 시점에서 용도지역 등의 지정 또는 변경을 하지 않은 것이 특정 공익사업의 시행을 위한 것인 경우, 공익사업의 시행을 직접 목적으로 하는 제한으로 보아 용도지역 등의 지정 또는 변경이 이루질 상태를 상정하여 토지가격을 평가해야 하는지 여부 그리고 이를 긍정하는 경우 특정 공익사업의 시행을 위하여 용도지역 등의 지정 또는 변경을 하지 않았다고 보기 위한 요건 내지 판단기준이 무엇인지가 문제된다.

법상 제한이 가하여진 경우 그 공법상의 제한을 받는 토지의 수용보상액 평가방법, 대법원판례해설 55호(2005 상반기), 2005.12, 214-215쪽.

24) 위의 논문, 213쪽, 217-218쪽 ; 차태환, 토지보상법론, 부연사, 2012, 375쪽.

(1) 판례의 입장

이 사건에서 1심은 공법상 제한을 이용상황의 문제로 보고, 공법상 제한이 가하여지지 않았더라면 당해 토지의 이용상황이 가격시점 당시 다른 이용상황으로 변경되었을 것이라는 점에 관한 개연성이 인정되는 경우에는 그와 같이 추정되는 가격시점 당시의 이용상황을 기초로 손실보상액을 산정하여야 한다고 보았다.

이에 대하여 원심판결은 "공법상 제한을 받는 토지에 대하여는 제한받는 상태대로 평가하되, 그 공법상 제한이 당해 공익사업의 시행을 직접 목적으로 하여 가하여진 경우에는 제한이 없는 상태를 상정하여 평가한다는 시행규칙 제23조 제1항을 공법상 제한이 가하여지지 않았더라면 당해 토지의 이용상황이 가격시점 당시 다른 이용상황으로 변경되었을 것이라는 점에 관한 고도의 개연성이 인정되는 경우 등과 같은 특별한 사정이 있는 때에는 예외적으로 그와 같이 추정되는 가격시점 당시의 이용상황을 기초로 손실보상액을 정할 수 있다는 것을 말한다"고 보았다. 즉, 원심판결은 공법상 제한에 관한 시행규칙 제23조 제1항을 이용상황의 구체적인 한 예로 보면서 해당 공익사업을 위한 공법상 제한이 가해지지 않았더라면 일정한 용도지역 등의 지정 또는 변경이 이루질 것이라는 고도의 개연성이 인정되는 예외적인 경우에 한하여 그와 같이 추정되는 가격시점 당시의 공법상 제한을 전제로 비교표준지를 선정하고 손실보상액을 산정하여야 한다고 보았다.

이에 대하여 대법원은 "어느 수용대상 토지에 관하여 특정 시점에서 용도지역 등의 지정 또는 변경을 하지 않은 것이 특정 공익사업의 시행을 위한 것일 경우 이는 당해 공익사업의 시행을 직접 목적으로 하는 제한이라고 보아 용도지역 등의 지정 또는 변경이 이루어진 상태를 상정하여 토지가격을 평가하여야 한다. 여기에서 특정 공익사업의 시행을 위하여 용도지역 등의 지정 또는 변경을 하지 않았다고 볼 수 있으려면, 토지가 특정 공익사업에 제공된다는 사정을 배제할 경우 용도지역 등의 지정 또는 변경을 하지 않은 행위가 계획재량권의 일탈·남용에 해당함이 객관적으로 명백하여야만 한다."고 하였다. 대법원의 입장은 수용대상 토지에 관하여 특정 시점에서 용도지역 등의 지정 또는 변경을 하지 않은 것이 특정 공익사업의 시행을 위한 것인 경우, 공익사업의 시행을 직접 목적으로 하는 제한으로 보아 용도지역 등의 지정 또는 변경이 이루어진 상태를 상정하여 토지가격을 평가해야 하는지 여부를 토지보상법 시행규칙 제23조의 문제로 보면서 그 판단기준을 토지가 특정 공익사업에 제공된다는 사정을 배제할 경우 용도지역 등의 지정 또는 변경을 하지 않은 행위가 계획재량권의 일탈·남용에 해당함이 객관적으로 명백한지 여부로 보고 있다. 이는 용도지역 지정권을 갖는 행정기관의 계획재량권을 존중하는 입장으로 볼 수 있다. 또한, 토지보상법 시행규칙 제23조 제1항의 수권법률을 토지보상법 제70조 제6항으로 보고 토지의 이용상황을 규율하는 토지보상법 제70조 제2항으로 보지 않은 점도 주목할 점이다.

(2) 평석

1) 용도지역 등의 지정 또는 변경이 이루어질 상태를 상정하여 토지가격을 평가해야 하는지 여부 및 법적 근거

수용대상 토지에 관하여 특정 시점에서 용도지역 등의 지정 또는 변경을 하지 않은 것이 특정 공익사업의 시행을 위한 것인 경우, 공익사업의 시행을 직접 목적으로 하는 제한으로 보아 용도지역 등의 지정 또는 변경이 이루어진 상태를 상정하여 토지가격을 평가해야 하는지 여부가 그 법적 근거와 함께 문제된다. 용도지역 등의 지정 또는 변경이 이루어진 상태를 상정하여 토지가격을 평가하는 문제를 현실적 이용상황의 문제로 볼 것인지 아니면 토지보상법 제23조의 공법상 제한의 문제로 볼 것인지도 문제가 된다.

이 사건에서 1심 판결과 같이 공법상 제한을 현실적 이용상황의 문제로 보고, 공법상 제한이 가하여지지 않았더라면 당해 토지의 이용상황이 가격시점 당시 다른 이용상황으로 변경되었을 것이라는 점에 관한 개연성이 인정되는 경우에는 그와 같이 추정되는 가격시점 당시의 이용상황을 기초로 손실보상액을 정하여야 한다고 보는 견해가 있을 수 있다. 이 견해에 대하여는 공법상 제한은 이용을 제한하는 것일 뿐 현실적 이용상황은 아니고, 현실적 이용상황은 공법상 제한의 한계내에서 현실적으로 이용되는 상황을 말하는 것으로 보아야 한다는 비판이 가능하다.

다음으로 원심판결과 같이 공법상 제한에 관한 시행규칙 제23조 제1항을 현실적 이용상황의 구체적인 한 예로 보면서 해당 공익사업을 위한 공법상 제한이 가해지지 않았더라면 일정한 용도지역 등의 지정 또는 변경이 이루질 것이라는 고도의 개연성이 인정되는 예외적인 경우에 한하여 그와 같이 추정되는 가격시점 당시의 공법상 제한을 전제로 비교표준지를 선정하고 손실보상액을 산정하여야 한다고 보는 견해가 있을 수 있다. 그러나 전술한 바와 같이 공법상 제한이 현실적 이용상황과 무관하지는 않지만, 공법상 제한과 현실적 이용상황은 구별되는 것이므로 공법상 제한 그 자체를 현실적 이용상황의 구체적인 한 예로 보는 것은 타당하지 않다. 해당 공익사업을 위한 공법상 제한이 가해지지 않았더라면 일정한 용도지역 등의 지정 또는 변경이 이루질 것이라는 "고도의 개연성"이 인정되는 예외적인 경우에 한하여 그와 같이 추정되는 "가격시점" 당시의 공법상 제한을 전제로 비교표준지를 선정하고 손실보상액을 산정하여야 한다고 본 것에 대한 분석은 후술하기로 한다.

다음으로 이 사건에서 대법원 판결과 같이 수용대상 토지에 관하여 특정 시점에서 용도지역 등의 지정 또는 변경을 하지 않은 것이 특정 공익사업의 시행을 위한 것인 경우, 공익사업의 시행을 직접 목적으로 하는 제한으로 보아 용도지역 등의 지정 또는 변경이 이루어진 상태를 상정하여 토지가격을 평가해야 하는지 여부를 토지보상법 시행규칙 제

23조의 공법상 제한의 문제로 보는 견해가 있을 수 있다.

생각건대 공익사업을 위하여 수용될 토지라는 것을 전제로 용도지역 등의 지정 또는 변경을 하지 않은 것은 공익사업을 위하여 공법상 제한을 가하고 있는 것과 같은 것으로 볼 수 있으므로 수용대상 토지에 대하여 특정 시점에서 용도지역 등의 지정 또는 변경을 하지 않은 것이 특정 공익사업의 시행을 위한 것인 경우, 대상 판결과 같이 공익사업의 시행을 직접 목적으로 하는 제한으로 보아 용도지역 등의 지정 또는 변경이 이루어진 상태를 상정하여 토지가격을 평가하는 것이 타당하다. 이러한 견해는 재산권의 보장, 신의성실의 원칙, 정당보상의 원칙 및 공평의 원칙에 비추어 보아도 타당하다. 즉 용도지역 등 공법상 제한은 재산권의 한 내용을 이루는 것으로 볼 수 있으므로 공익사업을 위해 공법상 제한을 가하고, 그 공법상 제한을 받는 상태대로 손실보상을 하는 것은 재산권을 침해하는 것으로 볼 수 있는데, 행정청이 특정 공익사업의 시행을 위하여 용도지역을 변경한 경우와 행정청이 당연히 변경하였을 용도지역을 특정 공익사업의 시행을 위하여 변경하지 않은 경우 모두 그로 인하여 토지소유자가 손실보상을 적게 받는 것은 재산권의 보장이라는 측면에서 문제가 있다. 또한, 국가가 사업시행자인 경우 국가가 당해 공익사업을 목적으로 재산권에 공법상 제한을 가하고, 이를 근거로 보상액을 제한하는 것은 권리남용금지의 원칙 내지 신의성실의 원칙에 반하는 것으로 볼 수도 있다. 수용대상토지에 가해진 공법상 제한이 당해 공익사업을 목적으로 한 것이 아닌 다른 목적으로 하였더라도 그 공법상 제한이 보상을 적게 할 목적으로 한 것이면 동일한 결론이 가능하다. 공평의 원칙에 비추어 보아도 당해 공익사업을 목적으로 가해진 공법상 제한이 없었더라면 있었을 용도지역 등의 지정 또는 변경을 상정하여 평가하는 것이 타당하다. 동일한 상황에 있는 토지임에도 불구하고 불리한 공법상 제한이 가해진 것으로 보아 불리하게 보상하는 것은 공평의 원칙상 타당하지 않다.

2) 추정되는 용도지역 등의 결정

가. 판단시점

토지보상법령은 현황평가의 시점을 가격시점으로 규정하고 있다. 즉, 토지보상법 제67조 제1항은 "보상액의 산정은 협의에 의한 경우에는 협의 성립 당시의 가격을, 재결에 의한 경우에는 수용 또는 사용의 재결 당시의 가격을 기준으로 한다."고 규정하고 있다. 그리고 동법 제70조 제2항은 "토지에 대한 보상액은 가격시점에서의 현실적인 이용상황과 일반적인 이용방법에 의한 객관적 상황을 고려하여 산정하되, 일시적인 이용상황과 토지소유자나 관계인이 갖는 주관적 가치 및 특별한 용도에 사용할 것을 전제로 한 경우 등은 고려하지 아니한다."고 규정하고 있다.

이에 반하여 토지보상법 시행규칙 제23조 제1항은 공법상 제한이 당해 공익사업의 시행을 직접 목적으로 하여 가하여진 경우에는 제한이 없는 상태를 상정하여 평가하여야 한다라고만 규정하고 있다. 공법상 제한이 당해 공익사업의 시행을 직접 목적으로 하여 가하여진 통상의 경우에는 그 공법상 제한이 없는 상태를 상정하여 평가만 하면 되고 공법상 제한의 인정시점은 문제되지 않는다. 그러나 이 사건 대법원 판결에서와 같이 수용대상 토지에 대하여 특정 시점에서 용도지역 등의 지정 또는 변경을 하지 않은 것이 특정 공익사업의 시행을 위한 것인 경우, 공익사업의 시행을 직접 목적으로 하는 제한으로 보아 용도지역 등의 지정 또는 변경이 이루어질 상태를 상정하여 토지가격을 평가해야 한다면 그 판단시점이 문제될 수 있다.[25] 이 사건에서 대법원은 판단시점을 명시하지 않고 "어느 수용대상 토지에 관하여 특정 시점에서 용도지역 등의 지정 또는 변경을 하지 않은 것이 특정 공익사업의 시행을 위한 것일 경우 이는 당해 공익사업의 시행을 직접 목적으로 하는 제한

25) 일본 토지수용법은 보상액 산정의 기준시점을 사업인정고시시로 하고 있다(제71조).

이라고 보아 용도지역 등의 지정 또는 변경이 이루어진 상태를 상정하여 토지가격을 평가하여야 한다. 여기에서 특정 공익사업의 시행을 위하여 용도지역 등의 지정 또는 변경을 하지 않았다고 볼 수 있으려면, 토지가 특정 공익사업에 제공된다는 사정을 배제할 경우 용도지역 등의 지정 또는 변경을 하지 않은 행위가 계획재량권의 일탈·남용에 해당함이 객관적으로 명백하여야만 한다."고 하였다. 전술한 바와 같이 공법상 제한이 사업인정 후에 가해졌어도 해당 공익사업의 시행을 직접 목적으로 하지 않은 경우에는 그러한 공법상 제한이 있는 상태대로 보상액을 산정하여야 한다고 본 판례가 있다. 생각건대 현행법상 비교표준지는 사업인정시를 기준으로 선정하고, 현황은 수용재결시를 기준으로 하는 것으로 되어 있으므로 비교표준지의 선정과 관련하여서는 사업인정시에 변경될 용도지역 등을 추정하고, 현황을 정하기 위해서는 수용재결시에 변경될 용도지역 등을 추정하는 것이 타당할 것이다. 수용재결시 토지가격을 평가함에 있어서는 사전에 비교표준지를 선정하고 이를 기초로 하여 보상액을 산정하여야 하는데, 비교표준지의 선정은 수용재결 이전에 행해질 수밖에 없고, 비교표준지의 선정에 있어서도 변경될 용도지역 등을 고려하여야 한다고 하고 있으므로 수용재결시를 기준으로 변경될 용도지역 등을 추정하는 것은 논리적으로 모순이다. 토지보상법 제70조 제2항은 토지에 대한 보상액은 가격시점에서의 현실적인 이용상황과 일반적인 이용방법에 의한 객관적 상황을 고려하여 산정하는 것으로 규정하고 있으므로 현황을 정하기 위해서는 수용재결시에 변경될 용도지역 등을 추정하여야 할 것이다. 그렇지만, 사업인정시를 기준으로 대상 토지의 용도가 공익사업에 따라 결정되므로 수용재결시에 변경될 용도지역을 추정함에 있어서는 주변토지의 용도지역과 함께 공익사업에 따른 대상 토지의 용도를 고려하여야 할 것이다.

나. 판단주체 및 판단기준

이 사건에서 1심과 원심은 수용대상 토지에 관하여 특정 시점에서 용도지역 등의 지정 또는 변경을 하지 않은 것이 특정 공익사업의 시행을 위한 것인 경우, 공익사업의 시행을 직접 목적으로 하는 제한으로 보아 용도지역 등의 지정 또는 변경이 이루어진 상태를 상정하여 토지가격을 평가해야 하는 경우 법원이 이를 직접 판단하는 것으로 하면서 1심은 개연성을 기준으로, 원심은 고도의 개연성을 기준으로 판단하는 것으로 판시하였다. 이에 반하여 대법원은 용도지역 등 행정계획은 행정청이 결정하는 것이고, 행정청은 이에 관하여 계획재량권이 있는 점을 고려하여 용도지역 등의 지정 또는 변경을 하지 않은 행위가 계획재량권의 일탈·남용에 해당함이 객관적으로 명백한지 여부를 기준으로 법원이 판단하여야 하는 것으로 보았다.

우선 보상금증감청구소송은 기본적으로 법원이 직접 보상액을 결정하도록 하는 소송이고, 용도지역 등의 지정 또는 변경이 이루어질 상태를 상정하여 토지가격을 평가하는 것은 기본적으로 보상액을 결정하는 문제이므로 용도지역 등의 지정 또는 변경이 이루어질 상태를 상정하는 것은 법원이 결정하여야 할 것이다. 용도지역 등을 지정 또는 변경하는 권한이 있는 행정청으로 하여금 이를 결정하도록 할 수는 없고, 그러한 절차도 존재하지 않는다. 다만, 대상 판결 후에는 토지수용위원회가 보상금을 결정할 때에 수용대상 토지에 대하여 특정 시점에서 용도지역 등의 지정 또는 변경을 하지 않은 것이 특정 공익사업의 시행을 위한 것인 경우에는 토지수용위원회가 용도지역 등의 지정 또는 변경이 이루어질 상태를 상정하여 토지가격을 평가해야 한다.

문제는 판단기준이다. 이 사건 1심은 개연성을 기준으로, 원심은 고도의 개연성을 기준으로 하였고, 대법원은 "계획재량권의 일탈·남용에 해당함이 객관적으로 명백한지 여부"를 기준으로 하였다. 우선 대법원은 용도지역 등의 지정 또는 변경은 행정청의 계획재량권에 속하는 것으로 보면서 계획재량권의 일탈·남용에 해당함이 객관적으로 명백한 경우 즉 형량명령에 하자가 있는 경우에 한하여 특정 용도지역 등의 지정 또는 변경이 있는 것으로 상정하지 않고 보상액을 산정한 것을 위법한 것으로 본 것으로 추론된다. 그렇지만, 공익사업의 시행을 직접 목적으로 하는 제한으로 보아 용도지역 등의 지정 또는 변경이 이루어질 상태를 상정하는 것은 보상액을 산정하기 위한 것일 뿐 실제로 용도지역 등을 지정하거나 변경하는 것은 아니다. 따라서 이 사건에 계획재량권의 법리나 계획재량권의 통제법리인 형량명령이론을 적용하는 것은 타당하지 않다. 또한, 공익사업의 시행을 직접 목적으로 하는 제한으로 보아 용도지역 등의 지정 또는 변경이 이루어질 상태를 상정하는 것을 토지보상법 시행규칙 제23조 제1항의 문제로 본다면 토지보상법 시행규칙 제23조 제1항의 입법취지인 정당보상의 관점에서 판단하여야 한다. 그리고 공익사업의 시행을 직접 목적으로 하는 제한으로 보아 용도지역 등의 지정 또는 변경이 이루어질 상태를 상정하는 것은 기본적으로 보상액을 결정하기 위한 전제문제이므로 공평부담의 원칙과 공평보상의 원칙에 기초하여 판단하여야 한다. 입증책임과 관련하여 보더라도 대법원의 견해를 따르면 계획재량권의 일탈·남용에 해당함이 객관적으로 명백한 사실 달리 말하면 현재의 도시관리계획상 용도지역과 다른 용도지역으로 상정하여야 하는 사실을 원고가 모두 입증하여야 하는 결과가 되는데 이는 원고에게 너무 과도한 입증부담을 지우는 것으로 보인다.

결론적으로 말하면 특정 용도지역 등의 지정 또는 변경이 있는 것으로 볼 것인지는 보상액 결정의 문제이므로 법원이 논리법칙 및 경험법칙에 비추어 합리적으로 결정하는 것으로 보는 것이 타당하다. 또한, 당해 공익사업을 목적으로 가해진 공법상 제한이 없었더라면 있었을 용도지역을 상정하여 보상액을 산정하는 것은 재산권 보장, 정당보상의 원칙, 공평의 원칙, 현황평가주의 등에 비추어 원칙적으로 인정되는 것이고, 예외적으로 인정되는 것은 아니므로 “고도의 개연성”이 있는 경우에 한하여 예외적으로 인정하는 것은 사업시행자를 우대하고 보상의 상대방에게 불리한 것이므로 문제가 있다. 따라서 변경될 용도지역 등을 결정함에 있어서는 공법상 제한 설정의 일반적 기준 및 고려사항, 주변토지의 공법상 제한 및 이용상황, 문제의 토지의 환경, 행정청의 토지규제정책 등을 종합적으로 고려하여 논리법칙 및 경험법칙에 비추어 합리적으로 판단하여야 할 것이다.

이 사건 토지는 2003. 10. 20.경 서울특별시의 일반주거지역 종세분화 조치에 따라 제1종일반주거지역으로 지정되었는데, 사업인정시를 기준으로 볼 때 제1종일반주거지역으로 지정된 것이 합리적이었는지 검토하여야 한다. 만일 공익사업이 행해질 토지인 점을 고려하여 제1종일반주거지역으로 지정된 것이라면 해당 공익사업을 위한 공법상 제한이므로 이를 배제하고 종세분화가 없는 일반주거지역으로 본 후 사업인정시의 합리적인 종세분화를 추정해내야 할 것이다.

5. 비교표준지의 선정

협의 또는 재결에 의하여 취득하는 토지에 대하여는 부동산가격공시 및 감정평가에 관한 법률(이하 ‘부동산가격공시법’이라 한다)에 의한 표준공시지가를 기준으로 하여 보상하여야 한다(토지보상법 제70조 제1항). 따라서 보상액을 산정함에 있어서는 비교표준지를 선정하여야 한다. 토지보상법 시행규칙 제22조 제1항에 따르면 취득하는 토지를 평가함에 있어서는 평가대상토지와 유사한 이용가치를 지닌다고 인정되는 하나 이상의 표준지의 공시지가를 기준으로 한다. 제1항에 따른 표준지는 특별한 사유가 있는 경우를 제외하고는 다음 각 호의 기준에 따른 토지로 한다. 1. 「국토의 계획 및 이용에 관한 법률」 제36조부터 제38조까지, 제38조의2 및 제39조부터 제42조까지에서 정한 용도지역, 용도지구, 용도구역 등 공법상 제한이 같거나 유사할 것 2. 평가대상 토지와 실제 이용상황이 같거나 유사할 것 3. 평가대상 토지와 주위 환경 등이 같거나 유사할 것 4. 평가대상 토지와 지리적으로 가까울 것(제3항).

부동산가격공시법 제9조 제1항에 따르면 국가 또는 지방자치단체, 「공공기관의 운영에 관한 법률」에 따른 공공기관, 그 밖에 대통령령으로 정하는 공공단체가 제2호 각 목의 목적(가. 공공용지의 매수 및 토지의 수용·사용에 대한 보상, 나. 국유·공유 토지의 취득 또는 처분, 다. 그 밖에 대통령령으로 정하는 토지가격의 산정)을 위하여 토지가격을 산정할 때에는 그 토지와 이용가치가 비슷하다고 인정되는 하나 또는 둘 이상의 표준지의 공시지가를 기준으로 하여 그 토지의 가격과 표준지공시지가가 균형을 유지하도록 하여야 한다. 다만, 필요하다고 인정할 때에는 산정된 지가를 제2호 각 목의 목적에 따라 가감 조정하여 적용할 수 있다.

판례에 따르면 비교표준지는 도시계획구역 내에서는 특별한 사정이 없는 한 용도지역을 우선으로 선정한다.[26] 수용대상토지가 도시계획구역 내에 있는 경우에는 그 용도지역이 토지의 가격형성에 미치는 영향을 고려하여 볼 때, 당해 토지와 같은 용도지역의 표준지가 있으면 다른 특별한 사정이 없는 한 용도지역이 같은 토지를 당해 토지에 적용할 표준지로 선정함이 상당하다.[27] 행정구역의 경계에 인접한 지역에서는 경계를 넘어선 다른 행정구역 내의 표준지를 비교표준지로 삼는 것도 허용된다.[28]

도시계획구역 외에서는 비교표준지를 현실적 이용상황에 따른 실제 지목을 우선으로 하여 선정하여야 할 것이나, 이러한 토지가 없다면

26) 대법원 1999. 1. 15. 선고 98두8896 판결; 대판 2001. 03. 27, 99두7968; 대법원 2009.9.10. 선고 2006다64627 판결

27) 대법원 2007. 07. 12. 선고 2006두11507 판결.

28) 대법원 2009. 11. 12. 선고 2009두13771 판결: 이 판결은 개발부담금 부과 대상 토지의 부과종료시점지가 산정을 위한 표준지의 선정 기준에 관한 것이나, 토지수용에서도 마찬가지일 것으로 생각된다.

지목, 용도, 주위환경, 위치 등의 제반 특성을 참작하여 그 자연적·사회적 조건이 수용대상 토지와 동일 또는 가장 유사한 토지를 선정하여야 한다.[29]

수용대상토지가 도시지역 내에 있는 경우 용도지역이 같은 비교표준지가 여러 개 있을 때에는 현실적 이용상황, 공부상 지목, 주위환경, 위치 등의 제반 특성을 참작하여 자연적, 사회적 조건이 수용대상 토지와 동일 또는 유사한 토지를 당해 토지에 적용할 비교표준지로 선정해야 하고, 마찬가지로 수용대상토지가 도시지역 외에 있는 경우 현실적 이용상황이 같은 비교표준지가 여러 개 있을 때에는 용도지역까지 동일한 비교표준지가 있다면 이를 당해 토지에 적용할 비교표준지로 선정해야 한다."[30]

표준지와 감정대상 토지의 용도지역이나 주변환경 등에 다소 상이한 점이 있더라도 이러한 점은 지역요인이나 개별요인의 분석 등 품등비교에서 참작하면 되는 것이지 그러한 표준지의 선정 자체가 잘못된 것으로 단정할 수는 없으며(대법원 2009. 9. 10. 선고 2006다64627 판결 등 참조), 표준지가 감정대상 토지로부터 상당히 떨어져 있다는 것만으로는 표준지 선정이 위법하다고 말할 수 없다(대법원 1997. 4. 8. 선고 96누11396 판결 등 참조).[31]

이 사건에서와 같이 용도지역 등이 변경될 것을 전제로 보상액을 산정하여야 하는 경우에 변경될 용도지역을 기준으로 하여야 하는지 현재의 용도지역을 기준으로 하고 용도지역의 변경가능성을 개별요인에서 비교하여 평가하여야 하는지가 문제되는데, 변경될 용도지역을 기준으로 비교표준지를 선정하여야 할 것이다. 즉 비교표준지의 선정에 있어서도 추정되는 용도지역 등과 같은 용도지역의 표준지가 있으면 다른

29) 대법원 2001. 03. 27. 선고 99두7968 판결.
30) 대법원 2011. 09. 08. 선고 2009두4340 판결.
31) 대법원 2010. 3. 25. 선고 2009다97062 판결.

특별한 사정이 없는 한 용도지역이 같은 토지를 당해 토지에 적용할 비교표준지로 선정하여야 할 것이다. 대상 판결도 이러한 입장을 취하고 있는 것으로 보인다. 다만, 대상 판결은 변경될 용도지역의 판단시점에 대하여 명시하고 있지 않은데, 토지보상법 제70조 제1항이 표준지공시지가를 사업인정시를 기준으로 결정하는 것으로 규정하고 있으므로 비교표준지의 선정과 관련하여서는 사업인정시를 기준으로 변경될 용도지역을 추정하고, 그 용도지역을 전제로 비교표준지를 선정하는 것으로 하여야 할 것이다.

III. 맺음말

대상 판결은 수용대상 토지에 관하여 특정 시점에서 용도지역 등의 지정 또는 변경을 하지 않은 것이 특정 공익사업의 시행을 위한 것인 경우, 공익사업의 시행을 직접 목적으로 하는 제한으로 보아 용도지역 등의 지정 또는 변경이 이루어질 상태를 상정하여 토지가격을 평가하고 보상액을 결정해야 한다고 보았다. 이 판례는 이에 관한 최초의 대법원 판례로서 리딩판례로서의 의의를 갖는다. 그리고 이러한 판례의 입장은 재산권의 보장, 신의성실의 원칙, 정당보상의 원칙 및 공평의 원칙에 비추어 볼 때 타당하다.

그렇지만, 그러한 판단의 기준에 관하여는 재검토를 요한다. 이 사건 1심은 개연성을 기준으로, 원심은 고도의 개연성을 기준으로 하였고, 대법원은 "계획재량권의 일탈·남용에 해당함이 객관적으로 명백한지 여부"를 기준으로 하였다. 그렇지만, 공익사업의 시행을 직접 목적으로 하는 제한으로 보아 용도지역 등의 지정 또는 변경이 이루어질 상태를 상정하는 것은 보상액을 산정하기 위한 것 일뿐 실제로 용도지역 등을 지정하거나 변경하는 것은 아니므로 이 사건에 계획재량권의 법리나 계획재량권의 통제법리인 형량명령이론을 적용하는 것은 타당하지 않다. 특정 용도지역 등의 지정 또는 변경이 있는 것으로 볼 것인지는 보상액 결정의 문제이므로 논리법칙 및 경험법칙에 비추어 합리적으로 결정하는 것으로 보는 것이 타당하다. 변경될 용도지역 등의 판단 시점에 관하여도 재검토를 요한다. 이 사건에서 대법원은 판단시점을 명시하지 않고 있다. 현행법상 표준지공시지가를 사업인정시를 기준으로 결정하는 것으로 규정하고 있고, 현황평가는 수용재결시를 기준으로 하는 것으로 되어 있으므로 비교표준지의 선정과 관련하여서는 사업인정시를 기준으로 변경될 용도지역 등을 추정하고, 현황을 정하기 위해서는 수용재결시를 기준으로 변경될 용도지역 등을 추정하여야 할 것이다.

수용대상 토지에 관하여 특정 시점에서 용도지역 등의 지정 또는 변경을 하지 않은 것이 특정 공익사업의 시행을 위한 것인 경우, 공익사업의 시행을 직접 목적으로 하는 제한으로 보아 용도지역 등의 지정 또는 변경이 이루어진 상태를 상정하여 토지가격을 평가해야 하는지는 국민의 권리의무에 관한 중요한 사항이다. 따라서 이에 관한 사항은 법률로 명확하게 규정하여야 할 것이다. 또한, 토지보상법 시행규칙 제23조의 규정내용 및 일반적 계획제한과 개별적 계획제한의 구별도 정당보상 및 공평이라는 관점에서 볼 때 중요한 사항이므로 법률로 명확히 규정하는 것이 타당하다.

참고문헌

서현석, 공법상의 제한을 받는 수용대상토지의 평가, 대법원판례해설 17호(92년 상반기), 92.12.

유해웅, 신수용보상법론, 부연사, 2009.

이동흡, 공법상 제한을 받는 토지의 평가, 국민과 사법 : 윤관 대법원장 퇴임기념, 박영사, 1999.01.

이동흡, 공법상 제한을 받는 토지의 평가, 대법원판례해설 12호(89년 하반기), 1990.11.

임영호, 공공사업시행 이후에 당해 공공사업의 시행을 직접 목적으로 하지 않는 공법상 제한이 가하여진 경우 그 공법상의 제한을 받는 토지의 수용보상액 평가방법, 대법원판례해설 55호(2005 상반기), 2005.12.

차태환, 토지보상법론, 부연사, 2012.

한국감정원, 토지보상법, 2003.

한국감정평가협회·한국감정원, 감정평가 실무기준 해설서(I), 2014.

국문초록

대법원 2015.08.27. 선고 2012두7950 판결은 수용대상 토지에 관하여 특정 시점에서 용도지역 등의 지정 또는 변경을 하지 않은 것이 특정 공익사업의 시행을 위한 것인 경우, 공익사업의 시행을 직접 목적으로 하는 제한으로 보아 용도지역 등의 지정 또는 변경이 이루어질 상태를 상정하여 토지가격을 평가하고 보상액을 결정해야 한다고 보았다. 이 판례는 이에 관한 최초의 대법원 판례로서 리딩판례로서의 의의를 갖는다. 그리고 이러한 판례의 입장은 재산권의 보장, 신의성실의 원칙, 정당보상의 원칙 및 공평의 원칙에 비추어 볼 때 타당하다.

그렇지만, 그러한 판단의 기준에 관하여는 재검토를 요한다. 이 사건 1심은 개연성을 기준으로, 원심은 고도의 개연성을 기준으로 하였고, 대법원은 "계획재량권의 일탈·남용에 해당함이 객관적으로 명백한지 여부"를 기준으로 하였다. 그렇지만, 공익사업의 시행을 직접 목적으로 하는 제한으로 보아 용도지역 등의 지정 또는 변경이 이루어질 상태를 상정하는 것은 보상액을 산정하기 위한 것 일뿐 실제로 용도지역 등을 지정하거나 변경하는 것은 아니므로 이 사건에 계획재량권의 법리나 계획재량권의 통제법리인 형량명령이론을 적용하는 것은 타당하지 않다. 특정 용도지역 등의 지정 또는 변경이 있는 것으로 볼 것인지는 보상액 결정의 문제이므로 논리법칙 및 경험법칙에 비추어 법원이 합리적으로 결정하는 것으로 보는 것이 타당하다. 변경될 용도지역 등의 판단시점에 관하여도 재검토를 요한다. 이 사건에서 대법원은 판단시점을 명시하지 않고 있다. 생각건대 현행법상 표준지공시지가를 사업인정시를 기준으로 결정하는 것으로 규정하고 있고, 현황평가는 수용재결시를 기준으로 하는 것으로 되어 있으므로 비교표준지의 선정과 관련하여서는 사업인정시를 기준으로 변경될 용도지역 등을 추정하고, 현황을 정하기 위해서는 수용재결시를 기준으로 변경될 용도지역 등을 추정하여야 할 것이다.

수용대상 토지에 관하여 특정 시점에서 용도지역 등의 지정 또는 변경을 하지 않은 것이 특정 공익사업의 시행을 위한 것인 경우, 공익사업의 시행을 직접 목적으로 하는 제한으로 보아 용도지역 등의 지정 또는 변경이 이루어진 상태를 상정하여 토지가격을 평가해야 하는지는 국민의 권리의무에 관한 중요한 사항이다. 따라서 이에 관한 사항은 법률로 명확하게 규정하여야 할 것이다. 또한, 토지보상법 시행규칙 제23조의 규정내용 및 일반적 계획제한과 개별적 계획제한의 구별도 정당보상 및 공평이라는 관점에서 볼 때 중요한 사항이므로 법률로 명확히 규정하는 것이 타당하다.

주제어: 손실보상, 정당보상, 손실보상의 기준,
공법상 제한을 받는 토지에 대한 손실보상, 현황평가

Abstract

Compensation for the Land restricted by Zoning

Park Kyun Sung*

The Supreme Court showed his belief through Supreme Court Decision 2012Du7950 decided August 27, 2015, that when not having designated and changed zoning at a certain time were to implement specific public works, it was to be regarded as a restriction aiming at implementing public works and they had to estimate land price and compute the land indemnity with postulating a zoning to be designated and changed. This case is significant as a leading case, the first one in the Supreme Court, on this subject. And the belief of Supreme Court seems to be reasonable in terms of guarantee of property rights, the principle of good faith, just compensation, and the principle of impartiality.

However, the criteria of such a judgment needs review. In connection with this case, a criteria of the first trial was the probability, one of the second trial was the high level of probability, and one of the Supreme Court was "whether it represents objectively obvious abuse or misuse of planing－discretionary authority." Postulating situation that a zoning is to be designated and changed, with regarding them as a restriction aiming at implementing public works, is only to compute indemnity, and not real. So. it is not valid to apply the legal principles of Planing－Discretion or Cost Bebefit Analysis Order which

* Professor of Kyung－Hee University Law School

]is principle controlling Planing−Discretion to this case. Whether we regard it as a situation to be designated and changed to a certain zoning is related to determining amount of indemnity, so it is proper that the Court should decide the amount of indemnity in the light of the reasonableness. The date of decision also needs review. In this case, the Supreme Court did not specify the date. As it is regulated that OARLP(Officially Assessed Reference Land Price) is decided at the time of project authorization, and current situation evaluation is decided at the time of the taking adjudication under current law, we should assume a zoning to be changed at the time of project authorization for choosing compared standard land, and postulate a zoning to be changed at the time of taking adjudication for fixing current situations.

When not designating and changing zoning at a certain time were to implement specific public works, and that was to be regarded as a restriction aiming at implementing public works, whether we estimate the land price with assuming a zoning to be designated or changed is very important thing to rights and duties of people. Therefore, all matters pertaining to that should be clearly legislated by law. Since the Article 23 under the implementing rule of the Land Compensation Act and the distinction between general planning restrictions and individual planning restrictions are also important elements from the point of just compensation and impartiality, it is proper to prescribe them by statute.

Keywords: compensation, just compensation, criteria of compensation, compensation for the land restricted by zoning, current situations evaluation

투 고 일: 2016. 5. 23
심 사 일: 2016. 6. 24
게재확정일: 2016. 6. 27

地方自治法

당이득반환청구를 요구하는 주민소송 – 지방의회의원 의정비 반환 소송에서 조례의 사법심사를 중심으로 – / 金泰昊

부당이득반환청구를 요구하는 주민소송
- 지방의회의원 의정비 반환 소송에서 조례의 사법심사를 중심으로 -

金泰昊*

대상판결: 대법원 2014. 2. 27. 선고 2011두7489 판결

Ⅰ. 대상판결의 개요

1. 사실관계

① 서울특별시 성동구의회는 '서울특별시 성동구의회 의원의 의정활동비 등 지급에 관한 조례'(이하 '이 사건 조례')를 개정하는 의결을 하였다. 성동구청장은 2008. 1. 10. 이 사건 조례를 공포하였다.

② 이 사건 조례에서 변경된 조항은 지방의회 의원에 대한 월정수당을 (종전 월 1,521,660원에서) 월 3,525,000원으로 한다는 내용이다. 법령이 정한 바에 따른 의정활동비는 월 1,100,000원으로 변함이 없었다.

* 서울대 법학전문대학원 강사

그 결과 성동구의회 의원에 대한 의정비(의정활동비와 월정수당의 합)는 5,550,000원(월 4,625,000원 × 12)으로 인상되었다.

③ 의정비를 규율하는 법령[1]에 따르면, 의정비 지급에 대한 조례를 개정하기 위해서 먼저 의정비심의위원회(이하 '심의위원회')를 구성하고, 심의위원회에서 주민의견을 수렴하여 심의위원회에서 의결을 하고, 심의위원회의 의결 결과를 통보받은 지방의회가 조례를 제·개정하도록 되어 있다. 이 사건에서도 개정된 조례는 심의위원회의 의결을 그대로 따른 것이다.

④ 이 사건의 원고 등 주민 326명은 월정수당의 과다한 인상을 문제삼아 서울특별시장에게 '이 사건 조례에 의한 월정수당 지급 사무' 등에 관하여 주민감사청구를 하였다. 서울특별시장은 감사 후 2008. 10. 12. 감사청구인들에게, 심의위원 선정 등 운영이 적정하게 되지 아니하였고, 월정수당 인상에 관한 주민여론 조사절차가 적절하지 아니하였으며, 월정수당의 인상률은 임금 및 물가상승률, 재정자립도, 주민소득 수준을 고려하여 결정하여야 함에도 이를 반영하지 아니하였다는 감사결과를 통보하였다. 서울특별시장은 또한 성북구청장에게 의정비에 관한 조례개정안을 제출하도록 하는 행정상 조치[2]를 취하고 담당 공무원에

---

1) 지방자치법 제33조(의원의 의정활동비 등) ① 지방의회의원에게 다음 각 호의 비용을 지급한다.
   1. 의정 자료를 수집하고 연구하거나 이를 위한 보조 활동에 사용되는 비용을 보전하기 위하여 매월 지급하는 의정활동비
   2. 본회의 의결, 위원회의 의결 또는 의장의 명에 따라 공무로 여행할 때 지급하는 여비
   3. 지방의회의원의 직무활동에 대하여 지급하는 월정수당

   ② 제1항 각 호에 규정된 비용의 지급기준은 대통령령으로 정하는 범위에서 해당 지방자치단체의 의정비심의위원회에서 결정하는 금액 이내로 하여 지방자치단체의 조례로 정한다.

   ③ 의정비심의위원회의 구성·운영 등에 관하여 필요한 사항은 대통령령(필자: 대통령령의 내용은 이 글 각주 6과 각주 8을 참조)으로 정한다.

2) 이후 지방의회들의 의정비 인상에 대해서는 과다한 증액이라는 여론이 형성되었

대한 훈계·주의 등의 신분상 조치를 하도록 요구하였다.

⑤ 원고들은 서울특별시장의 조치가 이미 지급된 월정수당을 환수하는 조치는 포함하고 있지 않아 미흡하다는 등의 이유로 불복하고 구 지방자치법 제17조 제1항에 따른 이 사건 소를 제기하였다. 청구의 취지는, 이 사건 조례에 따라 지급받은 월정수당에서 종전 조례에 따르면 지급받았을 월정수당을 뺀 차액(각 24,040,080원)은 부당이득이므로 이를 성북구청장이 이 사건 지방의회의원들에게 지급 청구하도록 성북구청장(이 사건 피고)을 상대로 소를 제기한 것이었다.

2. 소송의 경과

가. 제1심(원고 승소)[3]과 제2심(원고 패소) 판결[4]

대상판결의 하급심은 결론이 엇갈렸다. 쟁점은 다음과 같았다.

① 심의위원회의 구성이 위법한지 여부이다. 이에 대해서는, 하급심이 일치하여 위법하다고 할 수 없다고 판단하였다. 대상판결의 원심은, 심의위원회 위원을 단수 추천한 것 등에 대해 "법령이 심의위원 후보자를 학계 등으로부터 복수추천 받을 것까지 요구하고 있지는 아니하고, 다만 행정자치부 지침에서 복수추천을 규정하고 있으나 이는 행정조직 내부의 행정지도 차원의 지침에 불과하여 법규로서의 효력이 없

고, 그 결과 2008. 10. 8. 지방자치법 시행령을 개정하여 월정수당 지급의 범위를 시행령에서 직접 규율하기에 이른다. 즉 현행 지방자치법 시행령 제33조 제1항 제3호 및 별표 7호는 지방의회 의원 월정수당 지급 기준액의 범위를 산술식으로 정하고, 의정비심의위원회로 하여금 해당 지방자치단체의 재정능력 등을 고려하여 산술식에 따라 산정된 월정수당 지급 기준액의 ± 20퍼센트를 넘지 아니하는 범위에서 월정수당 지급기준을 결정하도록 한 것이다. 개정된 시행령에 따라 2008. 12. 29. 이 사건 조례는 재개정되어 성동구 의원에 대한 월정수당액을 월 2,080,000원으로 정하였다.

3) 서울행정법원 2009. 6. 10. 선고 2008구합50445 판결.

4) 서울고법 2011. 2. 15. 선고 2009누20597 판결.

다"고 전제한 다음, "피고가 후보자를 단수로 추천받아 심의위원으로 위촉하였다고 하더라도 그 자체만으로 이 사건 심의회의 구성이 위법하다고 할 수 없고, 또한 피고가 심의위원 후보자에 대하여 법령에서 정한 자격요건 이외에 성동구의회와 이해관계가 있는 자인지 여부 등을 따로 심사하지 아니한 결과 성동구의회로부터 예산지원을 받는 단체의 구성원을 심의위원으로 위촉하였다고 하더라도, 이러한 사람들이 시행령 제34조 제2항 단서 소정의 부적격 요건에 해당하지 아니하는 이상, 피고가 위법하게 심의위원을 위촉하였다고 볼 수도 없다"고 판단하였다.

② 심의위원회의 주민의견 수렴절차가 위법한지 여부이다. 제1심은, "심의위원회가 시행한 주민의견 수렴절차가 충분한 정보가 제공되지 아니한 상태에서 주민의 의사를 왜곡하거나 편향되게 할 위험이 있는 방식으로 이루어졌으므로, 법령이 규정한 '지역주민의 의견수렴 절차의 실질적 요건'을 충족하지 못하였다"고 한 반면, 이 사건 원심은, "이 사건 심의회가 전문 여론조사기관에 의뢰하여 에이알에스(ARS) 여론조사 방식으로 지역주민 1,000여명을 상대로 의견조사를 실시한 점, 그 의견조사의 기초가 된 설문조사안은 참석 심의위원 9명이 토론을 거쳐 만장일치로 마련한 것인 점, 설문 가운데 의정활동비 등 인상에 유리한 문항과 선택 답변이 포함되어 있으나 성동구의회 의원이 현재 지급받고 있는 의정활동비 등을 함께 적시함으로써 설문이 의정활동비 등 인상 취지임을 알 수 있도록 한 점, 에이알에스 방식의 설문조사에서 응답률을 높이기 위해서는 답변에 필요한 다양한 고려요소에 대한 정보를 충분히 제공하기보다는 핵심적인 사항에 대해 간략한 설문에 의한 조사가 불가피한 면이 있는 점, 관계 법령의 규정상 심의회가 의정활동비 등을 결정함에 있어 지역주민 의견수렴절차에서 얻어진 결과를 참작하여야 하나 반드시 그 결과에 구속된다고 볼 수는 없는 점"을 들어 지역주민의 의견수렴절차가 시행령 제34조 제6항에 위반된다고 하기 어렵다고 판단하였다.

③ 심의위원회의 월정수당 지급기준에 관한 의결이 위법한지 여부이다. 1심은, 월정수당을 종전보다 무려 132% 인상한 점, 여론조사 결과를 고려하지 아니한 점 등에 비추어 볼 때 "이 사건 의결이 시행령 제33조 제1항 제3호의 고려사항을 충분히 숙고하여 재량판단을 한 것으로 볼 수 없어서 위법하다"고 보았다. 반면, 원심은, "이 사건 심의회가 그 심의과정에서 시행령 제33조 제1항 제3호에 규정된 지역주민의 소득수준, 지방공무원 보수인상률, 물가상승률 및 지방의회 의정활동실적 등을 고려한 것이 분명하고, 그 밖에 지방의회의원의 유급제 도입취지와 현실을 반영하여 월정수당을 상당히 인상할 필요성을 인식하고 적절한 금액의 보수를 찾는다는 점에서 공무원 보수인상률이나 물가상승률보다는 보수 총액에서 지방의회의원을 어느 직급 공무원의 보수 내지 예우에 상응하여 처우할 것인지를 더 크게 고려한 것이 부당하다고 보기 어려우며, 이 사건 심의회의 월정수당을 포함한 '의정활동비 등의 상한액' 결정이 지역주민에 대한 설문조사 결과나 도시근로자인 지역주민의 연 평균 가구소득 등에 비추어 불합리하다고 볼 수 없다는 이유" 등을 들어 이 사건 심의회가 한 '의정활동비 등의 상한액' 결정이 시행령 제33조 제1항 제3호에 위반되지 않는다고 보았다.

나. 대법원 판결(대상판결)[5]의 주요 요지

① 구 지방자치법 시행령 제34조 제1항 등에 따른 "법령 규정의 형식과 내용 및 지방의회의원에게 지급할 의정활동비 등의 지급기준을 조례로 정하기에 앞서 그 결정 범위를 미리 제시하기 위하여 심의회를 독립성을 갖춘 별도의 심의·의결기구로 마련한 취지 등을 고려하면, 시행령 제34조[6] 제1항에서 심의회의 위원을 선정할 때 학계 등으로부터 추

5) 대법원 2014. 2. 27. 선고 2011두7489 판결.

6) 이 사건 당시 지방자치법 시행령 규정은 다음과 같은 내용이다.

구 시행령 제34조 (의정비심의위원회의 구성 등) ① 법 제33조 제3항에 따른 의정

천을 받도록 규정한 취지는 심의회 구성의 다양성과 객관성을 확보하기 위한 데 있다고 할 것이므로, 심의위원 선정절차가 위 규정에 엄격히 부합하지 아니하더라도 심의회의 구성에 관한 위와 같은 입법 취지를 실질적으로 훼손하였다고 평가할 정도에 이르지 아니하는 한 해당 심의회의 의결이 위법하다거나 이를 기초로 한 의정활동비 등에 관한 조례가 위법하다고 판단할 수는 없다." (…) (이에 비추어 보면) "이 사건 심의회 구성이 위법하여 '이 사건 조례'가 위법·무효라는 원고들의 주장을 배척" 한 원심 판단은 타당하다는 것이다.

② "법령이 지방의회의원에게 지급할 의정활동비 등의 지급기준을 조례로 정하도록 하면서 심의회가 결정한 금액(이하 '의정활동비 등의 상한액') 이내로 제한하고, 아울러 심의회의 구성, '의정활동비 등의 상한액' 결정 절차나 범위 등을 따로 규정한 취지는, 지방자치단체로 하여금 의정활동비 등의 지급기준을 해당 지방자치단체의 재정능력 등 구체적인 실정에 맞게 자율적으로 결정하되, 그 과정에서 심의회가 주민의 의견 수렴절차를 거쳐 법령이 규정한 기준에 따라 결정한 '의정활동비 등의 상한액' 이내에서 정하도록 제한을 가함으로써 의정활동비 등의 지급기준의 적정성과 투명성을 도모하고자 하는 것이다." (…) (이에 비추어 보면) "이 사건 심의회가 시행한 지역주민의 의견수렴절차가 시행령 제34조 제6항[7]에 위반되고, 나아가 이에 근거한 이 사건 조례가 위법·무효

비심의위원회(이하 이 조에서 "심의위원회"라 한다)는 법 제33조 제1항 각 호에 따른 비용 지급기준의 결정이 필요한 경우에 10명의 위원으로 구성하되, 위원은 지방자치단체의 장 및 지방의회의 의장이 학계·법조계·언론계 및 시민단체 등으로부터 추천을 받은 자 중에서 각각 5명씩 선정하고, 지방자치단체의 장이 위촉한다.

② 위원이 될 수 있는 자는 위원회가 구성되는 해의 1월 1일을 기준으로 1년 이전부터 계속하여 당해 지방자치단체의 관할구역에 주민등록이 되어 있는 19세 이상인 자로 한다. 다만, 「공직선거법」 제18조에 따라 선거권이 없는 자와 그 지방자치단체의 소속 공무원·의회의원·교육위원 및 그 배우자·직계존비속·형제자매는 위원이 될 수 없다.

7) 구 지방자치법 시행령 제34조(의정비심의위원회의 구성 등) ⑥ 심의위원회는 제5

라고 볼 수 없다는 취지"의 원심판단은 타당하다는 것이다.

③ "법령은 지방의회의원에게 지급하는 비용으로서 조례로 정하는 의정활동비 등의 지급기준의 객관성과 적정성을 확보하기 위하여 의정활동비 등을 심의회가 결정한 금액 이내로 제한하는 한편, 심의회가 '의정활동비 등의 상한액'을 결정할 때 따라야 할 기준과 절차를 제시하면서, 월정수당에 관하여는 의정활동비나 여비와 달리 그 금액이나 산정방법에 대한 구체적이고 실질적인 기준을 정하지 아니한 채 지역주민의 소득수준 등 일정한 고려사항을 예시적으로 열거하고 있을 뿐이다. 따라서 심의회가 관계 법령에서 정한 절차에 의하여 구성되고 자율적으로 '의정활동비 등의 상한액'을 결정한 경우에는 그 결정 과정에서 주민들의 정서나 여론조사 결과에 일부 부합하지 아니한 부분이 있다고 하더라도 법령에서 심의회의 의결을 반영하는 절차를 둔 입법 취지를 달성할 수 없을 정도로 형식적인 절차를 거친 것에 불과하여 실질적으로 그 절차를 거치지 아니한 것과 다름없다고 볼 정도에 이르지 아니한다면, 심의회가 행한 '의정활동비 등의 상한액' 결정이 위법하다고 볼 수는 없다." (…) (이에 비추어 보면) "이 사건 심의회가 한 '의정활동비 등의 상한액' 결정이 시행령 제33조 제1항 제3호[8]에 위반된다고 볼 수 없다고 판단하여, 위 결정이 위법하여 이 사건 조례가 위법·무효라는 원고들의 주

항의 금액을 결정하려는 때에는 그 결정의 적정성과 투명성을 위하여 공청회, 주민의견 조사 등 지역주민의 의견을 수렴할 수 있는 절차를 거쳐야 한다.

8) 당시 구 지방자치법 시행령의 내용은 다음과 같다. 이하의 내용은 '각주 2'에서 소개한 바와 같이 월정수당 지급 기준액의 범위를 산술식으로 정하도록 2008. 10. 8. 개정되었다.

시행령 제33조(의정활동비·여비 및 월정수당의 지급기준 등) ① 법 제33조 제2항에 따라 지방의회 의원에게 지급하는 의정활동비 · 여비 및 월정수당의 지급기준은 다음 각 호의 범위에서 제34조에 따른 의정비심의위원회가 해당 지방자치단체의 재정 능력 등을 고려하여 결정한 금액 이내에서 조례로 정한다.

3. 월정수당 : 지역 주민의 소득수준, 지방공무원 보수 인상률, 물가상승률 및 지방의회의 의정활동 실적 등을 종합적으로 고려한 금액

장도 배척"한 원심 판단은 타당하다는 것이다.

Ⅱ. 검토의 주안점

'주민소송'은 지방자치단체의 주민이 그 지방자치단체의 위법한 재무회계행위를 바로잡기 위하여 법원에 제기하는 지방자치법상의 민중소송이다. 서울의 여러 자치구에서 제기된, 이른바 지방의회의원 의정비반환청구 요구소송 사건들은 주민들이 지방의회의원들에게 부당이득 반환을 청구할 것을 요구하는 주민소송 사건으로서 지방자치법 제17조 제2항 제4호 본문 중 부당이득반환 청구를 요구하는 형식의 주민소송으로는 처음 제기된 주민소송들이었다.[9] 이들 사건에서 소 제기 주민들의 논리는, 지방의회의원들이 의정비를 인상하는 조례를 의결하고 그에 따라 인상된 의정비를 지급받은 것은 '위법한 재무회계행위'이고 해당 의원들이 얻은 이익은 '부당이득'이므로 이를 반환해야 한다는 것이었다.

이에 이 글에서는 부당이득반환 청구를 요구하는 최초의 주민소송으로서 부당이득반환 청구요구 주민소송에 관한 일반론을 비교적 자세히 전개하는 한편, 의정비 반환청구 요구소송이 갖는 특징적인 점, 즉 재무회계행위의 '위법성 판단'의 전제가 '조례의 제 개정 행위'인 점과 조례 제·개정에서의 '절차적 하자'를 문제삼고 있는 점에 주목하여 법리적 쟁점을 분석해 보고자 한다.

먼저 제기되는 쟁점은 '조례의 제정·개정 행위'가 '공금의 지출에 관

9) 대상판결 외에 현재 확정된 판결로는, 서울시 서대문구에 관한 대법원 2012. 7. 26. 선고 2010두13524 판결, 서울시 강북구에 관한 대법원 2014. 5. 16. 선고 2011두9324 판결, 서울시 양천구에 관한 대법원 2014. 2. 27. 선고 2011두4350 판결 등이 있다. 이들 판결의 내용은 대상판결과 대동소이한데, 의정비 인상의 범위나 주장하는 절차적 위법의 내용에서 다소간의 차이가 있는 부분은 필요한 범위에서 언급하기로 한다.

한 사항과 관련이 있는 위법한 행위'에 포함될 수 있는지 여부이다. 주민소송의 대상인 재무회계행위에 포함되지 않는 행위, 가령 공금 지출의 원인행위에 앞서 지출원인행위를 수반하게 하는 선행행위는 원칙적으로[10] 주민소송의 대상에 포함되지 않는바, 조례의 경우 제정·개정이 갖는 '행위'적 측면에 초점을 맞춰 이를 재무회계행위에 포함시킬 수 있는지, 본질적으로 자치'규범'에 대한 규범통제가 주민소송의 과정에서 가능한지생각해 볼 필요가 있을 것이다(이하 Ⅲ. 1.).

다음으로는 의정비 반환청구 소송이 부당이득반환청구 요구 소송인만큼 그 성립 요건은 무엇이 있는지, 부당이득반환청구 요구가 인용되면 후속의 부당이득반환 청구 소송과의 관계는 어떠한지를 살펴볼 필요가 있을 것이다(이하 Ⅲ. 2.).

끝으로 조례의 '무효'로 인해 부당이득이 인정된다고 한다면, 이제

---

10) 대법원 2011. 12. 22. 선고 2009두14309 판결은, "'공금의 지출에 관한 사항'이라 함은 지출원인행위 즉, 지방자치단체의 지출의 원인이 되는 계약 그 밖의 행위로서 당해 행위에 의하여 지방자치단체가 지출의무를 부담하는 예산집행의 최초 행위와 그에 따른 지급명령 및 지출 등에 한정되고, 특별한 사정이 없는 한 이러한 지출원인행위 등에 선행하여 그러한 지출원인행위를 수반하게 하는 당해 지방자치단체의 장 및 직원, 지방의회 의원의 결정 등과 같은 행위는 포함되지 않는다고 보아야 할 것"이라고 한다. 다만 이 판결에서는 예외적으로 "선행행위가 현저하게 합리성을 결하여 그 때문에 지방재정의 적정성 확보라는 관점에서 지나칠 수 없는 하자가 존재하는 경우에는 지출원인행위 단계에서 선행행위를 심사하여 이를 시정해야 할 회계관계 법규상 의무가 있다고 보아야 하므로, 이러한 하자를 간과하여 그대로 지출원인행위 및 그에 따른 지급명령·지출 등 행위에 나아간 경우에는 그러한 지출원인행위 등 자체가 회계관계 법규에 반하여 위법하다고 보아야 하고, 이러한 위법사유가 존재하는지를 판단할 때에는 선행행위와 지출원인행위의 관계, 지출원인행위 당시 선행행위가 위법하여 직권으로 취소하여야 할 사정이 있었는지 여부, 지출원인행위 등을 한 당해 지방자치단체의 장 및 직원 등이 선행행위의 위법성을 명백히 인식하였거나 이를 인식할 만한 충분한 객관적인 사정이 존재하여 선행행위를 시정할 수 있었는지 등을 종합적으로 고려해야 한다"고 하여 대상 확대의 가능성을 열어 두고 있다. 이 판결에 대한 해설로는, 김태호, 지방자치법상 손해배상청구를 요구하는 주민소송의 대상과 위법사유의 심사 방법, 대법원판례해설 89호(2011 하반기), 1013－1036면을 참조.

의정비 반환청구 소송에서 가장 중요한 쟁점인 조례 성립과정에서 어떤 '절차적' 하자가 있으면 조례의 무효 사유로서 부당이득이 인정되는지를 살펴보아야 할 것이다. 이 글에서는 대상판결에 대한 사실인정을 소재로 하여 조례 성립과정에서 어느 정도의 절차적·실체적 하자가 있으면 조례의 무효와 그에 따른 주민소송에서의 부당이득반환을 인정할 것인지를 생각해 보기로 한다(Ⅳ.).

Ⅲ. 부당이득반환 요구 주민소송

1. 주민소송의 대상과 조례의 사법심사

가. 주민소송의 대상

주민소송에서 소의 제기는 주민감사청구를 거친 주민이 하여야 하고 그 상대방은 해당 지방자치단체의 장이다. 주민소송에서는 감사청구한 일정한 재무회계사항("공금의 지출에 관한 사항, 재산의 취득 · 관리 · 처분에 관한 사항, 해당 지방자치단체를 당사자로 하는 매매·임차·도급 계약이나 그 밖의 계약의 체결 · 이행에 관한 사항 또는 지방세 · 사용료 · 수수료 · 과태료 등 공금의 부과·징수를 게을리한 사항")과 '관련이 있는' '위법한 행위나 업무를 게을리 한 사실'에 대하여 소를 제기하여야 한다(지방자치법 제17조 제1항). 가령 '공금의 지출'의 경우 직접적인 공금의 지출에 관한 사항뿐만 아니라 그와 '관련이 있는' '지출원인행위'[11]도 주민소송의 대상이 된다.

11) 지출원인행위란, "지방자치단체의 지출의 원인이 되는 계약 기타의 행위"(지방재정법 제67조 참조)를 가리키는 것으로서 지급명령과 별개로 지방자치단체가 지불의무를 부담하는 예산집행의 최초 행위를 가리킨다. 공사계약·물품구입계약·위탁계약과 같은 사법상의 행위, 보조금의 교부결정과 같은 공법적인 행위, 급여퇴직수당 등의 지출결정, 지방자치단체의 불법행위에 기한 손해배상금의 지출을 결정하는 행위가 그 예이다.

나. 주민소송의 대상과 조례에 대한 규범통제

주민소송의 대상과 관련하여 의정비 반환청구소송에서 문제되는 바는 지방의회의원에게 월정수당을 인상하여 지출한 것은 '공금의 지출' 행위임이 분명하나 지출의 근거가 된 개정 조례가 주민소송의 대상에 포함되는 지출원인행위에 해당하는지이다.

우선 지방자치법 제33조 제1항, 제2항 및 시행령 제33조 제2항은 지방의회의원에게 조례에 따라 월정수당 등을 지급한다고 정하고 그 지급시기를 소속 공무원의 보수 지급일로 정하고 있으므로, 지방의회의원에 대한 월정수당 등의 지급관계는 법령과 조례에 의하여 곧바로 확정된다. 조례제정과 공금지출행위 사이에 별도의 처분을 요하지 않는 것이다. 그런 점에서 보면 의정비 조례를 제·개정한 행위는 '공금의 지출에 관한 사항과 관련이 있는 행위'로서 주민소송의 대상이 된다고 볼 수 있고, 의정비 조례는 주민소송의 직접적인 소송 대상으로서 그 위법 여부를 심사할 수 있다고 할 수 있다. 말하자면 의정비 조례의 경우 일종의 '처분적' 조례와 같이 그 자체 '지출원인행위'에 해당한다고 볼 수 있다. 판례의 취지는 대체로 그와 같이 이해되는데, 만약 조례가 지출원인행위의 '선행행위'가 아니라 그 자체 '지출원인행위'에 해당한다면 그 자체로 주민소송의 대상이 되는 것을 부정할 이유가 없다.

그런데 조례가 지출원인행위의 근거가 된 추상적 규범인 경우, 즉 조례가 지출원인행위의 '선행행위'인 경우 주민소송에서 간접적 규범통제로서 조례의 위법 여부를 심사할 수 있는지는 좀 더 검토가 필요하다. 대상판결은 의정비 조례에 대한 위법 판단이 필요하고 그 판단에 따라 부당이득의 인정 여부가 결정된다는 전제에서 판단을 하고 있으나, 주민소송의 계기에 조례에 대한 간접적 규범통제를 통해 '선행행위'에 대한 통제가 광범위하게 가능한지에 대한 법리를 명확히 드러내고 있지는 아니하다.

필자의 생각으로 '선행행위'에 해당하는 모든 조례 및 그 제·개정 과정을 간접적 규범통제[12]의 방식으로 심사할 수 있다고 할 것인지는 주민소송 제도의 취지를 고려한 판단이 필요하다. 주민소송은 재무행정 작용에서의 위법을 시정하고 원상회복함으로써 '지방재정의 적정성 확보'를 입법 목적으로 하는 것이므로, 재정통제와 무관한 조례, 나아가 해당 지방자치단체의 관할을 넘어서는 법령에 대한 사법통제가 허용된다고 하는 것은 주민소송의 취지를 넘어서는 것이다. 또한 추상적 규범에 대한 적용이 문제라면 규범을 적용한 지출원인행위만을 주민소송의 대상으로 삼는 것이 원칙이다. 다만 재정 관련 규범이 직접성을 가져 '지출원인행위'가 규범을 기계적으로 집행하는 것에 그치는 경우라면 선행행위로서의 규범에 대한 위법성을 심사하여 위법한 규범을 적용한 지출원인행위에 대한 위법성을 인정할 수 있다고 하는 것이 옳다. 그리고 그 경우 지출원인행위의 위법 판단에는 지출원인행위와 그 근거 규범의(헌법을 포함한[13]) 상위 법령 위반 여부도 포함될 수 있다고 하여야 한다. 그렇지 않으면 지출원인행위, 즉 재정작용의 경우에 그 법적 근거가 되는 지방재정과 직접적으로 연결된 규범을 통제할 수 없게 되어 상위 법령에 위반한 규범을 기계적으로 적용한 재정행위에 대한 재정통제가 실질적으로 이루어지지 않게 될 것이기 때문이다. 다만 현재 판례의 태도

12) 주민소송의 사안에서도 법원이 조례의 위법을 판단하면 해당 조례가 곧바로 무효로 되는 것은 아니고 해당 사건에서만 적용이 배제되어야 할 것이다.

13) 일본에서 주민소송 활성화된 논쟁적인 판결이라 할 律地鎮祭判決(일본 최고재판소 1977. 7. 13. 판결, 判例時報 718호, 18頁)이 대표적인 것으로 보인다. 이 판결에서는 신사에 대한 현지사의 보조금 지급이 헌법상의 정교분리원칙에 위반된다고 판단하였다. 愛媛玉串料소송(일본 최고재판소 1997. 4. 2 판결, 民集 51권 4호, 1673頁) 또한 현지사 등이 야스쿠니신사 등에 봉납하는 금전을 현의 공금으로 지급한 것에 대해서 손해배상청구를 요구하는 주민소송을 제기한 것인데, 최고재판소는 이러한 지출행위가 "현과 야스쿠니신사 등과의 관련이 일본의 사회적·문화적 제조건에 비추어 상당하다고 판단되는 한도를 넘는 것이라고 해석되기 때문에 본건 지출은 동조에서 금지하는 공금의 지출에 해당하여 위법하다"고 한 바 있다. 이 판례에 대한 소개는, 최환용, 일본 주민소송제도에 관한 연구, 58-59면 참조.

는 지출원인행위의 선행행위에 대해 "지출원인행위 등을 한 당해 지방자치단체의 장 및 직원 등이 선행행위의 위법성을 명백히 인식하였거나 이를 인식할 만한 충분한 객관적인 사정이 존재하여 선행행위를 시정할 수 있었는지 등을 종합적으로 고려"하여 선행행위가 주민소송의 대상에 해당하는지를 판단하여야 한다는 기준을 제시한 바 있는데[14], 이 기준의 취지를 고려하여 볼 때 지출원인행위의 선행행위라 할 근거 규범의 위법성 판단은 그 위법성이 명백한 경우에 한정되어야 할 것이다.

2. 부당이득반환청구요구 주민소송의 구조

가. 개관

부당이득반환청구를 요구하는 주민소송은 지방자치법 제17조 제2항 제4호 본문에 따른 소송이다(이른바 '제4호 주민소송'). 제4호 주민소송은, 재무회계사항과 관련한 위법을 이유로 지방자치단체장을 피고로 하여 주민이 해당 지방자치단체의 장 및 직원, 지방의회의원, 해당 행위와 관련이 있는 상대방에게 손해배상청구 또는 부당이득반환청구를 할 것을 요구하는 소송(이하 '제4호 주민소송'이라 한다)을 가리킨다. 그 중에서도 대상판결과 같은 주민소송은 부당이득반환청구를 할 것을 요구하는 소송으로서 위법·무효인 급여의 지급 등 위법한 '공금의 지출'이 행하여진 경우나 위법·무효인 '계약의 체결'이 행하여져 그것이 이행된 경우와 같이 재무회계행위의 위법으로 인해 발생한 부당이득을 지방자치단체가 반환받도록 요구하는 소송이다.[15] 대상판결의 경우도 의정비 지출이 위법하므로 그로 인한 부당이득반환청구를 지방의회의원에게 하도록 주민이 지방자치단체장에게 요구하는 소송이다.

---

14) 대법원 2011. 12. 22. 선고 2009두14309 판결.
15) 김용찬/선정원/변성완, 주민소송, 209면.

나. 부당이득반환청구 요구 소송의 요건

부당이득이란 법률상의 원인 없이 타인의 재산 또는 노무로 말미암아 이익을 얻고 그 까닭으로 타인에게 손실을 입히는 것이다. 주민소송에서 문제된 부당이득 역시 그러한 의미로서 공법상 원인에 따른 부당이득과 사법상 원인에 따른 부당이득, 또는 공권으로서의 부당이득반환청구권과 사권으로서의 부당이득반환청구권을 포괄하는 것이다.

조례의 성립과정에서 형식적·실질적 요건의 일부나 전부가 준수되지 아니하면, 그 조례는 하자있는 조례로서 원칙적으로 무효이다.[16] 따라서 조례에 법적 하자가 있고 무효로 선언되고 효력이 배제되는 경우 지방의회의원들에게 지급된 의정비는 법률상 원인이 없이 지급된 급부가 되고 이를 반환하여야 한다.

다. 부당이득반환의 범위

지방자치법은 제4호 소송에서 부당이득반환의 원인이 되는 위반행위의 위법·무효 여부뿐만 아니라 구체적인 부당이득반환 범위까지도 주민소송에서 심판하도록 하고 있으므로(법 제18조 제1항), 주민소송 단계에서 부당이득액까지도 확정을 하여야 한다. 그런데 여기서는 부당이득의 성격이 실질적으로 문제가 된다. 부당이득반환청구권의 성격에 따라 부당이득의 반환 범위에 관한 민법의 적용을 배제하고 공법상 법리를 적용할 것인지가 결정되기 때문이다.[17] 만약 부당이득의 성격이 공법적인 것이라고 한다면 부당이득 반환 의무의 범위를 민법 제748조에 따라 제한할 것은 아니고 신뢰보호의 원칙에 따라 일정한 제한이 가능하다고

16) 대법원 2002. 4. 26. 선고 2002추23 판결. 한편, 후술하겠으나 절차적 하자에 대해서는 별도로 검토할 점이 있다. 규범의 절차 하자를 무효 사유에 해당한다고 할 것인가 하는 점이다.

17) 이러한 구분으로 가령 김철용, 행정법, 100면; 박균성, 행정법론(상), 173면.

해야 할 것이다.[18]

라. 주민소송 인용 판결과 후속소송

제4호 소송은 주민이 손해배상청구 또는 부당이득반환청구의 상대방에게 직접 청구하는 소송이 아니고 지방자치단체장으로 하여금 손해배상의무 또는 부당이득반환의무를 지는 자에게 소를 제기할 것을 요구하는 소송이므로,[19] 원고가 승소하게 될 경우 지방자치단체장이 후속의 소를 제기해야 한다(이하 '후속소송'). 즉 지금까지 제4호에 따른 주민소송 결과 손해배상청구 또는 부당이득반환청구를 인용한 예가 없기 때문에 현실화된 바는 없었으나, 의정비 관련 몇몇의 하급심 판결에서와 같이 부당이득반환청구 요구 소송을 인용하게 되고 그것이 확정되면, 지방자치단체장이 확정일부터 60일 이내를 기한으로 하여 해당 당사자에게 '그 판결에 따라 결정된' 부당이득반환금의 지급을 청구하여야 하고, 지불청구를 받은 자가 그 기한 내에 금원을 지급하지 아니하면 지방자치단체가 부당이득반환의 청구를 목적으로 하는 소송을 다시 제기하여야 한다.[20]

---

18) 가령 정하중, 행정법개론, 2015, 604-608면 참조. 이에 따르면, ① 수익자가 개인인 경우에 부당이득의 반환범위는 신뢰보호의 원칙 위배 여부에 따라 달라지고 개인이 신뢰에 기초하여 이득을 소모하였다면 부당이득반환청구권이 배제된다. ② 수익자가 행정주체인 경우에는 신뢰보호의 원칙이 적용되지 않을 뿐만 아니라 행정주체는 선의의 경우에도 받은 이익을 전액 반환하여야 한다.

19) 일본의 2002년 지방자치법 개정 이전 4호 소송은 직접 청구의 구조를 갖고 있었다. 그러나 이러한 소송이 소송 상대방에게 지나친 부담을 줄 수 있다는 점 등이 지적되었고, 2002년에 간접 청구의 형태로 지방자치법이 개정되었다. 이에 대해서는 지방자치단체의 재무회계과정을 사법과정으로 통제하려는 힘을 약화시켰다는 비판이 제기되기도 하였다고 한다.

20) 이러한 책임추궁 방법이 지나치게 번거롭다는 이유로 주민소송에서 배상금액이 확정되면 원인행위자에게 행정행위 형식을 통해 지불명령을 하도록 하는 것이 집행절차의 간소화에 필요하다는 견해가 있는데(선정원, 주민소송과 변상명령, 지방자치법연구 9호, 2005, 286면 참조), 입법론적으로 타당하다고 생각한다.

후속소송에서는 주민소송에서 문제가 되어 판단된 재무회계행위의 위법·무효 여부, 부당이득액 등을 다시 다툴 수는 없다. 주민소송의 확정판결에 따른 판결의 기판력에 의해 부당이득 성립요건과 범위가 확정된 것으로 보아야 할 것이다.21) 또한 주민소송의 인용판결은 지방자치법이 준용하고 있는 행정소송법이 판결의 기속력을 인정하고 있는 취지에 따라 관계 행정청을 구속하게 될 것이다. 그 밖에도 가급적 선행 주민소송에서 실질적으로 분쟁을 종료시키는 판단이 이루어지는 것으로 보는 것이 타당할 것이다. 다만, 후속소송에서 주민소송 이후에 발생한 새로운 사정에 대한 고려를 하는 것은 주민소송 판결의 효력에 위배되는 것은 아닌데, 그 경우에도 지방자치법 제17조 제14항의 취지를 볼 때 후속소송에서 주민소송의 인용판결의 취지를 훼손하는 취지로 소송상 화해를 하거나 청구의 포기는 허용되지 않는다고 하는 것이 타당하다. 따라서 청구의 포기 등으로 인해 지방자치단체에 손해를 끼친 행위는 별도로 주민소송의 대상이 될 수 있다.22)

한편, 주민소송에서는 후속소송과의 관계에서 소송고지 및 소송참가에 관한 규율23)이 중요한 의미를 가진다. 후속소송에서 피고가 될 자가 주민소송에서 소송고지를 받지 않았다면 민사소송법에서의 참가적 효력을 명시한 규정이 없으므로 후속소송에서 법적 쟁점을 새로이 다툴 수 있다고 해야 할 것이다. 만약 해당 당사자가 주민소송에서 소송고지

---

21) 同旨, 김용찬·선정원·변성완, 위의 책, 214면.

22) 같은 취지, 김용찬·선정원·변성완, 위의 책, 215면. 이에 관한 일본 판례에 대해서는, 최우용, 주민소송제도의 한 일 비교, 91-92면을 참조.

23) 지방자치법에는 다음과 같은 규율이 있다. 제17조 제10항 해당 지방자치단체의 장은 제2항제1호부터 제3호까지의 규정에 따른 소송이 제기된 경우 그 소송 결과에 따라 권리나 이익의 침해를 받을 제3자가 있으면 그 제3자에 대하여, 제2항제4호에 따른 소송이 제기된 경우 그 직원, 지방의회의원 또는 상대방에 대하여 소송고지를 하여 줄 것을 법원에 신청하여야 한다. 제17조 제13항 국가, 상급 지방자치단체 및 감사청구에 연서한 다른 주민과 제10항에 따라 소송고지를 받은 자는 법원에서 계속 중인 소송에 참가할 수 있다.

를 받았다면, 소송고지에 따른 참가적 효력을 받게 된다고 보는 것이 타당하고[24], 피고지자인 당사자는 후속 소송에서 주민소송의 결론의 기초가 된 사실상·법률상의 판단과 상반되는 주장을 할 수 없다고 하여야 한다.

한편, 주민소송의 인용에 따른 후속 부당이득반환청구 소송은 부당이득 반환의 성격에 따라, 즉 그 부당이득의 발생 원인이 공법관계라면 공법상 당사자소송으로, 사법관계라면 민사소송으로 제기되어야 할 것이다.[25]

---

24) 구 지방자치법에 소송고지 및 소송참가 외에는 명문의 규정이 없지만, 제17조 제17항에 의하여 위 법에 규정된 것을 제외하고는 행정소송법에 의하고, 행정소송법 제8조에 의하면 위 법에 특별한 규정이 없는 사항에 대하여는 민사소송법의 규정이 준용되므로, 민사소송법 제77조(참가인에 대한 재판의 효력)가 적용된다고 볼 수 있다. 이 유형의 소송참가는 행정소송법 제16조 소정의 "소송의 결과에 따라 권리 또는 이익의 침해를 받을 제3자의 소송참가"와 유사한 형태의 참가유형으로서, 위 규정에 의하여 소송에 참가한 제3자에 대하여는 민사소송법 제67조의 필수적 공동소송에 대한 특별규정이 준용된다. 그 경우 참가인이 당사자로서 독자적인 청구를 하는 것은 아니므로 그 지위는 공동소송적 보조참가인의 지위와 유사한 것이라고 해석된다고 한다. 김용찬/선정원/변성완, 위의 책, 236면.

25) 다수 학설은 법률상 원인의 성격을 기준으로 부당이득반환청구의 성격을 구분하나, 법원은 권리의 성격에 따라 이를 구분해 왔다. 가령 개발 부담금 부과처분이 취소된 이상 그 이후의 부당이득으로서의 과오납금 반환에 관한 법률관계는 단순한 민사 관계에 불과한 것이고, 행정소송 절차에 따라야 하는 관계로 볼 수 없다(대법원 1995. 12. 22. 선고, 94다51253 판결)거나, 이미 존재와 범위가 확정되어 있는 과오납부액이나 환급세액은 납세자가 부당이득의 반환을 구하는 민사소송으로 그 환급을 청구할 수 있다(대법원 1996. 9. 6. 선고, 95다4063 판결)는 내용이 그와 같은 인식에 따른 것이다. 이와 같은 기준에 본다면, 부당이득반환청구에 따른 후속 소송은 부당이득청구권을 사권으로 보고 그 반환범위를 일반 민사법 원리에 의하여 정하게 될 것이다. 다만 최근 판례는 부가가치세 환급세액 지급청구에 한정해서는 납세의무자의 환급세액 지급청구를 당사자소송으로 제기하여야 한다고 견해변경을 한 바 있다(대법원 2013. 3. 21. 선고, 2011다95564 전원합의체 판결 참조). 이를 통해 보건대 주민소송에서도 해석에 따라 판례에서 공법상 부당이득반환청구권을 인정할 여지는 있을 것이다.

Ⅳ. 의정비 조례의 위법 판단 기준

1. 지방자치법상 의정비 규정의 위반 여부

가. 지방자치법상 의정비 규정과 조례의 하자

지방자치법령은 지방의회 의원의 의정활동비 등을 지방의회가 조례로써 정하도록 하되, 그 상한을 심의위원회에서 결정하는 금액 범위로 제한하는 한편, 심의위원회의 구성, 의정활동비 등을 결정하는 절차나 고려요소 등을 따로 규정하고 있다. 그 취지는 대상판결에서 설시한 바와 같이 지방자치단체로 하여금 자치사무로서 의정활동비 등을 해당 지방자치단체의 개별·구체적인 실정에 맞게 자율적으로 결정하도록 하되, 중립적인 제3의 기관인 심의위원회로 하여금 주민의 의견수렴 절차 등을 거치게 하고 제시된 기준에 따라 결정한 금액 범위 내에서 의정활동비 등을 정하도록 하여 '결정의 적정성과 투명성'을 도모하고자 하는 것이다. 이 점에서 심의위원회의 구성, 심의위원회의 의정비 상한액 결정 절차 등은 의정활동비 등 지급에 관한 조례를 제·개정하기 위하여 선행하여야 할 중심 절차로 평가할 수 있고, '심의위원회 결정'에 절차적 하자가 있다면 이는 조례의 절차적 하자로 취급해야 할 것이다.

또한 법령은 의정활동비 등의 지급기준에 대해 '심의위원회에서 결정하는 범위에서' 조례로 정한다고 규정하고 있는 점을 볼 때 심의위원회에서 결정하는 범위를 벗어난 조례를 제정하거나 법령에 따라 '지역주민의 소득수준, 지방공무원 보수 인상률, 물가상승률 및 지방의회의 의정활동 실적 등을 종합적으로 고려'하도록 되어 있는 심의위원회 결정이 이러한 고려 요소를 적법하게 반영하지 못하였다면 이는 조례의 실체적 하자로 취급해야 할 것이다.

나. 이 사건 조례의 하자에 대한 대상판결 판단의 분석

(1) 절차적 하자에 대한 판단

대상판결에서 문제된 조례의 두 가지 절차적 하자 사유 주장은 다음과 같다. ① 심의위원 후보를 학계·법조계·언론계 및 시민단체 등 분야별로 복수로 추천받지 아니하고 단수로 추천을 받아 심의위원을 선정한 점, 선정된 단수 심의위원 후보자가 성동구로부터 보조금을 지급받는 단체 소속이어서 의정비 결정에 이해관계를 갖는지 여부 등 그 적격성을 실질적으로 심사하지 아니한 점이 절차적 하자로서 문제되었고, ② 심의위원회가 한 지역주민의 의견수렴 절차가 주민의견을 충실히 반영하지 않아 의견수렴에서 절차적 하자가 있다는 주장이 문제되었다.

이 두 문제는 모두 절차에 관한 법령 규정의 적용과 그 평가에 있어서 입법의 취지를 어느 정도까지 목적론적으로 엄격하게 해석할 것인가가 문제되었다고 할 수 있다. ①의 경우 절차에 관한 규정을 별도로 둔 입법취지를 최대한 구현하기 위해서는 심의위원회의 구성에 관한 구 지방자치법 제33조 제3항, 구 시행령 제34조 제1항을 행정자치부의 지침과 같이 심의위원 후보를 학계·법조계 등 분야별로 복수로 추천받고, 그 중 심의위원을 선정할 때 의정활동비 등의 결정에 이해관계가 있는지 여부 등 그 적격성을 실질적으로 심사하는 것이 바람직하기는 할 것이다. 그러나 구 시행령 제34조 제1항, 제2항의 규정 형식과 내용이 이러한 절차적 엄격성을 명문으로 요구한 것이라고 하려면 행정의 적법절차 원리를 통해 해당 조항을 목적론적으로 해석하고 이를 위법 판단에 강제할 수 있어야 한다. 이에 대상판결은 그와 같은 적극적 해석으로 나아가지 않은 것이다. ②의 경우에도, 사실인정에서 드러난 바에 따르면, 주민의견 수렴의 결과 실제 다수는 4천만원 선에서 의정비를 지급하는 것을 지지하고 있었던 것을 감안할 때 심의위원회가 이 설문조사 결과를 의정비 결정에 더 적극적으로 반영하였어야 한다고 할 수 있을 것이다. 의견수렴 절차를 둔 취지는 지역주민이 구의회 의원의 의정비 결정 절차에 간접적으로나마 참여함으로써 심의위원회가 의정비 금액을 자의적으로 결정할 위험을 방지하여 그 결정의 적정성을 도모하고, 의정비 금액 결정에 지방자치단체의 재정을 뒷받침하는 지역주민들의 의사가 투명하고 공정하게 반영되도록 하기 위한 것이라고 할 수 있다. 그렇다면 '지역주민의 의견을 수렴할 수 있는 절차'를 단순히 형식적으로 지역주민의 의견을 '듣는' 데 그치고 지역주민들에게 미리 의사결정에 필요한 최소한의 정보를 제공하고 주민들로 하여금 의정비 금액에 대한 의견을 합리적으로 형성하여 이를 개진할 수 있도록 하는 '소통하는' 절차를 다하지 않았다면 문제가 있는 것이 사실이다. 지역주민의 의견이 왜곡되어 반영되지 않으려면 지역주민 의견조사가 객관적이고 중립적으로 이루어질 수 있어야 할 것인데, 그러려면 질문지 자체가 중립적으로 구성되어야 절차적 합리성이 담보되었음을 인정할 수 있을 것이다.[26] 따라서 의원들이 미리 결론을 내려둔 상태에서 법령이 정한 지역주민의 의견수렴 절차를 형해화하여 의견수렴을 하였다면 이는 진정한 주민의견의 수렴으로 보기 어렵다. 그럼에도 이 경우에도 사법적 위법 판단의 영역에서 주민의견 수렴의 절차적 하자가 있다고 인정하려면, 관계 절차법령에 대해 어느 정도까지의 적극적 해석이 법적으로 요청되는지에 대해서도 고려하지 않을 수 없다. 절차 준수의 적정성과 합법성은 엄밀한 의미에서 구분되지 않을 수 없다. 대상판결에서 대법원이 관계 법령이 주민의견의 수렴 결과를 의정활동비 등의 결정에 반영해야 할 법적 의무가 있다고 할 수는 없는 점에 주목하여, 심의위원회가 형식적으로 지역주민의 의견수렴 절차를 거쳤다면 그것이 다소 미흡하다고 하더라도 의견수렴 절차를 거치지 않아서 위법하다고 하기는 어렵다고 본 취지도 거기에 있다고 이해할 수 있을 것이다.

---

26) 서울고등법원 2011. 1. 20. 선고 2010누20340 판결 등 참조.

(2) 실체적 하자에 대한 판단

실체적 하자의 판단에서는 심의위원회의 의정비 범위 결정과 이를 기계적으로 적용한 조례의 내용이 위법한가에 대한 판단이 문제된다. 그런데 구 지방자치법 시행령 제33조 제1항 제3호는 월정수당 지급기준 금액 자체에 대한 산술식을 제시하고 있지 않고 심의위원회가 지역주민의 소득수준 등 여러 고려사항을 열거하고 이를 고려하여 범위를 정하도록 규정해 놓았기 때문에, 이는 결국 심의위원회의 의정비 결정에서 법령상의 고려 요소를 적절히 형량하여 의정비 범위를 정하였는지 입법재량 판단의 일탈·남용이 문제된다.

만약 심의위원회가 월정수당의 지급기준 금액을 결정할 때 법에서 정한 고려요소를 누락하였거나 이익형량의 과정이 합리적이고도 납득할 만한 방식이 아니었거나 이익형량에서 심한 불균형이 있다면 조례의 실체적 위법성을 인정할 수 있을 것이다. 특히 대상판결의 경우 의회의 구성원인 의원들이 자신들의 문제에 대한 결정을 하는 심의위원회의 구성 등에 있어서 의회의 영향력을 미칠 소지가 있도록 한 점 등을 고려하면 그러한 절차적 불충분성을 보완할 정도의 적정한 심사강도가 요구된다고 할 수 있다. 따라서 재정지출에 대해서 시정관련성과 지출필요성에 대해 개별 구체적으로 판단을 해서 광범위한 재량권을 인정할 경우와 합리적 범위 내에서 적절한 통제가 필요한 경우를 구분하여 볼 필요가 있을 것이다.[27)]

---

27) 일본의 카스미가우라시는 시의회 정무조사비의 교부에 관한 조례를 제정하고 정책조사 연구활동을 위한 정무조사비를 지급해 왔는데, 일부 의원들이 임기만료에 임박하여 컴퓨터, 비디오카메라 등을 구입하는 비용으로 정무조사비를 사용하고 임기를 마치자 부당이득반환에 관한 주민소송을 제기한 사건이 있었다. 이 사건에서 일본 최고법원은 구체적인 법리 기준을 제시하지는 않았지만 재정통제의 수준을 구분하여 적용할 필요가 있다는 취지의 판단을 한 바 있다. 일본최고법원 2010. 3. 23. 판결(行ㄷ 215호)을 참조. 관련 소개로, 김치환, 최근(2010) 일본 행정재판의 동향 및 분석 연구, 행정판례연구 15권 2집, 2010, 310-315면.

그러나 재무회계행위에는 비교적 넓은 재량권이 부여되어 있다고 할 수 있기 때문에 재량 판단의 일탈·남용 여부에 대한 엄격한 심사가 용이한 것은 아니다. 대상판결의 경우에도, 의정비를 대폭 인상하였다는 점에서 볼 때 재량권을 일탈·남용하였다는 혐의를 가질 수 있으나, 의정비의 현실화 필요성과 지방의회의 조례 제정에 대한 민주적 정당성, 그에 대한 자율성 존중의 필요성이라는 점에서 보면 인상의 논거가 납득할 수 있는 범위 내라면 이를 재량권을 일탈·남용하였다고 하기 어렵다.

2. 대상판결에 대한 평가

가. 절차적 하자의 심사 강도

대상판결에서 조례 제정 과정의 절차나 심의위원회의 활동이 불충분한 점이 없지 않으나 이를 가리켜 조례 무효사유에 해당하는 위법한 절차적 하자로 볼 수는 없다는 판단은 결론적으로 동의할 수 있다. 문언이 요구하는 형식적 절차를 거쳤다 하더라도 해당 절차 규정을 '실질적으로' 준수한 것으로 볼 수 없어 위법하다고 하려면 해당 절차 규정의 문언을 넘어서 헌법상의 적법절차원리를 적극적으로 적용하여 해당 규범을 목적론적으로 해석해야 하는데,[28] 규범 제정의 결단적 측면을 고려할 때 당시 규정으로부터 그와 같은 적극적인 해석을 이끌어 내는 데에는 한계가 있는 것으로 보기 때문이다. 다만 대상판결의 1심과 같이 조례 제정과정에 절차적 하자가 있다고 판단한 여러 하급심 판결의 균형 감각이 어디에서 출발한 것인가는 숙고의 여지가 있을 것이다. 그것은 이를테면 누구도 자신의 사건에 대한 판관이 될 수 없다(Nemo judex in causa sua)고 하는 절차에 관한 '자연적 정의'의 관점에서 볼 때 자신의 급료를 스스로 정할 수 있는 입법자에게 요구되는 사전의 절차는 여

28) 이에 대해서는 김태호, 법해석을 통한 적법한 행정절차원리의 근거 지움과 규범력, 행정판례연구 제20집 1권, 2015. 5. 159-196면을 참조.

타의 절차와 달리 엄격한 취급이 필요하다는 감각이 아니었던가 싶다.

이 점에서 절차적 하자의 취급에 있어 근본적으로 절차적 하자의 경중 판단에 대한 법원의 사법심사 방식 전반에 대해 반성적 검토가 필요한 것인지 모른다. 가령 의정비 사건들에서도 절차적 하자가 해당 절차를 둔 제도의 취지를 의도적으로 우회하거나 몰각하는 정도에 이른 경우나 의결정족수의 하자와 같이 중요한 절차상의 하자에 이른 경우에는 조례의 무효사유에 해당한다고 하는 등의 유형론이 필요하다.[29] 이러한 기준이 부재한다면, 소송경제적 관점에서 무익한 형식적 절차 하자에 대해서는 적극적인 심사를 하도록 하면서, 환경영향평가와 같이 절차의 실질적 정당성이 실체적 결정의 정당성으로 연결되는 절차의 부실한 운용에 대해서는 형식적 절차를 거치기만 하면 절차적 하자를 인정할 수 없다고 하는[30] 불균형이 초래되는 것을 앞으로도 피할 수 없을 것이다. 대상판결에서 문제된 절차적 불공정성이 문제였다고 한다면, 우리가 흔하게 관찰할 수 있는, 중립적이어야 할 위원회 구성 단계에서 이미 결과를 예측할 수 있는 방식으로 위원회 구성권자의 취향을 반영하는 위원회 구성, 회의 자료의 형식적 제공과 충실한 토론 없는 결정은 위법하지 않다고 해야 할 것인가? 절차적 하자를 인정하기에 앞선 머뭇거림과 고민은 여기서 출발한 것인지도 모른다.

---

29) 가령 대표적으로 서대문구 의정비 조례의 경우 의결정족수를 위반한 하자가 있었던 것으로 볼 소지가 충분히 있었다. 이 사건에서 의결정족수가 미달되었다고 하여 조례의 무효를 인정한 원심판결에 대해, 대법원은 실질적으로 위원회의 위원들이 두 가지 가능한 안 중에서 더 나은 안을 채택하는 투표를 하고 그 투표결과를 투표 참여 전원이 만장일치로 따르겠다는 취지였으므로 선택한 안만을 놓고 의결정족수를 미달한 것으로 볼 수 없다는 사실인정과 해석론을 전개하며 절차상 하자를 부정한 바 있다. 대법원 2012. 7. 26. 선고 2010두13524 판결. 대법원의 그와 같은 판단에는 지방자치의 자율성에 대한 존중과 해당 사안이 전형적인 예산낭비의 사례는 아닌데도 의원들에게 의정비를 반납하도록 하는 것이 부당하다는 숨은 고려 요소가 자리잡고 있었던 것인지 모르겠으나, 결과적으로 중요부분에 대한 절차적 하자를 사후적으로 재구성하여 추인한 결과가 되었다.

30) 가령 대법원 2006.03.16. 선고 2006두330 전원합의체 판결.

나. 조례 제정 과정의 절차적 하자가 조례의 효력에 미치는 영향

규범 제정과정의 절차적 위법성이 인정된다고 하더라도 그 규범이 무효화되어야 하는지에 대해서는 규범의 법적 안정성 기능 등을 고려할 때 추가적인 논의를 할 필요가 있다.[31] 다음과 같은 견해가 상정 가능할 것이다. 먼저 규범의 무효 판단에서 절차상 위법과 내용적 위법을 동일하게 취급해야 한다는 긍정설이다. 규범제정절차는 규범의 절차적 정당성을 담보하는 것인만큼 실체적 하자에 비해서 소홀히 취급할 수 없다고 할 수 있다. 반면, 이미 유효하게 공포된 규범의 경우 그 실체법적인 하자는 심사할 수 있으나 절차적 하자가 있다고 하여 규범 자체를 무효화하는 것은 허용되지 않는다는 부정설도 상정 가능할 것이다.[32]

필자로서는 절차적 위법을 규범의 무효 사유로 인정할 필요는 있다고 판단한다. 다만 규범을 무효화하는 절차적 하자의 경우 취소사유로 분류되는 행정처분에 대한 절차적 하자에 비해 위법 판단에서 고려할

31) 법률 제정과정에서의 절차적 하자에 대해서는 헌법재판소에서, 권한쟁의심판이었기는 하지만, 논란이 된 바 있다. 입법절차에 대한 법규정의 위반을 문제삼은 헌법재판소의 권한쟁의심판(이른바 미디어법 결정, 헌재 2009. 10. 29, 2009헌라8, 판례집 제21권 2집 하, 14)에서 헌법재판소의 다수의견 중 일부는, 권한쟁의심판에서 국회입법의 절차적 위법이 있음을 확인한다고 하여도 헌법재판소는 피청구인의 정치적 형성권을 가급적 존중하여야 하므로, 입법을 무효로 하는 것은 권한질서의 회복을 위하여 헌법적으로 요청되는 예외적인 경우에 한정되어야 한다는 견해를 취하였다. 반면 이에 대해서는 권한쟁의심판제도가 국가권력의 통제를 통한 권력분립의 실현과 소수의 보호를 통한 민주주의의 실질화, 객관적 헌법질서 유지 및 관련 국가기관의 주관적 권한의 보호를 목적으로 하고, 권한쟁의심판이 객관적 쟁송과 주관적 쟁송의 성격을 동시에 지니고 있음을 나타내므로, 절차적 위법이 있으면 해당 입법에 대해 무효확인 청구를 인용하는 것이 타당하다는 견해(소수의견 중 일부의견)도 제기되었다.

32) 독일의 입법례에도 절차규정과 형식규정의 위반은 문제 삼지 아니하거나 공포 후 1년이 지나면 다툴 수 없도록 규정하기도 한다고 한다. 홍정선, 신 지방자치법, 2015, 335면.

요소가 추가될 필요가 있다.[33] 즉 해당 절차의 유형과 기능, 다시 말해 해당 규범 제정절차의 충실한 이행이 규범의 민주적 의사형성기능에 차지하는 비중, 절차의 성격이 결정의 합리성과 권리형성에 차지하는 중요성의 비중, 사후적 통제의 어려움과 법적 안정성 존중의 중요성에 비추어 절차가 갖는 사전 통제적 기능의 비중을 감안하여, 해당 절차의 소홀한 취급에 대한 규범의 무효 여부를 판단하는 것이 바람직하다.

Ⅴ. 맺음말 - 사법정책적 고려

의정비에 관한 일련의 주민소송 제기는 주민소송을 통해 지방의회의 의결에 대한 주민참여적 통제의 계기를 보여주었다는 점에서 의미가 있었으나, 대법원은 지방의회의 의정비 조례 제정 과정의 절차적 하자에 대한 실질적 심사 강도를 낮춤으로써 조례의 위법을 인정하지 않았다.

이로써 의정비반환청구와 관련한 소송에서 하급심 단계에서 인용되었던 사례들이 모두 대법원 단계에서 기각됨으로써 주민소송이 도입된 이래 주민소송이 인용된 예가 없는 상태가 유지되게 되었다. 도입 당시 행정의 효율성을 저해할 수 있다고 우려되던 주민소송은 오히려 저조한 소 제기율과 전무한 성공률로 재정통제의 수단으로서 거의 활용되지 못하고 있는 상황이 계속된 것이다. 최근 대법원이 도로에 관한 점용허가의 위법 여부가 주민소송의 대상인 '재산의 관리·처분에 관한 사항'에 포함된다는 판단을 하여 주민소송의 대상을 확대한 사례[34]가 있기는 하나, 주민소송의 낮은 활용도는 앞으로도 당분간 계속될 것으로

33) 헌재 2009. 10. 29, 2009헌라8 결정도 취지는 동일한 것으로 보인다.

34) 대법원 2016. 5. 27. 선고 2014두8490 판결. 이 판결은 도로점용허가의 실질이 행정재산의 사용가치를 실현, 활용하기 위한 것으로 평가되는 경우에는 '재산에 관한 관리, 처분'의 의미를 갖는다고 보아 주민소송의 대상을 확대한 의미가 있다.

예상된다.

이에 끝으로 이 시점에서 주민소송을 통해 수행하고자 하였던 제도의 취지를 반추해 보고 그것이 여전히 유용하다면 어떤 제도운영에서의 개선책이 필요한지를 살펴보고자 한다.

첫째, 주민소송의 활용도는 일반 행정소송과의 관계에서 재검토되지 않을 수 없다. 일반 행정소송을 통해서 달성할 수 있는 위법상태의 교정과 권리구제 기능이 충분하여 별도로 주민소송을 이용할 필요가 크지 않다면 이는 반드시 부정적인 현상이 아닐 것이다. 그러나 주민소송의 낮은 활용이 일반 행정소송제도로 충분하기 때문이라고 하기는 어렵다. 현행 행정소송제도의 제도적 미비점이 적지 아니할 뿐만 아니라 객관소송으로서 주민소송의 독자적 의미가 있기 때문이다. 향후 있을 행정소송법의 개정이 주관적 권리구제의 강화에 초점을 맞추게 된다면 더욱 더 행정통제를 위한 주민소송의 보완기능을 적극적으로 고려하는 사법정책적 판단이 있어야 할 것이다.

둘째, 주민소송의 운영에서 주민소송이 갖는 고유한 기능이 실질적으로 작동할 수 있도록 제도를 형성해 나갈 필요가 있을 것이다. 행정소송과 구별되는 주민소송 제도가 갖는 독자적 기능이라면 무엇보다 그것이 주민을 통한 '재정의 통제'를 꾀한다는 점, 그리고 이를 (특히 4호 소송의 경우) 책임이 있는 자에게 재정적 책임을 묻도록 함으로써 예방적 효과와 감독의 경제적 효율성을 제고할 수 있는 점, '소송'의 형식을 취하고 있으나 실질적으로 참정권적 '주민참여'의 성격을 가짐으로써 주민에 의한 민주적 통제의 기능을 수행하는 점에 있다고 생각된다. 그렇다면 이러한 기능의 취지를 살리는 주민소송 제기에 대해서는 주민소송의 취지를 좀 더 전향적으로 수용할 필요가 있을 것이다. 그리고 그 결과에 의해서 드물더라도 주민에 의한 위법한 재정작용의 교정과 제재의 경험이 축적되어 갈 수 있어야 주민소송 제도가 정착될 수 있을 것이다. 다만, 그러려면 이 경우에 위법한 재무회계행정에 '정말 책임이 있는 자'에게 책임을 물을 수 있도록 되어야 하고, 손해의 회복조치가 '상식에 비추어서 타당한 범위에서 이루어져야' 하는 점을 고려할 필요가 있을 것이다.[35] 이를 통해 적절한 범위에서의 책임 부과와 이익 환수가 가능할 때 정의감에 부합하는 사법제도 운영의 기대 속에 주민소송제도가 활성화될 수 있을 것이기 때문이다.

셋째, 주민소송이 '이타적 공익소송'의 일종이라고 할 때 공익적 차원에서의 문제제기는 좀 더 진작될 필요가 있다. 가령 공익 차원의 적절한 문제 환기 기능을 하였음에도 불구하고 패소시 주민이 소송비용 일체를 부담하도록 하는 것은 바람직하지 않아 보인다. 공익소송의 비용에 관한 입법적 개선부터 모색해 볼 필요가 있겠다.[36]

35) 曾和俊文, 「住民訴訟制度改革論」, 法と政治 51卷 2號(2000. 6), 719頁; 최환용, 위의 글, 96면에서 재인용.
36) 현행 지방자치법 제17조 제16항은 원고가 승소한 경우의 소송비용 부담에 대해서만 규정하고 있다.

참고문헌

김용찬·선정원·변성완, 주민소송, 2005.

김치환, 최근(2010) 일본 행정재판의 동향 및 분석 연구, 행정판례연구 15권 2집, 2010, 310-315면.

김태호, 지방자치법상 손해배상청구를 요구하는 주민소송의 대상과 위법사유의 심사 방법, 대법원판례해설 89호(2011 하반기), 1013-1036면.

______, 법해석을 통한 적법한 행정절차원리의 근거 지움과 규범력, 행정판례연구 제20집 1권, 2015. 5. 159-196면.

이창림, 주민소송제도에 관한 연구: 일본과의 비교법적 연구를 중심으로, 고려대학교 박사학위논문, 2011. 2.

조성규, 지방자치단체의 책임성 제고수단으로서 주민소송제도의 의의와 한계, 지방자치법연구 7권 4호, 2007. 12., 255-292면.

최우용, 주민소송제도의 한 일 비교: 일본의 현황, 과제 그리고 한국에의 활용방안, 지방자치법연구 제10권 4호, 2010. 12, 69-98면.

최환용, 일본 주민소송제도에 관한 연구, 법제 590호 2007. 2. 49-107면.

함인선, 주민소송: 이론과 사례, 개정판, 2012.

정하중, 공법상 부당이득반환청구권의 독자성, 행정판례연구 15권 1집, 2010.

국문초록

본 논문은 위법한 재무회계행위로 인하여 발생한 부당이득의 반환청구를 요구하는 주민소송제도를 분석한 글이다. 본 논문의 글감이 된 판례는 지방의회 의원들이 자신들의 월정수당을 대폭인상하기 위하여 조례를 제정하고 그 조례에 따라 월정수당을 받은 데 대해 이를 부당이득으로서 반환청구할 것을 요구한 최초의 부당이득반환 청구 주민소송에 관한 것이었다. 이 사건에서 대법원은 조례 제정의 절차가 다소 불충분하였다고 하더라도 조례를 무효로 하는 정도라고 할 수는 없으므로 월정수당에 대해 법률상 원인이 없는 부당이득으로 볼 수는 없다고 판단하였다.

이 글에서 중점적으로 검토하고자 하는 법리적 쟁점은, ① '조례의 제정·개정 행위'가 '공금의 지출에 관한 사항과 관련이 있는 위법한 행위'에 포함될 수 있는지, ② 부당이득반환청구 요구 소송의 요건과 그 소송이 인용될 경우 후속소송과의 관계는 어떠한지, ③ 조례의 '무효'로 인해 부당이득이 인정된다고 한다면 조례 성립과정에서 어떤 '절차적' 하자가 있으면 조례의 무효 사유에 해당하는지이다.

이에 대한 이 글의 결론은, ① 조례 또한 일정한 조건 하에서 '재무회계행위'에 포함되어서 주민소송의 대상이 될 수 있고, ② 그 조례가 위법하다면 조례를 집행한 공금지출 역시 법률상 원인이 없는 것이 되어 부당이득을 반환해야 할 것인데, ③ 다만 절차의 하자, 특히 조례의 제정 과정에서의 절차상 하자로 인해 조례가 무효가 되려면 절차적 하자의 경중을 가려서 판단해야 한다고 보았다. 그리고 본 논문에서는 절차적 하자의 경중을 판단하는 기준과 주민소송 제도 본래의 목적을 달성하기 위해서 고려해야 할 사법정책적 고려 요소들에 대해서도 견해를 제시하였다.

주제어: 주민소송, 부당이득반환청구 요구 소송, 의정비 반환청구,
위법한 절차적 하자, 조례 무효, 입법절차의 하자

Abstract

Resident's Lawsuits Claiming for Restitution of Unjust Enrichment

– Judicial Review of the Ordinance in Local Council Members' Salary Return Claims –

Kim, Tae-Ho*

This article analyzes the Supreme Court [S. Ct.]. 2011Du7489, Feb. 27, 2014. (S. Kor.), focusing on the resident's lawsuits system claiming for restitution of unjust enrichment illegal administrative actions concerning finance and accounting. It was the first resident's lawsuit that the plaintiffs claimed for restitution of unjust enrichment against local council members who had enacted city ordinance for raising their monthly fixed salary sharply and having been paid based on the ordinance. The Supreme Court holds that it may not be deemed invalid for unjust enrichment lack of legal merits to receive monthly fixed salary although the ordinance enactment process was somewhat insufficient.

This article mainly examines ① whether the 'act of enactment or revision of the ordinance' be included in the 'illegal acts relating to disbursement of public money', and ② the linkage with the follow-up lawsuits when the litigation requirements of the claims for restitution of unjust enrichment are accepted, not to mention ③ what kind of

* Lecturer, SNU School of Law

‘procedural’ flaws occurred in the process of ordinance formation would fit into the claims admitting unjust enrichment for ‘invalidity’ of the ordinance.

The study concludes that ① the ordinance should also become a subject of the resident’s lawsuits, included in ‘financial accounting’ under a certain condition, and ② public money disbursed in enforcing illegal ordinance should be returned for unjust enrichment with no legal merits if the ordinance turns out invalid. The study, moreover, ③ emphasizes the gravity of the procedural flaws should be weighed in holding the ordinance invalid, especially on the ground that the procedural flaws of ordinance enactment process. The author further suggests key factors for measuring the importance of a procedural flaws and standards for establishing judicial policy to promote achievement of goal of the resident’s lawsuits system.

keyword: resident’s lawsuits, claims for restitution of unjust enrichment, salary return claims, illegal procedural flaw, invalidity of the ordinance, procedural flaws of enactment

투 고 일: 2016. 5. 23
심 사 일: 2016. 6. 24
게재확정일: 2016. 6. 27

經濟行政法

대형마트 영업제한의 법리적 쟁점과 개선방안/成重卓

대형마트 영업제한의 법리적 쟁점과 개선방안*

成重卓**

대법원 2015. 11. 19. 선고 2015두295 전원합의체 판결에 대한 평석을 겸하여

Ⅰ. 서설

대형마트와 기업형 슈퍼마켓(Super Supermarket, 이하 "SSM")이 전통시장이나 재래시장 또는 동네 소규모 점포의 생존을 위협하자 유통산업발전법은 대형마트의 영업을 규제하는 근거조항을 마련하기에 이르렀고, 위 법에 근거하여 지방자치단체는 조례로써 대형마트와 SSM의 영업시간을 제한하고 의무휴업일을 지정하기에 이르렀다. 그러자 이마트, 홈플러스, 지에스리테일 등이 주축이 된 한국체인스토어협회 등은 영업제

* 본 논문은 2016. 3. 18. 행정판례연구회에서 발표한 발제문에 토론내용을 담아 재정리한 것임을 밝힌다.
** 경북대 법학전문대학원 부교수, 법학박사, 변호사

한의 근거조항인 유통산업발전법 제12조의 2(대규모점포등에 대한 영업시간의 제한 등)와 전주시의 대규모점포 등의 등록 및 조정 조례 제11조의 2에 대해 직업의 자유, 평등권 및 소비자 권리 침해를 이유로 헌법소원 심판청구를 하였으나, 헌법재판소는 2013년 12월 심판대상 법률조항에 의한 기본권 침해의 직접성이 인정되지 아니하고, 권리보호이익도 인정되지 않는다고 보아 부적법하다고 각하였다.[2] 위 헌재 각하결정에 따라 대형마트의 강제 의무휴일제는 유지되게 되었으나, 위 결정은 헌법소원 청구요건에 관한 것이지, 본안 주장인 직업의 자유 및 평등권의 침해 등에 대한 판단은 하지 아니한 것이어서 여전히 대형마트 영업제한에 관한 법적 논쟁은 가라앉지 않았다. 그러던 중 2014년 12월 서울고등법원은 이마트·홈플러스·롯데마트 등 대형마트 6개사가 영업시간 제한 등 처분을 취소하라며 서울 성동구, 동대문구를 상대로 낸 소송에서 대형마트에 대한 지자체의 영업규제가 위법하다고 판시함으로서 큰 논란을 불러일으켰다.[3] 그로부터 1년 후 대법원 전원합의체는 2015년 11월 19일 원고 승소 판결한 원심을 파기하고, 사건을 다시 서울고법으로 돌려보냈다. 위 대법원 판결은 정치권의 경제 민주화 정책이 전통시장 회생

---

2) 헌재 2013.12.26.자 2012헌마308 결정.
이 사건 법률조항은 지방자치단체의 장이 필요하다고 인정하는 경우 대규모점포 등에 대하여 영업시간 제한을 명하거나 의무휴업일을 지정하여 의무휴업을 명할 수 있도록 하였다. 청구인이 주장하는 기본권 침해의 법률효과는 지자체 장이 영업시간 제한 및 의무휴업일 지정에 관한 구체적인 처분을 하였을 때 비로소 발생하므로 기본권 침해의 직접성을 인정할 수 없다. 또한, 이 사건 조례조항은 헌법소원심판청구 후에 시장에게 영업시간 제한과 의무휴업일 지정에 대하여 재량을 인정하는 내용으로 개정되었고 이에 부천시장은 개정된 조례조항에 따라 새로운 처분을 하였다. 따라서 청구인들이 주장하는 기본권 침해상태가 종료되어 주관적 권리보호의 이익이 인정되지 않고, 개정된 조례조항은 시장에게 의무휴업명령 등에 대하여 재량을 부여하고 있으므로, 기본권 침해행위가 반복될 위험이 있다거나 그에 대한 헌법적 해명이 긴요한 사항으로서 예외적인 심판청구이익을 인정할 만한 경우에 해당한다고 보이지 않아 심판의 이익이 없다.

3) 서울고등법원 2014. 12.12. 선고 2013누29294 사건.

에 초점을 맞추고 있던 것에 대해 그 과정에서 소외된 맞벌이 가정과 납품업자, 임대매장 사업자의 권리도 종합적으로 부각하고 있다는 점이 특징이다. 사실 그 동안의 국내연구는 주로 대형마트 영업규제의 정당성에 관한 것으로서, 영업규제의 시행으로 인하여 발생하거나 발생할 수 있는 구체적인 법적 논란이나 문제점에 대한 논의는 거의 없었다. 즉, 유통이나 경영학의 관점에서의 소매업 보호방안에 대한 논의는 많으나, 법학적 관점에서의 관련 법률의 문제점에 관한 진지한 논의를 찾기는 쉽지 않았다. 이에 본 논문은 대법원 판결을 계기로 대형마트 영업규제에 따른 소비자 주권 제한 문제 및 전통시장 상인 등의 보호 등에 대한 종합적인 재검토[4]가 필요하다는 전제하에서 대형마트 영업규제에 관한 비교법적 검토와 종래 영업규제 관련 찬반 논의를 바탕으로 법학적 관점에서 위 대법원 판례에 대한 평석과 문제점 및 그 개선방안을 제시해 보고자 한다.

Ⅱ. 대상 판결 - 대법원 2015. 11. 19. 선고 2015두295 전원합의체 판결

1. 사실관계

피고 동대문구청장은 2012. 11. 14. 원고 롯데쇼핑, 이마트, 홈플러스 등에 대하여 그들이 운영하는 서울시 동대문구 내 대형마트 및 준대

4) 대형마트에 대한 유통산업발전법의 영업시간 제한과 의무휴업일 등에 대한 규제가 실시되자 영업규제의 당사자인 대형마트는 규제에 불복하여 지속적인 이의를 제기하는 가운데 한편으로는 그 규제를 회피하기 위한 편법운영사례나 판매물품 공급점이라는 신종업태의 출현과 함께 영업규제의 사각지대에 있는 외국계 유통기업의 진출이라는 예상치 못한 현상이 나타나고 있는 등 영업규제로 인한 문제점들이 속속 노출되고 있다.

규모점포의 영업제한 시간을 오전 0시부터 오전 8시까지로 정하고(이하 '영업시간 제한 부분'이라 한다) 매월 둘째 주와 넷째 주 일요일을 의무휴업일로 지정하는(이하 '의무휴업일 지정 부분'이라 한다) 내용의 처분을 한 사실, 위 처분의 취소를 구하는 소송이 원심에 계속 중이던 2014. 8. 25. 위 피고는 영업시간 제한 시간을 '오전 0시부터 오전 10시'까지로 변경하되, 의무휴업일은 종전과 동일하게 유지하는 내용의 처분(이하 '2014. 8. 25.자 처분'이라 한다)을 하였다[5]. 이러한 처분은 유통산업발전법 제12조의 2에 근거한 것으로 국회는 2011년 12월 7년 여의 논의를 거쳐 위 제12조의 2 규정을 만들었다. 이에 서울시 구청장들은 관내의 대형마트와 SSM에 대해 심야영업을 하지 말 것과 한 달에 두 번 일요일에 쉬도록 처분했다. 그러자 원고들은 구청의 처분이 과도한 제한이라며 취소소송을 제기하였다. 구청별로 취소소송에 들어간 것인데, 대부분의 소송에서 1심 법원은 처분이 적법하다는 판결을 했다. 그 후 대형마트측이 항소하지 않아 처분이 적법하다는 결론으로 마무리된 상황이었으나, 이 사건 동대문구와 성동구 관내 대형마트에 대한 두 처분만은 대형마트들이 항소하여 서울고등법원이 뜻밖에도 영업시간 제한이 위법한 처분이

5) 기존의 행정처분을 변경하는 내용의 행정처분이 뒤따르는 경우, 후속처분이 종전처분을 완전히 대체하는 것이거나 그 주요 부분을 실질적으로 변경하는 내용인 경우에는 특별한 사정이 없는 한 종전처분은 그 효력을 상실하고 후속처분만이 항고소송의 대상이 되지만(대법원 2012. 10. 11. 선고 2010두12224 판결 등 참조), 후속처분의 내용이 종전처분의 유효를 전제로 그 내용 중 일부만을 추가·철회·변경하는 것이고 그 추가·철회·변경된 부분이 그 내용과 성질상 나머지 부분과 불가분적인 것이 아닌 경우에는, 후속처분에도 불구하고 종전처분이 여전히 항고소송의 대상이 된다고 보아야 한다. 이 사건에서 2014. 8. 25.자 처분은 종전처분 전체를 대체하거나 그 주요 부분을 실질적으로 변경하는 내용이 아니라, 의무휴업일 지정 부분을 그대로 유지한 채 영업시간 제한 부분만을 일부 변경하는 것으로서, 2014. 8. 25.자 처분에 따라 추가된 영업시간 제한 부분은 그 성질상 종전처분과 가분적인 것으로 여겨진다. 따라서 2014. 8. 25.자 처분으로 종전처분이 소멸하였다고 볼 수는 없고, 종전처분과 그 유효를 전제로 한 2014. 8. 25.자 처분이 병존하면서 위 원고들에 대한 규제 내용을 형성한다고 할 것이다.

라며 1심을 취소하여 피고 측이 상고한 사건이다.

2. 심판대상 등 관련법령

(1) 구 유통산업발전법(2013. 1. 23. 법률 제11626호로 개정되기 전의 것, 이하 같다) 제12조의 2

시장·군수·구청장은 건전한 유통질서 확립, 근로자의 건강권 및 대규모점포 등과 중소유통업의 상생발전을 위하여 필요하다고 인정하는 경우 대규모점포 중 대통령령으로 정하는 것과 준대규모점포에 대하여 영업시간제한을 명하거나 의무휴업일을 지정하여 의무휴업을 명할 수 있다고 규정[6]하고 있고(제1항), 그 중 영업시간 제한은 오전 0시부터 오전 8시까지의 범위에서 할 수 있으며(제2항), 의무휴업일 지정은 매월 1일 이상 2일 이내의 범위에서 할 수 있고(제3항), 위와 같은 영업시간 제한 및 의무휴업일 지정에 필요한 사항을 해당 지방자치단체의 조례에서 정하도록 위임하고 있다(제4항)(이하 '이 사건 조항'이라 한다).

(2) 동법 시행령(2013. 4. 22. 대통령령 제24511호로 개정되기 전의 것, 이하 같다) 제7조의 2

영업시간 제한 등 규제의 대상이 되는 대규모점포의 범위를 '대형마트로 등록된 대규모점포'로 제한하고 있다.

---

6) 2013. 1. 23. 개정된 동법12조의2 ①항은 다음과 같다. "특별자치시장·시장·군수·구청장은 건전한 유통질서 확립, 근로자의 건강권 및 대규모점포등과 중소유통업의 상생발전(相生發展)을 위하여 필요하다고 인정하는 경우 대형마트(대규모점포에 개설된 점포로서 대형마트의 요건을 갖춘 점포를 포함한다)와 준대규모점포에 대하여 다음 각 호의 영업시간 제한을 명하거나 의무휴업일을 지정하여 의무휴업을 명할 수 있다."

(3) 구 「서울특별시 동대문구 유통기업상생발전 및 전통상업보존구역 지정 등에 관한 조례」(2013. 9. 26. 제975호로 개정되기 전의 것) 및 구 「서울특별시 성동구 유통기업상생발전 및 전통상업보존구역 지정 등에 관한 조례」(2013. 9. 17. 제1056호로 개정되기 전의 것) (이하, '이 사건 각 조례'라 한다)

서울특별시 동대문구 내 대형마트 및 준대규모점포의 영업제한 시간을 오전 0시부터 오전 8시까지로 정하고(이하 '영업시간 제한 부분'이라 한다) 매월 둘째 주와 넷째 주 일요일을 의무휴업일로 지정하고 있다.(이하 '의무휴업일 지정 부분'이라 한다)

3. 원심 서울고등법원 2014. 12.12. 선고 2013누29294 사건 판결 요지

원심은, 원고들이 각 대규모점포와 준대규모점포를 운영하고 있는 사실, 원고 운영 대규모점포에서는 소비자의 주문에 따라 점원이 제품의 양을 덜거나 계량하여 포장해주고 있고, 제품을 즉석에서 가공·손질하여 제공하고 있으며, 소비자의 건강이나 안전을 위하여 점원이 제품의 적합성에 관한 구체적인 의견을 제공하고 있는 등의 영업형태를 유지하고 있는 사실, 한편 대규모점포의 매장 내에 다수의 임대매장이 입점되어 있는데, 그 중에는 병원, 미용실, 사진관, 식당 등 서비스 용역을 제공하는 성격의 매장(이하 '이 사건 용역제공 장소'라 한다)이 포함되어 있는 사실을 인정하였다. 이를 토대로 원심은, 이 사건 조항에 따라 영업시간 제한 등 규제의 대상이 되는 '대형마트로 등록된 대규모점포'에 해당하려면 대규모점포가 그 형식상 대형마트로 개설 등록되어 있음은 물론, 나아가 그 점포의 실질이 [별표 1]에 정한 대형마트의 요건[7]에 부합하여야 함을 전제로, 대규모점포는 '점원의 도움 없이' 소비자에게 소매하는 점포의 집단으로 보기 어렵고, 설령 그렇지 않더라도 이 사건 용역제공 장소 부분은 그 점포의 성격상 용역의 제공 장소일 뿐 상품을 소매하는 점포에 해당하지 않으므로 위 요건에 부합하지 않는다고 보았다. 그에 따라 원심은, ① 각 처분의 대상이 된 대규모점포가 그 처분요건을 갖추지 못하였고, ② 그에 따라 대규모점포를 경영하는 회사가 직영하는 것을 처분사유로 한 준대규모 점포도 그 처분요건에 해당하지 않게 되었으며, ③ 적어도 대규모점포 중 용역제공 장소 부분은 처분요건을 충족하지 못하였으므로 각 처분은 그 처분 대상을 오인한 위법이 있다. 또한, 원심은 대규모점포의 매장 내에 다수의 임대매장이 입점되어 있는 사실, 피고들이 처분을 하면서 원고들을 상대로 하여서만 행정절차법상 사전통지 및 의견청취 절차를 거쳤을 뿐, 임대 매장 운영자인 임차인들에게는 그러한 절차를 거치지 않은 사실을 인정한 다음, 행정절차법 제21조 제1항, 제4항, 제22조에 따라 행정청이 당사자에게 의무를 부과하거나 권익을 제한하는 처분을 하는 경우 처분상대방에 대하여 사전통지 및 의견청취 절차를 거쳐야 하는데, 이 사건 처분의 처분상대방에 속하는 임차인들에 대하여 위와 같은 절차를 거치지 않았으므로, 처분 절차상 하자가 있다고 판단하였다. 마지막으로, 피고들이 처분을 함에 있어서, ① 관련 공·사익의 이익형량을 전혀 하지 아니하거나 이익형량의 고려 대상에 마땅히 포함시켜야 할 사항을 누락함으로써 재량권을 행사하지 않았거나 해태하였고, ② 이 사건 처분으로 생겨난 원고들의 영업의 자유 침해 등 불이익이 처분에 의해 달성되는 공익보다 훨씬

7) 구 유통산업발전법 제2조 제3호 및 구 유통산업발전법 시행령 제3조 제1항 [별표 1]은 대규모점포의 유형을 그 판매상품과 영업형태 등을 기준으로 대형마트, 전문점, 백화점, 쇼핑센터, 복합쇼핑몰, 그 밖의 대규모점포로 분류하면서, 그 중 대형마트를 '용역의 제공장소를 제외한 매장면적의 합계가 3,000㎡ 이상인 점포의 집단으로 서 식품·가전 및 생활용품을 중심으로 점원의 도움 없이 소비자에게 소매하는 점포의 집단'으로 정의하고 있다.

중대하여 비례원칙을 위반하였으며, ③ '서비스 무역에 관한 일반 협정(General Agreement on Trade in Services, GATS)' 및 '한-유럽연합 자유무역협정(Free Trade Agreement, 이하 통틀어 '이 사건 각 협정'이라 한다)'의 시장접근 제한금지 조항을 위반함으로써, 재량권을 일탈·남용하여 위법하다고 보았다.

4. 대법원 판결요지

(1) 다수의견 요지

(가) 처분 대상 오인 위법 여부

이 사건 조항에 따라 영업시간 제한 등 규제 대상이 되는 대형마트에 해당하는지 여부는, 일단 대형마트로 개설 등록되었다면 특별한 사정이 없는 한, 그 개설 등록된 형식에 따라 대규모점포를 일체로서 판단하여야 하고, 대규모점포를 구성하는 개별 점포의 실질이 위 대형마트의 요건에 부합하는지 여부를 다시 살필 것은 아니다. 즉, 이 사건 대규모점포가 그 형식상 대형마트로 등록되어 운영되고 있는 이상, 대규모점포에 속한 임대매장 등 개별 점포의 실질을 따로 살필 것 없이 대규모점포는 영업시간 제한 등 규제의 대상인 '대형마트로 등록된 대규모점포'에 해당한다고 할 것이고, 그에 따라 대규모점포를 경영하는 회사인 원고들이 직영하는 준대규모점포도 그 처분요건에 해당하게 된다. 그럼에도 이와 달리 대규모점포와 준대규모점포 내지 적어도 용역제공 장소 부분은 영업시간 제한 등 규제의 대상에 해당하지 않는다고 본 원심판결에는 이 사건 조항에 정한 규제 대상인 '대형마트로 등록된 대규모점포'의 판단방법에 관한 법리를 오해하여 판결에 영향을 미친 위법이 있다.

(나) 절차상 하자 존재 여부

이 사건 대규모점포 중개설자가 직영하지 않는 임대매장이 존재하더라도 대규모점포에 대한 영업시간 제한 등 처분의 상대방은 오로지 대규모점포 개설자인 원고들이다. 따라서 위와 같은 절차도 원고들을 상대로 거치면 충분하고, 그 밖에 임차인들을 상대로 별도의 사전통지 등 절차를 거칠 필요가 없다. 그럼에도 이와 달리 판단한 원심판결에는 이 사건 조항에 따른 영업시간 제한 등 처분의 상대방 및 행정절차법상 의견청취 등 절차의 적용범위에 관한 법리를 오해하여 판결에 영향을 미친 위법이 있다.

(다) 재량권 일탈, 남용 여부

이 사건 조항에 따른 영업시간 제한 및 의무휴업일 지정은 성질상 상대방인 대형마트 등을 운영하는 개인이나 기업이 헌법 제119조 제1항에 따라 가지는 경제상의 자유를 직접적으로 제한할 수밖에 없다. 따라서 서로 상반되는 공익과 사익 사이의 충돌을 수반할 수밖에 없다. 그리고 그 규제 효과는 처분상대방에게만 미치는 것이 아니라, 대형마트 근로자, 대형마트 입점 임대매장 운영상인, 대형마트에 납품하는 농·공·상인들의 이해관계 및 대형마트를 이용하는 소비자의 선택권에도 영향을 미치게 된다. 그런 연유로, 이 사건 조항에 따른 행정청의 영업시간 제한 및 의무휴업일 지정 처분에 비례원칙 위반 등 재량권 일탈·남용의 위법이 있는지 여부를 판단함에 있어서는, 행정청이 위와 같은 다양한 공익과 사익의 요소들을 고려하였는지, 행정청의 규제 여부 결정 및 규제수단 선택에 있어서 규제를 통해 달성하려는 공익 증진의 실현 가능성과 규제에 따라 수반될 상대방 등의 불이익이 정당하고 객관적으로 비교·형량되었는지 등을 고려하여야 한다. 또한, 이 사건 조항은, 영업시간 제한 및 의무휴업일 지정의 규제가 일반적·통상적 시장상황 아래에서는 위와 같은 공익 목적 달성에 유효적절한 수단이 될 수 있다는 정책적 판단에 따라 이루어진 규제입법에 해당하고, 행정청에게 사실상 매우 제한된 범위 내에서 규제 수단의 선택재량을 부여하고 있다. 따라서 행정청은 대체로 유사한 내용의 규제에 이를 수밖에 없다. 이런 사정을 고려할 때, 행정청이 이 사건 조항에 따라 선택한 규제 수단의 실효성 등을 이유로 재량권 일탈·남용의 위법을 인정함에 있어서는 신중을 기하여야 하는바, 피고들이 이 사건 처분을 함에 있어, 재량권을 행사하지 않거나 해태한 위법, 이익 형량에 관한 비례원칙 위반 등의 위법, '서비스 무역에 관한 일반협정(GATS) 및 '한-유럽연합 자유무역협정' 등을 위반한 위법이 없다고 보아, 이와 달리 이 사건 처분에 재량권 일탈·남용의 위법이 있다고 본 원심을 파기한다.

(2) 소수의견 요지

대형마트 개설 등록의 범위와 영업시간 제한 등의 규제의 범위를 반드시 일치시킬 필요는 없다. 영업시간 제한 등의 규제는 대규모점포 개설자 등의 영업의 자유를 제한하는 침익적 처분이므로 그 근거 규정을 엄격히 해석·적용하여야 한다. 대부분의 용역제공 장소는 대형마트 개설자가 아닌 중소상인들에 의해 임대매장의 형식으로 운영되고 있어 대형마트 개설자와는 달리 이들을 보호할 필요가 있다. 그리고 그 용역제공 장소에서 이루어지는 영업과 동종의 영업을 하고 있는 다른 상인들과 비교하여 보더라도, 대형마트에서 영업을 하고 있다는 이유만으로 그 영업시간을 제한하고 휴업을 의무화함으로써 차별적인 처우를 하는 것은 불합리하며 형평에도 어긋난다. 따라서 이 사건 조항은 그 규제의 목적을 달성하는 데에 필요한 최소한의 범위로 제한하여 해석·적용함이 바람직하며, 영업시간 제한 등 규제의 대상은 대형마트 중에서 그 규제 목적과 직접적으로 관련된 '상품판매 장소'만으로 제한하는 것이 합리적이며, 영업의 자유 및 평등권을 보장하고 있는 헌법 정신에도 부합된다. 나아가, 규제 대상인 상품판매 장소의 휴업과 더불어 그 영업을 지원하는 용역제공 장소까지 함께 휴업할 것인지 여부는 대형마트 개설자 또는 그 점포 운영자가 개별 대형마트의 구체적인 유지·관리 상황 및 경제적 효용성 등을 고려하여 스스로 판단하여 정할 것이므로 자율적인 선택에 맡기면 충분하며, 현실적인 유지·관리상의 효용 측면만을 이유로 규제 목적과 직접 관련이 없는 용역제공 장소의 영업까지 무조건 금지하도록 하는 것은 유통산업발전법이 정한 규제의 허용범위를 벗어난다. 이 사건 조항을 비롯한 유통산업발전법령의 내용, 대형마트 매장의 구성 및 상품판매 장소와 용역제공 장소의 구분, 대형마트에 대한 영업시간 제한 등 규제의 목적, 영업의 자유에 대한 규제를 최소화할 필요성 등을 종합하여 보면, 이 사건 조항에 따른 영업시간 제한 등 규제의 대상은 '대형마트로 등록된 대규모점포'의 매장 중 상품판매 장소라고 봄이 타당하고, 용역제공 장소에 대하여는 그 실질이 상품판매 장소에 해당하는 경우 등과 같이 이를 상품판매 장소와 마찬가지로 규제하여야 할 정당한 이유가 있는 경우가 아니라면, 원칙적으로 그 규제의 대상에 포함되지 아니한다고 해석함이 타당하다. 따라서 행정청이 이 사건 조항에 따라 상품판매 장소와 함께 용역제공 장소까지 영업시간 제한 등 규제의 대상으로 삼았다면, 이를 정당화할 특별한 사정이 없는 한, 이러한 처분은 규제의 대상 내지 그 재량의 범위를 벗어나는 것으로서 위법하다.

Ⅲ. 경제민주화와 대형마트 영업규제에 대한 찬반 양론

1. 헌법 제119조 제2항의 경제 민주화

대상판결 다수의견은 서두에서 헌법 전문과 헌법 제119조[8]를 언급

8) 헌법 제119조 제2항의 "경제의 민주화"를 해석하는 데 있어서 문제되는 쟁점으로 제119조 제1항과 제2항의 관계 문제가 있다. 이는 제119조 제2항의 "경제 민주화"를 해석하는 데 있어서 중요한 전제가 되는데 일반적으로 제1항과 제2항은 원칙과

하며 경제민주화를 위한 적절한 국가의 규제 필요성을 비교적 상세히 언급하고 있는바, 이 사건 심판대상 유통산업발전법 제12조의 2 조항의 입법적 근거는 헌법 제119조 제2항이라고 보았다.[9] 위 헌법 조항은 "국가는 균형있는 국민경제의 성장 및 안정과 적정한 소득의 분배를 유지하고, 시장의 지배와 경제력의 남용을 방지하며, 경제주체간의 조화를 통한 경제의 민주화를 위하여 경제에 관한 규제와 조정을 할 수 있다." 라고 규정하고 있는데, 이와 관련하여, 일반적으로 국가가 경제를 규제 및 조정할 수 있는 경우는 다음 3가지를 든다. 첫 번째, 국민경제의 성장 및 안정과 적정한 소득분배 유지하고, 두 번째, 시장지배와 경제력남용을 방지하며, 세 번째, 경제주체간의 조화를 통한 경제민주화를 위한 경우이다. 여기서 일반적으로 정의되는 '경제 민주화'란 경제활동에 관한 의사결정권이 한 곳에 집중되지 아니하고 분산됨으로써 경제주체 간에 견제와 균형이 이루어지고, 시장기구가 정상적으로 작동되는 상태를 말한다. 결국, 우리 헌법상의 경제질서는 사유재산제를 바탕으로 하고

예외의 관계로 해석된다. 그러나 양 항의 서열을 설정하고자 하는 이러한 논변은 타당한 논거를 갖추었다고 보기 힘들다. 헌법규범들간의 서열을 정당화하는 정보가 헌법문언에서 충분하지 않을뿐더러, 양자를 원칙과 예외로 해석하면서 논리적 모순을 범하고 있기 때문이다.(유승익, "헌법 제119조 제2항 경제의 민주화 해석론", 法學硏究 第47輯, 한국법학회, 2012. 8, 3면 이하)

9) 판시내용은 다음과 같다. "헌법 전문과 헌법 제119조에서 규정하고 있는 우리 헌법상 경제질서는 '개인과 기업의 경제상의 자유와 창의의 존중'이라는 기본 원칙과 '경제 민주화 등 헌법이 직접 규정하는 특정 목적을 위한 국가의 규제와 조정의 허용'이라는 실천원리로 구성되고, 어느 한쪽이 우월한 가치를 지닌다고 할 수 없다. 경제활동에 대한 규제는 규제를 당하는 경제주체나 같은 방향의 이해관계인에게 불이익과 불편함을 수반하게 된다. 헌법이 지향하는 여러 경제주체가 조화롭게 공존하고 상생하는 경제질서를 구축하고 공공복리를 실현하기 위하여 법률로써 어느 경제주체의 경제활동의 자유 등을 제한하게 되더라도 그 제한이 정당한 목적과 합리적인 수단에 의하고 본질적인 내용을 침해하는 것이 아니라면 이를 수인하여야 한다. 이 사건 조항은 헌법 제119조 제2항에 따라 입법자에게 부여된 입법재량에 기한 것으로 '대형마트의 시장지배와 경제력 남용의 방지' 및 '대형마트와 중소상인 등 경제주체간의 조화를 통한 경제 민주화' 등을 목적으로 한 경제규제에 관한 입법이다."

자유경쟁을 존중하는 자유시장 경제질서를 기본(원칙)으로 하면서도 이에 수반되는 갖가지 모순들을 제거하고 사회복지·사회정의를 실현하기 위하여 국가적 규제와 조정을 용인하는 "사회적 시장경제"의 성격을 띠고 있다고 하겠다.[10]

2. 유통산업발전법의 연혁

1996년 유통시장의 전면개방 이후 국내외 대형유통업체들의 지역상권 진출이 가속화되었고, 그 결과 재래시장과 동네 슈퍼마켓 등 중소유통업계가 급격하게 위축되었다. 이와 같은 배경에서 2005년 이후 유통업체들이 무분별하게 시장지배력을 확장하고 전통시장 등 지역상권을 붕괴하는 것을 막아야 한다는 요구와 함께, 유통사업에 대한 허가제, 영업품목제한, 사업조정 대상확대 등을 골자로 하는 다수의 의원입법안이 발의되었다.[11] 그 후 법안 심사과정에서 국제통상규범과의 합치성 문제

10) 헌법재판소의 '사회적 시장경제질서'에 대한 견해는 다음 판례에서 찾아볼 수 있다. ① 노동조합의 제3자 개입금지조항의 헌법소원결정에서 "헌법이 근로3권을 보장하는 취지는 원칙적으로 개인과 기업의 경제상의 자유와 창의를 존중함을 기본으로 하는 시장경제의 원리를 경제의 기본질서로 채택하면서 … "로 판시하고(헌법재판소 1990.1.15.자 89헌가103 결정), ② 영화법 제26조의 국산영화의무상영제에 대한 헌법소원심판에서 "헌법 제15조에 의한 직업선택의 자유라 함은 … 각자의 생활의 기본적 수요를 충족시키는 방편이 되고 개성신장의 바탕이 된다는 점에서 주관적 공권의 성격을 가지면서도 국민 개개인이 선택한 직업의 수행에 의하여 국가의 사회질서와 경제질서가 형성된다는 점에서 사회적 시장경제질서라고 하는 객관적 법질서의 구성요소이기도 하다"는 입장을 밝혔다(헌법재판소 1995.7.21.자 94헌마125 결정); 전광석, "헌법 제119조", 『헌법주석서 Ⅳ』, 법제처, 2010, 481면; 변형윤, 『경제민주화의 길』, 비봉출판사, 1992, 11면 이하; 김성수. "경제질서와 재산권 보장에 관한 헌재결정의 평가와 전망." 공법연구, 33(4), 한국공법학회, 2005, 137－141면.

11) 대형마트등 규제에 관한 의원입법안 현황을 보면 2005년에서 2010년까지 안상수의원 등 7건(17대 국회), 노영민의원 등 20건(18대 국회), 2011년 1월에서 5월까지 조경태의원 등 3건, 2011년 6월에서 12월 사이 정갑윤의원 등 4건이 발의되었다.

를 비롯하여 유사 점포와의 평등권 문제 및 영업의 자유·재산권 침해 문제 등에 대한 찬반대립이 있었으나, 결국 헌법 제119조 제2항의 경제 민주화 이념에 따라 다수의 유통산업규제가 도입되기에 이르렀다. 구체적으로, 2010년 11월 24일 유통산업발전법 일부개정을 통해 전통시장이나 전통상점가의 경계에서 500m 이내의 범위에서 '전통상업보존구역'[12]을 지정하고, 구역 내 대규모점포등에 대한 입점규제를 할 수 있는 근거가 처음 도입되었다.[13] 그 후 전통상업보존구역 내 대형마트등의 입점이 사실상 제한되는 등의 효과가 있었으나, 대기업 SSM의 경우 위탁가맹점(대기업 지분 51% 미만)의 형태로 신규입점을 하는 등 편법·위장입점 등을 둘러싼 논란과 갈등이 지속되자 이를 해결하기 위해 기업형슈퍼마켓을 등록제 또는 사업조정제도의 적용대상에 포함하였다.[14] 또한, 2011년 6월 30일에는 전통상업보존구역의 지정범위를 종전 전통시장과 전통상점가 경계로부터 500m로 규정하였던 것을 1㎞로 확대하는 개정을 하였다. 그 후 2011년 12월에는 건전한 유통질서 확립, 대규모점포

12) 전통상업보존구역은 입안 당시 도시계획상의 입지규제인 조닝(Zoning)의 개념으로 도입한 것으로서, 국제규범에서 합리적인 국내규제로 인정될 수 있도록 전통과 역사를 보존하기 위한 목적으로 전통상업보존구역 개념을 사용한 것이다. 입점 및 영업시간규제와 관련하여서는 WTO GATS·FTA 위반여부에 대한 검토도 주된 쟁점 중 하나이다. 이 논의에 대해서는 심영규, "기업형수퍼마켓(SSM) 규제에 대한 국제통상법적 고찰", 한양법학 제33집, 2011. 2, 15면 이하; 정민정, "대규모소매점 규제 법률과 WTO GATS", 국제법학회논총 제55권 제4호, 2010. 12, 123면 이하 각 참조.

13) 대규모점포 등에 대한 규제 배경과 내용은, 지식경제부, "2012 지식경제위원회 주요정책현안", 2012. 6, 71면 이하 참조.

14) 사업조정제도는 1961년 중소기업사업조정법 을 통해 도입되고, 중소기업 고유 업종 지정제도와 함께 구 중소기업의 사업영역 보호 및 기업간 협력증진에 관한 법률에 규정된 중소기업 보호 제도이다. 다만, 중소기업 적합업종을 지정하여 대기업의 신규참여를 금지함으로써 중소기업의 사업영역을 보호해주던 중소기업 고유업종지정제도가 폐지된 이래, 현재는 대·중소기업 상생협력 촉진에 관한 법률 제32조에 사업조정제도만 남아 있다. 사업조정제도는 근본적인 해결수단이 되는 것은 아니나 SSM 입점갈등과 관련하여 최근 다시 부각되고 있다.

등과 중소유통업의 상생발전 등을 위하여 필요할 경우 대형마트 및 준대규모점포에 대한 입점규제 이외에 시장·군수·구청장이 조례로 영업시간제한(자정~오전 8시 범위 내) 및 의무휴업일(매월 1~2일 이내)을 명령할 수 있는 근거를 마련하는 한편 이를 위반한 자에게는 3천만원 이하의 과태료를 부과하도록 하고 있다. 또한, 동법 제8조「대규모점포의 개설등록 및 변경등록」 및 동법 시행규칙 제5조「대규모점포의 개설등록 등」에서 대규모점포 등을 개설 등록하는데 있어서 사업계획서 및 상권영향평가서, 지역협력계획서를 첨부하도록 하고 있으며 대규모점포 등의 위치가 전통 상업보존구역에 있을 때에는 등록을 제한하거나 조건을 붙일 수 있는 등 사실상 대형마트의 시장진입에도 장벽을 두고 있다. 이와 같은 내용이 담긴 유통산업발전법 개정안은 2012년 1월 17일 드디어 공포, 시행되기에 이르렀다. 이어 2013년 1월에 추가 개정된 대규모점포 등에 대한 영업시간의 제한 등에 관한 조항은 영업시간 제한을 확대하고, 매월 2일 의무 휴업일을 반드시 지정하도록 하고 있으며, 이를 위반할시 최고 1억원까지 과태료를 부과할 수 있도록 하고 있다.

3. 유통산업발전법 제12조의 2에 의한 영업규제에 대한 찬반양론

(1) 찬성론

(가) 경제민주화 및 건전한 유통산업 질서 보호

찬성론은, 먼저 영업의 자유가 직업선택의 자유 중 직업수행의 자유로서 다른 기본권에 비하여, 공익적 목적에 의해 보다 광범위한 규제가 허용되는 분야임에 주목한다.[15] 또한, 관련 조사결과, 중소기업청 시

---

15) 헌재는 직업의 자유에 관해 이른바, 단계이론이라는 위헌심사 특별 기준을 적용하고 있다. 즉, 직업수행의 자유 제한(1단계) ⇒ 주관적 사유에 의한 직업선택의 자유 제한(제2단계) ⇒ 객관적 사유에 의한 직업선택의 자유 제한(제3단계) 순서로

장경영지원센터 및 관련업계의 자료에 따르면 2005년 대비 2010년 대형마트의 매출액은 9.2조원이 증가한 반면, 재래시장의 매출액은 같은 기간 동안 9.3조원이 줄어들었고, 비교적 최근 한국 소상공인시장진흥공단 산하 시장경영진흥원 조사결과 대형마트 의무 휴업 시행 후 중소소매업체와 전통시장의 매출액과 평균 고객이 각 10% 이상 증가했으며, 소비자 78%가 찬성한다는 결과가 나왔다.[16] 규제찬성 측에서는 이를 근거로 대기업 자본이 무차별적으로 골목 상권까지 파고들면서 영세 자영업자들이나 전통시장, 소상공인들이 삶의 터전을 위협하고 있는 상황이기 때문에 일정 범위 내에서의 영업제한은 정부가 추진하고 있는 동반성장, 공생발전이란 경제민주화 이념 및 건전한 유통질서 보호를 위한 당연한 조치라는 입장이다. 선진국에서도 대형마트의 공휴일 의무휴업제와 평일 영업시간 제한은 보편적인데 독일의 경우 대형마트 진출 시 그 주변 상권에 미치는 영향을 상세히 분석하여 주변 상권에 미치는 영향이 10% 이상이면 아예 입점 자체를 못하도록 한다.[17] 나아가 대형마트가 초기에는 상대적으로 저렴한 제품을 판매하지만 경쟁적 유통구조인 동네상권이나 재래시장이 몰락하게 되면 독점적 지위를 활용한 영

심사를 하는데, 먼저, 직업수행의 자유 제한은 영업의 장소, 시간, 방법, 내용을 제한(마트 공휴일영업제한, 개인택시 격일제 운행, 공무원 겸직금지, 심야학원 교습제한, 바겐세일 기간이나 횟수제한)을 의미하고, 주관적 사유에 의한 직업선택의 자유 제한으로서 직업의 성질상 전문성, 숙련성, 기술성, 공익성이 요구되는 경우, 그 직업을 수행하는데 필요한 일정한 자격, 능력, 경력, 교육 또는 훈련과정의 이수 등 자신의 노력으로 일정한 요건을 갖추도록 요구하는 것을 의미하며, 객관적 사유에 의한 직업선택의 자유 제한으로서 객관적인 조건을 충족시킨 경우에만 허용. 달성하고자 하는 공익이 월등하게 중요하고, 명백하며 확실한 위험을 방지하기 위한 경우를 의미한다. 단계가 높아질수록 헌법 제37조 제2항이 요구하는 보다 엄격한 비례 원칙이 그 심사척도가 되어 위헌가능성도 상대적으로 높아진다.(헌법재판소 2001.6.28.자 2001헌마132 결정)

16) 뉴스토마토, "국회입법조사처, '대형마트 판결, 경제민주화 조항 살려'", 2015. 12. 9.자 기사.

17) 김범식, "대형마트 영업제한의 전통시장 매출증대 효과와 정책방안", 정책리포트(125), 서울연구원, 2012, 9면 이하.

업을 하게 돼 결국에는 소비자의 피해로 돌아갈 것이라고 주장한다.[18]

(나) 소상공인 매출의 직접적 증대효과

서울시 산하 서울연구원이 2014년 8월경 서울시내 4개 구역의 상인(1,000명)과 소비자(600명)를 대상으로 실태조사를 한 결과에 따르면, 대형마트 의무휴업은 대형마트에서 동네슈퍼 및 전통시장 등으로의 실질적 소비 이전이라는 긍정적 효과를 창출하고 있고, 의무휴업일에 소비자의 47.5%가 동네슈퍼(49.2%), 전통시장(19.2%) 등에서 구매하고 있는 것으로 나타났다. 또한, 의무휴업일에 동네슈퍼 및 전통시장에서의 구매금액이 평소 구매액 보다 35% 이상 높아 의무휴업제도의 유효성을 뒷받침하고 있다.[19]

(다) 직원들의 건강권 보호

대형유통업체에 근무하는 직원들의 근무환경이 특히 열악함은 주지의 사실이다. 유통산업 근로자는 물건을 끊임없이 판매하는 서비스업의 특성상 실질적으로 휴게시간이 따로 없고, 매장 이미지를 위해 매장 내에서는 앉아 있는 등의 최소한의 적절한 휴식조차 취할 수 없는 등 근로기준법에 보장된 4시간마다 30분 동안 휴게할 권리를 심각하게 침해받고 있다. 특히 주부사원의 경우 장시간 계산대에 서있어야 하는 까닭에 화장실에조차 가지 못하여 방광염과 변비 등으로 고생하고 있으며, 늦은 시간까지의 근로로 인한 피로가 가정으로까지 연계되어 건전한 가정생활에도 지장을 줄 수 있다. 따라서 대형마트 직원들의 건강권 보호라는 차원에서도 영업규제는 필요하다.[20]

---

18) 백옥선, “대형마트 및 기업형 슈퍼마켓 영업일시 규제에 관한 고찰”, 행정법연구 제36호, 행정법이론실무학회, 2013. 7, 323－326면.

19) 신승만, “대형마트 의무휴업에 따른 소상공인 매출 증대 실태 및 정책적 시사점”, 서울도시연구 15(4), 서울연구원, 2014. 12, 127면 이하.

20) 오마이뉴스, “마트 계산대에서 물 마시면 큰일 납니다.” 2015. 11. 18.자 기사.

(라) 대형마트 주변 거주주민의 건강권 침해

심야시간과 공휴일에도 대형유통업체에 승용차들이 출입하여 교통혼잡과 소음 등을 유발함으로써 대형유통업체 주변 주민들의 생활환경을 악화시키고 있다. 또한 심야영업에 따른 야간소음, 빛 공해, 교통체증 등 다양한 형태의 생활불편을 초래하고 있다. 따라서 이에 대한 적절한 규제는 필요하다. 대형마트와 SSM이 위치한 인근 지역 주민들의 그동안의 피로도가 얼마나 심했는지 및 의무휴업제와 영업시간 제한 시행 이후 대형마트 인근 거주민들의 삶의 만족도가 비교적 높아졌다는 보고서는 이를 대변한다.[21]

(2) 반대론

(가) 헌법상 영업권과 평등권 및 WTO 규정 위반

영업규제는 '영업의 자유' 라는 기본권을 침해한다. 덩달아 아래에서 언급하는 소비자의 선택권을 인위적으로 제한하여 불편을 야기할 뿐만 아니라, 고용 감소 및 지역상권 침체 유발 등의 연쇄 피해를 초래할 수 있다. 또한 자유롭게 영업이 가능한 편의점, 오픈마켓, 인터넷쇼핑 등 온라인 쇼핑과 대형전통시장, 백화점, 전문점, 개인 중대형 슈퍼마켓, 소형 슈퍼마켓은 제외되어 합리적이지 못한 차별이다. 그리고 법에 의하면 농축수산물 취급 비중이 51% 미만인 업체만 규제한다는 것은 같은 업체 간의 형평성에도 배치되어 평등원칙 위반이다. 또한, 대형마트와 SSM의 영업품목을 제한할 경우 '영업품목 제한은 서비스 영업의 총수 또는 총 산출량 제한을 금지하는 GATS 16조 2항 나목 및 다목에 위배된다.'며 WTO 규정 위반 가능성도 있다.[22]

---

21) 경북일보, "전통시장과 대형마트, 그리고 소비자", 2015. 9. 17.자 기사.

22) 신석훈, 전게논문, 12면 이하. 그러나, 국내규제가 개별조항과 충돌할 수 있다 하여 바로 통상법 위반이 되는 것이 아니라 GATS 제6조에 규정한 합리성, 공평성, 객관성을 상실한 것이냐의 검토에 의하여 비로소 GATS 위반여부가 판정된다고 할 것

(나) 물가상승, 농어민과 중소협력업체 등 피해

강제휴무 및 영업시간 제한은 대형마트의 운영효율성을 저해함으로써 대형유통업체를 운영하는 비용을 증가시키고 이는 제품의 판매가에 반영되어 결국은 소비자 물가가 상승하게 된다. 특히 농수축산물의 유통의 경우 신선함을 유지해야 하는 제품의 특성상 대형유통업체가 농수축산물에 대한 취급 자체를 꺼려하여, 결국은 농어민, 축산인들에게 피해가 돌아갈 것이다. 또한 대형유통업체에 입정하고 있는 안경점, 식당, 약국, 김밥코너, 꽃집 등 중소협력업체도 직접 피해를 입을 것이다.[23]

(다) 미미한 소상공인 보호 효과

몇 몇 연구보고서에 의하면, 유통산업발전법 시행 이후 전국 소매점의 매출액에 미친 효과를 정량적으로 분석한 결과, 영업일 및 영업시간 규제는 대형마트의 매출을 감소시키거나 그 유사 효과가 크지 않는 것으로 나타났고, 대형마트 규제를 통해 매출을 증가시키려 했던 일반 슈퍼마켓과 소매점, 전통시장의 매출도 크게 증가하지 않은 것으로 나타났다. 오히려, 인터넷 주문 배송 등 새로운 영업전략이 도입되면서 재래시장 매출 증가율은 더 줄어들었다.[24] 즉, 유통산업발전법이 시행 된 지 3년이 지난 지금, 대형마트 3사(이마트, 롯데마트, 홈플러스)의 2014년 매출액이 1조 원 이상 감소하였음에도 불구하고 당초 규제의 반사이익으로 매출 증가가 예상되던 전통시장의 2014년 매출액이 1조 이상 감소했고, 전통시장에서 사용할 수 있는 온누리상품권 판매도 2014년 3천억

이다. US-Gambling 사건에서도 “도박 및 내기 서비스에 대한 국내규제가 GATS 제16조의 서비스 공급제한 규정에 위반될 소지가 있어도 ‘공중도덕의 준수’, ‘공공질서’를 위한 정당한 규제라는 점이 인정되므로 WTO 위반이 아니다”라고 판정된 바 있다.

23) 한국경제, "대형마트 한 곳 규제로 중소상인 1조 6,800억 피해", 2015. 9. 18.자 기사.

24) 이은주, 권영선, “대형마트 영업일 규제정책이 실제 소형가게 매출을 증가시켰는가?”, 한국산업경제학회 정기학술발표대회 논문집, 한국산업경제학회, 2014, 569면 이하.

원으로, 2013년 대비 30% 가량 감소한 반면, 오히려 온라인 인터넷 마켓을 통한 구매만 증가하였다는 분석이다.

(라) 소비자 선택권 침해

맞벌이 부부나 자영업자들의 경우 대개 주말이나 퇴근 후 낮은 밤에 쇼핑을 하는 경우가 많은데 일요일 휴무 등으로 인하여 이들에게 큰 불편을 주게 된다는 것이다. 또한 대형마트가 제공하는 문화생활의 공간제공 등의 역할도 상실되어 소비자들에게 불편을 줄 수 있다.[25] 결국, 특정요일에 특정장소에서 구매를 원하는 소비자들은 규제로 인해 소비가 사라질 가능성이 있어 매출액 감소 및 소비위축 등을 종합적으로 감안할 경우 유통산업 규제가 국가 경제에 미치는 악영향이 더 크다.[26]

(마) 지역의 고용사정 악화

판촉사원, 단기 아르바이트, 주말 파트타이머, 주부사원 등의 고용에 영향을 미치게 된다. 대형마트는 평균적으로 한 점포에 500~600명에 달하는 고용인원과 함께 수많은 공급협력회사, 건설사 등 유관산업의 고용유발 효과가 가장 큰 산업 가운데 하나이므로 영업규제로 인하여 직, 간접적으로 이들에게 영향을 줄 수 있다.

Ⅳ. 비교법적 검토[27]

1. 쟁점

우리나라보다 앞서 대형마트 확산에 따른 문제를 경험한 주요 국가

25) 조선일보, 2014. 12. 17.자 칼럼.

26) 아시아경제, "마트 옥죄다 골목이 숨넘어갈 판", 2014. 12. 16.자 기사.

27) 이하 글은 신기동, 이수진, 이성룡, "대형소매점 규제의 해외동향과 정책대응", 이슈&진단 제40호, 경기연구원, 2012. 12, 5면 이하 요약 재인용.

들은 초기에는 중소상인 보호를 목적으로 한 규제에 주력하였으나 규제의 실효성 저하 및 보편성 부족이라는 문제 제기에 따라 시민생활 편의를 중시하는 규제로 전환하고 있다. 영업시간 규제는 노동권과 종교생활 보장을 위해 규모에 관계없이 보편적으로 적용되며, 영업시간 제한은 일요일을 제외하고는 완화하는 추세이다.

2. 각국의 입법례

(1) 독일[28]

독일의 대형마트 규제는 출점 규제와 영업시간 규제로 대별된다. 우선 독일은 「연방건축법(Baurecht)」의 하위 규정인 「토지이용령(BauNVO)」[29]에서 연면적 1,200㎡이상, 전용면적 800㎡ 이상의 판매점을 대형마트로 정의하고, 해당 대형마트를 건설할 경우 이 기본계획과 법규에 따라 허가를 받아야 하며 중심지나 상점이 밀집해 있는 특수지역에만 설립 할 수 있도록 하여 입지를 규제하는 대형 판매점에 관한 출점 규제 내용을 정하고 있다. 또한 지방자치단체 단위별로 「소매유통업령(Einzelhandelserlass)」을 정하여 대형 유통점의 출점으로 인해 기존 상권의 심각한 피해가 예상될 경우 출점 제한하는데 주로 기존 상권의 매출에 있어 소비가 많은 물품의 경우 10%, 소비가 적은 물품의 경우에는 20% 수준의 침해가 발생할 경우 출점을 금지한다. 영업규제의 경우, 독일은 1956년 「상점폐점법(Ladenschluß gesetz)」[30]을 제정하여 유럽에서 상점의 영업시간을 가장 엄격하게 제한하는 국가로 평일 저녁시간 및 일요일(공휴일)의 영업을 금지하였다.[31] 이와 관련하여 독일의

28) 법제처 세계법제정보센터, "독일 대형마트 영업 허가 규제 관련 연구보고서", 2014.
29) http://www.gesetze-im-internet.de/baunvo/; 법제처. 전게 보고서, 2면 재인용.
30) http://www.gesetze-im-internet.de/bundesrecht/ladschlg/gesamt.pdf; 법제처, 전게 보고서, 11면 이하 재인용.
31) 독일은 1956년 '상점폐점법(Ladenschluß gesetz)'으로 야간영업 및 휴일 영업을 규

한 백화점이 영업시간 제한 조치에 대하여 헌법소원을 제기하였으나 헌법재판소는 일요일(공휴일) 상점영업금지 법령이 헌법에 합치하며, 독일 내 모든 상점의 일요일(공휴일)은 영업금지, 평일은 20시 이후, 토요일은 16시 이후 영업금지에 대하여 합헌판결을 하였다. 2006년에는 이를 각 주의 지방자치단체에 위임하여 영업시간에 관한 규정은 각 지방자치단체에서 정하는 것으로 완화되어 현재 대부분의 주에서 평일의 경우 24시간 영업을 허용하고 있으나 2009년 헌법재판소가 수도가 위치한 베를린 주에서 강림절인 일요일에 영업할 수 있도록 정한 규정이 헌법에 불합치하다고 판단하여 일요일(공휴일)의 영업을 여전히 규제하고 있다.[32)]

(2) 프랑스[33)]

프랑스는 대형마트 급증으로 영세사업자들의 생존권 문제가 사회적 이슈로 대두되면서 1973년 「로와이에법」을 제정하여 출점규제를 강화하였다. 이 법은 영세 상인에 대한 지원이나 대형과 소형마트 간의 사업조정 등 경제적 규제와 퇴직연금 등이 사회적 지원정책 및 도시계획·토지이용규제를 포함한다. 특히 매장면적 1,500㎡ 초과의 신설을 수반하는 건설계획의 경우 상업도시계획위원회의 허가를 필요로 하였다. 프랑스는 「로와이에법」제정 후 규제를 강화하는 방향으로 수차례 개정하였으나 대형소매점 수가 계속 늘어나자 1996년보다 강력한 「라파랭법」

제하여 왔으며, 그 내용은 다음과 같다.

- 월요일부터 금요일은 07:00~18:30, 토요일은 07:00~14:00만 영업을 허용
- 주유소, 간이상점 및 식당, 철도역사내 상점, 약국, 식당은 예외 적용
- 1960년 네 번째 토요일은 18:00시까지 영업 허용하도록 변경
- 1989년 목요일은 20:30분까지 연장 영업 허용하도록 변경
- 2003년 평일도 20:00시까지 영업 허용하도록 변경

32) 법제처, 전게 보고서, 12면

33) 한종길, "프랑스 유통업규제 변화와 정책적 시사점", 정책연구 14-29, 한국경제연구원, 2015. 12, 14면 이하; 신기동, 전게논문, 5면 이하; 이재형, 박병형, "우리나라 유통산업의 특성과 정책과제", 한국개발연구원 연구보고서, 2010. 9, 220면 이하.

을 제정하였다. 그러나 프랑스의 대형소매점에 대한 출점규제와 영업시간에 대한 규제가 전반적인 경제 효율성 저하는 물론 소매유통업의 위축을 초래하고 소비자의 선택권과 편의성을 제한한다는 인식[34]이 높아지면서 2007년 사르코지 대통령 집권 이후 현재까지 규제를 완화하는 추세이다. 2008년 「경제현대화법」을 통하여 허가대상 기준을 종전의 300㎡에서 1,000㎡ 이상으로 완화하고, 상업도시계획위원회에서 상인대표 비중을 축소하였다. 이에 상인 보호를 위한 경제적 규제 성격이 약화되고 지역의 조화로운 발전, 노동권 보호라는 보편적 가치를 중시하는 방향으로 전환 되었다. 즉 농어촌과 도시, 공간구조, 환경, 교통 등에 미치는 파급효과에 다라 규제 수준을 재량것 결정한다. 영업시간 규제의 경우, 근로 관련 법령에 따라 근로자의 휴식권을 보장하기 위해 원칙적으로 모든 소매점의 일요일 영업을 금지하였으나, 프랑스의 10% 이상의 실업률 등 어려운 경제 상황 하에 일요일 영업을 금지하는 것이 현실적으로 타당한지 여부에 대한 논란이 일었고, 2009년 프랑스는 관광·온천지역 소매점과 인구 100만명 이상 대도시의 대형 점포 일요일 영업을 허용했다. 2014년 1월에는 기존 프랑스 법원의 '카스토로마', '르루아 메를랭' 등 대형 인테리어 매장의 일요일 영업이 불법이라는 판결과 달리 정부는 2015년 7월 1일까지 한시적으로 인테리어 · 가정용품 판매점의 일요일 영업을 허용하기도 하는 등 이에 대한 논란이 지속되고 있다.

---

34) 프랑스의 경우 소매업 출점 제한 규제를 도입했음에도 불구하고 소규모점포의 매출은 줄어든 것으로 나타났다. 1980년부터 2013년까지 프랑스 식료품 점포의 규모별 매출액 비율 변화 추이를 살펴본 결과, 소규모점포인 전문식료품점의 매출액은 1970년 32.2%에서 2013년 17.8% 크게 줄었다. 반면 대형점포에 속하는 하이퍼마켓의 매출액은 1970년 3.6%에서 2013년 36.5%로 증가해 시장매출의 3분의 1을 점유하고 있는 것으로 나타났다. 또 기업형 슈퍼마켓의 매출도 1970년 9.0%에서 2013년 28.8%로 늘었다.

(3) 영국

영국은 1960년대부터 지방자치단체의 토지이용정책을 이용해 소매업 전체 규모와 대형점포의 신규 개설 장소를 제한하면서 소매업에 대해 정부규제를 하여 왔다. 이는 소매업을 자유시장원리에만 맡겨둘 수 없다는 정부와 의회의 강력한 신념 때문이었다. 이러한 정책은 1970년대까지 지속되었고, 기존 상권의 보호를 위해 특정 지역 소매업의 총 영업면적을 규제하였기 때문에 대형점포의 신규 진출이 용이하지 않았다. 그러나 1980년대 이후 규제완화정책이 실시되면서 신규 점포 개설 조건이 완화되었고, 1980년 중반 이후에는 영국의 각 도시에 위치한 중심시가지에 빈 점포, 공터, 단기 임대점포, 폐허 등의 급속히 증가하는 문제점이 발생하게 되었다.[35] 영국의 소매 상업시설에 대한 개발·점포개설 규제는 도시계획체계상의 개발허가제와 개발계획에 의해 이루어졌다. 이 규제는 소매시설개발을 포함한 모든 토지의 개발권은 공공의 이익의 관점에서 국가에 귀속되고 국가와 지방자치단체가 규제주체가 되는 2단계 규제제도 이며 국가는 개발의 다양한 단계에 걸쳐 필요에 따라 국가나 지방자치단체의 정책결정에 지대한 영향을 미치는 정책지침을 공표함을 그 특징으로 한다. 정책지침 가운데 3회(1988년, 1993년, 1996년)에 걸쳐 발표된 「소매시설개발에 관한 지침(PPG6)」이 대표적이다. 1990년경부터는 쇼핑센터 등 대형소매점의 교외진출이 도심부의 활력을 저하시킨다는 우려에 따라 1993년 PPG6의 '중심시가지와 소매개발'에서 도시 근교에서의 대형소매점 설립을 억제하기 위한 장치를 도입하였다. 1996년 PPG6에서는 '지속 가능한 개발'을 지향하면서 자원·환경 악화를 저지하려는 정책을 대거 채택하였다. 이에 따라 개발허가의 일차적 권한을 가진 지방자치단체는 기존 상업지구에의 대형점포 개설을 권장하는 대신

---

35) 백인수, "유통산업 구조변화와 업태별 핵심이슈", 산업연구원, 2006, 8면 이하; 이재형 외 1, 전게논문, 226면 이하.

교외의 대형소매점은 가능한 한 억제하는 방향으로 제도를 운영하였다. 구체적으로, 대형점포(점포 총면적 280㎡ 이상)는 「일요일거래법(Sunday Trading Act)」(1994)과 「성탄절 거래법{Christmas Day (Trading) Act}」(2004)에 따라 일요일과 성탄절에 영업할 수 없으며, 일요일에 영업하기 위하여서는 10시부터 18시까지의 범위에서 총 6시간이 넘지 않는 시간을 정하여 관계기관에 통보하고 일반인에게 고지하여야 한다.36)

(4) 이탈리아

1998년도 이탈리아 유통개혁법안은 유통부문에서의 시장 친화적인 규제(Market-oriented regulation)로, 신규 유통점의 시장 진입이 용이하도록 하였다. 이 법 시행 전에는 규모에 관계없이 개점을 위해서는 시의회의 허가를 받아야만 했지만 개정 법안에서는 150㎡ 이하 규모의 소매점을 소규모 소매점으로. 150~1,500㎡ 규모의 소매점을 중규모 소매점으로, 1,500㎡ 이상의 소매점을 대규모 소매점으로 구분하고, 소규모 소매점은 신고주의를 취하고 있고, 중규모 소매점은 신청을 해야 하나 규제가 없는 반면 대규모 소매점의 경우 지방정부 차원에서 일정한 규제를 받게 된다. 다만 지방정부는 유통부분에서의 발전을 위해 환경과 도시계획을 고려한 토지계획(Zoning plan)을 세워야 하며 이러한 계획을 수립하지 않는 경우에는 대형 소매점의 입점을 유보 할 수 없다. 이에 대해 경쟁당국이 개진한 지방정부 권한의 일반적 기준에 의하면 지방정부가 개점 신청을 거절할 수 있는 경우는 신규 개점이 구체적인 공익 목적(Specific general interest objectives)을 달성하는데 방해가 되는 경우로 국한되어야 하며 단순 기존 유통업자의 이익을 보호하기 위한 목적으로 개점을 거절해서는 아니되며, 법안의 기본취지를 벗어하는 재량 행사는 허용되지 않는다. 여기서 법안의 기본취지는 '유통산업의 균형발전'으로

36) 김천수, "대형마트의 임대점포가 영업규제 대상에서 제외되는지 여부", 유통법연구, 한국유통법학회, 2014. 8, 70면.

서 이는 새로운 유통업의 입점을 제한하는 것을 의미하는 것이 아니라 소규모 유통점이 소비자의 수요에 적응할 수 있고, 대형유통점과 차별화된 장점을 살려 경쟁에서 우위를 점할 수 있는 환경을 제공해 주는 것을 의미한다. 이와 같이 이탈리아의 경우 토지계획 등을 통해 대형소매점의 입점을 규제하나 그 정도는 개별 지방자치정부 마다 다르다.[37)]

(5) 스페인

스페인은 1985년 「Real Decreto-Lev」을 제정하여 이례적으로 상점의 개점시간 자유화하였다. 이를 통해 새로운 형태의 유통점들이 발전하였고, 대형소매점의 시장점유율이 증가하였다. 이런 상황 하에서 생존에 위협을 느낀 소형유통점은 대형유통점의 규제를 지속적으로 요구하였고, 결국 1993년 지방 정부가 상점 개점시간과 경쟁조건 등을 제한하게 되었고, 1996년에는 그 규제가 더욱 강화 되었고 일부 지방 정부에서는 대형유통점으로부터 전통상업(Traditional Commerce)를 보호하기 위해 대형유통점의 진입 자체를 강력하게 제한하였다.[38)] 또한 바로셀로나를 주도(州都)로 하는 까딸루냐주(州)의 경우에는 2001년 1월 1일 「대형점포 특별세법」 제정하여 시장 내 중소상인이나 소상공인보다 경제적으로 우월적 지위 확보가 용이하고, 토지이용 및 환경에 부정적인 영향을 미치는 면적 2,500㎡ 이상의 용역 제공 및 물품을 판매하는 소매점을 대상으로 환경적·토지계획 부분에 대한 보상 및 교정을 목적으로 대형점포 특별세를 부과하여 지역상권의 현대화와 발전을 도모하였다.[39)]

---

37) 신석훈 "기업형 슈퍼마켓(SSM) 규제 입법논리의 문제점", 정책연구, 한국경제연구원, 2009. 12, 57면.

38) Aitor Ciarreta, "Maria Paz Espinosa & Maite Martínez-Granado"(2009); 신석훈, 전게논문, 59-60면 재인용.

39) 문현진, "까딸루냐주 「대형점포 특별세법」 본문 및 까딸루냐주 경쟁력당국 조사 자료", 법제처, 세계법제정보센터, 2012. 12, 76면 이하.

(6) 미국[40)]

미국은 유통부문에 대한 경제적 규제를 시행하지 않는 대표적인 국가다. 미국은 시장경제체제하에서 대량생산·대량소비라는 현상이 최초로 발생한 국가이며 대량생산과 대량소비를 연결하는 근대적 유통산업이 가장 발달한 국가이다. 현재 유통분야에서 시장을 지배하는 유통업태가 가운데 많은 형태가 미국에서 비롯되었으며, 초대형 다국적 유통업체들 중 상당수가 미국에 근거지를 두고 있다. 물론 미국에서도 각종 형태의 대형유통점의 출현에 의해 중소유통업체의 몰락이 3~40여 년전부터 시작되었으나 미국은 자유경제주의에 따라 유통산업에 대한 경제정책적 개입은 거의 하지 않는다. 다만 도시계획정책적 측면에서 유통시설의 설립에 대한 규제가 행해졌다. 연방제 국가인 미국의 경우, 각 주가 주권에 기초에 기초하여 정책을 수행하기 때문에 연방정부에 의한 유통산업에 대한 규제는 존재하지 않으나 현실적으로는 주정부나 지방자치단체에 의한 다양한 규제가 행해지고 있다. 이 가운데 가장 중요한 것이 주정부의 '폴리스파워' 근거하여 지방자치단체가 실하는 용도지역제인 '조닝(Zoning)' 제도이다. '조닝제도'는 교통혼잡 · 소음 방지를 비롯한 각종 환경보호를 목적으로 부지 · 건물의 용도와 부지내 건물 위치·규모·형태 등의 측면에서 도시개발 및 토지이용 전반을 규제하는 제도로 유통시설의 규제에 한정되는 제도는 아니다. '조닝제도'의 구체적인 규제내용은 지방자치단체에 따라 다양하며, 상업시설의 개발이나 점포개설에 미치는 영향도 다양하지만 지방자치단체의 결정에 따라 상업시설 개발이나 대형점포의 개설을 금지할 수도 있다. 이외에도 역사적 건축물이나 시가지 경관을 보호하기 위한 목적으로 건축 및 디자인 등을 규제함으로써 대형소매점의 출현을 제한하기도 한다. 이와 같이 미국의

---

40) 이재형 외 1, 전게논문, 230면 이하 재인용.

지방자치단체는 '조닝제도'와 기타 소매점 입지에 관한 규제정책을 통합하여 '지속 가능한 성장'과 '현명한 성장'을 지향한다. 일부 지방자치단체에서는 리테일링 조닝(Retailing Zoning)제도를 실시하기도 하는데, 이는 중심시가지 상권지역의 건물 1층에는 일정 비율이상의 용도를 소매업종으로 해야 하거나 중심시가지 상권을 몇 개의 클러스터로 나누어 각각 입지 가능한 업종을 제한하는 것이다. 이런 규제는 사업자 간 경쟁을 제한하거나 조정하는 경제규제가 아닌 공공복지 및 소비자이익을 보장하기 위한 사회적 규제 측면에서 허용되고 있다.[41)]

(7) 일본

일본의 유통산업도 영세성을 특징으로 하고 있어, 대규모 유통업체의 출현은 영세사업자의 몰락으로 이어졌다. 영세유통업자 보호를 위해 일본 정부가 채택한 정책은 영세유통업자의 사업활동을 지원하기 위한 「중소소매상업진흥법」과 대규모 유통업의 개설을 억제하기 위한 「대규모 소매점포의 소매업 사업활동의 조정에 관한 법률(이하 「대규모점포법」이라 한다.)」이다. 이 중 1973년에 제정된 「대규모점포법」은 영세사업자의 몰락의 방지를 목적으로 하고 있음에도 불구하고 대형유통업의 증가와 영세사업자의 위축은 더욱 현저하게 나타났다. 대규모점포법은 소비자의 이익 보호, 중소소매업의 사업기회의 확보, 소매업의 정상적인 발달을 그 목적으로 하고 있는바, 그 근본취지는 중소소매업의 사업기회 확보다. 즉 대규모점포법은 그 목적이 점포를 신규 개설하려는 대규모 유통업자와 지방 중소상업자 간의 이해를 조정하기 위한 것으로서 의도적으로 대형점의 개설을 제한하기 위해 입법된 것은 아니었으나 현실적으로는 대형소매점의 개설을 억제하거나 방해하는 방향으로 작용하였다. 대규모점포법에 의하면 사전심사신고제를 통해 점포면적, 개점일,

---

41) 백인수, 전게논문, 10면; 이재형외 1, 전게논문, 183면 재인용.

폐점시각, 휴업일을 조종하는 사실상의 허가제를 운영하면서 우회출점의 증가로 인해 점포면적의 축소(1,500㎡ 이상에서 500㎡ 이상)로 강화하였고, 신규 점포를 개설하기 위해서는 지방 상업자와 조정을 거쳐야 했으며, 점포개설에 소요되는 시간 자체가 큰 부담으로 작용하게 되었다. 그러다가 1980년대 후반부터 규제완화의 필요성에 대한 인식이 높아지기 시작하였고 일본 경제운영기조의 전환을 요구한 마에가와 리포트, 일본의 규제개혁방향을 제시한 신행정개혁 답신, 유통산업의 비전을 제시한 통산성의 90년대의 유통비전 보고서 등에서 법 운영 적정화를 통한 규제완화를 제안하였고, 1990년대부터 그 규제가 대폭 완화되었다.

결국, 일본 정부는 규제를 통한 영세사업자 보호정책의 한계, 경쟁제한적인 정부규제 철폐에 대한 사회적 요구, 폐쇄적인 일본시장의 개방을 요구하는 외국으로부터의 압력, 소비자 및 사회 친화적인 유통정책의 필요성 등의 문제를 해결하기 위해 2000년대 들어 대규모점포법과 같은 대규모-중소규모 사업자 간의 사업조정을 위한 일방적 규제조항을 사실상 포기하고,[42] 「중심시가지활성화법」(1998), 「대점입지법」(2000), 「개정 도시계획법」(1998) 제정하고, 「중심시가지활성화법」에서는 교외개발에 따라 침체된 중심시가지를 미국이나 영국처럼 상권단위로 지원하여 상업집적 경쟁력을 제고시키는 방식의 정책체계를 도입하였다. 특히, 「대점입지법」에서는 교통 등 주민편리성, 주변 생활환경 보호 등을 위해 1,000㎡ 이상의 대형소매점 신설 또는 증설시 신고 후 설명회 개최, 주민의견 수렴, 조정 권고 등의 절차 이행을 하도록 규정하고 있으며,「도시계획법」개정을 통해 10,000㎡ 초과 대규모 집객시설 입지가능 용도지역을 6개 지역에서 3개 지역(상업, 근린상업, 준공업)으로 축소·제한하는 등 도시환경 개선과 상업 활성화를 위한 도시개발정책으로서의

42) 이재형외 1, 전게논문, 185면 이하 재인용.

'도심활성화사업' 추진이라는 목적 하에 그 수단으로서의 보다 능동적인 유통정책을 추진하기에 이르렀다.[43)]

3. 시사점

대형마트 규제와 관련된 독일, 프랑스 등의 유럽국가, 미국, 일본의 입법례를 검토해 본 결과, 독일의 경우 엄격하게 대형마트의 입지는 물론 영업 요일까지 규제하고 있으나, 공휴일을 제외한 평일 영업시간 규제는 철폐하고 있으며, 프랑스의 경우 대형마트 입점과 영업제한에 대한 실효성 저하로 대형마트 진입은 물론 영업규제 전반에 대한 규제가 완화되고 있고, 그 외 영국, 이탈리아, 스페인도 최근 대형마트에 대한 전반적인 규제 자체에 대해서는 대체로 완화하는 추세에 있고, 단지 도시계획 수단을 통해 대형소매점의 사전 입점을 규제하고 있는 실정을 알 수 있었다. 한편, 미국의 경우에는 연방차원의 규제는 존재하지 아니하나 조닝제도와 현명한 성장 등의 정책을 통해 규제하고 있으며, 일본의 경우 통상 마찰 및 내부 요구에 의해 경제적 규제에서 도시계획시스템을 통한 규제로 전환되고 있다. 이는 진입규제의 우회출점에 따른 실효성 및 경제적 효율성의 저하로 인한 것으로, 영업시간은 중소상인과 노동권 보호 및 소비자 편의성의 중시로 일요일을 제외하고는 완화하는 추세이며 주민의 안전과 건강, 환경, 교통, 주변 상권 등에 미치는 영향을 고려하여 도시계획 수단의 측면에서 대형소매점 입지를 규제하고 있다. 즉 대형마트 규제의 필요성은 인정하면서도, '중소상인의 보호'에 초점을 두기보다는 '도시관리'와 주민의 삶의 질'이라는 보편적 가치에 입각한 규제를 중시하고 있다. 이와 달리 우리나라의 경우 대형마트 3사 및 SSM를 포함한 한국체인스토어협회의 헌법소원심판청구에도 불구하

43) 신기동, 전게논문, 10면.

고, 최근까지도 정치권에서는 영업시간의 제한을 21시~10시까지, 강제휴무를 월 4회로 확대하고, 인구 30만명 미만 중소도시에 대형점 출점을 5년간 금지하는 방안 등을 추진한 바 있다. 이는 주요 선진 국가의 대형마트 규제 완화 추세와 사뭇 다르지만, 외국과 우리나라의 사회·경제·문화적 여건이 다르므로 섣불리 판단할 문제는 아니나 대형마트, 중소상인, 소비자, 전통시장 상인 등 이해관계자와 정부, 지자체의 보다 심도있는 논의가 필요한 실정임은 분명하다.

V. 대상 판결에 대한 평석

1. 쟁점

이 사건에서 문제가 된 주 쟁점은 처분대상의 오인 여부, 절차상 하자, 재량권의 일탈·남용 여부 등이다. 그 중 처분대상의 오인여부와 절차상 하자 문제는 대형마트와 준대규모점포와 관련하여 대형마트에 입점하여 있는 임대점포도 대형마트와 동일하게 영업규제의 적용을 받는지가 그 쟁점이었다. 즉, 대형마트의 개설자가 아닌 임대점포(병원, 미용실 등의 용역제공장소 포함)는 영업규제를 통하여 보호하고자 하는 중소유통업자로서 그 규제대상에서 제외하여야 한다는 임대점포와 그 배후의 대형마트의 요구가 빗발치는 가운데, 다른 한편에서 골목시장의 상권 보호를 위하여서는 임대점포 역시 대형마트에 입점하여 있는 이상 그 규제 대상에서 제외하여서는 아니 된다는 대형마트 임대점포 이외의 중소유통업자 사이에서 진퇴양난의 딜레마에 빠져있던 가운데 처분권자인 지자체장들은 이들을 함께 포함하여 규제하기에 이르렀고, 원심은 이를 위법하다고 보았다가 대법원에서 파기를 당한 것이다.

2. 원심판결에 대한 검토

원심은, 현행 유통산업발전법이 대규모점포[44] 전부에 대하여는 이른바 출점규제만을 하고 있음에 반해 대형마트에 대하여는 영업날짜와 시간 등 더 많은 규제를 하고 있어, 이는 대형마트는 대규모점포 중에서도 그 요건을 제한적으로 파악하여 비록 대형마트가 용역 제공장소를 포함하고 있는 대규모점포에 해당하더라도 대형마트에 대해서는 예외적으로 용역제공 장소를 고려함이 없이 판매를 위한 공간의 면적만을 요건으로 하도록 제한적으로 해석함이 상당하다고 보아 다른 대규모점포와 차등을 두고 있다고 보았다. 즉, 유통산업발전법상 대형마트란, "점원의 도움없이" 소비자에게 판매하는 점포라고 규정한 정의에 착안하

---

44) 「유통산업발전법」에 의한 대규모점포의 종류는 다음과 같다.

① 대형마트: 용역의 제공장소를 제외한 매장면적의 합계가 3천㎡ 이상인 점포의 집단으로서 식품·가전 및 생활용품을 중심으로 점원의 도움 없이 소비자에게 소매하는 점포의 집단을 말한다.

② 전문점: 용역의 제공장소를 제외한 매장면적의 합계가 3천㎡ 이상인 점포의 집단으로서 의류·가전 또는 가정용품 등 특정 품목에 특화한 점포의 집단을 말한다.

③ 백화점: 용역의 제공장소를 제외한 매장면적의 합계가 3천㎡ 이상인 점포의 집단으로서 다양한 상품을 구매할 수 있도록 현대적 판매시설과 소비자 편익시설이 설치된 점포로서 직영의 비율이 30% 이상인 점포의 집단을 말한다.

④ 쇼핑센터: 용역의 제공장소를 제외한 매장면적의 합계가 3천㎡ 이상인 점포의 집단으로서 다수의 대규모점포 또는 소매점포와 각종 편의시설이 일체적으로 설치된 점포로서 직영 또는 임대의 형태로 운영되는 점포의 집단을 말한다.

⑤ 복합쇼핑몰: 용역의 제공장소를 제외한 매장면적의 합계가 3천㎡ 이상인 점포의 집단으로서 쇼핑, 오락 및 업무기능 등이 한 곳에 집적되고, 문화·관광시설로서의 역할을 하며, 1개의 업체가 개발·관리 및 운영하는 점포의 집단을 말한다.

⑥ 그 밖의 대규모점포: 대형마트, 전문점, 백화점, 쇼핑센터 및 복합쇼핑몰에 해당하지 아니하는 점포의 집단으로서 다음의 어느 하나에 해당하는 것을 말한다.

- 용역의 제공장소를 제외한 매장면적의 합계가 3천㎡ 이상인 점포의 집단
- 용역의 제공장소를 포함하여 매장면적의 합계가 3천㎡ 이상인 점포의 집단으로서 용역의 제공장소를 제외한 매장면적의 합계가 전체 매장면적의 50% 이상을 차지하는 점포의 집단. 다만, 필요한 경우 매장면적의 10%의 범위에서 용역의 제공장소를 제외한 매장의 면적 비율을 조정할 수 있다.

여, 대형마트 매장 일부에 정육점이나 반찬코너가 있는데 그 곳에서는 점원이 도움을 주기 때문에 이는 전체적으로 보면 위 법에서 정하고 있는 대형마트가 아니라고 본 것이다. 이렇게 되면 대부분의 대형마트 내에 안경점, 화장품점 등의 임대매장이 있고, 그곳에는 점원이 도움을 주고 있으므로 대형마트에 해당하지 아니하여 결국 이 사건 1심판결은 행정처분의 대상을 오인한 위법한 처분에 해당한다고 본 것이다.

구체적인 원심의 논리는 대체로 다음과 같다. 즉, ① 규제와 같은 침익적 조치는 필요한 한도 내로 최소화하는 것으로 해석하여야 하므로, 전부에 대하여 규제를 할 권한이 부여되어 있다고 하더라도 그 필요한 최소한의 일부에 대하여만 규제를 하는 것은 허용된다고 해석하여야 하고, ② 영업규제와 같은 대물처분이라도 그 일부가 명확히 특정될 수 있는 한 그 일부에 대한 행정처분이 가능하다고 보아야 할 것이며, ③ 지방자치단체장이 전부 또는 일부를 탄력적으로 운용하는 것이 중소유통업의 상생발전과 영업규제 권한을 각 지방자치단체장에게 부여한 입법의 의도를 보다 더 잘 실현할 수 있다고 할 것이므로, 대형마트에 입점하여 있다고 하더라도 임대점포는 영업규제로서 보호하고자 하는 중소유통업자이므로 그들을 보호하기 위하여서라도, 지방자치단체장은 대형마트의 일부인 임대점포에 대하여만 영업규제를 제외하는 처분을 할 수 있다[45]고 보아야 한다는 것이다.

그러나, 일반인의 건전한 상식으로서 입법내용을 떠나 당초 입법자

45) 과거 서울시에서는 이러한 문제점을 해소하기 위해 첫째, '백화점, 전문점, 쇼핑센터, 복합쇼핑몰, 그 밖의 대규모점포에 입점한 대형마트'를 영업제한대상에 추가하고, 둘째, 대형마트와 임대차계약을 체결하여 입점해 있는 약국, 미용실, 음식점 등 영세한 개별사업자는 영업제한대상에서 제외하도록 지식경제부, 중소기업청, 국회에 건의하기도 하였다(강희은, 대형마트. SSM에 대한 영업제한과 기업의 사회적 책임, 기업지배구조리뷰, 한국기업지배구조연구원, 2013. 5, 60면).

가 의도한 바가 무엇인지를 고려할 때 원심 판시와 같이 이마트, 롯데마트, 홈플러스가 대형마트가 아니라면, 대한민국에 대형마트는 하나도 없게 되는 모순이 발생한다. 즉, 원심은 지나치게 법문언에만 집착하여, 문리해석에 벗어나고, 국민 법 감정상으로도 받아들이기 어려운 해석을 한 것이다. 특히, 상고심 다수의견도 지적하고 있는 바와 같이, 유통산업발전법상 대형마트에 관한 정의규정에 점원의 도움여부가 들어간 연혁적 이유는 유통산업발전법은 점포를 대형마트(=대규모점포등), 전문점, 백화점, 쇼핑센터, 복합쇼핑몰, 기타 총 6개로 구분하여 각각에 맞는 규제를 하는데, 점원이 주도하여 도움을 주는 백화점으로부터 상대적으로 덜 그러한 대형마트를 구별하여야 하기 때문이었다. 그러므로 법 취지상 '점원의 도움없이'를 원심과 같이 엄격히 해석할 일은 아니다. 비슷한 법리로 주택 일부가 상가인 경우 어떤 법을 적용하느냐에 대해 대법원은 주된 부분이 무엇이냐를 보고 판단하지 일부가 상가라고 해서 전체가 상가라고 보지 않았다.[46] 원심과 같이 볼 경우 약간의 임대매장을 끼거나 대형마트 내에 점원 몇 명만 배치하면 어떤 대형마트이든 대형마트가 아닌 것으로 간주되어 영업시간 제한과 의무휴업일 제한을 피해갈 수 있게 되어 이것이야 말로 꼼수와 편법의 손을 들어주었다는 비판이 가능하다. 결국, 판매를 위한 공간과 용역 제공장소를 모두 포함한 매장 면적이 3천제곱미터 이상이면 대규모점포에 해당하고 대형마트는 그 대규모점포의 하나이므로 대형마트는 용역 제공장소를 당연히 예정하고 있다고 할 수 있고, 또한 대규모 점포 개설등록 시 용역제공 면적을 반드시 기재하도록 하고 있는 결과 용역제공 면적에 따라 대규모점포(대형마트) 여부가 결정되는 이상 그 용역제공 면적에 포함된 용역 제공장소도 대형마트의 일부분으로 보아야 함이 상당하다. 만일 용역 제공장소를 제외하려는 취지이었다면 굳이 개설등록 신청서에 용역제공

46) 대법원 1996. 5. 31. 선고 96다5971 판결.

면적을 기재하도록 할 이유가 없다고 하겠다.

또한, 원심은 대형마트 내 화장품가게 등 임대매장 운영자를 각각 다른 사업주체로 보아, 임대매장 운영자에게도 해당 처분을 받기 전 행정절차법에 따른 사전통지나 의견제출 기회를 주어야 한다며 이 부분 처분의 절차적 위법이 있다고 보았다. 그러나 이점은 이 사건 행정처분의 상대방은 대형마트 운영자인 것이 분명하고, 대형마트의 업무 운영방침에 전적으로 종속되는 그 내부 임대매장 운영자에게 까지 해당 행정처분을 통지하거나, 사전 의견제출 기회를 주는 것은 불필요하다고 할 것이므로 납득하기 어렵다. 사실 임대매장 운영자는 자신이 종속된 대형마트 자체가 일정 요일과 시간에 문을 닫아야 하기 때문에 반사적으로 영업을 하지 못하는 것뿐이다.

마지막으로, 원심은 행정처분을 할 때는 침해되는 이익과 지키려는 이익간 이익형량을 하여 결정해야 하는데, 구청장들이 영업시간 제한 처분을 하면서 처분을 통해 대형마트들의 영업을 제한하면서 지켜내려한 이익인 건전한 유통질서가 무엇인지 불명확하고, 대형마트 납품업자의 피해는 얼마나 되는지, 대형마트 재직 근로자의 건강권이 어떻게 지켜지는지, 소비자의 선택권 침해가 어느 정도인지를 고려하였다는 증거가 없으므로 재량권을 불행사하여 위법하다고 보았다. 그러나 대형마트 영업시간 제한은 우리나라의 특수한 사정을 감안하여 무려 7, 8년간이나 국회와 이해당사자간 충분한 논의를 거쳐 입법된 것이다. 민주적 정당성을 가진 국회가 오랜 시간 사회 내 이해당사자들의 입장을 조율해서 제도를 만들었는데 원심법원이 이 과정을 좀 더 깊이 들여다보지 않고 판단한 것은 아닌지 의문이 있다.

2. 대법원 판결에 대한 검토

이 사건 대법원 판결 직후 일부 시민단체와 언론들은, 이번 판결이 사법부 판결을 통하여 경제민주화 입법의 정당성을 확인하였다는데 의의를 두기도 하였다.[47] 구체적인 법리적 쟁점으로 먼저, 임대점포의 제외 여부 문제와 관련하여, 대법원의 논지는 대체로 다음과 같이 정리될 수 있다. ① 지방자치단체장에게 부여되어 있는 재량의 범위는 영업시간의 범위와 의무휴업일 지정에 관한 것일 뿐, 대형마트는 재량의 대상인 객체에 불과하여 재량의 범위에 포함되지 아니하므로 그 대상을 임의로 구분할 할 수 없고, ② 법상에 '대형마트의 전부나 일부에 대하여' 라고 규정하여 대형마트의 일부에 대하여 제한을 할 수 있는 처분권한이 있다는 취지를 분명히 하지 아니한 이상, 일부에 대하여 제한을 할 수 있다고 해석하는 것은 문리적인 해석의 범위를 벗어난 것이며, ③ 지방자치단체장이 그 대상을 분할하여 일부만 제한할 수 있다면, 그 일부에 대한 아무런 법률상 기준이 없어 지자체의 자의적인 행정을 막을 수 없고, ④ 임대점포를 제외한다면 대형마트를 운영하는 대기업으로서는 임대점포의 형식을 취하여 실질적으로 영업규제를 회피하여 관련 법률이 달성하고자 하는 공익적 목적을 형해화시킬 위험을 배제할 수 없으며, ⑤ 대형마트에 대한 영업규제와 같은 대물적 처분은 특별한 사정이 없는 한 전체를 하나로 취급하고자 하는 것이 입법자의 의도이고, ⑥ 임대점포 운영자가 비록 중소유통업자에 해당한다고 하더라도 대형마트에 입점하여 있는 이상 그 이해관계를 밀접히 공유하고 있다고 볼 것이고, 더욱이 그 입점여부가 자신의 선택에 의한 것인 이상, 보호대상에서 제외된다고 하더라도 임대점포의 수인가능범위 내에 있다고 할 것이므로, 지방자치단체장은 대형마트의 전부에 대하여 영업규제를 할 것인지 여

47) 오마이뉴스, "대형마트 영업제한과 경제민주화", 2015. 12. 17.자 기사.

부만 정할 수 있을 뿐 그 일부인 임대점포에 대하여 영업규제를 제외할 수는 없다는 점 등에서 대법원 다수 법정의견은 당초 심판대상 조항을 만든 입법자의 입법의도를 깊이 고민하여 나름 최선의 결론을 도출한 것이라 사료된다.

다음으로, 재량권의 일탈, 남용여부와 관련하여, 심판대상 유통산업발전법 조항의 규제는 대형마트에 대해 밤 12시 이후에는 영업하지 말고, 한 달에 이틀을 쉬라는 것인데 이것이 과연 헌법상 비례원칙에 위배되는지 여부가 그 쟁점이라고 할 것인바, 대법원은 이 경우 비례원칙 위반으로 보기 어렵다고 판단하였다. 대법원의 이러한 판단은 외국과 다른 우리나라의 특이한 사정을 감안한 것으로 사료되는바, 자영업자 비율이 미국은 6.8%, 독일과 일본도 각 11%인 데 반해 우리나라는 무려 30%나 된다. 생활밀착형 업종의 인구 천명당 업체수도 미국의 10배 이상으로 이미 과도한 경쟁 중이다. 이러한 상황에서 몇몇 대기업이 운영하는 대형마트와 SSM은 이들 자영업자에게 큰 생존의 위협이 아닐 수 없다. 반면 대형마트가 창출하는 고용이나 창업효과는 사실상 그리 높지 않다. 2014년 롯데·신세계·현대백화점, 롯데마트, 이마트, 홈플러스 등 6개 대형 유통업체의 사업보고서에서 최근 6년(2008년~2015년 상반기)간 직원수 현황을 분석한 결과, 이들 업체의 매장당 정규직 직원은 평균 100여명에 불과했다. 자체 고용보다는 납품업체 직원이나 파견직원과 비정규직을 활용하는 경우가 많아 고용 창출에 크게 기여한다는 주장은 설득력이 크지 않다는 것이다. 그 반면 홈플러스 청주점의 경우를 보면 3년 동안 반경 5㎞ 내 슈퍼마켓 337곳 가운데 21%에 해당하는 72곳이 폐업했다. 건강미용식품 매장, 문구점, 컴퓨터매장 등 홈플러스 판매품목과 중복되는 매장까지 합하면 무려 200여 곳이 문을 닫았다. 이런 점 때문에 전문가들은 전통시장과 주변 상권 파괴로 인한 일자리 상실을 감안하면 고용 측면에서 대형마트 진출은 득보다 실이 많은 편이라고 지적한다.[48] 더욱이, 동네 상권의 자영업자들의 몰락은 곧 빈곤층의 증가를 의미하는데 이는 장기적으로 국가 재정의 근원이 되는 세금은 줄고, 의료·실업 등 복지비용은 상대적으로 증가하게 한다. 따라서 국가 전체적으로 볼 때 대기업이 동네상권 과자값까지 싹쓸이하는 것을 적절히 제한하는 것이 사회 전체에 이득이라고 할 것이다. 대법원 다수의견이 보다 상세히 내세운 재량권의 일탈남용 여부에 관한 판단 기준으로서 이익형량이란 이런 점을 충분히 고려한 것으로 사료된다.

3. 소결

이상의 판결은 대형마트의 임대점포를 둘러싼 법해석에 관한 것으로서 일견 중소유통업의 보호라는 정책을 영업규제라는 입법에 불완전하게 담아냄으로써, 보호받는 중소유통업자와 보호받지 못하는 중소유통업자로 나뉘게 되고 그 충돌이 영업규제의 범위로 이어져 그에 관해 원심과 대법원 상호간에 서로 다른 법해석을 한 것이었다. 이와 같이 서로 다른 법해석을 한 이유는 현행 유통산업발전법이 체계적이지 못한 업태 분류를 하고 있고, 덩달아 업태분류의 기초가 되는 '매장의 정의' 등 기본적으로 고민하여야 할 부분이 여전히 정리되지 아니하였기 때문이다. 즉 현행 유통산업발전법은 기본적으로 업태에 기반한 소매점을 분류한 다음 개별 유통산업의 진흥과 발전을 도모하고자 하는 구조인데, 그 기초가 되는 업태분류부터 정밀하지 못함으로 인하여 논란의 불씨를 안게 된 것이다. 여기에 유통산업발전법 전체 체계와는 전혀 이질적인 영업규제와 같은 침익적 규정이 추가됨으로써 더욱 통일적이고, 체계적인 법해석이 어렵게 되어 버린 것이다. 이러한 문제를 해결하기 위하여서는 매장의 정의를 비롯하여 소매업태의 분류 등 유통산업발전

48) 남성현, "2015년 유통산업 전망 보고서", 흥국증권, 산업리서치, 2014. 4, 121면 이하.

법 전반에 대한 정비작업이 필요하다.[49]

Ⅵ. 관련 유통산업발전법 개선방안

1. 쟁점

본 대상 원심 및 대법원 판결은 사법부가 국회에서 정한 매우 민감한 사안에 관해 위법으로 판단하였다가 다시 적법하다고 판단함으로서 관련 학자는 물론 일반 국민들에게 많은 문제의식을 불러일으켰다는 점에서 그 의의가 남다르다. 대형마트 영업규제 문제는 어떻게 현명하게 해결해 나가야 할지 우리 국민 모두가 깊이 생각해 보고 함께 고민해야 할 문제이기 때문이다. 현실적으로 대형마트와 SSM의 출점 규제 및 영업시간 제한과 의무휴업일 지정은 경제적 약자인 소상인을 보호하기 위한 규제로서 그 필요성이 분명 인정되지만, 경제행정의 규율대상과 보호대상 및 일반 소비자인 국민 등 관련 제3자들이 서로 긴밀하게 또한 직간접적으로 유기적으로 연계되어 있기 때문에 일방에 대한 규제만으로는 그 목적을 달성할 수 없다. 따라서 정책의 목적을 달성하기 위해서는 다양한 관리방식이 모색되어야 하는바, 기존 유통산업발전법의 미비점을 보완하는 것도 물론 중요하겠지만, 규제의 방식이 적절한지 또는 규제로 인한 영업주와 일반 국민의 피해가 과도하지는 않은지에 대해 보다 심층적인 검토가 필요하다.

49) 동지; 김천수, 전게논문, 87면 이하.

2. 구체적인 개선방안

(1) 유통산업발전법상 영업규제의 입법적 불비 보완

현행 유통산업발전법은 매장, 점포, 시장, 소매, 도매 등에 대한 개념 구분이 명확하지 아니하고, 점포의 구분의 일정한 기준이 없음에 따라 각 분류에서의 대응하는 점포가 명확하지 아니하거나 규정 자체가 아예 없다. 이는 점포의 규모 및 유무, 소유 및 운영 구조, 업종 및 업태 등에 의한 구분이 혼재될 수밖에 없는 우리 유통업계의 현실에서 비롯된 것으로 보인다. 그러나 이러한 일관성 없는 기준에 의하여 체계적이지 아니한 업태를 규정할 경우, 그 탄력성의 부재로 새로이 진입하거나 등장하는 업태를 포괄하거나 수용하기 어려울 뿐 아니라 기존 규정의 잠탈을 위한 편법적인 운영에 대응하기 어렵게 된다. 대규모점포의 예를 들면, 유통산업발전법은 매장면적의 합계가 3,000㎡ 이상인 점포를 대규모점포라고 규정하고 있을 뿐 그 면적에 미치지 못하는 중·소규모 점포에 대하여는 체계적인 분류를 하고 있지 아니하다. 또한 법은 대규모점포를 경영하는 회사 또는 그 계열회사, 상호출자제한 기업집단의 계열회사가 직영하는 점포 또는 직영점형 및 프랜차이즈형 체인사업의 형태로 운영하는 점포를 준대규모점포로 규정하고 있을 뿐, 그 외의 자가 운영하는 점포에 대하여는 아무런 분류를 하고 있지 아니하다. 그밖에도 법은 매장 면적을 기준으로 대규모점포를 규정하면서 그 대규모점포에 대하여 일부는 업종, 일부는 업태[50], 일부는 운영구조 등의 서로 다른 기준으로 세분하고 있는바, 대규모점포를 구분한 면적기준과는 다른 기준으로 대규모점포를 세분하면서 나아가 그 세분 기준도 여러 기

50) 업태는 소매점의 영업전략에 따른 분류방법으로, 구체적으로 머천다이징 전략, 입지, 판매방식, 영업시간, 광고, 가격전략 등에 의해 소매점의 업태가 결정되는데, 백화점, 할인점, 슈퍼센터, 양판점, 카테고리킬러, 전자상거래 등은 업태에 의한 소매업 분류의 예라고 한다. 그에 반해, 업종은 소매상이 판매하는 상품군에 따른 전통적인 분류방법이다(안광호외 2, "유통원론", 학현사, 2012, 45면).

준을 혼용하고 있어 결과적으로는 아무런 기준이 없다는 비난을 면키 어렵다.

정리하면, 현행 유통산업발전법상 대규모점포는 면적에 의한 구분임에도, 그 대규모점포를 업종과 업태에 의하여 대형마트, 백화점, 복합쇼핑몰 등으로 세분함으로써 그 일관성을 결하고 있을 뿐 아니라, 면적을 기준으로 하는 대규모점포에서는 용역 제공장소를 포함하고, 업종과 업태에 의하여 세분된 대규모점포의 하나인 대형마트는 용역 제공장소를 제외한 판매 공간을 기준으로 함으로써, 이러한 논란의 단초를 제공하게 된 것이다. 따라서 현실적으로 소매점포 전반에 대한 업태분류를 체계화하는 것이 쉽지 않더라도 영업규제를 주로 하려고 하는 대형마트 등에 관해서는 최소한의 세부적 업태분류를 해야 한다.[51] 또한, 가급적 규제를 최소화 하되 대기업과 중소 상인의 상생, 조화를 위해서는 공정한 경쟁과 소비자의 보호를 위한 공정거래법[52]상의 방법론을 도입할 필요가 있다. 즉, 대기업과의 관계(소유 구조 및 운영구조 등), 시장에서의 지배력, 영향력(매출액 등) 등을 직·간접적인 기준[53]으로 최소한의 업태분

51) 이를 위해서는 부가적으로, 소매업 전반 및 소매업태 별 점포수, 매출액 추이, 종업원 수, 시장점유율, 영업이익 등의 기본 항목에 대한 자료조사가 필요한데, 현재 상당히 부족한 실정이며 특히 소매업태별 매입 유통구조에 대한 자료가 제대로 정리되어 있지 않아 정확한 유통구조 파악이 안 되고 있다. 따라서 소매업 자료 수집에 대한 총괄 관리기관을 설정하여, 이 기관을 중심으로 자료 수집 항목의 선정, 조사 내용 및 방법의 일관성 및 보완성 유지하는 한편, 유통통계 DB의 구축 및 활용방안 등을 체계적으로 관리하여야 한다. 특히, 소매업 통계 DB 개발을 지원하는 정책을 수립하고, 이를 온라인 서비스화 할 수 있는 시스템을 신속히 구축할 필요가 있다.

52) 독점규제 및 공정거래에 관한 법률 제 4조 시장지배적 사업자의 추정, 제7조 기업결합의 제한 등.

53) 예컨대, 대규모점포의 입점은 주변 환경에 많은 영향을 끼치게 되는바, 주민, 입점자, 납품업자, 내방객 등의 사람들, 차량들, 그리고 물건의 동선, 쓰레기, 이산화탄소 배출 등 각종 환경적인 요소, 인적·물적 자원의 집중으로 인한 주변 공간과 주민의 스트레스 증가 등이 문제되는바, 이러한 부정적 영향을 봉쇄 또는 완화시키

류를 하는 것이 전 세계적인 흐름과 규제 최소화 측면에서도 바람직 할 것으로 생각된다. 이러한 관점에서 대규모점포와 준대규모점포를 포괄하는 하나의 유형의 의한 분류(예를 들어 '대점포')를 하고 그에 대한 진입과 규제를 해나갈 필요가 있다.

한편, 현행 유통산업발전법은 농수산물 매출 비중 51% 이상이면 규제대상에서 제외되고, 쇼핑센터와 복합쇼핑몰에 위치한 대형마트를 규제대상에 포함시키지 않는 등 다소 불합리한 제도적 불비점이 있다. 따라서 이에 대한 입법적 보완을 하여 기왕의 제도에 실효성을 확보해야 할 것이다. 이러한 논의는, 중소유통업의 보호라는 정책적·경제적 관점에서의 영업규제의 정당성이 아니라, '식품, 가전, 생활용품을 점원의 도움 없이 소매하는 점포' 라는 대형마트의 업태에 대한 영업규제가 과연 필요한 것인지에 관한 재검토로 이어진다.[54] 즉, 대형마트의 업태가 우리의 현실에서 규제되어야 할 대상인지, 아니면 대형마트를 개설하는 주체인 대기업 또는 대자본의 경쟁력이나 경제력이 규제대상이 되는 것인지를 명백히 구분할 필요가 있는 것이다. 만일, 후자의 경쟁력이나 경제력이 현행법상 규제대상이라고 한다면 모든 일정 규모 이상의 소매점에 대한 규제를 하는 것이 타당다고 하겠다.[55]

(2) 자율규제를 통한 상생 확립

대형마트와 SSM에 대한 자율적 규제로서 규제협상을 통한 자율규

기 위한 평가, 심사, 그 대책에 대한 의무를 부과하는 것은 경제 주체로 하여금 경제활동에 충실하게 하면서도 사회적인 의무를 다하게 하는 것으로서, 행정규제 목적을 상당부분 달성할 수 있기 때문이다. 앞서 살펴본 선진국의 경우에도 이러한 규제방향으로 흘러가는 듯하다.

54) 외국은 규모에 의한 규제만 할 뿐 업태 자체와 관련된 규제는 없다.(지식경제위원회 수석전문위원 김호성, "손인춘 의원 대표발의안 등 15개 발의안·청원에 대한 '유통산업법 일부개정법률안 검토보고서'", 2012. 9, 73-77면)

55) 동지; 김천수, 전게논문, 93면.

제의 구현, 지방자치단체와 사업자간 규제 대체적 상생협약의 체결, 강제적 자율규제의 방식을 통한 실효성 확보라는 규제의 체계는 헌법 제119조 제1항과 제2항의 요청을 구체화 시키는 것인 만큼, 우선적으로 법률을 통해 규정되어야 하는 국회 전속입법사항이라 할 수 있다. 따라서 이러한 자율적 규제시스템은 유통산업발전법과 대ㆍ중소기업 상생협력 촉진에 관한 법률에 그 법적 근거가 마련되어 있어야 한다. 그런 의미에서, "유통산업발전법상 규제 근거 조항은 그 규제의 목적을 달성하는 데에 필요한 최소한의 범위로 제한하여 해석·적용함이 바람직하므로 영업시간 제한 등 규제의 대상은 대형마트 중에서 그 규제 목적과 직접적으로 관련된 '상품판매 장소'만으로 제한하는 것이 합리적이고, 영업의 자유 및 평등권을 보장하고 있는 헌법 정신에도 부합한다. 나아가, 규제 대상인 상품판매 장소의 휴업과 더불어 그 영업을 지원하는 용역제공 장소까지 함께 휴업할 것인지 여부는 대형마트 개설자 또는 그 점포 운영자가 개별 대형마트의 구체적인 유지·관리 상황 및 경제적 효용성 등을 고려하여 스스로 판단하여 정할 것이므로 자율적인 선택에 맡기면 충분하며, 현실적인 유지·관리상의 효용 측면만을 이유로 규제 목적과 직접 관련이 없는 용역제공 장소의 영업까지 무조건 금지하도록 하는 것은 유통산업발전법이 정한 규제의 허용범위를 벗어난다."라고 판시한 대상 대법원 판결 소수의견은 의미가 있다.

상대적으로 자율규제가 어느 정도 이루어지고 있는 개인정보보호의 영역에서는 자율규제의 촉진 및 지원을 위한 법적 근거가 마련되어 있으며, 경제영역에서도 가맹사업거래의 공정화에 관한 법률에서는 가맹본부 또는 가맹본부를 구성원으로 하는 사업자단체는 자율적으로 규약을 정할 수 있고(가맹사업거래의 공정화에 관한 법률 제15조 제1항), 불공정거래행위금지의 규정에 위반하는지에 대한 심사를 공정거래위원회에 요청할 수 있는 규정(같은 법 제15조 제2항)을 두고 있다. 이와 같이 유통산업발전법에는 대형유통업체와 소상인은 골목상권의 보호와 유통업에 있어서 공정한 경쟁의 확보를 목적으로 하는 상호협약을 체결할 수 있고, 국가 또는 지방자치단체의 장은 협약을 체결한 자에게 협약의 이행에 필요한 지원을 할 수 있음을 명시되어야 한다. 더불어 기존의 규제를 대체하거나 규제와 자율규제를 결합할 경우에는 이해관계인들이 혼선을 빚을 수 있으므로, 유통산업발전법에는 대형마트와 SSM에 대한 법적 규제(명령·통제적 방식의 규제)의 한계를 설정함과 동시에 자율규제의 범위와 체계가 명확하게 설정되어야 할 것이다.[56)]

(3) 법개정 과정에서의 소비자인 국민의 의견 수렴

일률적으로 휴일에 쉬도록 함으로써 근로자나 소비자의 선택권을 제한하는 것보다는 근로자의 휴식에 대한 선택권이 보장받을 수 있도록 함은 물론 소비자의 선택권을 최대한 보장하는 것이 보다 바람직한 법 개정이 될 수 있다는 점을 감안하여 향후에는 법 개정 과정에 소비자의 성향과 선호도, 근로자의 의사 등에 대한 면밀한 조사를 한 후 이를 반드시 반영하여야 할 것이며, 대형마트 규제와 병행하여 재래시장 내지 골목상권의 경쟁력을 높일 수 있는 방향으로 법 개정이 이루어져야 할 것으로 본다.

---

56) 유통산업발전법에 상생협약의 체결근거를 두되 같은 법 시행령이나 시행규칙에는 협약의 주요 내용이나 협약에 반영되어야 할 사항, 협약기간이나 기간 연장 등 협약의 절차에 관한 사항, 협약 체결시 국가 또는 지방자치단체의 지원사항, 협약 위반시 조치사항 등을 규정함이 상당하다. 물론 자율규제의 구속력을 어떻게 확보할 것인지의 문제는 자율규제의 한계로 지적된다. 이에 상생협약 체결에 대한 신고를 의무화함으로써 행정청이 협약의 이행여부를 감독할 수 있도록 하거나, 상생협약을 체결하고 이를 일정기간 동안 준수하였을 경우 경제민주화 우수기업으로 인증하는 등 행정적·재정적으로 지원하는 방안을 모색할 수 있다. 이미 외국에서는 소상(공)인들이 협동조합식의 운영을 통해 소매유통산업의 구조를 개편하는 등의 근본적인 문제해결방식을 선택하고 있음에 주목할 필요가 있다(지식경제위원회 수석전문위원 김호성, 전게보고서. 66면 이하).

Ⅵ. 결론

대상 판결의 다수의견은 경제 민주화라는 헌법적 가치의 실현 측면에 접근하여 일응 국민들로부터 판결에 대한 지지를 받은 측면이 분명있다. 이는 이 사건의 원심 판결이 나온 직후 '대규모 점포 의무휴업일 및 영업시간 제한의 확대'와 '전통문화 및 자연보존이 필요한 시·군·구에 대형유통업체 출점 금지' 등의 현행 법률보다 보다 더 강화된 규제를 담고 있는 유통산업발전법 개정안이 통과되어 그 시행을 앞두고 있는 점도 대법원이 원심을 파기하기 위해 여론을 살핀 측면을 짐작케 한다.[57] 다만, 대형마트에 대한 규제강화는 우리나라의 특수한 사정을 감안한 것 일수도 있으나, 앞서 본 세계적인 추세에는 다소 역행되는 것으로 보다 조심스러운 접근도 필요하다. 즉 주요 선진국 대다수는 대형점포 규제의 필요성은 인정하나 '중소상인의 보호'에 초점을 두기보다는 도시관

---

57) 대표적으로, 준대규모점포의 정의, 등록 및 전통상업보존구역의 지정 관련 유효기간 연장하는 법 제48조의 2 개정으로 동조항은 "대규모유통업과 중소유통업의 상생·균형발전을 지속적으로 도모하기 위하여 준대규모점포의 정의, 등록 및 전통상업보존구역의 지정에 관한 규정의 존속기한을 5년 연장하도록 하였다.(유통산업발전법 일부개정 2015. 11. 20. 법률 제13510호 시행일 2016. 5. 21.) 무엇보다, 2016. 1. 6.자 법률 제13739호 개정(시행일 2016. 7. 7.)에서는 가. 특별자치시장·시장·군수·구청장은 개설등록 또는 변경등록하려는 점포의 소재지로부터 일정 거리 이내의 범위 일부가 인접지역에 속하여 있는 경우 인접지역의 지방자치단체장에게 그 의견을 듣거나 의견 제출을 요청할 수 있도록 하고(안 제8조제5항 및 제6항 신설), 나. 특별자치시장·시장·군수·구청장이 상권영향평가서 및 지역협력계획서를 검토하는 경우 유통업상생발전협의회의 의견을 청취하도록 하고, 필요한 때에는 전문기관에 이에 대한 조사를 의뢰할 수 있도록 하며(안 제8조제7항 신설), 다. 지역협력계획서에 지역 중소유통업체와의 상생협력, 지역 고용 활성화 등의 사항을 포함할 수 있도록 하고(안 제8조의2제1항 신설), 특별자치시장·시장·군수·구청장이 지역협력계획서의 이행실적을 점검하고 실적이 미흡하다고 판단되는 경우 개선을 권고할 수 있도록 하고(안 제8조의2 제2항 신설), 라. 대규모점포를 개설하고자 하는 자는 영업을 개시하기 60일 전까지, 준대규모점포를 개설하고자 하는 자는 영업을 개시하기 30일 전까지 개설계획을 예고하도록 함(안 제8조의 3)으로서 대형점포의 출점제한에 관한 규제를 한 층 더 강화하였다.

리와 주민 삶의 질이라는 보편적 가치와 대형마트의 자율적 규제에 입각한 정책을 중시하고 있다는 점에서 우리나라도 규제정책 입안과 시행에 있어 보다 신중한 접근이 요구된다. '재래시장 및 중소유통업자의 보호'가 국가가 추구해야 할 공익이라는 점은 분명하나 이러한 공익은 대형유통점에 대한 일방적 규제가 아닌 재래시장 및 중소유통업자의 경쟁력 제고를 통해 달성해야 하는 것이 궁극적으로는 바람직한 방법이다. 여기에 대형마트 영업규제에 따른 소비자의 선택권 침해도 무시하여서는 안되는 중요한 공익임을 기억할 필요가 있다. 헌법재판소도 이전부터 헌법이 예정하고 있는 국가의 중소기업 보호 의무를 경쟁으로부터의 제외 또는 경쟁제한 등의 수단을 통해 수행해서는 아니되며, 필요한 경우에 한하여 중소기업 지원정책을 통해 수행해야 할 것이라고 판시한바 있다.[58] 이는 "중소기업과 소상공인의 보호"라는 목적은 이들을 경쟁으로부터 제외시키는 것 아니라 경쟁질서의 범주 내에서 대기업과의 자유경쟁이 가능하도록 정책을 제정하거나 지원을 통해 달성하는 것을 의미한다.[59] 또한 대형마트와 전통시장의 차별화와 대형마트의 소상공인 대상 도매상 역할 등 기존의 전통시장과 대형마트 간의 유통구조 및 체계 개선을 시도하는 것이다.[60] 결국, 정부와 국회는 대형마트에 대한 맹목적 영업규제가 아닌 대형마트, 전통시장, 중소유통점, 소비자 등 모든 이해관계자를 고려한 정책 제정과 전통시장 및 중소유통점의 대기업과

58) 김형성, "경제헌법과 경제간섭의 관계", 공법연구 21집, 한국공법학회, 1999, 238면; 헌재 2001.6.28.자 2001헌마132 결정 등.

59) 언론에 회자되는 바와 같이 대형마트와 SSM의 규제만이 정의로운 것은 아니며, 반드시 우리사회의 소매시장이 골목상인이나 재래시장과 같은 소상인들에 의해 주도되어야 하는 것도 아니다. 어떻게 보면 대형마트와 SSM에 대한 규제는 전통적 소매시장구조가 대형화ㆍ기업화되는 구조개편의 과도기에서 발생하는 갈등에 대한 대처방식이라고 볼 수 있다.

60) 실제로 이마트의 경우, 전통시장과의 상생을 위해 채소와 과일인 신선식품의 판매를 중단하였고, '코스트코'와 같이 대형마트가 제조사에 대해 바잉파워를 행사하여 저렴한 가격에 물품을 공급받고, 이를 중소 슈퍼마켓과 전통시장 소상공인에게 판매하는 유통체계를 통해 대형마트와 전통시장의 상생을 도모할 수 있을 것이다.

의 자유경쟁을 위한 지원 및 유통체계의 개선을 추구 하는 것이 타당하다고 할 것이다. 그 일례로서 자율규제를 통한 상생방안을 제시하였다. 대형마트와 SSM에 대한 무조건적인 행정규제를 사회적 위험이나 부조리에 대한 예방책 내지 헌법상 경제민주화 구현으로 이해하여서는 안될 것이며, 오히려 미래의 소매시장구조 내지 소매유통구조의 개편을 장기적인 안목으로 준비하면서 현실적인 규제방안을 찾는 자세가 필요할 것으로 보인다.[61] 이렇게 볼 때, 상생협약과 같은 자율규제방식을 통해 규제의 효과와 이해관계인의 동의를 이끌어내는 정책과 입법이 자유민주적 시장경제 질서에 적합한 대안이 될 것이다.

61) 최봉석, 구지선, "대형마트와 SSM의 자율규제에 관한 법적 검토", 행정법이론실무학회, 2013. 7, 41면 이하.

참고문헌

강희은, "대형마트 · SSM에 대한 영업제한과 기업의 사회적 책임", 기업지배구조리뷰, 한국기업지배구조연구원, 2013. 5.

김범식, "대형마트 영업제한의 전통시장 매출증대 효과와 정책방안", 정책리포트 (125), 서울연구원, 2012.

김성수. "경제질서와 재산권 보장에 관한 헌재결정의 평가와 전망." 공법연구 33(4), 한국 공법학회, 2005.

김천수, "대형마트의 임대점포가 영업규제 대상에서 제외되는지 여부", 유통법연구, 한국유통법학회, 2014. 8.

김형성, "경제헌법과 경제간섭의 관계", 공법연구 제21집, 한국공법학회, 1993.

남성현, "2015년 유통산업 전망 보고서", 흥국증권, 산업리서치, 2014. 4.

문현진, "스페인 까딸루냐주 대형점포 특별세법에 관한 연구", 법제처 세계법제정보센터, 2012. 12.

변형윤, "경제민주화의 길", 비봉출판사, 1992.

백옥선, "대형마트 및 기업형 슈퍼마켓 영업일시 규제에 관한 고찰", 행정법연구 제36호, 행정법이론실무학회, 2013. 7.

백인수, "유통산업 구조변화와 업태별 핵심이슈", 산업연구원, 2006.

신석훈 "기업형 슈퍼마켓(SSM) 규제 입법논리의 문제점", 정책연구, 한국경제연구원, 2009. 12.

신승만, "대형마트 의무휴업에 따른 소상공인 매출 증대 실태 및 정책적 시사점", 서울도시연구 15(4), 서울연구원, 2014. 12.

유승익, "헌법 제119조 제2항 경제의 민주화 해석론", 법학연구 제47집, 한국법학회, 2012. 8.

이수진·이성룡, "대형소매점 규제의 해외동향과 정책대응", 이슈&진단 제40호, 경기연구원, 2012. 12.

이은주·권영선, "대형마트 영업일 규제정책이 실제 소형가게 매출을 증가시켰는가?", 한국산업경제학회 정기학술발표대회 논문집, 한국산업경제학회, 2014.

이재형·박병형, "우리나라 유통산업의 특성과 정책과제", 한국개발연구원 연구보고서, 2010. 9.

전광석, "헌법 제119조", 헌법주석서 Ⅳ, 법제처, 2010.

지식경제부, "2012 지식경제위원회 주요정책 현안보고서", 2012. 6.

지식경제위원회 수석전문위원 김호성, 손인춘 의원 대표발의안 등 15개 발의안·청원에 대한 '유통산업법 일부개정법률안 검토보고서', 2012. 9.

최봉석·구지선, "대형마트와 SSM의 자율규제에 관한 법적 검토", 행정법연구, 행정법이론실무학회, 2013. 7.

Aitor Ciarreta, Maria Paz Espinosa &Maite Martínez－Granado, 2009.

Abstract

Legal Issues and Solutions on Hypermarket sales restriction

Joong-tak, Sung

After the business restrictions of the Distribution Industry Development Act ("Act") of 17, January 2012 came into effect, controversy arose over the issue of whether rented stores in large retail discount stores should also be included in the scope of restriction in the Act. The conflicting arguments are as following: Large retail discount stores argue that rented stores in large retail discount stores are also small and medium sized retailers, the party the Act aims to protect. Thus they argue that the rented stores in large retail discount stores should not be restricted. On the other hand, small and medium sized retailers argue that in order to protect the bushiness community of street markets rented stores in large retail discount stores albeit their size should be restricted considering the fact that they are also part of the large retail discount stores. The controversy over rented stores in large retail discount stores seems to reflect the improperness of regulation in protecting small and medium sized retail industries. It divides small and medium sized retailers to those who are regulated and who are not and the collision between these two parties result in the fight over the scope of regulation. However, the underlying cause

---

* Prof., Lawyer, JD Kyungpook National University Law School

of such collision lies in the imprecision of the Act, in that its definition and classification of the retail industry is not sophisticated enough. In other words, the Act first classifies small retail stores and then aims to protect them accordingly. However the classification itself is inaccurate and thus has led to such controversy. Moreover, restrictions inconsistent with the whole system of the Act were added and this has made it harder to make consistent, unified interpretations of the Act To toggle such problems, I first reviewed the specific clauses of the Act and studied relevant foreign precedents. Then I reviewed and analyzed the arguments for and against restricting rented stores in large retail discount stores and tried to analyze the situation in the perspective of the distribution law. Finally, I propose some solutions to the problems that might appear as the result of the restriction.

Key words: Distribution Industry Development Act, Retailer, Business Conditions, Large-scale Retail Store(Discount Store), Rental Store, Business Restrictions, Mandatory Closing, Super Supermarket (SSM)

투 고 일: 2016. 5. 23
심 사 일: 2016. 6. 24
게재확정일: 2016. 6. 27

外國判例 및 外國法制 研究

국적 보유자와 혼인한 외국인에 대한 입국비자 거부처분과 대한 판례분석 – 미국 Kerry v. Din 판결을 중심으로 – / 金聲培

日本行政事件訴訟法2004年改正とその影響 / 角松生史

일본행정사건소송법 2004년 개정과 그 영향 / 俞珍式 역

국적 보유자와 혼인한 외국인에 대한 입국비자거부처분에 대한 판례분석*
- 미국 Kerry v. Din 판결을 중심으로 -

金聲培**

Ⅰ. 서론

한국사회는 88년 올림픽을 전후로 국제사회에 적극적으로 문호를 개방하고 세계화를 추구하였으며 급격한 도시화로 인하여 상대적으로 빈곤하고 힘든 지역으로 알려진 농어촌지역에 거주하는 남성들의 결혼 문제가 사회적 이슈가 되었다. 사회적·경제적·문화적 변화로 인하여 결혼의사를 가지고 있었지만 농촌지역에 거주하는 남성들이 혼인의 상대방을 찾기가 힘들어 지자 일부 지방자치단체에서는 농어촌 남성의 이탈을 막고 농촌사회의 지속가능성을 유지하기 위한 근시안적 발상으로 농어촌총각장가보내기 운동을 행정주체가 적극적으로 전개하면서, 인위

* 이 논문은 2015년 정부(교육부)의 재원으로 한국연구재단의 지원을 받아 수행된 연구임(NRF-2015-S1A3A2-046431)
** 국민대학교 법과대학 교수

적이고 관주도적 국제결혼이 농어촌사회에 소개되었다.[1] 한국사회의 남아선호사상으로 인하여 불균형적인 남녀성비도 하나의 문제가 되었지만, 더 큰 문제는 여성의 교육수준이 향상되고 사회진출이 늘어 갔지만, 특정지역이나 특정직업군에 속하는 남성의 교육수준·문화수준·경제수준이 향상된 교육과정을 이수하고 향상된 사회적·문화적 혜택을 받은 여성의 입장에서는 결혼상대자로서의 조건을 만족시키지 못하게 되었다는 것이다. 그래서 특정 지역과 직업군에 속한 남성들이나 자신이나 가족의 사회적·문화적·경제적 환경이 상대적으로 열악한 남성들은 결혼의사가 있음에도 불구하고 결혼상대방을 구하지 못하게 된 것이다. 이를 해결하기 위한 시도로서 기존에도 있었던 국제결혼이 "다문화가족"이라는 미사어구로 포장되어 국내의 미혼남성의 증가와 저출산문제를 해결하기 위한 해결책으로 추진되었다. 즉, 우리나라와 문화가 유사하고 외모적으로 구별이 힘들지만 해당 국가의 경제수준이 우리나라에 미치지 못하여 한국사회를 동경하는 저개발국가의 여성들을 행정주체가 적극적으로 개입해서 한국사회에서 결혼하지 못하는 남성의 배필로서 국내로 초청해 들어 온 것이 1990년대 이후의 한국사회를 순수혈통사회에서 이른바 다문화사회로 전환시킨 시발점이 되었다.

이주여성이 중심이 되어서 논의되었던 한국사회의 인적 구성원의 변화문제는 이제는 이주여성의 한국국적 취득문제뿐만 아니라, 이주여성의 미혼자녀의 국적취득문제와 한국국적을 취득한 이주여성의 한국사회의 적응문제가 현실적으로 문제되지만, 여기에 더 나아가서 한국국적을 취득한 이주여성이 당초 한국국적을 취득하게 된 원인이 된 혼인생활이 파탄에 이르게 되어 이혼하게 될 때, 이주여성의 한국국적유지문제와 한국국적을 취득한 이혼한 이주여성[2]이 다른 외국인 남편과 혼인

---

1) 19921년 지방선거에서 선거공약으로 농촌총각장가보내기 운동이 제기되기도 하였다. 연합뉴스, 지방의회선거현장, 1991.3.21.http://news.naver.com/main/read.nhn?mode=LSD&mid=sec&sid1=100&oid=001&aid=0003538509

하는 경우 등 다양한 변수가 발생하고 있으며, 전격적인 난민법의 제정으로 인하여 난민인정자가 대한민국 국민과 같은 사회보장을 받을 수도 있으므로 난민인정자의 배우자의 입국문제가 발생할 수 있다. 그럼에도 불구하고 다문화사회의 담론과 우리 법제와 역사를 고려하지 않은 합의되지 않은 정책의 난발과 초고령화사회에 대한 대비로 포장된 각종 시혜정책의 홍수 속에서 국제 인도적 관점뿐만 아니라 여성학적 관점·사회학적 관점에서 현재 현상을 그대로 인정하거나 결혼이민여성의 지위를 향상시키기 위한 많은 연구들이 직·간접적인 정부의 지원에 의해서 양산되었다. 하지만 이민법이 존재하지 않고 출입국관리가 수동적이고 배타적으로 운영되던 역사를 가지고 있는 우리는 외국의 이민법령과 행정에서 시사점을 도출할 뿐만 아니라 이민관련 판례에서도 적절히 시사점을 도출해야 할 것이다. 본 연구대상이 되는 판례는 이민법이 제정되어서 시행된 경험이 많은 미국의 이민관련 판례중에서 국적자의 배우자의 입국거부처분에 관한 판례이다. 2015년 대법원회기중에서 결정되었고 고 Scalia대법관이 생전에 다수의견을 참여하였기에 5대4 판결로 결론이 도출된 Kerry v. Din사건을 행정처분의 이유제시의 적절성과 행정청의 재량의 관점에서 분석하고 소개하여 국내의 출입국관련사건과 연구에 시사점을 도출하고자 한다.

---

2) 국적법 제6조 제2항의 간의귀화요건을 충족하여 간의귀화요건에 해당하여 귀화허가를 받은 이주여성

II. Kerry v. Din사건[3)]의 개요

1. 사건개요와 소송경과 및 판결

1) 사건개요

Kerry v. Din사건은 2015. 5. 15. 미국 연방대법원이 5대4로 결정한 결혼이민자의 입국비자발급거부에 대한 사건이다. 본 사건의 피상고인은 입국비자를 거부당한 남편(외국인)의 미국인 부인(Din)이었다. Din은 당시 국무부장관인 John F. Kerry와 관련 이민행정공무원들을 상대로 소송을 제기하면서, 이민행정공무원들이 아프가니스탄인인 남편에 대한 비자발급거부의 이유를 충분히 자신에게 설명하지 않은 것은 자신의 적법절차권을 침해한다고 주장하였다.[4)]

2) 소송경과

캘리포니아 북부연방지방법원(The United States District Court for the Northern District of California)은 연방 이민행정공무원의 비자발급거부는 사법심사의 대상이 되지 않는다고 원고의 청구를 각하하였다.[5)] 원고는 항소하였고 제9연방고등법원은 원심판결을 파기하였지만[6)] 연방대법원이 상고심을 개시하였기에 연방대법원에서 본 사건을 심리하였다.

3) 판결

본 사건의 판결문은 Scalia대법관이 작성하였데, 다수의견은 미국국민은 적법한 절차에 따른 행정처분을 받을 권리(a procedural due process right)가 존재하고 미국 국민은 자신의 남편의 비자신청이 거부된 것에 대한 근거의 설명을 요구할 수 있는 절차적 권리를 보유하지만, 당

---

3) Kerry v. Din, 135 S.Ct. 2128 (2015)

4) Kerry v. Din, 135 S. Ct. 2128, 2129, 192 L. Ed. 2d 183 (2015)

5) 2010 WL 2560492.

6) 718 F.3d 856.

해 적법절차권은 영사(a consular officer)가 미국 국민인 피상고인에게 그녀의 남편이 이민국적법(Immigration and Nationality Act: INA 또는 이민법)상 테러리스트 활동이 있는 경우 입국이 금지되는 조항에 따라 비자발급이 거부되었다는 사실을 알려주었을 때, 적법절차권은 충족된 것으로 판단하였다. 그래서 연방대법원은 제9연방 고등법원의 판결을 파기환송하였다. Kennedy대법관은 별개의견을 작성하였고 본 별개의견에는 Alito대법관이 동조하였으며, Breyer대법관은 반대의견을 작성하였으며 본 반대의견에는 Gingsburg대법관, Sotomayor대법관 그리고 Kagan대법관이 동조하였다.

2. 다수의견이 인정한 사건의 경위와 다수의견

1) 사건의 경의

피상고인은 미국 국민인 Fauzia Din이란 여성이며, 피상고인은 미국 이민법상 직근친족("immediate relative")으로서 이민지위에 우선순위가 인정되던 아프가니스탄 국민인 피상고인의 남편인 Kanishka Berashk와 같이 살기 위해서 이민관련 신청을 하였다. 그런데 피상고인의 남편은 탈레반정부하에서 공무원으로 근무한 경력을 가지고 있었는데 초기에는 피상고인의 신청(petition)이 받아 들여 져서 남편을 직근친족으로 인정되였지만, 종국에는 남편의 비자발급은 결국 거부되고 말았다. 비자담당영사는 남편에게 이민법 § 1182(a)(3)(B)에 의해서 비자발급이 거부되었다는 사실을 통지하였다.

이민법 § 1182(a)(3)(B)은 테러리스트 활동에 관련된 외국인(aliens)을 비자발급대상에서 제외하고 있지만, 비자발급영사는 더 자세한 설명은 하지 않았다.

부인인 피상고인은 연방지방법원에 소송을 제기하였고 연방지방법원은 피상고인의 소송을 사법심사대상이 아니라는 이유로 각하하였다.

피상고인가 항소하자 제9연방고등법원은 원심을 파기하면서 부인인 피상고인는 남편에 대한 비자발급거부처분에 대한 사법심사를 청구할 법률상 이익이 있다고 판단하였다. 그 이유는 피상고인은 혼인의 자유를 가지고 있으며 혼인의 자유는 법적으로 보호되는 권리이므로 남편에 대한 비자발급거부처분에 대한 사법심사를 청구할 법률상 이익이 존재하는 것으로 판단하였고 제9연방고등법원은 단순히 비자거부된 근거법령을 알려주고 더 상세한 비자발급거부처분의 이유를 제공하지 않은 것은 부인인 피상고인의 자유권(liberty interest)을 침해한 것이라고 판단하였다.[7)]

2) 주문과 다수의견의 요지

주문: 원심판결은 파기하고 본 사건을 제9고등법원으로 환송한다.

(1) 상대적 다수견해의 요지

Scalia대법관이 작성한 다수의견에 Robert대원장, Thomas대법관이 동조하였는데, 다수의견은 본 사건에서 피상고인에게 적법절차를 보장하는 어떠한 기본권도 정부는 침해하지 않았다고 판단하였다. ① 적법절차의 원리(the Due Process Clause)에 대한 전통적인 해석에 의하면, 피상고인인 부인은 남편에 대한 비자발급거부에 대해서 자신의 생명·자유·재산권이 침해되었다는 주장을 할 수 없다고 본다고 다수의견은 판단하였다. ② 가사 명문으로 규정되지 않은 묵시적인 기본권(implied fundamental rights)을 인정한다고 하더라도, 일정한 행정규제가 혼인의 자유를 간섭하기만 하면 헌법상의 보호요청을 할 수 있는 광범위하고 범주의 자유권(a free-floating and categorical liberty interest)을 인정한 판

7) 718 F.3d 856, 860 (2013),

례는 존재하지 않는다고 다수의견은 판단하였다. 다수의견은 혼인의 자유에 관한 판례들을 아무리 확장해서 적용한다고 해도, 본 사건과 관련된 쟁점은 피상고인이 주장하는 이익에 연방대법원의 실체적 적법절차원리(substantive-due-process)에 관한 선례를 적용할 수 있냐가 아니라, 미국의 이민규제의 역사와 전통이 피상고인의 주장을 뒷받침하고 있냐가 본 사건의 쟁점(the relevant question)이라고 보았다.[8] 여기서, 한 개인이 자신의 배우자를 미국 내로 데리고 오려는 시도에 대한 중대한 장벽을 세워 왔던 미국 정부의 오랜 이민규제 관행을 고려하면, 피상고인인 Din의 주장은 배척된다고 다수의견은 판단하였다. 또한 다수의견은 Fiallo v. Bell사건을 인용하면서, 의회가 이민정책에 있어서 다양한 기준과 구별을 마련하는 것에 대해서 사법부가 의회의 정치적 판단을 대신할 사법권한이 없다[9]고 연방대법원은 일관되게 판단했다고 보았다.[10]

(2) 별개의견의 요지

Kennedy대법관이 작성하고 Alito대법관이 동조한 별개의견은 본 사건에서 대법원은 Din의 법적으로 보호되는 이익이 침해(a protected liberty interest)되었는지를 판단할 필요조차없다고 보았으며, 가사 피상고인인 Din이 법적으로 보호되는 이익을 갖고 있다고 하더라도, 영사가 그 이유를 설명하였을 때 충분히 적법절차권은 보호받았다고 보았다.[11]

혁명적 막시스트 연사를 비이민비자로서 초청하기 위해서 미국국적을 보유한 대학교수들이 수정헌법 제1조(표현의 자유)의 헌법적 보호이익을 주장하면서 외국인의 미국입국에 대한 기준을 제정하는 의회의 전권(plenary power) 대해서 소송을 제기한 Kleindienst v. Mandel사건[12]

8) Washington v. Glucksberg, 521 U.S. 702, 723-724, 117 S.Ct. 2258, 138 L.Ed.2d 772.
9) Fiallo v. Bell, 430 U.S. 787, 798, 97 S.Ct. 1473, 52 L.Ed.2d 50.Pp.2133-2136.
10) Kerry v. Din, 135 S. Ct. 2128, 2132–33, 192 L. Ed. 2d 183 (2015)
11) 본 판결 Pp. 2139 - 2141.

을 별개의견은 인용하면서, 이 사건에서도 연방대법원은 대학교수의 주장을 배척하였으므로 선례구속의 원칙[13]에 의해서 본 사건도 배척되야 한다고 보았다. Mandel사건에서 연방대법원은 정부가 입국거부결정에 있어서 일응 합법적이고 진실한 근거(bona fide reason) 제공했는지를 심사하지 않았다.[14] 별개의견은 본 사건은 국가안보와 관련되어 있어서 Mandel사건의 판결이유가 본 사건에도 유효하게 적용된다고 판단하였다.[15] United States ex rel. Knauff v. Shaughnessy판결을 인용하면서 별개의견은 미국의회는 어떤 자가 미국에 입국할 수 있는지 여부에 대한 기준을 마련할 전권을 가지고 있고[16] 또한 별개의견은 가사 피상고인인 Din의 권리가 남편의 입국비자거부로 인하여 침해되었다고 하더라도, 담당영사가 거부근거로서 이민법 1182(a)(3)(B)를 제시한 것은 Mandel판결의 일응 적법하고 진실한 이유기준을 만족시켰다고 판단하였다.

별개의견은 United States ex rel. Knauff v. Shaughnessy판결을 인용하면서, 의회는 법률로서 미국에 입국이 허용되는 기준을 마련할 전권을 가지고 있기 때문에[17], 의회가 제정한 법률의 기준을 충족하지 못해서 피상고인의 남편인 Berashk의 입국비자신청을 거부한 정부의 결정은 일응 합법적이라고 판단하였다.

이런 정부의 결정은 Berashk 본인이 탈레반정부를 위해서 일했다고 인정한 증거를 바탕으로 하고 있고, 이런 사건정황에 비추어 보면, 피상고인의 남편이 입국비자를 거부당한 것은 실질적인 증거에 기초한 결정이었으며 영사의 자의적 판단이나 왜곡된 결정이라는 결정적인 증

12) 408 U.S. 753, 92 S.Ct. 2576, 33 L.Ed.2d 683.
13) Id., at 766, 92 S.Ct. 2576,
14) Id., at 770, 92 S.Ct. 2576.
15) Pp. 2139 2140.
16) 338 U.S. 537, 543, 70 S.Ct. 309, 94 L.Ed. 317.
17) 338 U.S. 537, 543, 70 S.Ct. 309, 94 L.Ed. 317

거도 없고 피상고인도 이를 입증하지도 못했으므로 정부의 비자발급거부는 합법적인 것이라고 별개의견은 보았다.[18)]

III. 다수의견의 검토

지금은 고인이 된 Scalia대법관이 다수의견을 작성하였는데, 아래에서는 다수의견이 확정한 사실관계와 이유를 상세히 다루어 보고자 한다.

1. 인정사실과 관련법률정리

1) 인정사실

Fauzia Din은 미국 국적을 가지고 있고 미국에 거주하는 미국인[19)]이며, 그녀의 남편인 Kanishka Berashk은 아프카니스탄 국적을 가지고 있으며 아프칸지역을 통치하던 탈레반정권하에서 공무원으로 근무한 사람이다. Din은 2006년 그녀와 결혼한 Kanishka Berashk을 그녀의 근접친족으로 인정받기 위해서 신청을 하였고 그 신청은 받아 들여 졌으며 그녀의 남편인 Berashk은 비자신청을 하였다. 파키스탄 이슬라마배드에 위치한 미국 대산관에서 Berashk의 비자인터뷰가 있었고 그의 비자신청은 거부되었다. 당시 영사(consular officer)는 Berashk에게 이민법 1182(a)(3)(B)규정상 입국불가대상이라고 통지하였으나 더 이상 상세한 설명은 하지 않았다. 미국 정부가 남편의 이민비자발급(an immigrant visa)을 거부하자, 부인인 Din이 소송을 제기하였으며 피상고인의 소송대상은 남편인 Berashk의 비자신청을 거부한 정부의 거부처

18) 본 판결, Pp. 2140 – 2141.

19) Fauzia Din은 2000년에 미국에 난민으로서 입국한 자이며, 2007년 미국 국적을 취득하게 된다.

분이었다.

2) 평가

일반적으로 이런 거부처분의 경우는 부인인 Din이 아니라 거부처분의 상대방인 Berashk이 소송을 제기할 수 있는 피상고인적격이 인정된다. 하지만 본 사건에서는 남편은 미국입국이 거부 된 미국에 거주하지 않는 외국인이며, 미국에 입국할 권리도 없으므로 미국정부를 상대로 소송을 제기하여 소송을 계속할 수 있는 소인(cause of action)이 없게 된다.[20] 그래서 부인인 Din은 그녀의 남편을 대신하여 소송을 제기하면서 남편의 비자신청을 거부한 것은 부인인 자신의 헌법상의 권리를 침해한 것이라고 주장하고 있다. 부인인 피상고인은 남편의 비자거부에 대한 적절한 설명과 이유제시가 없었기 때문에 미국에서 그녀의 배우자와 거주할 수 있는 헌법상의 권리를 침해하면서 적법절차를 준수하지 않아서 자신의 기본권을 침해하였다고 주장하였다.[21]

3) 관련 법률요약

미국 이민국적법(the Immigration and Nationality Act: INA 이하 이민법)은[22] 외국인(alien)[23]은 비자없이는 미국에 입국하거나 영구적으로 거주할 수 없도록 하고 있으며[24] 이민법 1151(b), 1153(a)은 미국에 거주하

---

20) 참조 Kleindienst v. Mandel, 408 U.S. 753, 762, 92 S.Ct. 2576, 33 L.Ed.2d 683 (1972).

21) 다수의견은 이에 대해서 피상고인가 주장하는 배우자와 미국내에 거주할 수 있는 헌법적 권리는 존재하지 않는다고 판단하였으며 본 사건은 혼인의 자유침해가 아니라 미국적자의 배우자가 미국에 자유롭게 입국·이민할 수 있는 권리를 제한받은 것이 전부라고 판단하였다. 소수의견을 작성한 Breyer판사는 미국내에 배우자와 함께 거주할 헌법상의 권리가 침해되었다고 판단하였다.

22) 66 Stat. 163, as amended, 8 U.S.C. 1101 et seq.

23) 정확하게는 미국인이 아닌 자, 즉 외국인과 무국적자를 의미하지만 편의상 외국인으로 번역하기로 한다.

24) 8 U.S.C. 1181(a)

는 근접친족이 보장하는 외국인에 대한 특별 비자신청절차를 채택하고 있다.[25] 본 절차에 의해, 미국 국적자는 외국에 거주하는 자신의 친족을 위해 자신의 친족을 "근접친족(an immediate relative)"으로 분류해 줄 것을 신청할 수 있다.[26] 근접친족인정신청이 받아들여지면, 당해 외국인은 필요서류를 제출하고 미국 대사관에 출두하거나 영사와 인터뷰를 통하여 비자를 신청할 수 있다.[27] 비자를 발급하기 전에, 영사는 반드시 당해 외국인이 이민법규정에 의해서 미국입국이 거부되지 않는 자에 해당하는지 확인해야 한다.[28] 이민법 1182(a)(3)(B)에 규정된 입국거부사유중 하나는 테러활동에 관한 것이다. 이민법은 테러활동("terrorist activities")을 폭력적이 파괴적인 활동은 물론이며, 테러단체의 대표가 되는 등 테러단체에서 활동하거나 테러단체를 실질적으로 지원하는 활동도 포함하고 있다.[29]

3) 소송경과

Din은 연방지방법원에 Berashk의 비자신청을 정당하게 처리하도록 직무집행명령(a writ of mandamus)을 구하는 소송을 제기하면서 이민법 8 U.S.C. 1182(b)(2)-(3)에 의해 테러활동으로 인해 미국입국이 거부된 경우에 이유제시를 하지 않아도 되는 조항이 위헌이라고 주장하였고 당해 입국거부처분은 행정절차법을 위반하였다고 주장하였다.

이에 대해서 연방지방법원은 소각하 요청을 한 정부의 주장을 받아들였고 피상고인가 항소하자 제9 연방고등법원에서는 1심재판을 파기하였다. 제9 연방고등법원은 헌법상 보호되는 혼인의 자유권이 있으며, 혼인의 자유권에 의해서 배우자의 비자거부에 대한 사법심사를 청구할 이

25) §§ 1151(b), 1153(a).
26) §§ 1153(f), 1154(a)(1).
27) §§ 1201(a)(1), 1202.
28) § 1361.
29) §§ 1182(a)(3)(B)(i), (iii)-(vi).

익이 존재한다고 판단하였으며[30] 정부가 이민법 1182(a)(3)(B)를 비자 거부의 이유로 제시한 것만으로는 적법절차하에서 Din이 가지고 있는 사법심사청구권을 제한하지 않는다고 판단하였다. 제9 연방고등법원판결에 대해서 정부가 상고하자 대법원은 본 사건을 심리하기로 결정한 사건이다.[31]

2. 쟁점에 대한 다수의견 검토

(1) 자유권의 침해여부

미국 연방 수정헌법 제5조는 어떤 사람도 적법절차 없이는 생명·자유·재산을 침해당하지 않는 다고 규정하고 있지만[32] 연방 대법원의 선례를 살펴보면, 생명 · 자유 · 재산을 침해하는 절차의 질과 수준이 어느 정도가 적절한지에 대한 초기해석과 현재의 해석은 상당히 변화했다는 점을 다수 의견은 지적하였다.[33] 다수의견은 본 사건의 첫 번째 쟁점은 Berashk의 비자신청을 거부한 것이 부인인 Din의 어떠한 법률상 보호이익을 침해했는지 여부라고 보았다. 당해 비자거부가 Din의 법률상 이익을 침해했어야만, 다음 단계로 넘어가서 정부의 이유제시가 충분한 절차를 구성하는지를 판단할 수 있다고 보았다.

다수의견은 미국 헌법상의 적법절차(the Due Process Clause)는 영국의 대헌장(Magna Carta)에 기원을 두고 있으며, 대헌장의 원래 문언은 "자유인은 동료의 적법한 판결이나 국법에 의하지 않고는 체포 · 구금되

---

30) 718 F.3d 856, 860 (2013)

31) 573 U.S. , 135 S.Ct. 44, 189 L.Ed.2d 896 (2014).

32) [n]o person shall be ... deprived of life, liberty, or property, without due process of law.

33) 참조 판례 Pacific Mut. Life Ins. Co. v. Haslip, 499 U.S. 1, 28-36, 111 S.Ct. 1032, 113 L.Ed.2d 1 (1991); Swarthout v. Cooke, 562 U.S. 216, 219, 131 S.Ct. 859, 178 L.Ed.2d 732 (2011)(per curiam).

지 않으며, 재산과 법익을 박탈당하지 않고, 추방되지 않으며, 또한 기타 방법으로 침해받지 않는다."고 한 조항[34]에서 시작하였다고 판단하였다. 초기의 연방대법원은 수정헌법 제5조가 채택된 당시부터 법에 의한 적절한 절차(due process of law)가 대헌장에 언급되는 국법(by the law of the land)과 같은 의미로 이해하였다.[35] 다수의견을 쓴 Scalia대법관은 영국의 초기 법률서적등[36]을 참고하여 적법절차의 의미와 인신의 구속, 신체, 자유 등의 의미를 판결문에서 설명 하였으며, "개인의 자유"는 "변화되는 상황에 따라 이동할 수 있는 권한, 또는 개인이 그 지역이 어디든지 불문하고 떠날 의향을 제시할 수 있는 권한을 말하고 이때 이러한 상태는 구금이나 징역은 없는 것'을 포함한다고 보았던 Blackstone의 교재를 인용하기도 하였다.

본 사건에서 Din은 Berashk의 비자신청이 거부된 것이 자신의 생명·재산·자유가 침해되었다고 주장하기는 힘들다고 다수의견은 판단하였다. 본 사건에서 정부는 Din을 강금하거나 구속한 것도 아니고 Din의 의사에 반하여 Din을 가택연금한 것도 아니며, Din을 강제로 거리에서 체포·구금한 것도 아니며, Berashk의 자유권도 역사적 맥락과 문헌적 의미로 볼 때 침해된 것도 아니라고 다수의견은 판단하였다.

(2) 혼인의 자유침해문제

Din은 수정헌법 제5조의 적법절차권은 묵시적 기본권(implied fundamental rights)에도 적용된다고 주장하였고, 자유를 폭넓게 해석하여 무엇을 할 수 있는 권리가 존재하면 그것을 자유롭게 하는 것이 자유이

---

34) Magna Carta, ch. 29, in 1 E. Coke, The Second Part of the Institutes of the Laws of England 45 (1797). 위키피디아 참조 https://ko.wikipedia.org/wiki/%EC%A0%81%EB%B2%95%EC%A0%88%EC%B0%A8

35) Murray's Lessee v. Hoboken Land & Improvement Co., 18 How. 272, 276, 15 L.Ed. 372 (1856)

36) 1 W. Blackstone, Commentaries on the Laws of England 125 (1769).

며, 그런 자유가 침해된다면 수정헌법 제5조에 의해서 보호되어야 한다고 주장하였다. 이에 대해 다수의견은 연방대법원 선례중에서는 묵시적 기본권을 인정하는 사례가 존재하고, 묵시적 기본권은 더 많은 보호가 되어야 하는 것으로 본 선례의 존재는 인정하였지만, Reno v. Flores사건[37]을 인용하면서 중대한 국가의 이익을 보호하기 위해서 세밀하게 마련된(narrowly tailored to serve a compelling state interest) 법률에 의해서 묵시적인 헌법상의 기본권도 제한될 수 있다는 점을 지적하였다. 다수의견은 테러활동에 가담한 외국인의 입국을 거부하는 규정은 중대한 국익을 추구하고 있으며 세밀하게 마련된 규정임이 분명하다고 판단하였다.

Din은 혼인의 자유를 가지며, 배우자와 함께 있을 권리를 가지고 있으며 일정한 친족과 재회할 수 있는 권리를 가지고 있고 이런 법적 권리는 수정헌법 제5조가 보호하는 자유권에 속하며 이런 자유권으로 인하여 배우자와 함께 거주할 권리는 국가로부터 침해당하지 않아야 한다고 주장하였다.

이런 Din의 주장에 대해서 다수의견은 연방대법원의 판결중에서는 자유권을 확장하여 관련된 여러 이익에 대해서도 확장한 사례[38]가 존재하지만 판결주문이 아닌 이유제시(dicta)에 있는 것은 선례구속의 효력이 없음을 다수의견은 지적하였다. 또한 본 사건에서 연방정부는 결혼자체를 금지한 것이 아니라는 점도 다수의견은 지적하고 있다.

(3) 이민법의 역사와 혼인에 대한 국가의 개입

또한 다수의견은 미국 역사에 있어서 1875년 이전까지는 이민규제가 실제로 시행되지는 않았지만, 연방의회가 이민규제관련 법률을 제정

37) 507 U.S. 292, 301-302, 113 S.Ct. 1439, 123 L.Ed.2d 1 (1993)

38) 대표적으로 Loving v. Virginia, 388 U.S. 1, 87 S.Ct. 1817, 18 L.Ed.2d 1010 (1967),Zablocki v. Redhail, 434 U.S. 374, 98 S.Ct. 673, 54 L.Ed.2d 618 (1978)와 Turner v. Safley, 482 U.S. 78, 107 S.Ct. 2254, 96 L.Ed.2d 64 (1987)사건 등이 있다.

한 이후에는 미국내로 배우자를 데리고 올 수 있는 자유에는 중대한 제한이 가해졌다는 사실[39]을 지적하였다.

또한 지금의 시각에서는 놀랍게도 1907년 국적이탈법(the Expatriation Act)은 미국국적의 여성이 외국인과 결혼하면, 남편의 국적을 취득한다고 규정하고 있었다는 사실도 다수의견은 언급하였다.[40] 당시 법률에 의하면 Din과 같이 외국인과 혼인한 미국 여성은 남편의 비자신청을 거부하는 정부의 처분을 다툴 법률상 이익이 존재하지 않을 뿐만 아니라 자신의 국적도 상실되게 되었다는 점도 지적하였다. 의회가 1921년 이민법(the Immigration Act of 1921)을 통해서 출신국에 따라서 이민쿼터제를 실시할 때도, 일정한 친족에 대해서 유리한 쿼터를 배분하면서도 약혼남과 남편에 대해서는 제외하고 있었다는 점도 다수의견은 상기시켰다.[41] 또한 3년 후 일정한 친족에 대해서는 쿼터이외의 자격을 신청할 수 있도록 함에도 불구하고 약혼남과 남편은 그 대상에서 제외하고 있었다. 물론 당시 시대적 기준에도 여성에 대한 국적상실조항이 시대에 뒤처지는 것이었다고 한다.[42] 현대적 관점에서 평등권 등에 기초하면 여성에 대한 차별은 그 위헌성이 상당히 의심되지만 혼인의 자유와 결혼과 관련된 자유가 미국의 역사와 전통에 뿌리 깊다는 Din의 주장과는 달리, 미국의 법률과 역사에서는 혼인제도에 대한 국가의 간섭과 개입의 전통이 존재하였다고 다수의견은 보았다.

(4) 법률상 이익의 침해여부

다수의견은 역사적으로 미국 의회가 이민가족의 결합과 행복에 많은 관심을 두기도 했지만[43] 이런 것은 입법적인 시혜이지 이민자의 기

39) 참조 Abrams, What Makes the Family Special? 80 U. Chi. L. Rev. 7, 10-16 (2013).
40) Ch. 2534, 34 Stat. 1228
41) § 2(d), 42 Stat. 6.
42) C. Bredbenner, A Nationality of Her Own 5 (1998).
43) E. Hutchinson, Legislative History of American Immigration Policy 1798-1965, p. 518

본권이 되지는 못한다고 하였다. 또한 가족이민을 장려한 적도 있었지만 연방의회는 가족이민의 경우에도 면밀한 자격검증을 하였다는 점을 다수의견은 지적하였다. 또한 연방대법원은 국가기관중 정치적 기관이 배타적으로 행사하는 정치적 쟁점이 존재함을 일관되게 인정하여 왔음을 지적하면서 의회의 정치적 결단을 사법판단으로 대처할 권한이 사법부에게 없다는 선례[44]를 다수의견은 인용하였다. 다수의견은 본질적 기본권(fundamental liberty interest)의 의미를 희석시키고 기존의 법학이론을 포기해야지만 Berash에 대한 비자거부가 Din의 헌법이 보호하는 법적 이익을 침해했다고 결론 낼 수 있다고 보았다.

(5) 국민의 배우자에 대한 비자거부의 성질

다수의견은 소수의견과 달리 국민의 배우자에 대한 비자거부처분으로 인하여 자신의 배우자와 함께 살 Din의 기본권이나 미국에서 본인이 거주할 권리는 침해되지 않았다고 판단하였다. 다수의견은 정부의 행정처분이 직접적으로 국민에게 영향을 미치거나 자신의 자유가 직접적으로 제한되는 경우와 제3자에 대한 정부의 행정작용으로 인하여 자신이 간접적 혹은 사실적으로 영향을 받는 경우는 분명히 구분이 된다[45]고 다수의견은 보았다. 다수의견은 본 사건에서 미국 정부는 Berashk과 Din이 혼인하였다는 것을 부정하거나 Din의 결혼을 인정하지 않으려 했던 것이 아니라는 점을 지적하고, Din은 자신의 남편과 그 나라 법에 의해서 거주가 합법적이라면 전 세계 어디서라도 같이 거주할 수 있는 자유가 여전히 있으며, 미국 정부는 Din을 자신의 의사에 반하여 미국에서 추방한 것도 아니라는 점을 지적하였다. 본 사건에서

(1981)

44) Fiallo v. Bell, 430 U.S. 787, 798, 97 S.Ct. 1473, 52 L.Ed.2d 50 (1977).

45) O'Bannon v. Town Court Nursing Center, 447 U.S. 773, 788, 100 S.Ct. 2467, 65 L.Ed.2d 506 (1980)

Berashk은 이민법이 규정하는 테러활동에 가담하였고 그의 테러활동으로 인하여 미국입국이 거부된 것뿐이라는 점을 다수의견은 강조하였다. 이런 상황 자체가 Din의 중요한 어떤 것을 사실상 침해한 것일 수는 있지만, 다수의견은 여기에 동의하지 않았다.

다수의견은 남편인 Berashk에 대해 비자발급을 거부한 미국 정부의 조치는 부인인 Din의 생명 · 자유 · 재산권을 침해한 것이 아니기 때문에 미국 헌법상 Din이 요구할 수 있는 헌법상 적법절차는 존재하지 않는다고 다수의견은 판단하였다. 또한 비자발급거부에 대한 정부의 어떠한 이유제시가 그녀에게 전달되었을 때 연방헌법이 요구하는 적법절차이상의 충분한 절차가 보장되었다고 다수의견은 판단하였다. 그래서 다수의견은 제9연방 고등법원의 판결을 파기환송하는 판결을 하게 된다.

3. 다수의견과 별개의견이 선례로 언급한 Mandel사건에 대한 검토

1) 사실관계

Mandel사건에서 스탠포드 대학에서 개최되는 학술대회에 급진적 막스주의자인 Ernest Mandel 박사를 발제자로 미국 국민인 대학교수들이 초청을 하게 된다. 그런데, Mandel이 미국에 입국하기 위해서 이민비자가 아니 단기방문비자를 신청하지만, 비자신청을 거부되었다. 당시의 미국 이민법은 공산주의적 정부이론이나 경제이론과 국제관계론을 주장하는 외국인은 비자발급거부대상으로 규정하고 있었다.[46] 당시 이민법에 의하면, 본 조항에 근거하여 입국이 거부된 외국인은 구제기회가 한번 주어졌는데 이는 법부장관은 입국금지의 예외를 인정할 수 있어서 임시출입국비자를 발부하여 개별적으로 입국허가를 할 수 있었

46) § 1182(a)(28)(D) (1964 ed.).

다.[47]

그러나 당시 법무부장관은 이민귀화청(the Immigration and Naturalization Service: INS 이하 이민청)을 통해서 예외인정신청을 거부하였다. 예외인정거부에 대하여, 이민청은 Mandel은 과거 미국을 방문했을 때 일시적 체류비자조건과 범위를 일탈하여, 미국을 방문한 기회를 미국에 대한 자신의 견해를 밝히는 기회로 삼았다고 판단하였다.[48]

2) 원고의 주장

이에 대하여 Mandel을 미국에 초청하였던 교수들은 이민청의 결정에 대해 불복하면서 수정헌법 제1조 침해를 주장하였다. 즉 학술적 교류의 자유와 자유로운 의견교환과 의견청취의 자유가 침해되었다고 주장하였다.

3) 대법원의 판단

대법원은 외국인의 입국기준과 비자기준을 마련하고 의회가 법률로서 입국금지대상으로 규정한 외국인을 비자발급대상에서 배제하는 의회의 입법권한("Congress' 'plenary power)과 대학교수들의 수정헌법 제1조상의 이익을 형량하여야 한다는 주장을 거부하였다.[49] 의회의 입법권한과 수정헌법상의 이익을 형량한다는 것은 매 사건마다 법원이 청중의 이익정도와 정부가 입국거부한 특정인을 비교형량해야 한다는 것을 의미하며 이런 미묘하고 어려운 결정권한을 의회는 사법부가 아닌 행정부에 적절히 배분하였다고 다수의견은 보았다.[50]

본 사건에서 대법원은 정부가 일응 적법하고 진실한 이유를 제시했는지 여부로 사법심사를 제한하였다.[51] 정부가 Mandel이 과거 입국비

---

47) § 1182(d)(3).

48) 408 U.S., at 759, 92 S.Ct. 2576.

49) Id., at 766, 768, 92 S.Ct. 2576

50) Id., at 769, 92 S.Ct. 2576

자기회를 악용했다는 사실을 이유로 제시했다는 것만을 확인하고 법원은 더 이상 심리를 진행하지 않고 법무장관의 거부행위는 적법한 것으로 결론을 내렸다.

4. 별개의견에 대한 검토[52)]

1) 법적 이익의 검토필요성

Din의 남편에 대한 이민비자발급이 거부되었을 때 거부처분의 근거였던 이민법조항이외에는 아무런 설명도 없었는데, 남편에 대한 비자거부는 남편과 미국에서 거주할 자신의 헌법적 권리를 침해한다고 Din이 주장하지만, 별개의견은 비자거부는 이민법 규정에 의하여 테러활동에 가담한 외국인에 대한 입국불허처분이라는 점을 지적하였다. 그래서 별개의견은 Scalia대법관이 작성한 상대적 다수의견(plurality)이 옳으므로 원심은 파기환송되어야 한다는 점에는 다수의견을 지지하였다. 하지만 별개의견은 Din이 법률상 보호이익이 있는지를 검토한 상대적 다수의견과 달리, 그녀가 법률상 보호되는 이익을 가지고 있다고 하더라도 그녀 남편의 비자거부근거를 통지받았을 때 이미 적법절차가 충족되었기에 Din이 법률상 보호되는 이익이 있는지 여부를 판단할 필요조차 없다고 별개의견은 보았다.

2) 충분한 이유제시여부

별개의견은 본 판결을 해석하면서, 미국 국적보유자가 외국인인 배우자에 대한 비자신청에 대해 법적으로 보호되는 이익을 가지는 여부를 결정한 것으로 해석해서는 안 된다는 점을 강조하였다. 본 사건에서는 대법원은 법적 이익의 존재여부를 결정할 필요가 없었고, 선례를 따르

---

51) Id., at 770, 92 S.Ct. 2576.

52) 별개의견은 Kennedy대법관이 작성하고 Alito대법관이 동조하였다.

면, 설사 그녀가 이런 법적 이익을 가지고 있었다고 하더라도 이민법 § 1182(a)(3)(B)에 따라 테러활동관련자의 입국을 금지하기 때문에 그녀 남편의 비자가 거부되었다는 것을 정부가 통지하였을 때 이미 적법절차는 충족되었다고 별개의견은 판단하였다.

별개의견은 1972년 Kleindienst v. Mandel판결[53]을 인용하면서 Din에게 부여된 모든 적절한 절차가 준수되었다는 것은 선례를 보아도 인정된다고 판단하였다. Mandel판결에서 대법원은 이민관련 재량행사에 대해 이의를 제기하는데 수정헌법 제1조나 다른 근거가 가능한지는 다루지 않았다는 것을 강조하였다는 점을 별개 의견은 제시하였다. 또한 별개의견은 Mandel사건의 판결이유와 주문은 당해 사건에 적용된다고 하면서, 당시 대법원의 판결은 입국제외 대상이 되는 외국인의 기준을 제정할 입법권한은 의회가 가지고 있다는 적절한 판단에 기초한 것이며, 의회는 입법권한을 행사하면서 합법적으로 법무부장관에게 이민·입국에 대한 재량권을 행사하도록 위임한 점을 기초로 한 판결임을 별개의견은 지적하고 있다. 별개의견은 Madel판결에 대법원은 행정부 공무원이 비자발급을 거부함으로써 미국 국민의 헌법상 권리를 침해(burdens)한다고 하더라도 그 거부조치가 법률상 일응 적법하고 실질적 근거를 바탕으로 하고 있다면 적법한 거부라고 판단하였다.[54]

그래서 별개의견은 Mandel판결이 제시한 기준이 충족되면, 사법부는 이민관련 재량을 적절히 행사했는지 심사하거나 국민의 기본권침해와 비자거부를 이익형량하지도 않아야 한다는 점을 지적하였다. 특히, 국가안보와 관련된 부분의 경우에는 더욱 그러하며, 또한 의회는 미국 국민이 아닌 자가 미국에 입국하기 위해서 비자를 신청하는 경우에 특정한 법정 기준과 정책방향을 마련하고 있기에 더욱 Mandel판결의 원칙이 적용되어야 한다고 별개의견은 보았다.

---

53) 408 U.S. 753, 92 S.Ct. 2576, 33 L.Ed.2d 683 (1972)
54) Id., at 770, 92 S.Ct. 2576.

Mandel과 함께 청중들에 기대어 섰던 대학교수들처럼, Din은 자신의 남편이라고 불리 우는 미국인이 아닌 자에 대한 비자거부로 인하여 자신의 헌법상의 기본권이 침해되었다고 주장하고 있다고 별개의견은 판단하고 있다. 그리고 본 사건에서 Mandel사건과 같이 정부는 비자거부의 이유를 제시하고 있으며, Din의 남편은 이민법 § 1182(a)(3)(B) 상의 테러관련 활동으로 인해 입국이 불가능한 것으로 결론내려 졌다는 점을 별개의견은 강조하였다. 설사, Din의 권리가 당해 비자거부로 인하여 직접적으로 침해된다고 하여도, 법원이 해결해야 할 문제는 정부가 제시한 이유가 Mandel사건이 제시하는 일응 적법하고 진실한 이유인지를 판단하는 것이라고 별개의견은 보았으며, 별개의견은 정부가 제시한 이유는 적법하고 진실한 이유(facially legitimate and bona fide)로 판단된다고 결론을 내렸다.

3) 입법재량과 법조문의 제시

영사가 Din의 남편이 비자신청적격이 없다고 판단한 것은 특정한 법률요건에 해당하기 때문이며, 이민법 § 1182(a)(3)(B)는 테러활동과 관련 입국불가를 결정할 구체적 기준을 제시하고 있고, 영사가 비자거부의 이유로 동 조항을 제시함으로써 Din의 남편은 법률의 허용조건을 만족시키지 못했다는 것을 나타낸다고 별개의견은 보았다. 의회는 미국에 입국을 허용할 수 있는 조건을 법률에 규정할 입법재량(plenary power)을 가지고 있으며[55] 법정의 요건중 어느 하나이상을 충족하지 못해서 외국인의 입국을 허용하지 않는다고 정부가 결정한 것은 Mandel원칙하에서 일견 적법한 것이라고 별개의견은 보았다.

정부가 Berashk에 대한 비자의 거부근거가 이민법 § 1182(a)(3)(B)로 밝힌 것은 그 자체로서 본 비자거부가 진실된 사실에 근거한 것이라

55) United States ex rel. Knauff v. Shaughnessy, 338 U.S. 537, 543, 70 S.Ct. 309, 94 L.Ed. 317 (1950)

는 것을 보여주는 것[56]이라고 별개의견은 보았다. Din은 적법절차조항에 의하여 당해 비자거부의 배경이 된 사실관계를 그녀에게 제공했어야 한다고 주장하면서, Mandel판결도 유사한 사실근거를 제공해야 한다고 주장했지만, 별개의견은 Mandel판결에서 법원은 법무부장관이 Mandel의 예외인정신청을 거부하면서 거부한 이유를 밝혔고, 대법원은 의회가 행정부에 위임한 법적 재량을 법무부장관이 합법적으로 행사하였다고 판단하였다.[57]

Mandel사건에서 쟁점이 된 예외조항은 법무부장관에게 거의 제한이 없는 자유재량(unbridled discretion)을 부야 하였지만 본 사건의 조항은 영사가 반드시 확인해야 할 사실요소를 법정화하고 있다는 점을 별개의견은 지적하였다. 또한 Din은 소장에서 Berashk이 탈레반정권하에서 일한 것을 인정하였다는 점을 지적하면서 별개의견은 설사 탈레반정권에서 일한 것이 입국거부사유로 불충분하다고 하더라도 적어도 테러활동과 일견 연결(facial connection)된 것을 증명한다고 판단하였다.[58] 그래서 별개의견은 Berashk의 비자를 거부한 영사가 부당하게 거부했다는 것을 Din이 적극적으로 입증하지 않으면(an affirmative showing of bad faith), Mandel판견의 원칙에 따라 이민법 § 1182(a)(3)(B)에 근거하였다는 사실을 더 이상 세밀하게 법원은 검토하면 안 된다[59]고 보았다.

4) 법조문이외의 설명의무와 위임재량

Din의 주장과 달리, 정부는 이민법 § 1182(a)(3)(B)를 더 상세하게 설명하거나 세부 하부조항을 특정할 의무가 존재하지 않는다고 별개의견은 판단하였다. 물론 별개의견도 영사가 근거로 제시한 이민법 §

56) 관련 선례로는 United States v. Chemical Foundation, Inc., 272 U.S. 1, 14-15, 47 S.Ct. 1, 71 L.Ed. 131 (1926).

57) 408 U.S., at 769, 92 S.Ct. 2576.

58) Kerry v. Din, 135 S. Ct. 2128, 2141, 192 L. Ed. 2d 183 (2015)

59) 참고 408 U.S., at 770, 92 S.Ct. 2576.

1182(a)(3)(B)이 상당히 다양한 행위들을 포섭하고 있다는 것을 인정하였고 영사가 근거한 세부 하위조항까지도 Din이 상세히 알았다면 아마도 좀 더 쉽게 남편에 대한 비자거부에 대해서 법적으로 다툴 수 있었을 것이라는 점은 별개의견도 인정하였다.[60] 그러나 별개의견은 이민법 § 1182(b)(1)은 동 조항에 의해 입국이 불허된 외국인에게 정부가 입국불허가된 특정근거조문 혹은 조문들은 제시할 의무를 부과하고 있지만 이런 이유제시는 테러활동이나 국가안보를 이유로 입국이 거부된 사유에는 적용되지 않는 점을 별개의견은 지적하고 있다. 즉, 정부는 이민법이 금지하고 있지 않기 때문에 적절하다고 판단될 때 보다 자세한 근거를 제공할 수는 있지만 이민법은 사인에게 보다 상세한 설명을 요구할 권리를 부여하고 있지 않다고 별개의견은 판단하였다.

이민법을 제정하면서 의회는 본 사건과 같이 민감한 사례에서 이유제시정도를 이익형량하였고 보다 상세한 이유제시가 적절한 경우를 행정부가 판단하도록 재량권을 부여하였다고 별개의견은 판단하였다. 또한 별개의견은 국가안보와 관련된 선례들을 인용하였다.[61] 설사 민감한 사실관계는 비공개재판(in camera)으로 법원이 심사할 수도 있다는 Din의 주장이 옳다고 해도, 민감한 국가안보사례를 법원이 다루기에는 위험성과 난관이 존재하므로 법원이 다루는 것이 적절하지 않다고 별개의견은 보았다. Mandel판결에서 대법원은 외국에 거주하는 외국인에게 영사가 비자거부를 하면서 얼마나 상세한 근거를 제시할지 여부 등 이민정책과 이민행정에 대해서 정치적 기관인 의회가 행정부에게 폭넓은 재량권을 부여한 것을 존중한다는 점을 분명히 했다고 별개의견은 지적하였다.

별개의견은 Din의 남편에게 영사가 비자거부처분을 하면서 근거로

60) Kerry v. Din, 135 S. Ct. 2128, 2141, 192 L. Ed. 2d 183 (2015)

61) 참고 Fiallo v. Bell, 430 U.S. 787, 795-796, 97 S.Ct. 1473, 52 L.Ed.2d 50 (1977); INS v. Aguirre-Aguirre, 526 U.S. 415, 425, 119 S.Ct. 1439, 143 L.Ed.2d 590 (1999).

이민법 § 1182(a)(3)(B)를 제시한 것은 일견 적법하고 진실한 근거를 Din에게 제시한 것이므로 정부는 이유제시의무를 다 했다고 판단하였다. 그래서 Din에게 보다 상세한 근거를 제시하라고 한 제9연방고등법원의 판결은 잘못된 법률해석을 하였다고 판단하였다.

IV. 소수의견에 대한 검토

반대의견은 Breyer대법관이 작성하였고 반대의견에는 Ginsburg대법관, Sotomayor대법관, 그리고 Kagan대법관이 동조하였다.

1. 소수의견의 사건에 대한 이해

우선 반대의견은 Fauzia Din이 미국 국민이며, 그녀는 왜 국무부가 외국인인 그녀의 남편에 대한 입국비자거부처분을 했는지 알고 싶어 하며, 입국비자가 없다면 그녀와 남편은 따로 떨어져서 살아야 하거나 미국이 아닌 곳에서 살아야 한다는 점을 지적하였다. 또한 Din는 일련의 정부의 조치가 미국 수정헌법 제5조를 위반하여 그녀의 헌법상 권리를 침해했다고 주장하고 있는데, 소수의견은 Din의 헌법소원(constitutional claim)은 이유 있다고 보았다. 별개의견은 선례를 인용하면서 Din은 수정헌법 제5조가 보호하는 절차적 보호를 받을 일종의 자유권적 이익(the kind of "liberty" interest)을 가지고 있다고 이해한 것으로 소수의견은 평가하였지만, 별개의견과 달리 소수의견은 본 사건에서 헌법이 보장하는 적절한 절차를 정부는 제공하지 않았다[62]고 판단하였다. 소수의견은 본

62) 참조 Swarthout v. Cooke, 562 U.S. 216, 219, 131 S.Ct. 859, 178 L.Ed.2d 732 (2011) (per curiam) 본 사건에서 대법원 적법절차의 원리에는 두단계 심사가 필요하다고 판단하였다.

사건에서 Din은 미국에서 남편과 함께 거주할 자유를 보호하기 위한 일정의 자유권적 이익침해를 주장하고 있으며, Din은 남편과 함께 거주할 자유를 보호하기 위한 실체적 보호를 요청하는 것이 아니라 절차적 보호를 요구하는 것이라고 판단하였다.[63] 소수의견은 본 사건은 적용가능한 모든 절차를 고려하는 것이 아니라, Din이 요구하는 최소한의 절차 준수여부만을 판단하면 된다고 보았다. 즉 Din이 요구한 것은 왜 국무부가 그녀 남편의 비자를 거부했는 지이며 이는 처분의 근거제시(a statement of reasons) 내지 일정한 이유설명(some kind of explanation)이었다고 소수의견은 판단하고 있었다.

2. Din의 절차적 권리의 성격과 법적 취급

상대적 다수의견(plurality opinion)은 Din이 절차적 보호를 받을 일종의 자유권적 이익이 없다고 보았고, 별개의견은 이런 법적 이익이 있다고 가정하였다는 사실을 언급하면서 소수의견은 별개의견에 동조하지만 Din이 일종의 헌법상 이익을 가지고 있다고 보는 것이 더 옳다고 주장하였다.

소수의견은 ① 적법절차조항의 본질, 목적, 구조로부터 함축되어 있는 충분히 중요한 절차적 권리와 연관된 자유권적 이해관계의 보호를 요청하거나 또는 ② 헌법이외의 법령이 정당한 절차없이 일종의 자유권을 제한하지 않는다는 신뢰(an expectation)를 개인에게 형성한 경우에는 대법원의 선례는 수정헌법 제5조가 Din에게 적법절차권을 부여하고 있다는 점은 분명히 한다고 판단하였다. 소수의견은 본 사건에서 Din은 위의 기준을 충족한다고 판단하였다. 즉 혼인제도는 배우자와 같이 살 권리를 포함하고 있으며 가족을 함께 형성할 권리를 포함하며 이런 것은

---

63) Kerry v. Din, 135 S. Ct. 2128, 2142, 192 L. Ed. 2d 183 (2015)

인간 삶의 중심적 부분이며 대부분의 개인의 적절한 행복추구에서 핵심적 역할을 한다는 점을 연방대법원은 인정하여 왔다고 소수의견은 지적하였다.[64] 또한 소수의견은 미국 국민이 미국에서 거주할 수 있는 권리를 예전부터 대법원은 인정하여 왔고, 국민의 미국 내 거부권한은 기본권으로서 적법절차의 보호를 받는다는 점도 선례가 인정하여 왔다는 점을 소수의견은 부각시켰다.[65] 소수의견은 결혼의 다양한 법적 이익에 관한 선례를 인용하면서 비자관련법을 포함해서 법률[66]을 통해서 적절한 절차와 중대한 이유없이는 결혼한 부부가 함께 거주할 권리는 제한되지 않는다는 강력한 신뢰를 정부는 부여하였다고 판단하였다. 소수의견을 작성한 Breyer대법관은 Scalia대법관이 자신이 새로운 종류의 헌법상의 기본권을 창설한다고 주장하지만, 자신은 새로운 헌법상의 권리를 창성하는 것이 아니며, 수정헌법 제5조의 적법절차조항은 적절한 절차없이 정부는 본 사건에서 쟁점이 된 자유권적 이익보다 덜 중요한 개인의 중핵적 권리, 자유(freedoms), 자유권(liberties)을 침해 할 수 없다고 이미 연방대법원은 인정하여왔다가 소수의견은 주장했다.[67] 소수의견은

64) 소수의견이 인용한 선례들은 다음과 같다. Meyer v. Nebraska, 262 U.S. 390, 399, 43 S.Ct. 625, 67 L.Ed. 1042 (1923); Griswold v. Connecticut, 381 U.S. 479, 485-486, 85 S.Ct. 1678, 14 L.Ed.2d 510 (1965); Zablocki v. Redhail, 434 U.S. 374, 386, 98 S.Ct. 673, 54 L.Ed.2d 618 (1978); Moore v. East Cleveland, 431 U.S. 494, 500-503, 97 S.Ct. 1932, 52 L.Ed.2d 531 (1977)(상대적 다수의견); Smith, supra, at 843, 97 S.Ct. 2094.

65) 소수의견이 인용한 선례로는 Ng Fung Ho v. White, 259 U.S. 276, 284-285, 42 S.Ct. 492, 66 L.Ed. 938 (1922); Baumgartner v. United States, 322 U.S. 665, 670, 64 S.Ct. 1240, 88 L.Ed. 1525 (1944).

66) 소수의견이 인용한 판례 Turner v. Safley, 482 U.S. 78, 95-96, 107 S.Ct. 2254, 96 L.Ed.2d 64 (1987)(결혼과 관련된 다양한 법률적 이익); 8 U.S.C. § 1151(b)(2)(A)(i) (미국 국민과 결혼한 배우자에 대한 비자혜택조항).

67) Breyer대법관이 인용한 선례는 아래와 같다. Wolff v. McDonnell, 418 U.S. 539, 556-557, 94 S.Ct. 2963, 41 L.Ed.2d 935 (1974).[재소자의 형량을 줄인다는 의미의 'goodtime (모범수의 감형된 형기)'를 주장할 권리는 불문법에 근거하여 절차적으로 보호된다]. Paul v. Davis, 424 U.S. 693, 701, 96 S.Ct. 1155, 47 L.Ed.2d 405

배우자와 미국에서 함께 살 그녀의 자유를 정부가 제한하면서 자유가 제한되는 개인에게 절차적 보호를 제공하지 않고서 어떻게 법원은 개인의 자유가 자의적으로 침해되는 것을 보호할 수 있으며 어떻게 Din이 적법절차보호를 받을 자유권적 이익이 없다 생각할 수 있냐고 반문하였다.[68]

3. 헌법상 절차적 보호의 본질과 행정절차

소수의견은 헌법이 규정한 절차적 보호의 본질규명이 어려운 쟁점으로 파악하였다. 소수의견도 징병절차와 같이 특정한 경우에는 거의 개인을 사정을 고려하지 않는 절차에 의해 부부가 이별할 수도 있지만 형벌부과의 경우에도 미국법은 다른 사람과 달리 배우자에게 일정한 절차를 제공하고 있다고 선례들을 인용하면서 본 사건에서는 형사처벌되는 경우와 달리 배우자나 본인도 어떠한 절차적 보호를 받지 못했다고 소수의견은 이해하였다.[69]

(1976) (개인평판에 대한 권리; 절차적으로 보호받는 자유권을 향유할 수 있는 이익은 헌법에 근거한다); Goss v. Lopez, 419 U.S. 565, 574-575, 95 S.Ct. 729, 42 L.Ed.2d 725 (1975) (학생이 학급에서 정학 당하지 않을 권리; 헌법에 의하여 권리 및 절차가 보장된다.) (병원인도처분을 거부할 수 있는 재소자의 권리; 헌법에 의하여 권리 및 절차가 보장된다). (정신질환이 있는 재소자가 정신 약물을 복용하지 않을 권리; 헌법에 의하여 권리 및 절차가 보장된다) (복지 혜택을 받을 권리; 자연법에 의하여 권리 및 절차가 보장된다.)

68) Kerry v. Din, 135 S. Ct. 2128, 2143, 192 L. Ed. 2d 183 (2015)

69) 소수의견이 인용한 판례들은 Ingraham v. Wright, 430 U.S. 651, 97 S.Ct. 1401, 51 L.Ed.2d 711 (1977)(대안적 절차의 이용가능성은 적법 절차를 충족시킬 수 있다). Shaughnessy v. United States ex rel. Mezei, 345 U.S. 206, 213, 73 S.Ct. 625, 97 L.Ed. 956 (1953)와 Zadvydas v. Davis, 533 U.S. 678, 693, 121 S.Ct. 2491, 150 L.Ed.2d 653 (2001)를 비교. (미국 밖에서 거주하는 외국인을 위한 적법 절차 보장은 없다) (그러한 보장은 미국 내에서 거주하는 외국인에게는 적용된다). 그리고 군사적 위협에 의한 정당화되는 징병과는 달리 본 사건에서 문제된 자유권의 제한은 미국의 수십만 가정에 동일하게 적용되지 않는다). Bi-Metallic Investment Co.

또한 정부는 개별구체적 사실관계에 적용되는 법정비자신청기준을 통해서 개별화된 비자허용결정을 내려왔으며, 개별구체적인 처분절차는 통상 헌법상의 적법절차보장이 요구된다고 소수의견은 선례를 언급하였다.[70] 선례에 의하면, 요구되는 절차는 통상 불이익처분에 대한 통지와 그런 결정에 대한 이유제시[71]를 포함한다[72]고 소수의견은 지적하였다. 소수의견에 의하면, 이런 절차적 보장은 개인에게 직접적 영향을 미치는 결정을 정부가 자의적으로 하지 못하도록 하며, 법의 지배의 원칙에 따라 합리적인 법적 결정을 하도록 하고, 이런 원칙은 적어도 800년 전의 대헌장으로 거슬러 올라간다고 보았으며 수정헌법 제5조의 절차보장의 중요한 부분을 이룬다고 선례[73]를 인용하였다. 또한 소수의견은 이런 종류의 이유제시나 설명은 대법원이 적법절차보장의 중핵을 이루는 요소라고 판단해왔다고 주장하면서 여러 선례들을 인용하였다.[74]

---

v. State Bd. of Equalization of Colo., 239 U.S. 441, 445, 36 S.Ct. 141, 60 L.Ed. 372 (1915).

70) Londoner v. City and County of Denver, 210 U.S. 373, 385-386, 28 S.Ct. 708, 52 L.Ed. 1103 (1908)

71) Friendly, Some Kind of a Hearing, 123 U. Pa. L. Rev. 1267, 1278-1281 (1975).

72) 소수의견이 선례로 제시한 사건은 Hamdi v. Rumsfeld, 542 U.S. 507, 533, 124 S.Ct. 2633, 159 L.Ed.2d 578 (2004)(상대적 다수의견)

73) 소수의견이 인용한 선례는 Hurtado v. California, 110 U.S. 516, 527, 4 S.Ct. 292, 28 L.Ed. 232 (1884).

74) 소수의견이 인용한 선례들은 다음과 같다. Goldberg, 397 U.S., at 267-268, 90 S.Ct. 1011;Perry v. Sindermann, 408 U.S. 593, 603, 92 S.Ct. 2694, 33 L.Ed.2d 570 (1972); Morrissey v. Brewer, 408 U.S. 471, 485, 489, 92 S.Ct. 2593, 33 L.Ed.2d 484 (1972); Wolff, supra, at 563-564, 94 S.Ct. 2963;Goss, supra, at 581, 95 S.Ct. 729; Mathews v. Eldridge, 424 U.S. 319, 345-346, 96 S.Ct. 893, 47 L.Ed.2d 18 (1976); Cleveland Bd. of Ed. v. Loudermill, 470 U.S. 532, 546, 105 S.Ct. 1487, 84 L.Ed.2d 494 (1985); Wilkinson, 545 U.S., at 224, 125 S.Ct. 2384;Hamdi, supra, at 533, 124 S.Ct. 2633 (상대적 다수의견)

4. 비자거부사례에서 이유제시정도와 이익형량

소수의견은 적법절차보장이 문제된 연방대법원의 사건들에서 대법원은 침해되는 개인의 이익 및 사후적 보호 장치가 없는 경우 위법한 침해의 위험성과 추가적인 절차적 보장을 제공하지 않아야 하는 정부의 이해관계를 비교·형량해 왔다고 보았다. 그런 기준을 본 사건에 적용하면, 개인의 이익은 중대하며, 잘못된 기본권제한의 가능성은 크지만 구체적인 처분이유를 제시하지 않는 정부의 이익은 적어도 행정적으로 보면 적다고 소수의견은 판단하였다. 또한 의회는 이민법을 제정하면서 대부분의 경우에는 비자거부의 이유를 제공할 의무를 부과[75]하였다고 소수의견은 판단하였다. 그래서 매우 이례적인 경우가 아니라면, 미국 헌법은 정부에게 Din의 남편에 대한 비자를 거부한 것에 대한 적절한 이유를 제시하도록 요구하고 있다고 소수의견은 판단하였다. 소수의견을 작성한 Breyer대법관은 비자거부의 사실적 근거나 혹은 충분히 구체적인 하위 법률근거를 제공하면 이런 헌법상의 요구는 충족될 것이라고 판단하였다.[76]

소수의견은 Din이 충분한 이유제시를 받았다고 판단한 Kennedy대법관과 달리 본 사건에서 국무부(the State Department)의 거부처분서에는 단지 비자가 이민법 8 U.S.C. § 1182(a)에 의해 거부되었다는 것만이 적시되어 있다는 점을 강조하였다. 또한 이런 이유제시에 대해 상세한 설명을 요구한 것에 대해서 국무부는 이메일을 통해서 당해 비자는 이민법 8 U.S.C. § 1182(a)(3)(B) (테러와 국가안보상 입국이 거부되는 경우)에 의해 거부되었다고 통지하였는데, 이런 이유제시는 별개의견과 달리 소수의견은 충분한 이유제시가 아니라고 판단하였다. 소수의견은 이민법 1182(a)(3)(B)[77]은 하나의 이유만을 규정한 것이 아니라 다수의 이유를

75) 8 U.S.C. § 1182(b)(1)

76) Kerry v. Din, 135 S. Ct. 2128, 2145, 192 L. Ed. 2d 183 (2015)

규정하고 있고, 당해 조항은 10개의 하부조항을 다시 나누어지고 있으며 하부조항은 서로 다른 법률조항을 준용하고 있는 상태이기에 복잡하다고 소수의견은 지적하고 있다. 예를 들면, §§ 1182(a)(3)(B)(iii)(I), (IV).은 항공기납치와 암살과 같은 특정한 심각한 범죄행위를 규정하고 있는 반면에 다른 조항들은 상황에 따라서 쉽게 테러활동이라고 볼 수 없는 행위들을 규정하고 있다고 소수의견은 지적하고 있다.[78]

소수의견은 국무부가 비자거부결정을 하면서 관련조문이외에는 어떤 사실적 근거를 제시하지 않았다는 점을 지적하였다.[79] 아마도 Din의 남편이 아프간정부가 탈레반에 의해 통제 될 시절에 정부의 급여회계업무를 담당한 공무원이었기 때문에 비자가 거부된 것으로 Kennedy대법관은 추정하지만 사실 정말로 이런 이유로 비자가 거부되었는지 알 수는 없다는 점을 소수의견은 지적하였다. 소수의견은 본 사건처럼 근거된 법률조문만을 이유로 제시하고 사실적 근거를 제공하지 않는 것은 마치 피의사실에 대한 적시 없이 형사피의자에게 법률위반을 했다고 조문을 통지해주고 형사재판을 하는 것과 같으며, 위반사실을 특정하지 않고 건축거부처분을 하면서 환경법이 건축을 금지한다고만 통지하는 것과 유사하며, 교통경찰이 도로에서 운전자를 세우면서 위반사실을 적시하지 않고 운전자가 교통법규들을 위반했다고 말하는 것과 같다고 비유하였다.[80] 그래서 소수의견은 Din이 남편에 대한 비자거부처분의 근

77) 실제 Westlaw에서 이민법 § 1182을 다운 받으면, MS워드 99면에 이르며, § 1182(a)(3)(B)도 3-4면에 이를 정도로 우리에 비해서 방대한 조문이다.

78) 예를 들면, 어떠한 금전적 이익이 될 수 있는 물건을 두 명 혹은 그 이상의 개인들로 이루어진 그룹에게 인도할 때, 이때 물건을 인도 받는 집단이 조직되어 있는지 여부를 불문하고 하위 그룹이 조직되어 있어 심각한 재산상의 피해를 초래할 목적으로 무기 종류를 사용할 계획을 가지고 있는 경우를 소수의견은 예로 들고 있다. §§ 1182(a)(3)(B)(iv)(VI), (vi)(III), (iv)(VI)(bb), (iii)(V)

79) 소수의견은 Wilkinson, 545 U.S., at 225-226, 125 S.Ct. 2384.(교도소 관리자는 지나친 독방감금을 할 경우 "사실에 대한 근거"를 재소자에게 통지하여야 한다)는 판례를 선례로 제시하였다.

80) Kerry v. Din, 135 S. Ct. 2128, 2146, 192 L. Ed. 2d 183 (2015)

거조문을 통지받았다고 해서 헌법상 보장된 적법한 절차적 보장을 받은 것이 되는 것이 아니며, 헌법적으로 적절한 이유제시를 받은 것이 아니라고 판단하고 있다.

5. 국가안보관련사건에서 이유제시정도와 방법

별개의견은 국가안보가 우려되는 상황에서는 적법절차의 일반원리가 후퇴할 수 있다고 하였지만, 소수의견은 본 사건에서 우려되는 국가안보가 있는지 의문이며 이는 구두변론에서 Din의 변호인이 계속 주장한 사실이라고 보았다. 또한 국가안보가 문제되는 경우, 정부는 언론이나 국민 혹은 다른 국가기관이 요구하는 국가안보관련 정보에서 민감한 정보를 삭제하는 등 필요한 조치를 하고 공개할 수 있으며, 법원은 비공개심리를 통해서 이런 민감한 정보를 보호하는 소송을 진행했다고 소수의견은 보았다.[81)]

또한 소수의견은 정부가 주장하는 국가안보적 고려가 무엇인지도 모르고, 왜 전통적인 적법절차보장이 변경될 필요가 있는지도 모르며, 이번 사건에서 제한이 적은 대안을 사용할 수 있는지 여부를 모르는데, 어떻게 국가안보적 고려에 대해 적절한 조치를 취할 수 있겠는가라고 반문하면서 Din에게 더 상세한 거부처분의 이유를 제시하는 것이 중요한 국가안보적 이익을 침해하는 것인지 이해되지 않는다고 하였다. 또한 적절하게 국가안보와 관련된 비밀을 유지하면서 Din에게 더 적절한 설명을 제공할 수 있는 방법은 전혀 없는지 판단해야 한다고 소수의견은 보았으며 Breyer대법관은 적법절차조항이 일반적으로 요구하는 절차적 사항을 헌법상의 중요한 출발로 받아들이기 전에, 이러한 질문에 대한 대답을 먼저 법원이 할 필요하다고 주장하였다. 소수의견이 이런 이

---

81) 소수의견이 선례로 제시한 비공개심리는 Webster v. Doe, 486 U.S. 592, 604, 108 S.Ct. 2047, 100 L.Ed.2d 632 (1988)

유로 다수의견과 별개의견에 반대하면서 국무부가 적법절차가 요구하는 수준의 적절한 이유제시를 하지 못했다고 판단하였다.

6. 처분이유의 사후보완가능성

소수의견은 처분의 이유서는 비록 비자거부처분이후에 제공된다고 하더라도 예정된 행정처분의 통지와 동일한 역할을 수행[82)]하기 때문에 심각한 상실로 고통 받는 Din에게 자신과 남편을 생이별 시킨 사건에 대한 진실을 알 수 있는 기회를 제공한다고 보았다. 즉, 정부의 비자거부에 대한 이유를 적절하게 통지받는 다면, Din은 행정구제를 청구할지, 이의제기를 할지, 추가적인 증거를 제출하여 재심을 청구할지[83)]를 결정할 수 있다고 소수의견은 지적하였다.

V. 시사점

1. 이민국가인 미국의 보수적인 이민정책과 판례의 시사점

흔히 미국은 이민자의 나라이며, 개인의 기본권보장이 더욱 철저하며 특히 절차적 보장을 통해서 헌법상의 기본권을 보장하고 행정절차법과 개별 법률을 통해서 행정처분절차를 엄격히 통제하여 국민의 권리를 보장하고 행정권한의 남용과 재량권의 일탈을 방지한다고 알려져 있다.

---

82) 소수의견의 근거를 제공하는 선례로는 Joint Anti-Fascist Refugee Comm. v. McGrath, 341 U.S. 123, 171-172, 71 S.Ct. 624, 95 L.Ed. 817 (1951)(Frankfurter,J., 별개의견); see also Hamdi, supra, at 533, 124 S.Ct. 2633(다수의견); Wolff, supra, at 563, 94 S.Ct. 2963; Friendly, 앞의 글, 1280면 ("통지"는 관련 법적 조치에 대한 이유를 제공하여야 한다).

83) 22 CFR 42.81(e) (2014).

물론, 일반론으로는 이런 지적은 상당히 옳은 분석이다. 그러나 본 사건을 통해서 본 미국 대법원의 판례는 기존의 이해와는 조금 차이가 있다.

물론, 대법원은 본 사건에서는 크게 구별하고 있지는 않지만, 생래적 미국인이 아니라 난민신청을 통해서 미국인이 된 여성이 미국인이 되기 전에 혼인한 자신의 배우자를 미국에 입국시켜 혼인생활을 계속하고자 하는 특징이 존재한다.

혼인생활은 전형적인 사생활의 영역에 속하며 부부간의 친밀성과 유대성이 요구되기도 하지만 혼인제도는 사생활과 국가내의 제도라는 점에서 사적의 자치와 공적 보호는 물론이며 공적이 제한이 될 수 있는 부분이 존재한다.

미국 헌법은 혼인생활과 가족관계를 명시적으로 규정하는 조문을 두고 않지만 우리 헌법 제36조는 혼인과 가족생활에 관한 조문을 두고 있다. 그러나 미국 연방대법원의 다수의견이 본 사건에서 법률조문과 적법절차문제보다는 미국의 역사와 관행에 더 관심을 두었던 것을 고려해 보면, 헌법 제36조 때문에 유사한 사례가 우리나라에 발생하는 경우 미국과 다른 결과가 나올 것이라 예단하기 힘들다.

2. 우리나라의 상황인식과 출입국관리법의 해석에 대한 시사점

우리나라의 헌법은 유구한 역사와 전통에 빛나는 역사성과 민족성을 바탕으로 구성되어 있으며 국가와 가족제도의 긴밀성이 미국보다 더 낮았다고 보기 어려울 것이다. 결혼이주와 관련된 정책을 형성하고 법률화하고 성문화된 법령을 해석·적용할 때에는 현재의 우리나라의 상황과 미래에 대한 문제의식이 바탕이 되어야 할 것이다. 현재 우리나라에서는 사랑이 바탕으로 되어 인간존엄을 실현하는 혼인뿐만 아니라 정부주도 혹은 왜곡된 목적으로 인한 결혼이주여성의 증가도 하나의 사회

현상이 되었다. 외국인과의 혼인중에는 헌법이 보장하려는 본래적 의미의 혼인과 가족형성으로써 인간의 존엄과 사랑이 바탕으로 했다고 보기 힘든 혼인도 존재한다는 사실도 염두에 두어야 할 것이다. 평석 대상이 된 미국의 사건과 같이, 난민법을 통해서 난민지위를 인정 받아서 합법적 한국에 거주하게 된 난민인정자가 배우자의 입국을 신청하는 경우 우리 난민법 제37조는 출입국관리법 제11조에 해당하지 않는 경우가 아니면 입국을 허가하도록 하고 있다. 만약 시리아 난민중에서 우리나라 난민법에 의해 난민의 지위를 인정받아서 우리나라에 합법적으로 체류하는 동안 혹은 일정기간이 지나서 일반귀하요건을 충족하여 귀화허가를 받아 대한민국 국적을 취득한 후, IS등 과격테러단체가 활동하는 지역에서 거주하였지만 테러단체등과의 관계성이 불분한 자를 배우자로 인정해 줄 것과 입국을 신청한다면, 출입국관린법 제11조 제1항 3호 "대한민국의 이익이나 공공의 안전을 해치는 행동을 할 염려가 있다고 인정할 만한 상당한 이유가 있는 사람"로 해당한다고 판단하여 법무부장관은 입국을 거부해야 할 것이다.

비교법적으로 보면 미국의 이민법보다도 우리의 난민법과 출입국관리법은 법조문만으로 만 평가하며 행정부에 좁은 재량을 부여하고 있다. 이런 부분에 대해서는 행정부에게 보다 폭넓은 재량을 부여할 수 있는 방향에서 입법적 검토를 할 필요할 것이며, 법률해석론으로도 다른 행정처분이나 행정작용영역과 달리 출입국관리사무에 대해서는 폭넓은 재량을 인정하고 이유제시의 정도를 완화해서 해석해야 할 것이다. 현재 출입국관리법 제11조의 입국금지로 나열된 사항중 3호와 4호[84]는 비교적 폭넓게 규정되어 있어서 현재의 규정만으로도 해석상 법무부장

84) 출입국관리법 제11조 3. 대한민국의 이익이나 공공의 안전을 해치는 행동을 할 염려가 있다고 인정할 만한 상당한 이유가 있는 사람 4. 경제질서 또는 사회질서를 해치거나 선량한 풍속을 해치는 행동을 할 염려가 있다고 인정할 만한 상당한 이유가 있는 사람

관에게 폭넓은 재량을 부여할 수도 있을 것으로 보인다.

3. 국민과 외국인에 대한 공법적 권리의 차등해석에 대한 시사점

대한민국을 구성하는 중요한 요소인 국민은 헌법사항이며 헌법은 구체적인 요건은 법률로서 정하도록 하고 있다. 우리 법제에서도 대한민국 국민이 되는 기준을 정할 때, 출생에 의한 국적 취득과 귀화에 의한 국적취득을 구별하고 있으며, 일반귀화, 간의귀화 특별귀화로 구별하고 있으므로 국민이 누리는 기본권과 외국인이 누리는 기본권의 보호정도를 달리 구성할 수 있으며, 대한민국에 입국할 권리와 같이 구체적인 분쟁이 발생하는 경우, 개별법령을 해석하고 적용함에 있어서 사법부보다는 입법부의 입법재량을 넓게 인정하여야 한다. 헌법이 국민의 될 기준을 법률로 정하도록 하고 있어서 입법부에서는 구체적 판단의 기준을 정해야 하지만, 구체적 타당성을 높이기 위해서는 행정부의 재량을 넓게 인정하는 방향에서 국적법과 출입국관리법을 개정할 필요가 있다. 또한 이민행정에 있어서는 현재 법조문의 구성과 문구도 중요하지만 다수의견이 미국의 역사와 전통을 고려한 해석을 하는 것과 같이 대한민국의 역사와 전통을 고려한 해석이 헌법조화적해석이라는 점도 염두에 두어야 할 것이다.

4. 난민위원회, 국적심사위원회 등 관련 위원회의 구성과 정책형성과정에서의 시사점

미국의 이민법학계의 논문들은 본 사건이 지방법원에서 문제가 된 시점이전부터, 천편일률적으로 Din의 주장에 동조하는 논문[85]들만 존재하였지만, 본 사건에서 비록 5대4사건이었고 상대적 다수의견과 별개의견이 합해져서 다수를 이루었지만 이민자와 이민관련자에게 우호적일 수밖에 없는 특정학계의 의견이 그대로 적용된 것이 아니라, 연방대법원은 자신들의 선례들을 가공하고 취사선택하여 미국 국민들의 다수가 공감할 수 있는 판례를 내놓았다는 점도 시사점이다. 우리나라에서 난민법, 국적법, 출입국관리법의 정책형성과 개정과정에 있어서 국제 인도적 시각, 인권적 접근을 하는 의견이나 이민관련 학자의 견해도 반영되어야 하지만, 전통적인 공법을 하는 학자들과 가치중립적인 판단을 할 수 있는 인사들이 외부위원의 주가 되도록 구성해야 할 것이며, 보다 엄정하고 공정한 판정이 되기 위해서는 경제적 목적을 가지고 있거나 전문자격사로서 영리활동을 하고 있는 사람들은 배제해야 할 것이다. 열린사회이며 개인의 자유와 권리를 최대한 보장하는 국가이고 인권수호국가라고 하더라도 자국의 국민으로 인정하는 절차와 심사는 가장 보수적으로 할 수 밖에 없는 현실과 외국의 상황을 직시해야 할 것이다. 불행하게도 본 사건의 상대적 다수의견을 작성한 존경하는 Scalia대법관이 사망하는 바람에 향후 오바마대통령이 대법관지명권을 행사하는 방향에 따라서 본 판결이 장래에 변경될 가능성도 존재하지만, 이민자의 나라이고 이민의 역사가 오래된 미국조차도 미국인의 배우자의 입국을 자유롭게 인정하지 않는다는 결론에 이르고 있다는 것은 외국인의 권리와

---

85) Gabriela Baca, Visa Denied: Why Courts Should Review A Consular Officer's Denial of A U.S.-Citizen Family Member's Visa, 64 Am. U. L. Rev. 591 (2015); Andrew Haile, The Scandal of Refugee Family Reunification, 56 B.C. L. Rev. 273 (2015); Erin B. Corcoran, #love Wins* *but Only If You Marry One of Us, 2015 Utah L. Rev. OnLaw 77 (2015); David A. Martin, Why Immigration's Plenary Power Doctrine Endures, 68 Okla. L. Rev. 29 (2015); 가족법과 이민법을 결합한 연구논문으로는 Kari E. Hong, Famigration (Fam-Imm): The Next Frontier in Immigration Law, 100 Va. L. Rev. Online 63 (2014); Adam J. MacLeod, Rights, Privileges, and the Future of Marriage Law, 28 Regent U. L. Rev. 71 (2016); 이민법학계의 시각이 아닌 행정법적 시각에서 본 사례를 소개하는 논문은 Ronald M. Levin, Administrative Procedure and Judicial Restraint, 129 Harv. L. Rev. F. 338, (2016).

난민의 권리를 존중하더라도 대한민국이 난민정책을 수립하거나 출입국을 허가하고 귀화를 인정할 때 있지 말아야할 교훈일 것이다.

참고문헌

Abrams, What Makes the Family Special? 80 U. Chi. L. Rev. 7 (2013).

Adam J. MacLeod, Rights, Privileges, and the Future of Marriage Law, 28 Regent U. L. Rev. 71 (2016)

Andrew Haile, The Scandal of Refugee Family Reunification, 56 B.C. L. Rev. 273 (2015)

David A. Martin, Why Immigration's Plenary Power Doctrine Endures, 68 Okla. L. Rev. 29 (2015)

E. Hutchinson, Legislative History of American Immigration Policy 1798 -1965 (1981)

Erin B. Corcoran, #love Wins* *but Only If You Marry One of Us, 2015 Utah L. Rev. OnLaw 77 (2015)

Gabriela Baca, Visa Denied: Why Courts Should Review A Consular Officer's Denial of A U.S.-Citizen Family Member's Visa, 64 Am. U. L. Rev. 591 (2015)

Kari E. Hong, Famigration (Fam-Imm): The Next Frontier in Immigration Law, 100 Va. L. Rev. Online 63 (2014)

Ronald M. Levin, Administrative Procedure and Judicial Restraint, 129 Harv. L. Rev. F. 338, (2016).

Kerry v. Din, 135 S.Ct. 2128 (2015)

Fiallo v. Bell, 430 U.S. 787, 798, 97 S.Ct. 1473. (1977)

Washington v. Glucksberg, 521 U.S. 702.

Kleindienst v. Mandel, 408 U.S. 753, 762, 92 S.Ct. 2576 1972).

Pacific Mut. Life Ins. Co. v. Haslip, 499 U.S. 1, 111 S.Ct. 1032 (1991)

Swarthout v. Cooke, 562 U.S. 216, 219, 131 S.Ct. 859 (2011)

O'Bannon v. Town Court Nursing Center, 447 U.S. 773, 788, 100 S.Ct. 2467 (1980)

United States ex rel. Knauff v. Shaughnessy, 338 U.S. 537, 543, 70 S.Ct. 309 (1950)

United States v. Chemical Foundation, Inc., 272 U.S. 1, 14-15, 47 S.Ct. 1 (1926)

Aguirre-Aguirre, 526 U.S. 415, 425, 119 S.Ct. 1439 (1999).

Meyer v. Nebraska, 262 U.S. 390, 399, 43 S.Ct. 625 (1923)

Griswold v. Connecticut, 381 U.S. 479, 485-486, 85 S.Ct. 1678 (1965)

Zablocki v. Redhail, 434 U.S. 374, 386, 98 S.Ct. 673 (1978)

Moore v. East Cleveland, 431 U.S. 494, 500-503, 97 S.Ct. 1932 (1977)

국문초록

2015. 5. 15. 미국연방대법원은 난민인정을 받아서 미국에 입국한 여성이 미국국적을 취득한 이후에 미국국적을 취득하기 직전에 혼인한 외국인인 배우자와 함께 미국에 거주하기 위해서 직근친족자 인정신청을 하고, 이를 바탕으로 외국인 배우자가 미국입국비자신청을 하였지만 피상고인의 남편은 탈레반정부하에서 공무원으로 근무한 경력을 가지고 있었는데 초기에는 피상고인의 신청(petition)이 받아 들여 졌지만, 종국에는 남편의 비자발급은 결국 거부되고 말았다. 비자담당 영사는 남편에게 이민법 § 1182(a)(3)(B)에 의해서 비자발급이 거부되었다는 사실을 통지하였다. 이민법 § 1182(a)(3)(B)은 테러리스트 활동에 관련된 외국인(aliens)을 비자발급대상에서 제외하고 있지만, 비자발급영사는 더 자세한 설명은 하지 않았다. 부인인 피상고인는 연방지방법원에 소송을 제기 하였고 연방지방법원은 피상고인의 소송을 사법심사대상이 아니라는 이유로 각하하였다. 피상고인가 항소하자 제9연방고등법원은 원심을 파기하면서 부인인 피상고인는 남편에 대한 비자발급거부처분에 대한 사법심사를 청구할 법률상 이익이 있다고 판단하였다. 그 이유는 피상고인는 혼인의 자유를 가지고 있으며 혼인의 자유는 법적으로 보호되는 권리이므로 남편에 대한 비자발급거부처분에 대한 사법심사를 청구할 법률상 이익이 존재하는 것으로 판단하였고 제9연방고등법원은 단순히 비자거부된 근거법령을 알려주고 더 이상 상세한 비자발급거부처분의 이유를 제공하지 않은 것은 부인인 피상고인의 자유권(liberty interest)을 침해한 것이라고 판단하였다. Scalia대법관이 작성한 다수의견에 Robert대원장, Thomas대법관이 동조하였는데, 다수의견은 본 사건에서 정부는 피상고인에게 적법절차를 보장하는 어떠한 기본권도 침해하지 않았다고 판단하였다. ① 적법절차의 원리(the Due Process Clause)에 대한 전통적인 해석에 의하면, 피상고인인 부인은 남편에 대한 비자발급거부에 대해서 자신의 생명·자유·재산권이 침해되었다는 주장을 할 수 없다

고 본다고 다수의견은 판단하였다. ② 가사 명문으로 규정되지 않은 묵시적인 기본권(implied fundamental rights)을 인정한다고 하더라도, 일정한 행정규제가 혼인의 자유를 간섭하기만 하면 헌법상의 보호요청을 할 수 있는 광범위하고 범주의 자유권(a free-floating and categorical liberty interest)을 인정한 판례는 존재하지 않는다고 다수의견은 판단하였다. 다수의견은 혼인의 자유에 관한 판례들을 아무리 확장해서 적용한다고 해도, 본 사건과 관련된 쟁점은 피상고인가 주장하는 이익이 연방대법원의 실체적 적법절차원리(substantive-due-process)에 관한 선례를 적용할 수 있냐가 아니라, 미국의 이민규제의 역사와 전통이 피상고인의 주장을 뒷받침하고 있냐가 본 사건의 쟁점(the relevant question)이라고 보았다.[86] 여기서, 한 개인이 자신의 배우자를 미국 내로 데리고 오려는 시도에 대한 중대한 장벽을 세워왔던 미국 정부의 이민규제 오랜 관행을 고려하면, 피상고인인 Din의 주장은 배척된다고 다수의견은 판단하였다. 또한 다수의견은 Fiallo v. Bell사건을 인용하면서, 의회가 이민정책에 있어서 다양한 기준과 구별을 마련하는 것에 대해서 사법부가 의회의 정치적 판단을 대신할 사법권한이 없다[87]고 연방대법원은 일관되게 판단했다고 보았다.

주제어: 입국비자, 외국인의 입국, 혼인의 자유, 국민의 배우자,
이유제시, 설명의무

---

86) Washington v. Glucksberg, 521 U.S. 702, 723-724, 117 S.Ct. 2258, 138 L.Ed.2d 772.
87) Fiallo v. Bell, 430 U.S. 787, 798, 97 S.Ct. 1473, 52 L.Ed.2d 50.Pp.2133-2136.

Abstract

A study of visa denial case of a citizen's spouse in U.S
– Kerry v. Din –

Sung-Bae Kim*

On June 15, 2015, the U.S. Supreme Court in a majority opinion in Kerry v. Din, upheld the U.S. State Department's decision to deny her husband, Kanishka Berashk, a visa to enter the U.S. and reunite with his wife for "terrorism related grounds."Respondent Fauzia Din petitioned to have her husband, Kanishka Berashk, a resident citizen of Afghanistan and former civil servant in the Taliban regime, classified as an immediate relative entitled to priority immigration status. Din's petition was approved, but Berashk's visa application was ultimately denied. A consular officer informed Berashk that he was inadmissible under 1182(a)(3)(B), which excludes aliens who have engaged in terrorist activities, but the officer provided no further information. Unable to obtain a more detailed explanation for Berashk's visa denial, Din filed suit in Federal District Court, which dismissed her complaint. The Ninth Circuit reversed, holding that Din had a protected liberty interest in her marriage that entitled her to review of the denial of Berashk's visa. It further held that the

* Kookmin University College of Law professor of Law

Government deprived her of that liberty interest without due process when it denied Berashk's visa application without providing a more detailed explanation of its reasons. Justice SCALIA, joined by THE CHIEF JUSTICE and Justice THOMAS, concluded that the Government did not deprive Din of any constitutional right entitling her to due process of law. (a) Under a historical understanding of the Due Process Clause, Din cannot possibly claim that the denial of Berashk's visa application deprived her of life, liberty, or property. (b) Even accepting the textually unsupportable doctrine of implied fundamental rights, nothing in that line of cases establishes a free–floating and categorical liberty interest sufficient to trigger constitutional protection whenever a regulation touches upon any aspect of the marital relationship. Even if those cases could be so broadly construed, the relevant question is not whether the asserted interest is consistent with this Court's substantive–due–process line of cases, but whether it is supported by this Nation's history and practice. the Government's long practice of regulating immigration, which has included erecting serious impediments to a person's ability to bring a spouse into the United States, precludes Din's claim. And this Court has consistently recognized its lack of judicial authority to substitute its political judgment for that of Congress with regard to the various distinctions in immigration policy.

Keyword: Kerry v. Din, immigration policy, terrorist activities, marital relationship, due process of law, information and explanation, administrative process, fundamental rights, visa application

투 고 일: 2016. 5. 23
심 사 일: 2016. 6. 24
게재확정일: 2016. 6. 27

日本行政事件訴訟法2004年改正とその影響

角松生史

<アブストラクト>

日本の行政事件訴訟法は、2004年に大幅に改正された。この改正は、1999年以来進行した包括的な司法制度改革の一環であった。改正内容としては、(1)　行政訴訟の対象について(確認訴訟の明示)(2)　抗告訴訟における事前救済型訴訟類型(義務付け訴訟·差止訴訟)の法定　(3)　原告適格における考慮事項の規定　(4)　仮の救済の充実(5)　その他(被告適格等)　がある。事前救済型訴訟類型の法定や仮の救済の充実は直ちに実務上大きな意義を持つものであるが、「処分」の定義が改正されなかったこと、確認訴訟への言及があくまで「明示」であること、原告適格における考慮事項の規定がいわば「判例法の実定化」に過ぎないことなどに鑑みれば、この改正は全体として微温的なものだったと評することができる。

2004年改正は日本の行政訴訟件数に量的影響を及ぼしているとは言えない。他方、質的影響について言えば微妙である。2000年前後から裁判例はさまざまな面で権利救済の実質を緩やかに前進させているが、どこまでが2004年改正そのものの影響であるかは判断が難しい。

* 神戸大学大学院法学研究科教授

処分性や原告適格について言えば、最高裁はこれらについての従来の定式それ自体を変えず、それらをより柔軟に解釈することを試みている。司法権の役割を「主観的権利」への侵害を防止することに求める伝統的思考自体は変わっていないと考えられる。また、行政事件も通常民事事件も担当する裁判官の発想が、民事事件における思考枠組に規定されている側面も見逃せない。今後、都市計画等の行政計画の司法審査及び団体訴訟については立法的検討が課題となるが、十分な進展が見られないのが現状である。

1. はじめに

日本の行政事件訴訟法(以下「行訴法」という)は、2004年に大幅に改正された。1962年に同法が制定されて以来、初めての実質的改正である。この改正は、1999年以来進行した包括的な司法制度改革の一環であった。本報告では、この改正の経緯と内容を確認した上で(2.)、それがその後の行政訴訟に及ぼした影響を量的側面(3.1)と質的側面(3.2)に分けて検討し，最後に若干の考察(4.)を加える。これらの点について、報告者の独自性はほとんどなく、教科書的な紹介になることをあらかじめお断りする。最後の考察(4.)には、報告者自身の感想が若干含まれているが、これも学問的方法論に裏付けられたものではなく、いわば「印象批評」にとどまる。また、筆者は法律実務家でも法社会学者でもないため、検討の対象は判例・学説への影響にとどまり、社会事象としての行政訴訟のあり方全体を考察することはできない。

2. 2004年行訴法改正

2.1 経緯

2001年6月12日の司法制度改革審議会意見書1)は、(1)「国民の期待に応える司法制度」(への改革)(民事裁判の充実・迅速化等)(2)「司法制度を支える法曹の在り方」の改革(法曹人口増員と法科大学院改革等)(3)「国民的基盤の確立」の３つの柱を掲げ、その後の司法制度改革のベースとなった。同意見書では、民事司法制度の改革の一部として、「司法の行政に対するチェック機能の強化」が掲げられ、「行政事件訴訟法の見直しを含めた行政に対する司法審査の在り方に関して、本格的な検討を早急に開始すべきである」とされていた。

この意見書を受けて制定された司法制度改革推進法(2011年)に基づいて内閣に司法制度改革推進本部が設置され、同本部の下に行政訴訟検討会が設けられた。同検討会が公表した「行政訴訟制度見直しのための考え方」(2004年1月6日)に即して、内閣が提出した行政事件訴訟法改正案は、国会の全会一致で可決成立し、2004年6月9日に公布、2005年4月1日から施行された(以下この改正を「2004年改正」という)。

2.2 内容

2004年改正の主な内容は、以下の通りである。

(1) 行政訴訟の対象について―確認訴訟の明示

(2) 抗告訴訟における事前救済型訴訟類型の法定―義務付け訴訟・差止訴訟

---

*本稿執筆にあたり、JSPS科研費15H03290 及び16H03681の助成を受け

1) http://www.kantei.go.jp/jp/sihouseido/report/ikensyo/index.html

(3) 原告適格における考慮事項の規定

(4) 仮の救済の充実－執行停止要件の緩和、仮の義務付け・仮の差止めの制度の創設

(5) その他－被告適格・管轄裁判所・出訴期間・教示

2.2.1 行政訴訟の対象について―確認訴訟の明示

2.2.1.1 日本行政訴訟の基本構造

改正内容を理解する前提として、日本の行政訴訟制度の基本構造について略述する。行訴法２条は、行政事件訴訟の類型として (1) 抗告訴訟 (2) 当事者訴訟 (3) 民衆訴訟 (4) 機関訴訟の４つをあげる。(1) (2) は、行訴法が定める一定の要件をみたせば個別の法律の根拠がなくても提訴できるが、(3) (4) は行訴法以外の個別の法律に定めがある場合、当該個別法により資格を認められた者のみが提訴できる。

さて、裁判所法３条１項は、「裁判所は、日本国憲法に特別の定のある場合を除いて一切の法律上の争訟を裁判し、その他法律において特に定める権限を有する」としている[2)]。そしてこの「法律上の争訟」概念は、判例により、「当事者間の具体的な権利義務ないし法律関係の存否に関する紛争であつて、かつ、それが法令の適用により終局的に解決することができるもの」[3)]と定義される。上記の行政事件訴訟の４類型のうち (1) (2) は「法律上の争訟」、(3) (4) は「法律において特に定める権限」と理解されている。

---

2) 日本国憲法76条１項は、「すべて司法権は、最高裁判所及び法律の定めるところにより設置する下級裁判所に属する」とする。憲法上の「司法権」概念と、裁判所法上の「法律上の争訟」概念との関係については議論があるが、省略する。

3) 最判1981年4月7日民集35巻3号443頁(板まんだら)。

2.2.1.2 抗告訴訟と当事者訴訟

上記 (1) の抗告訴訟は、「行政庁の公権力の行使に関する不服の訴訟」(行訴法3条1項)と定義される。より具体的には、「処分その他公権力の行使に当たる行為」(以下単に「処分」。行訴法3条2項)または不服申立てに対する裁決(行訴法3条3項)に対する不服を主題とする訴訟である[4)]。

抗告訴訟の対象としての「処分」概念については、最判1964年10月29日[5)] (東京都ごみ焼却場事件)で示された「公権力の主体たる国または公共団体が行う行為のうち、その行為によつて、直接国民の権利義務を形成しまたはその範囲を確定することが法律上認められているもの」という定式が、現在まで引き継がれている。つまり、(1) 特定された名宛人に対する具体的法効果を発生(形成・確定) する行為であること(法効果性)および (2) その法効果の発生が法令に基づく行政庁の一方的認定によるものであること(権力性)の2つのメルクマールが求められているのである[6)]。

この定義に基づき、まず、例えば行政指導のように相手方に対して法効果を有しない行為については、処分性が否定されるのが原則である。また、また、この法効果は具体的なものでなければならないと考えられており、例えば法規命令や条例などの一般的・抽象的規範定立行為についても処分性が否定される。都市計画決定も、土地区画整理事業計画決定[7)]や用途地域指定[8)]について、一般性・抽象性を理由に処分性が否定されてきた。

これに対して(実質的)当事者訴訟は、「公法上の法律関係に関する

4) 以下では「裁決」は問題としない。
5) 民集18巻8号1809頁。
6) 処分該当性の問題をしばしば「処分性」と呼ぶ。
7) 最判1966年2月23日民集20巻2号271頁。
8) 最判1982年4月22日民集36巻4号705頁。

訴訟」(行訴法4条後段)と定義される。伝統的には、公務員の免職処分の無効を前提としてその身分確認や給与支払いを求める訴訟、(土地収用以外についての)損失補償請求訴訟[9]、租税の過誤納金の還付を求める訴訟などが典型例としてあげられる。

2.2.1.3 改正されなかった処分概念と確認訴訟の明示

上に示したような処分概念の狭さは行政訴訟の機能不全を招いているのではないかという批判があり、行訴法改正の過程でも、例えば日本弁護士連合会は、処分に限られなず行政立法、行政計画、行政契約、行政指導、事実行為を含むあらゆる行政作用(不作為)を含む行政決定の「是正訴訟」という類型を設け、行政訴訟ないし行政法の体系全体の改革を主張していた[10]。しかし、2004年改正では、処分の定義を定める行訴法3条1項・2項が改正されることはなかった。

一方で、2004年改正では、上記の行訴法4条の実質的当事者訴訟に関する規定に「公法上の法律関係に関する確認の訴え」が挿入され、当事者訴訟の一部としての確認訴訟の可能性が法文上明示された。行政の活動が処分(＝公権力の行使)にあたらないとされる場合でも、「公法上の法律関係に関して確認の利益が認められる場合については、当事

---

9)　土地収用の場合、収用委員会の収用裁決(＝処分)によって決定された補償額に関する紛争が、処分をめぐる紛争であるにもかかわらず、被収用者と起業者との間の訴訟によって解決されることになっている。行訴法４条前段(「当事者間の法律関係を確認し又は形成する処分又は裁決に関する訴訟で法令の規定によりその法律関係の当事者の一方を被告とするもの」)の例である。これは、本文にあげた実質的当事者訴訟との対比において「形式的当事者訴訟」と呼ばれる。

10)　日本弁護士連合会「行政訴訟法(案)」http://www.nichibenren.or.jp/library/ja/opinion/report/data/2003_18.pdf　参照、日本弁護士連合会編『使える行政訴訟へ－「是正訴訟」の提案』(日本評論社、2003年)。この「是正訴訟」は、「行政決定」の公定力を前提としない。「違法な行政決定が有効であるということはなく、是正訴訟は形成訴訟として構成されるものではない」とされる(前記「行政訴訟法(案)」第7条解説)。「是正訴訟」の考え方の分析として、興津征雄『違法是正と判決効』(弘文堂、2010年)332－333頁。

者訴訟として確認の訴えを提起することが可能である」[11]ことを明示しようというのがこの改正[12]の趣旨である。

上でも述べたように、これは「明示」に過ぎない。従来の規定の下でも可能な場合がありうると考えられてきた確認訴訟について、そのことを法文上明らかにしたものである。

2.2.2　抗告訴訟における事前救済型訴訟類型の法定―義務付け訴訟·差止訴訟

上記のように、「行政庁の公権力の行使に関する不服の訴訟」(行訴法3条1項)と定義される抗告訴訟について、行訴法3条は取消訴訟(2項)、無効等確認訴訟(3項)、不作為違法確認訴訟(5項)という3種の訴訟類型を定めていた。申請に対して行政庁が応答しない場合に可能な訴訟である不作為違法確認訴訟を別として、他の2類型は処分がなされた後に行われる事後訴訟である。また、無効等確認訴訟が救済として機能するのは行政処分に無効の瑕疵(＝伝統的通説に従えば、「重大明白」な瑕疵)がある場合に限られる。したがって、抗告訴訟の中では取消訴訟がいわば圧倒的な「主役」としての地位を占めていた。事後救済中心主義がとられていたのである。言い換えれば、行訴法3条が予定する処分に対する「不服」は、基本的に、処分が「なされたこと」についての不服であり、「なされないこと」や「なされようとしていること」についての不服ではなかったと言える。

これに対して、2004年改正は、事前救済を目的とする訴訟類型を創設した。まず第3条に、処分・裁決が「なされないこと」について不服がある場合、裁判所が行政庁にそれを命ずることを求める訴訟類型

11) 小林久起『行政事件訴訟法』(商事法務、2004年) 17頁。
12) 本判決当時においては、在外投票が認められるのは比例代表選挙区についてのみであり、小選挙区については認められなかった。

(義務付け訴訟(3条6項))を設けた。これは申請に対する応答がなされない場合および申請拒否処分がなされた場合における申請型義務付け訴訟(3条6項2号、37条の3)および第三者が提起する非申請型義務付け訴訟(3条6項1号、37条の2)に分けられる。

また逆に、自らに不利益な処分·裁決が「なされようとしている」ことに対する不服について、裁判所がそれをしてはならないことを命ずる訴訟類型(差止訴訟(3条7項、37条の4))を加えた。

2.2.3 原告適格における考慮事項の規定

2004年改正前の行訴法９条は、原告適格について単に「処分又は裁決の取消しを求めるにつき法律上の利益を有する者」と定めていた。行政処分の名宛人は通常原告適格が認められるため、その有無は専ら名宛人以外の第三者について争われてきた。この点について判例は、「法律上の利益を有する者」を「当該処分により自己の権利若しくは法律上保護された利益を侵害され又は必然的に侵害されるおそれのある者」と言い換えた上で、専ら処分の根拠規定、そしてそれによる個別的利益の保護の有無に着目する。

「当該処分を定めた行政法規が、不特定多数者の具体的利益を専ら一般的公益の中に吸収解消させるにとどめず、それが帰属する個々人の個別的利益としてもこれを保護すべきものとする趣旨を含むと解される場合には、かかる利益も右にいう法律上保護された利益に当たり、当該処分によりこれを侵害され又は必然的に侵害されるおそれのある者は、当該処分の取消訴訟における原告適格を有するものというべきである……。そして、当該行政法規が、不特定多数者の具体的利益をそれが帰属する個々人の個別的利益としても保護すべきものとする趣旨を含むか否かは、当該行政法規の趣旨·目的、当該行政法規が当該処分を通して保護しようとしている利益の内容・性質等を考慮して判断すべきである」(最判1992年9月22日(もんじゅ))[13]

この点について2004年改正は、行訴法9条2項を挿入し、原告適格判断において裁判所が考慮すべき事項を定めた。同条同項は、まず、裁判所がとるべき基本姿勢として「当該処分又は裁決の根拠となる法令の規定の文言のみによることなく」とする。その上で、「①当該法令の趣旨及び目的並びに②当該処分において考慮されるべき利益の内容及び性質」を考慮すべきだとするのである。そして、趣旨・目的の考慮(①)に当たっては、「当該法令と目的を共通にする関係法令があるときはその趣旨及び目的をも参酌」(①(a))すべきであり、内容及び性質の考慮(②)に当たつては、「当該処分又は裁決がその根拠となる法令に違反してされた場合に害されることとなる利益の内容及び性質(②(a))並びにこれが害される態様及び程度(②(b))」を勘案すべきだとしている。

注意すべきは、9条2項に盛り込まれた考慮事項は、いずれもそれまでの最高裁判例で考慮されていた要素[14]だったことである。「趣旨・目的」(①)「内容・性質」(②)はいずれも上記最判1992年9月22日に明示的に登場している概念であるし、「関係法令の趣旨目的の参酌」(①(a))も以前の判例[15]で行われている。いわば「判例法の実定化」に過ぎないわけであるが、改正関係者の説明によれば、この改正には、「法律の明文でこれらの事項を考慮すべきこと等を定め(る)」ことで、「これらの事項が適切に考慮されることが、すべての事案において一般的に担保されることにな(る)」[16]意義があるとされる。

---

13) 民集46巻6号571頁。
14) ただし「態様及び程度」(2(b))についてはやや議論の余地があり得る。
15) 最判1989年2月17日民集43巻2号56頁(新潟空港)。
16) 小林・前出注(11)、213頁。

2.2.4 仮の救済―執行停止要件の緩和、仮の義務付け・仮の差止めの制度の創設

2004年改正は、仮の救済についても改善を図った。

まず取消訴訟の執行停止についてである。行訴法25条1項は、取消訴訟の提起は原則として「処分の効力、処分の執行又は手続の続行を妨げない」として、執行不停止原則を採用する。その上で、改正前の法律は、「回復の困難な損害を避けるため緊急の必要」がある場合には、処分の執行停止[17]をすることができるとしていた(25条2項)。2004年改正は、「回復の困難な損害」を「重大な損害」に改めることによって、この要件を緩和した。また、25条3項を新設し、「重大な損害」の考慮要素として「損害の回復の困難の程度」を考慮し、「損害の性質及び程度並びに処分の内容及び性質」をも勘案するものとした。

また、執行停止に加え、義務付け訴訟・差止訴訟の導入(上記2.2.2)に対応した仮の救済として、仮の義務付け(37条の5第1項)、仮の差止め(37条の5第2項)の制度を設けた。

2.2.5 その他―被告適格・管轄裁判所・出訴期間・釈明処分・教示

その他「行政訴訟をより利用しやすく、分かりやすくするための仕組み」として、いくつかの点についての改正が行われた。

まず、抗告訴訟の被告(行訴法１１条)について、従来行政庁とされていたものを、「当該処分(裁決)をした行政庁の所属する国又は公共団体」とするように改正された。この改正は、特に、抗告訴訟(＝従来の被告は行政庁)と当事者訴訟(＝従来の被告は行政主体)のいずれに属するのか判断が困難な事例について、被告を誤った場合のリスクを軽

17) 「処分の執行または手続の続行の停止」及びそれでは目的を達することができない場合には「効力の停止」。

減したことになる。

第二に、管轄裁判所について、改正前の行訴法12条が定めていた「行政庁の所在地の裁判所」に加えて、「被告(上記のように「国又は公共団体」となる)の普通裁判籍の所在地を管轄する裁判所」(12条1項)を加え、さらに、国・独立法人等を被告とする取消訴訟については、「原告の普通裁判籍の所在地を管轄する高等裁判所の所在地を管轄する地方裁判所」も管轄を有するとした(12条4項)。日本についての地理的知識がないとわかりにくい例かもしれないが、例えば東京に所在する行政庁が行った処分に対して神戸市在住の原告が取消訴訟を提起する場合、改正前は東京地方裁判所にしか提訴できなかったところ、改正後には東京地方裁判所、大阪地方裁判所のいずれにも提訴できるようになったことになる。

第3に、出訴期間が、「処分又は裁決があったことを知った日」から「3ケ月」(14条1項)、「処分又は裁決の日」から1年(14条2項)とされていたところ、2004年改正は、前者について「6ケ月」に延長した。また、改正前はこれら「3ケ月」「1年」について例外が認められなかったが、2004年改正は「正当な理由」がある場合における例外を認めた。

第4に、民事訴訟法が定める釈明処分についての特則が新設され、裁判所が「処分又は裁決の内容、処分又は裁決の根拠となる法令の条項、処分又は裁決の原因となる事実その他処分又は裁決の理由を明らかにする資料」等の提出を求めることができるなどの規定が設けられた(23条の2)。この改正は「行政法の基本原則としての説明責任の見地から、基礎づけることができる」[18)]と説明される。

最後に、教示の制度が設けられた。行政庁は、それに対する取消訴訟の提起が可能な処分又は裁決をする場合には、取消訴訟の被告とす

18) 塩野宏『行政法II(第5版補訂版)』(有斐閣、2013年) 154頁。

べき者、出訴期間、不服審査前置の定めがある場合にはその旨を書面で教示しなければならないものとされた(46条１項)。また、裁決主義がとられている場合にはその旨(46条2項)，形式的当事者訴訟[19]が可能な場合は被告と出訴期間を教示しなければならない(46条3項)とされた。

2.3 小括

これら2004年改正は、司法制度改革の潮流の中で、抜本的な改革を要求する声があったことに鑑みれば、全体として微温的なものだったと評することができるだろう。

前述のように、｢処分｣の定義に関する3条１項･2項は改正されない。確認訴訟の明示(4条)も、あくまで｢明示｣であって、新たなものが付け加えられたわけではない。原告適格についての考慮事項の規定(9条2項)も、いわば｢判例法の実定化｣に過ぎない。行政訴訟に関する従来のドグマーティクや処分性･原告適格を判断する際の準則は基本的に維持されたのである。

他方で、義務付け訴訟(3条6項)や差止訴訟(3条7項)の導入は、懸案になっていた新たな訴訟類型の導入を意味する。事後救済を原則としてこれらの訴訟類型を否定する｢行政庁の第一次的判断権｣ドグマーティクは、立法上否定された[20]。また、被告適格(11条)や出訴期間の延長(14条)などは、直ちに実務上大きい影響を及ぼすことになった。

---

19) 参照、前出注(9)。
20) 小早川光郎『行政法講義下Ⅲ』(弘文堂、2007年)301頁。

3. 2004年改正の影響

それではこのような2004年改正は、日本の行政訴訟にどのような影響を及ぼしたであろうか。量的影響と質的影響に分けて考察しよう。

3.1 量的影響

下図は、1948年から2014年までの行政事件(第一審)新受件数の推移である[21]。

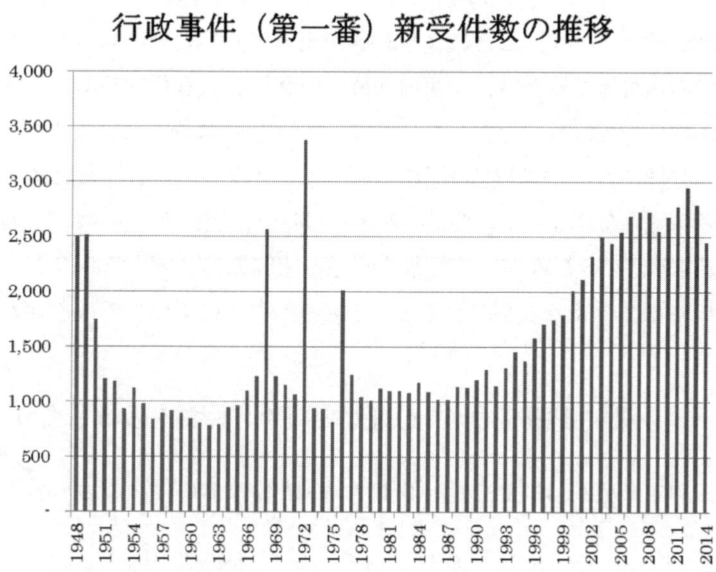

21） 出典は、1948年から2000年までは行政事件訴訟検討会第3回検討会資料(2002年4月8日)、2001年から2014年までは、最高裁判所事務総局行政局「平成26年度行政事件の概況」法曹時報67巻9号85頁による。

この図から読み取れるのは、(1)　全体として件数が小さいこと(同じ東アジアの韓国・台湾と比較しても人口あたりの行政事件件数はかなり小さい)[22]　(2)　1990年代から漸増傾向を見て取ることができること　(3)　しかし、2004年改正(2005年施行)の大きい影響を見て取ることは困難であることである[23]。

しかし改めて考えてみれば、そもそも2004年改正は、その内容からして、訴訟件数に大きな影響を及ぼす可能性は低いと思われる。処分性や原告適格が問題になるような事案は社会的に重要な影響を及ぼす可能性がある事案ではあっても、大量かつ日常的に発生する事案とは言えないだろう。義務付け訴訟や差し止め訴訟についても、事前訴訟が可能になったことにより救済が充実するものではあるが、事後的にのみ可能だった救済が事前救済に前倒しされるだけであって大きい件数の増加にはつながらない[24]ことが予想される。たとえば民事訴訟の分野において、利息制限法の制限を超えた弁済が有効だと認められる可能性をほぼ否定した最判2006年1月13日民集60巻1号1頁は、過払金請求訴訟の件数を著しく増加させることになったが、2004年改正についてはこのような劇的な影響はそもそも考えにくいのではないか。

3.2 質的影響－2004年改正は裁判例に影響を及ぼしたか？

以下では2004年改正が、「国民の権利利益のより実効的な救済」[25]を

---

22)　日本・韓国・台湾の行政訴訟事件数の比較について、木佐茂男『司法改革と行政裁判』(日本評論社、2016年)49－51頁。

23)　なお、1968年、1972年、1976年に件数の急増が見られるが、それぞれ特殊事情(大阪国税局長に対する不作為違法確認訴訟の多数原告による集団的提起、沖縄復帰による事件の承継、国が地主を相手に提起した沖縄の米軍・自衛隊基地用地の使用に伴う損失補償減額の訴えの多数提起)による。

24)　もっとも、事後的訴訟提起がそもそも不可能であった場合は、件数が増加することになる。

実現する観点から、その後の裁判例にどのような影響を及ぼしたかどうかを検討する。結論を先取りすれば、2000年前後から裁判例は従来の定式をより柔軟に解釈することによって、権利救済の実質を緩やかに前進させているが、どこまでが2004年改正そのものの影響であるかは判断が難しい。以下、2.2で見た改正のポイントのうち、特に(1)―(3) について検討する[26]。

3.2.1 処分性の拡大と確認訴訟の活用

3.2.1.1 処分性の拡大傾向

上述(2.2.1)のように、2004年改正は「処分」の定義には何らの変更も加えていない。にもかかわらず、同概念と前後して[27]、処分概念を拡大する重要な裁判例が見られる。

最判2005年7月15日[28](裁判例①)は、地域医療計画に定める必要病床数を上回ることになる病院開設申請に際して、医療法に基づいて県知事が行った病院開設中止勧告について処分性を認めた。この勧告はあくまで行政指導であり、法的拘束力はない[29]のだが、最高裁は、勧

25) 上記「行政訴訟制度見直しのための考え方」(2004年1月6日)に掲げられた理念である。

26) この点について法務省サイトが行った検証作業として「改正行政事件訴訟法施行状況検証研究会」
(http://www.moj.go.jp/MINJI/minji07_00037.html)の活動がある゜同研究会の活動は´2004年改正の附則50条が求めていた施行5年後の施行状況の検討として行われたものである。研究会報告書(2012年11月)はhttp://www.moj.go.jp/content/000104296.pdfで閲覧できる(資料をまとめたものとして、高橋滋編『改正行訴法の施行状況の検証』(商事法務、2013年)。同報告書を批判的に検証したシンポジウムの記録として、阿部泰隆 / 斎藤浩編『行政訴訟第2次改革の論点』(信山社、2013年) 1－97頁。

27) 本文では2004年改正の施行後の例のみを挙げるが、それ以前にも建築基準法42条2項の道路指定(2項道路、最判2002年1月17日民集56巻1項1頁)、労災修学援護費支給決定(最判2003年9月4日判時1841号89頁)、食品衛生法違反通知(最判2004年4月26日民集58巻4号989頁)など、処分性拡大を示す重要な判決が見られる。

28) 民集59巻6号1661頁。

29) 事実、勧告を拒否した原告に対して、知事は開設許可処分を下している。

告に従わない場合に予想される保険医療機関としての指定拒否に注目して処分性を認めた。勧告が行われた場合「当該勧告を受けた者に対し、これに従わない場合には、相当程度の確実さをもって、病院を開設しても保険医療機関の指定を受けることができなくなるという結果をもたらす」というのである。

最大判2008年9月10日(裁判例②)[30]は、以前の判例[31]で、「青写真」にすぎないとして処分性を否定されていた土地区画整理事業計画決定について、明示的な判例変更により処分性を認めた。最高裁は、事業計画決定によって、土地区画整理事業の施行地区内の宅地所有者等が「前記のような規制を伴う土地区画整理事業の手続に従って換地処分を受けるべき地位に立たされる」ことに注目し、それは「抗告訴訟の対象とするに足りる法的効果」だとする。またその際、後続する換地処分の段階では実効的な権利救済を得ることができないことも重視されている。

最判2009年11月26日(裁判例③)[32]は、民営化を目的として市立保育所を廃止する横浜市保育所条例の改正について処分性を認めた。条例は一般的性質を有するものであるから処分性が否定されるのが通常であるが、同条例改正は、特定の保育所で現に保育を受けている児童及びその保護者に対して、「保育の実施期間が満了するまでの間は当該保育所における保育を受けることを期待し得る法的地位」を奪う結果を生じさせるものであるため、処分性が認められるというのである。

ここで注目すべきは、少なくとも裁判例②及び③については、従来の処分性定式[33]を維持した上で、それを以前よりも柔軟に解釈して、問題とされた行政の行為の具体的法効果を認定することによって

30）民集62巻8号2029頁。
31）最判1966年2月23日民集20巻2号271頁(前出注(7))。
32）民集63巻9号2124頁。
33）最判1964年10月29日(前出注(5))。

処分性を認めていることである。ただし裁判例①は、当該勧告がどのような法効果をもたらすかについて触れていない点で、やや例外的である。

3.2.1.2 確認訴訟の活用

2004年改正で法文上明示された確認訴訟も、社会的に大きな影響を与えた判決において活用されている。

最大判2005年9月14日(裁判例④)[34]は、当時の公職選挙法が、外国に在住する日本人について、国政選挙における選挙権行使の一部を認めていないことを憲法違反とした。最高裁は、原告らの請求を「今後直近に実施される国政選挙の選挙区選出議員の選挙….につき選挙権を行使する権利を有することの確認を求める訴え」としてとらえ、この訴えには「確認の利益」が認められるとしたのである。

同様に、最大判2008年6月4日(裁判例⑤)[35]は、日本人の父と外国人の母との間に出生した後に父から認知された子について、日本国籍を認めていなかった当時の国籍法を違憲とし、原告らが日本国籍を有することを確認した。また、最判2013年1月11日(裁判例⑥)[36]は、薬事法に基づいて制定されていた薬事法施行規則(省令)が、インターネットを利用した郵便等による薬品の販売を、一部の医薬品(第一類·第二類医薬品)について一律に禁止していたことを違法とした。これら両判決も、確認訴訟として提起されたものである。

3.2.2 義務付け訴訟·差止訴訟

2004年改正が新たに導入した事前訴訟の類型である義務付け訴訟·差止訴訟についても活用例が見られる。

---

34) 民集59巻7号2087頁。
35) 民集62巻6号1367頁。
36) 民集67巻1号1頁。

3.2.2.1 義務付け訴訟

まず、原告の申請が行政庁によって拒否されたり応答がなかったりした場合に提起される申請型義務付け訴訟は、実務上運用が定着しているようであり、原告の請求が認められた下級審判決も少なくない。

ついで、処分の名宛人以外の第三者が原告となる非申請型義務付け訴訟についても、例えば産業廃棄物処理施設について、行政庁が設置許可の取消処分を行うことの義務付けを求めた周辺住民の請求を認容している下級審判決(福島地判2012年4月24日[37])がある。他方で、非申請型義務付け訴訟の要件として定められている「重大な損害」(行訴法37条の2第1項)が否定され、却下されている事例も少なくない。この限りにおいては、「行政の第一次的判断権」のドグマーティクが一定程度残っている状態がなお見られるのである。

3.2.2.2 差止訴訟

同じく2004年改正が導入した訴訟類型である差止訴訟については、国歌斉唱をめぐる訴訟に関する最判2012年2月9日[38](裁判例⑦)が、同訴訟の要件である「重大な損害」(行訴法37条の4第１項)に関するリーディング・ケースとなっている。公立の小学校・中学校・高校の卒業式において、教職員に対して、国旗に向かって起立して国歌を斉唱することを命ずる職務命令[39]やそれに違反した場合の懲戒処分の適法性は多くの訴訟で争われているが、同判決は、懲戒処分の差止訴訟の適法性を認めた[40]。その際、上記の「重大な損害」要件について、「

37) 判例時報2148号45頁。
38) 民集66巻2号183頁。
39) この職務命令は、行政処分とは理解されていない。
40) ただし免職処分の差し止め請求については、処分がなされる蓋然性がないとして却下されている。また、その他の請求も本案で棄却されている。最高裁は、このような国歌斉唱義務訴訟の事案において、減給以上の処分については、「本件事案の性質等を踏まえた慎重な考慮が必要となる」(参照、最判2012年1月16日判例時報2147号127

処分がされることにより生ずるおそれのある損害が，処分がされた後に取消訴訟等を提起して執行停止の決定を受けることなどにより容易に救済を受けることができるものではなく、処分がされる前に差止めを命ずる方法によるのでなければ救済を受けることが困難なものであることを要する」という判断基準を示している。

また、広島地判2009年10月1日[41]（裁判例⑧）は、歴史的な重要性が高い港湾である鞆の浦における架橋を目的とした埋立事業に対して、周辺住民らが提起した公有水面埋立免許差止訴訟について、訴訟の適法性を認めた上で、本案でも請求を認容した。行政処分の相手方ではなく第三者が提起する差止訴訟というのはおそらく立法者が想定していなかった類型であり、画期的な判断だと言える。

3.2.2.3 抗告訴訟と当事者訴訟の交錯

さて、上記裁判例⑦は、懲戒処分差止訴訟と同時に、公法上の当事者訴訟としての義務不存在確認訴訟についてもその適法性を認めている。上記職務命令に基づく起立斉唱義務の不存在の確認を求めることには、懲戒処分以外の、義務違反を理由とする「処遇上の不利益の予防」を目的とする点で、確認の利益が認められるというのである。

このように、行政処分が未だなされていない差止訴訟の類型においては、抗告訴訟としての差止訴訟と当事者訴訟としての確認訴訟とが交錯することになる。上記裁判例⑦は、懲戒処分については差止訴訟、それ以外の処遇上の不利益については確認訴訟という振り分けを試みたが、このような振り分け方の当否、あるいはそもそも振り分けにこだわるべきかについて、見解は分かれている。

頁）という立場に立つのだが、その適法性は「個々の事案ごとの当該各処分の時点における当該教職員に係る個別具体的な事情のいかんによる」ため、現時点では判断できないというのである。

41）判例時報2060号3頁。

また、処分性を拡大して抗告訴訟の対象とした裁判例(上記3.2.1.1参照)の中には、裁判例①のように公法上の当事者訴訟としての構成も可能だと思われるものがある[42]。いずれの構成が優れているか、両者を使い分ける際の基準などについて、学説上議論がある[43]。

3.2.3 原告適格の拡大と限界

2.2.3で見たように、2004年改正は原告適格の判断における考慮事項を定める行訴法9条2項を挿入した。そこに盛り込まれた考慮事項はどれも既に最高裁判例に示されていた点だったにもかかわらず、裁判実務における柔軟な解釈手法を促すことになった。

2004年改正後のリーディング・ケースとして、最大判2005年12月7日[44](小田急判決、裁判例⑨)がある。同判決は、私企業である小田急電鉄の一部区間を高架化する計画を含む東京都の都市計画事業に関する建設大臣(当時。現在は国土交通大臣)の認可(本件鉄道事業認可)に対して、騒音被害等を受けると主張する周辺住民の原告適格を認めた。従来同様の事案について原告適格を否定する判例[45]があったところ、明示の判例変更を行ったものである。

まず最高裁は、都市計画事業認可の根拠法である都市計画法について、9条2項にいう「趣旨・目的」(上記2.2.3の①)を検討する。公害対

---

42)　2項道路指定に処分性を認めた最判2002年1月17日(前出注(27))についても、同様のことが指摘される。

43) 芝池義一「抗告訴訟と法律関係訴訟」行政法の新構想III(有斐閣、2008年)29頁は、理論上の概念としての　「行為訴訟と法関係訴訟」という分類軸から、抗告訴訟と当事者訴訟の関係を考察しようとする。これに対して中川丈久「行政訴訟の基本構造(1)(2)」民商法雑誌150巻1号1頁、2号171頁(2014年)は、抗告訴訟と当事者訴訟は理論的に同義であり、現行法の解釈としても両者を一体的ないし統合的に運用するアプローチを用いるべきだとする。

44)　民集59巻10号2645頁。同判決は原告適格に限定して大法廷が判断を下したものである。この事件の本案判決として、最判2006年11月2日民集60巻9号3249頁。

45) 最判1999年11月25日判例時報1698号66頁。

策基本法(本件認可当時。現在は環境基本法)および東京都環境影響評価条例の規定も検討した[46]上で、都市計画事業認可に関する都市計画法の規定は、「事業に伴う騒音，振動等によって，事業地の周辺地域に居住する住民に健康又は生活環境の被害が発生すること」の防止も、趣旨及び目的とするものと解されるとされる。

ついで最高裁は、都市計画事業認可に関する都市計画法の規定の「内容・性質」((上記2.2.3の②)について検討し、違法な都市計画事業が認可された場合、(i)騒音，振動等による被害を直接的に受けるのは，事業地の周辺の一定範囲の地域に居住する住民に限られ，その被害の程度は，居住地が事業地に接近するにつれて増大すること(ii)周辺住民が上記被害を反復，継続して受けた場合，健康や生活環境に係る著しい被害にも至りかねないことに着目して、は、「一般的公益の中に吸収解消させることが困難」であり、個別的利益として保護されているとしたのである。

このような原告適格拡大傾向に対して一定の枠をはめたのが、最判2009年10月15日[47](サテライト大阪判決、裁判例⑩)である。日本で認められている公営ギャンブルの１つである競輪の場外車券発売施設の設置許可に対して、周辺住民・医療施設設置者等が取消訴訟を提起した事件である。本判決の特徴は、本件施設により周辺住民に生じうる被害は、「交通，風紀，教育など広い意味での生活環境の悪化」であって、「その設置，運営により，直ちに周辺住民等の生命，身体の安全や健康が脅かされたり，その財産に著しい被害が生じたりすることまでは想定し難い」とする。従って、このような生活環境に関する

46）公害対策基本法が9条2項にいう「関係法令」(上記2.2.3の①(a))に該当するのか、また、都市計画法の趣旨目的の検討にあたり、自主条例である東京都環境影響評価条例をなぜ考慮するのかについて、判決は十分に明確とは言えない。

47）民集63巻8号1711頁。

利益は，「基本的には公益に属する利益」であり、法令に手掛りがない限り、「上記のような被害を受けないという利益を個々人の個別的利益としても保護する趣旨を含むと解するのは困難」というのである。

設置許可処分の根拠法である自転車競技法および同法施行規則は、設置許可の要件として「位置基準」および「周辺環境調査基準」を定めていたが、最高裁は、「生活環境」に関する上記の理解に基づいて、いずれの基準も周辺住民の原告適格を基礎づけないとする。他方で、医療施設等開設者については、位置基準は、「健全で静穏な環境の下で円滑に業務を行うことのできる利益を，個々の開設者の個別的利益として保護する趣旨をも含む」として、「当該場外施設の設置，運営に伴い著しい業務上の支障が生ずるおそれがあると位置的に認められる区域」における医療施設等開設者の原告適格が認められるとしている。

小田急判決(裁判例⑨)は周辺住民の「生活環境の被害」にも着目して原告適格を認めていたのに対して、サテライト大阪判決(裁判例⑩)は、「生活環境」は「基本的には公益に属する利益」に属するとして、原則として原告適格を認めない。前者が示した原告適格拡大傾向に対して後者は歯止めをかけたものと理解することができよう。

しかし、裁判例⑨と裁判例⑩を整合的に理解する見解もある。元東京高等裁判所判事の中島肇は、小田急事件(裁判例⑨)において問題とされた「騒音や振動等による健康被害」は、「人格的利益」として、民事訴訟による差止請求の根拠となり得る「物権的請求権またはこれに準じる排他性を有する権利」にあたる。他方、サテライト大阪事件(裁判例⑩)において問題とされた「交通，風紀，教育など広い意味での生活環境」は、「民事上の排他性を有する個別的利益とは認められていないという違いは重大」だというのである。また、具体的状況によっては医療施設等開設者に原告適格が認められることも、「一般の民事事件において、法人の営業権ないし業務遂行権に一定の要件のもとで排他性を認め、差止請求が認められていること…と整合的」だという[48]。民事事件における考え方の基本的枠組が、行政訴訟における原告適格判断に影響を及ぼしていることは十分考えられるだろう[49]。

3．2．4 その他

2004年改正のその他の内容の影響について簡単に検討する。執行停止の要件を「回復困難な損害」から「重大な損害」に緩和したことによって、財産的な損害[50]や社会的信用の毀損[51]を理由とした執行停止を認めた下級審裁判例がある。仮の義務付けについては、保育園入園[52]、歌劇団公園のためのシンフォニー施設の使用許可[53]、生活保護開始決定[54]などに関して、申立てを認めた下級審の決定がある。仮の差止めについても、住民票消除処分[55]やタクシー事業者に対する運賃変更命令・自動車等の使用停止処分・事業許可取消処分[56]について、申立ての認容例がある。

被告適格・管轄裁判所・出訴期間・釈明処分・教示については、実

48) 中島肇「原告適格・仮の差止めに関する実務的雑感」論究ジュリスト8号(2014年)52頁。

49) 中島・前出注(48)も、「行政事件も通常民事事件も担当する裁判官が、行訴法の解釈の中に通常民事事件の観点を入れることは自然である」(53頁)と評する。

50) 前橋地決2009年10月23日裁判所ウェブサイト(「本件除却命令により本件建物が取り壊された場合の損害の程度は極めて大きいものであって，確かに金銭賠償による事後的な回復が不可能であるとはいえないとしても，その規模にかんがみれば，回復は容易でない」)。

51) 東京高決2007年7月19日判例時報1994号25頁(「このような依頼者との委任契約の解除等によって生じる弁護士としての社会的信用の低下、業務上の信頼関係の毀損は、業務停止という本件懲戒処分によって生じる申立人自身の被る損害であり、その損害の性質から、本案で勝訴しても完全に回復することは困難であり、また、損害を金銭賠償によって完全に補填することも困難である」)。

52) 東京地決2006年1月25日判例時報1931号10頁。

53) 岡山地決2007年10月15日判例時報1994号26頁。

54) 福岡高裁那覇支決2010年3月19日判例タイムズ1324号84頁。

55) 大阪高決2007年3月1日裁判所ウェブサイト。

56) 大阪高決2015年1月7日判例時報2264号36頁。

務上大きな変更であり、国民の権利利益の実効的な救済にとって大きい影響を及ぼしていると考えられるが、事柄の性質上、それらに直接関連する裁判例は少ない[57]。

4. 若干の考察

以上示してきたような2004年改正の裁判例への影響について若干のコメントを試みる。

4.1 微温的な改正と相当の実質的変化―なぜか？

既に述べたように(2.3)、2004年改正は、全体として微温的なものであったと評することが可能であるが、にもかかわらず、裁判実務に相当の実質的変化をもたらし、権利救済は一定程度前進したということができる。

ただし、それらが2004年改正そのものによる変化といえるかどうかは微妙である。例えば義務付け訴訟・差止訴訟(3.2.2)および仮の義務付け・仮の差止めの申立て(3.2.4)は、法改正がなければ不可能だったことは明らかである[58]。執行停止要件の緩和(3.2.4)についても同様のことが言えるだろう。

しかし、2004年改正が手つかずにした処分概念についても、改正

57) ただし、2004年改正で認められた「正当な理由」がある場合の出訴期間についての例外(行訴法14条1但書)を認めた裁判例として、東京地判2010年9月29日判例時報2108号38頁がある。

58) 2004年改正前にも「法定外抗告訴訟」としてこれらの訴訟形態を認める可能性が主張され、ごくわずかな認容例(例：東京地判2001年12月4日判例時報1791号3頁(国立マンション行政訴訟１審))、それらが一般化することは到底考えづらかった。

に先立つ2000年前後から処分性を拡大する判例の傾向が見られる(3.2.1.1及び前出注(27))。9条2項の挿入は、「判例法の実定化」に過ぎなかったにもかかわらず、一定程度の原告適格拡大をもたらすことになった(3.2.3)。確認訴訟の「明示」についても同様である(3.2.1.2)[59)]。

また、行政訴訟を国民にとってより使いやすいものにすることを目指した2004年改正は、本案における審査密度に直接関連する内容を含んではいない[60)]。しかし、やはり2000年前後から、行政裁量に関してより積極的に審査する傾向[61)]や委任命令の適法性をより厳しく審査する傾向[62)]を見出すことができる。違憲審査権の行使が以前に比べれば積極的になっている傾向[63)]とあいまって、この時期における最高

---

59)　最高裁判事を務めた行政法学者藤田宙靖(在任：2002－2010年)は、在外邦人選挙権判決(前出注(34))について、「いわば、最高裁判所がたまたまこれを実現するにふさわしい事案に遭遇した結果に過ぎないというべきであって、少なくともその誕生につき、今回の法改正が決定的な動機を成した(この改正が無ければこの判決は生まれなかった)という関係にはない」と述べる(藤田『最高裁回想録―学者判事の７年半』(有斐閣、2012年)94頁。なお参照、同書83頁)。

60)　行政訴訟検討会(参照、2.1)は「行政訴訟の見直しのための考え方」の公表と2004年改正法の成立後も検討を続け、2004年10月29日に最終まとめを公表したが(http://www.kantei.go.jp/jp/singi/sihou/kentoukai/gyouseisosyou/041029matome.html)、そこでは「更に議論を深めておく必要があると考える論点」の１つとして「裁量に関する司法審査」があげられている。

61)　小田急訴訟本案判決(最判2006年11月2日、前出注(44))は、結論的には都市計画事業認可及びその前提となる都市計画決定を適法としたものの、この分野における裁量判断の枠組を示している。公園に関する都市計画事業認可について厳しい審査を行ったものとして、最判2006年9月4日判例時報1948号26頁(林試の森)がある。また、行政財産の目的外使用の不許可処分を裁量権の逸脱・濫用として違法としたものとして、最判2006年2月7日民集60巻2号401頁(広島県教職員組合事件)、最判2007年12月7日民集61巻9号3290事件(獅子島)がある。

62)　直接請求制度に関する地方自治法施行令の規定を違法とした最大判2009年11月18日民集63巻9号2033頁、インターネットを利用した郵便等による一部の医薬品の販売を一律に禁止する薬事法施行令を違法とした最判2013年1月11日民集67巻1号1頁(前出注(36)など。

63)　2000年以降で法律を憲法違反とした最高裁の判決・決定として、最大判2002年9月11日

裁の姿勢の変化を指摘する見解は多い[64]。

この最高裁の変化の原因としては、必ずしも条文に限られない司法制度改革審議会での審議やその間に示された世論[65]、裁判官の「まなざし」の変化と調査官の世代交代[66]などが指摘されているが、学問的分析を加えることは困難である[67]。

4.2 従来の定式の維持と民事事件の思考方法の反映

処分性(3.2.1.1)や原告適格(3.2.3)の拡大の項で述べたように、最高裁はこれらついての従来の定式それ自体を変えず、それらをより柔軟に解釈することによって、権利救済の実質を緩やかに前進させてきた。そして処分性に関する「直接国民の権利義務を形成しまたはその範囲を確定する」(＝具体的法効果性)という定式及び原告適格に関する

民集56巻7号1439頁(郵便法)、最大判2005年9月14日(在外邦人選挙権(前出注(34))、最判2008年6月4日(国籍法(前出注(35))、最大決2013年9月4日民集67巻6号1320頁(非嫡出子相続分)、最大判2015年12月16日判例時報2284号20頁(再婚禁止期間)の5件がある。第二次大戦後全部で10件しかないことを考えると、違憲審査権行使の積極化の傾向を見出すことができるだろう。

64) 滝井繁男元最高裁判事(在任：2002—2006年)は、回想録で「行政訴訟については新しい潮流というべきものが出てきつつあるのではないかという感じを持つ人は少なくないであろう」と述べる。滝井『最高裁判所は変わったか―裁判官の自己検証』(岩波書店、2009年)80頁。さらに参照、山口進/宮地ゆう『最高裁の暗闘』(朝日新聞出版、2011年)市川正人/大久保史郎/斎藤浩/渡辺千原編『日本の最高裁判所』(日本評論社、2015年)。

65) 滝井・前出注(64)、80頁、334頁。

66) 藤田宙靖/蟻川恒正/中川丈久「藤田宙靖先生と最高裁判所(1)」法学教室400号(2014年)59－80頁(62－63頁)。

67) なお、最高裁の人的構成(出身属性)との関係で判決を分析する試みはしばしば行われているが、少なくとも行政訴訟の訴訟要件や訴訟類型に関する限り、「裁判官の出身属性の影響を示すものは見られなかった」として、それは「行政訴訟の技術的性格が強いためではないかと考えられる」と指摘するものとして、北村和生「最高裁における人的構成と行政訴訟の活性化」『日本の最高裁判所』(前出注64) 39－54頁(53頁)。

個別利益保護性の重視は、「法律上の争訟」を担当する(参照、2.2.1.1)司法権の役割を「主観的権利」への侵害を防止することに求める思考と結びついている[68]。もちろんそれは「法解釈の在り方として『連続性』及び『漸次の変化』を尊重すべき」[69]という考え方からは、積極的評価も可能であるが、最高裁の「姿勢」が変われば、容易に逆流することもありうるということになる。

もう一つ指摘すべきは、原告適格の箇所(3.2.3)で指摘したように、裁判官の発想が、民事事件における思考枠組に規定されていることである。主観的権利への侵害の防止を司法権の役割と捉える前記の発想とも関係している。このような「民事法的発想」[70]は、例えばサテライト大阪判決(裁判例⑩)において問題を生み出している

確認訴訟の活用は、このような裁判官の「民事法的発想」にもなじみやすいツールを提供するものとして期待された面もある。他方で、抗告訴訟と当事者訴訟との間のやや硬直的とも言える区別など、民事法的な発想への「翻訳」が十分になされていない故の課題を見出すこともできよう。

4.3 残された立法的課題

「行政訴訟検討会最終まとめ」[71]は、「行政訴訟制度に関し更に議論

---

68) 参照、角松「都市空間の法的ガバナンスと司法の役割」角松/山本顕治/小田中直樹『現代国家と市民社会の構造転換と法―学際的アプローチ』(日本評論社、2016年)21－44頁(42頁)。

69) 藤田・前出注(59)、89頁。

70) 阿部泰隆「裁判例⑩評釈」判例時報2087号167頁。同判決が「原告個々人の被侵害利益の性質・程度への着目に偏している」ことへの批判として、角松「『地域像維持請求権』をめぐって」阿部泰隆先生古稀論文集『行政法学の未来に向けて』(有斐閣、2012年)477－501頁(496頁)。

71) 前出注(58)。

を深めておく必要があると考える論点」として、「行政立法の司法審査」「行政計画の司法審査」「裁量に関する司法審査」「団体訴訟」をあげる。このうちで少なくとも「行政計画の司法審査」および「団体訴訟」については、立法的検討が課題となる。

前者について言えば、2000年代後半に公表された2つの報告書が、都市計画決定自体を争訟手続に載せる必要性を指摘する立法論的提言[72)]を行っている。後者について言えば、環境訴訟分野における団体訴訟制度の導入が議論されている[73)]。しかし、いずれの点についても、現在立法に向けた進展が十分に進んでいるとは言えない。

---

72) (財)都市計画協会の自主研究『都市計画争訟研究報告書』(2006年8月)(http://www.tokeikyou.or.jp/research/doc/resoushou.pdf)。
都市計画協会『人口減少社会に対応した都市計画争訟のあり方に関する調査業務報告書』(国土交通省受託調査、2009年3月、http://www.tokeikyou.or.jp/research/doc/resoushou2.pdf)。
報告者によるごく簡単な考察として、角松「自治体のまちづくりと司法統制―都市計画を中心に」大久保規子編集代表『争訟管理―争訟法務』(ぎょうせい、2013年)65-88頁(73-77頁)。さらに参照、興津・前出注(10)、298-300頁。

73) 団体訴訟をめぐる議論について参照、環境法政策学会編『公害・環境紛争処理の変容(環境法政策学会誌第15号)』(商事法務、2012年)131-192頁。「特集 団体訴訟の制度設計」論究ジュリスト12号(2015年)114-163頁。

参考文献リスト

阿部泰隆「最判2009年10月15日評釈」判例時報2087号167－174頁
市川正人/大久保史郎/斎藤浩/渡辺千原編　『日本の最高裁判所』（日本評論社、2015年）。
阿部泰隆/斎藤浩編『行政訴訟第2次改革の論点』（信山社、2013年）
興津征雄『違法是正と判決効』（弘文堂、2010年）
角松生史　「『地域像維持請求権』 をめぐって」阿部泰隆先生古稀論文集 『行政法学の未来に向けて』（有斐閣、2012年）477－501頁
角松生史　「自治体のまちづくりと司法統制―都市計画を中心に」 大久保規子編集代表『争訟管理―争訟法務』（ぎょうせい、2013年）
角松生史「都市空間の法的ガバナンスと司法の役割」 角松生史/山本顕治/小田中直樹　『現代国家と市民社会の構造転換と法―学際的アプローチ』（日本評論社、2016年） 21－44頁
環境法政策学会編『公害・環境紛争処理の変容（環境法政策学会誌第15号）』（商事法務、2012年）
木佐茂男『司法改革と行政裁判』（日本評論社、2016年）
北村和生　「最高裁における人的構成と行政訴訟の活性化　」市川他編 『日本の最高裁判所』（日本評論社、2015年）39－54頁
小早川光郎『行政法講義下Ⅲ』（弘文堂、2007年）
小林久起『行政事件訴訟法』（商事法務、2004年）
塩野宏『行政法II（第５版補訂版）』（有斐閣、2013年）
芝池義一「抗告訴訟と法律関係訴訟」行政法の新構想Ⅲ（有斐閣、2008年）
高橋滋編『改正行訴法の施行状況の検証』（商事法務、2013年）
滝井繁男　『最高裁判所は変わったか―裁判官の自己検証』　（岩波書店、2009年）
「特集 団体訴訟の制度設計」論究ジュリスト12号（2015年）114－163頁

中川丈久 「行政訴訟の基本構造(1)(2)」 民商法雑誌150巻1号1－62頁、2号171－208頁

中島肇　　「原告適格・仮の差止めに関する実務的雑感」論究ジュリスト8号(2014年)52－54

日本弁護士連合会編 『使える行政訴訟へ－「是正訴訟」 の提案』(日本評論社、2003年)

藤田宙靖『最高裁回想録―学者判事の7年半』(有斐閣、2012年)

藤田宙靖/蟻川恒正/中川丈久 「藤田宙靖先生と最高裁判所(1)」 法学教室400号(2014年)59－80頁

山口進/宮地ゆう 『最高裁の暗闘』(朝日新聞出版、2011年)

裁判例リスト(2004年行政事件訴訟法改正後のものに限定)

＜最高裁判所＞

最判2005年7月15日民集59巻6号1661頁(裁判例①)
最大判2005年9月14日民集59巻7号2087頁(裁判例④)
最大判2005年12月7日民集59巻10号2645頁(裁判例⑨)
最判2006年2月7日民集60巻2号401頁
最判2006年9月4日判例時報1948号26頁
最判2006年11月2日民集60巻9号3249頁
最判2007年12月7日民集61巻9号3290事件
最大判2008年6月4日民集62巻6号1367頁(裁判例⑤)
最大判2008年9月10日民集62巻8号2029頁(裁判例②)
最判2009年10月15日民集63巻8号1711頁(裁判例⑩)
最大判2009年11月18日民集63巻9号2033頁
最判2009年11月26日民集63巻9号2124頁(裁判例③)
最判2012年2月9日民集66巻2号183頁 (裁判例⑦)
最判2013年1月11日民集67巻 １ 号 １ 頁(裁判例⑥)
最大決2013年9月4日民集67巻6号1320頁
最大判2015年12月16日判例時報2284号20頁

＜高等裁判所＞

大阪高決2007年3月1日裁判所ウェブサイト
東京高決2007年7月19日判例時報1994号25頁
福岡高裁那覇支決2010年3月19日判例タイムズ1324号84頁
大阪高決2015年1月7日判例時報2264号36頁

<地方裁判所>

東京地決2006年1月25日判例時報1931号10頁

岡山地決2007年10月15日判例時報1994号26頁

広島地判2009年10月1日判例時報2060号3頁（裁判例⑧）

前橋地決2009年10月23日裁判所ウェブサイト

東京地判2010年9月29日判例時報2108号38頁

福島地判2012年4月24日判例時報2148号45頁

일본행정사건소송법 2004년 개정과 그 영향

角松生史(가도마츠 나루후미)* 저

兪珍式 역

1. 처음에

일본행정사건소송법(이하 「행소법」이라고 한다)은 2004년에 대폭 개정되었다. 1962년에 동법이 제정된 이래 최초의 실질적인 개정이다. 이 개정은 1999년 이후 진행되어 온 다양한 사법개혁의 일환이었다. 본 발표에서는 이 개정의 경위와 내용을 확인하고 (2.)에서 그것이 그 후의 행정소송에 미친 영향을 양적 측면(3.1)과 질적 측면(3.2)으로 나누어 검토하고 마지막으로 약간의 고찰(4.)을 덧붙인다. 위의 논점들에 대하여 발표자의 독자성은 거의 없고 교과서적인 소개를 한다는 점을 미리 말씀드린다. 마지막의 고찰(4.)에는 발표자 자신의 감상이 약간 포함되어 있으나 이것도 학문적 방법론에 뒷받침된 것이 아니라 주관적인 「인상비평(印象批評)」에 그친다. 또 필자는 행정법학의 연구자로 법조실무가도 법사회학자도 아니기 때문에 검토의 대상은 판례·학설에의 영향에 그치고 사회적 사상(社会的事象)으로서의 행정소송의 존재양식 전체를 고찰할 수는 없다.

* 神戸大学大学院法学研究科教授

2. 2004년 행소법개정

2.1 경위

2001년 6월1 2일의 사법제도개혁심의회의견서[1]는 (1) 「국민의 기대에 부응하는 사법제도」(에의개혁)(민사재판의충실·신속화 등) (2) 「사법제도를 지탱하는법조(法曹)의 존재양식」의 개혁(법조인구증원과 법과대학원개혁 등) (3) 「국민적 기반의 확립」의 세 가지 사항을 내걸었는데 이것이 그 후 사법제도개혁의 베이스가 되었다. 동의견서는 민사사법제도의 개혁의 일부로서 「사법의 행정에 대한 체크기능의 강화」가 제기되어 「행정사건소송법의 재검토를 포함한 행정에 대한 사법심사의 존재양식에 대하여 본격적인 검토를 시급히 개시해야 한다」라고 언급하고 있다.

이 의견서에 따라 제정된 사법제도개혁추진법(2011年)에 근거하여 내각에 사법제도개혁추진본부가 설치되고 동본부 아래 행정소송검토회가 설치되었다. 동검토회가 공표한 「행정소송제도개선을 위한 견해」(2004년 1월 6일)에 의거하여 내각이 제출한 행정사건소송법개정안은 국회에서 전원일치로 가결·성립하여 2004년 6월 9일에 공포되고 2005년 4월 1일부터 시행되었다(이하 이 개정을 「2004년 개정」이라고 한다).

2.2 내용

2004년 개정의 주된 내용은 다음과 같다.

(1) 행정소송의 대상에 대하여－확인소송의 명시

(2) 항고소송에 있어서 사전소송의 법정(法定)－의무이행소송·금

1) http://www.kantei.go.jp/jp/sihouseido/report/ikensyo/index.html

지소송

(3) 원고적격에 있어서 고려사항의 규정

(4) 가(假)구제－집행정지요건의 완화´ 가(假)의무처분·가(假)금지제도의 창설

(5) 기타－피고적격·관할재판소·출소기간·교시

2.2.1 행정소송의 대상에 대하여–확인소송의 명시

2.2.1.1 일본행정소송의 기본구조

개정 내용을 이해하기 위한 전제로서 일본의 행정소송제도에 대하여 간단히 설명한다. 행소법 제2조는 행정사건소송의 유형으로서 (1)항고소송, (2) 당사자소송, (3) 민중소송, (4) 기관소송의 네 가지를 들고 있다. (1)(2)는 행소법이 정하는 일정한 요건을 충족시키면 개별적인 법률의 근거가 없어도 제소할 수 있는 소송이지만 (3)(4)는 소송법 이외의 개별 법률에 규정이 있는 경우에 해당 개별법에 의해 자격이 인정되는 자(者)만이 제소할 수 있다.

한편 재판소법 제3조 제1항은 「재판소는 일본국헌법에 특별한 규정을 두고 있는 경우를 제외하고 일체의 법률상의 쟁송을 재판하고 그 밖에 법률에서 특별히 정하는 권한을 갖는다」라고 하고 있다.[2] 그리고 이 「법률상의 쟁송」개념은 판례에 따라 「즉 당사자간의 구체적인 권리의무 내지 법률관계의 존부에 관한 분쟁임과 동시에 그것이 법령의 적용에 따라 종국적으로 해결할 수 있는 것」[3]이라고 정의된다. 위의 행정사건소송의 네 가지 유형 가운데 (1)(2)는 「법률상의 쟁송」´ (3)(4)는

2) 일본국헌법 제76조 제1항은 「모든 사법권은 최고재판소 및 법률이 정하는 바에 따라 설치하는 하급재판소에 속한다」고 규정하고 있다. 여기서의 「사법권」개념과 본문의 「법률상쟁송」개념관계에 대해서는 논의가 있지만 생략한다.

3) 最判1981年4月7日 9 民集35卷3号443頁((板まんだら)

「법률에서 특별이 정하고 있는 권한」이라고 이해되고 있다.

2.2.1.2 항고소송과 당사자소송

위의 (1)의 항고소송이란 「행정청의 공권력의 행사에 관한 불복(不服)소송」(행소법 제3조 제1항)이라고 정의된다. 보다 구체적으로는 「처분 그 밖의 공권력의 행사에 해당하는 행위」(이하 단순히 「처분」. 제3조 제2항) 또는 불복신청에 대한 재결(裁決)(행소법 제3조 제3항)에 대한 불복을 주제로 하는 소송이다.[4)]

항고소송의 대상으로서의 「처분」개념에 대해서는 최고재판소 판례(最判)(1964.10.29.[5)](동경도(東京都)쓰레기소각장사건))에서 제시된 「공권력의 주체인 국가 또는 공공단체가 행하는 행위 가운데 그 행위에 의하여 직접 국민의 권리의무를 형성 또는 그 범위를 확정하는 것이 법률상 인정되고 있는 것」이라고 하는 공식이 현재까지 이어져 내려오고 있다. 즉, (1) 특정한 상대방에 대한 구체적 법효과를 발생(형성·확정)하는 행위일 것(법효과성) 및 (2) 그 법효과의 발생이 법령에 근거한 행정청의 일방적으로 인정하는 것일 것(권력성)의 두 가지 메르크말이 요구되고 있는 것이다.[6)]

이 정의에 바탕하여 먼저 예를 들면 행정지도와 같이 상대방에 대하여 법효과를 갖지 않는 행위에 대해서는 처분성이 부정되는 것이 원칙이다. 또 이 법효과는 구체적이지 않으면 안 된다 고하여 예를 들면 법규명령이나 조례 등의 일반적·추상적 규범정립행위에 대해서도 처분성이 부정된다. 도시계획에 대해서도 토지구획정리사업계획결정[7)]이나 용도지역지정[8)]에 대해서도 처분성이 부정된다.

이에 대하여 (실질적) 당사자소송이란 「공법상의 법률관계에 관한

4) 이하애서는 「재결」은 문제삼지 않는다.
5) 民集18巻8号1809頁
6) 처분 해당성의 문제를 종종 「처분성」이라고 한다.
7) 最判1966年2月23日民集20巻2号271頁
8) 最判1982年4月22日民集36巻4号705頁

소송」(행소법 제4조 후단)이라고 정의된다. 전통적으로는 공무원의 면직처분의 무효를 전제로 하여 그 신분확인이나 급여지불을 구하는 소송' (토지수용 이외에 관한) 손실보상청구소송[9]' 조세의 과오납금의 환부(還付)를 구하는 소송 등이 전형적인 예로서 열거된다.

2.2.1.3 개정되지 않은 처분개념과 확인소송의 명시

위에서 제시한 것과 같은 처분성 개념의 협소성은 행정소송의 기능부전을 초래하고 있는 것은 아닌가 하는 비판이 있고 행소법개정과정에서도 예를 들면 일본변호사연합회는 처분으로 한정할 수 없는 행정결정의 「시정소송(是正訴訟)」이라고 하는 유형을 만들어서 행정소송체계 전체를 바꿀 것을 주장하고 있었다.[10] 그러나 2004년 개정에서는 처분성의 정의를 규정한 행소법 제3조 제1항·제2항이 개정되지 않았다.

다른 한편 2004년 개정에서는 위의 행소법 제4조의 실질적 당사자소송에 관한 규정에 「공법상의 법률관계에 관한 확인의 소(訴)」가 삽입되어 당사자소송의 일부로서의 확인소송의 가능성이 법문 상에 명시되었다. 행정활동이 처분(=공권력의 행사)에 해당하지 않는 경우일지라도 「공법상의 법률관계에 관하여 확인의 이익이 인정되는 경우에 대해서는 당사자소송으로서 확인의 소(訴)를 제기하는 것이 가능하다는」[11] 것을 명시하려고 하는 것이 이 개정의[12] 취지이다.

위에서 언급한 것처럼 이것은 「명시」에 지나지 않는다. 종래의 규정 하에서도 가능한 경우가 있을 수 있다고 생각해온 확인소송에 대하

---

9) 토지수용의 경우 수용위원회의 수용재결(=처분)에 의해서 결정된 보상액을 둘러싼 분쟁이 처분을 둘러싼 분쟁임에도 불구하고 피수용자와 기업자와의 사이의 소송에 의하여 해결하도록 되어 있다. 행소법 제4조 전단(「당사자간의 법률관계를 확인하거나 또는 형성하는 처분 또는 재결에 관한 소송으로 법령의 규정에 의해 그 법률관계의 당사자의 한 쪽을 피고로 하는 것」)의 예이다.

10) http://www.nichibenren.or.jp/activity/document/opinion/year/2003/2003_18.html

11) 小林久起『行政事件訴訟法』(商事法務、2004年) 17쪽

12) 본판결 당시에 재외투표는 비례대표선거구에만 인정되고 소선거구에 대해서는 인정되지 않았다.

여 그것을 법문 상 밝힌 것이다.

2.2.2 항고소송에 있어서 사전소송유형의 창설-의무이행소송·금지소송

위에서 언급한 것처럼 「행정청의 공권력의 행사에 관한 불복소송」(행소법 제3조 제1항)이라고 정의되는 항고소송에 대하여 행소법 제3조는 취소소송(제2항)´ 무효등확인소송(제3항), 부작위위법확인소송(제5항)이라고 하는 세 종류의 소송유형을 규정하고 있다. 신청에 대하여 행정청이 응답하지 않는다고 하는 예외적인 경우 가능한 소송인 부작위위법확인소송을 별도로 하고 다른 두 가지는 처분이 내려진 후에 행해지는 사후소송이다. 또 무효등확인소송이 구제로서 기능하는 것은 행정처분에 무효인 하자(=통설에 따르면 중대명백한 하자)가 있는 경우에 한정된다. 따라서 항고소송 가운데에서는 취소소송이 이른바 압도적인 「주역」으로서의 지위를 점하고 있었다. 사후구제중심주의가 취해지고 있었던 것이다. 바꾸어 말하면 행소법 제3조가 예정하는 처분에 대한 「불복」은 기본적으로 처분이 「행해진 것」에 대한 불복이고 「행해지지 않은 것」이나 「행해지려 하고 있는 것」에 대한 불복이지 않았던 것이다.

이에 대하여 2004년 개정에서는 제3조에 처분·재결이 「행해지지 않은 것」에 대하여 불복하는 경우 재판소가 행정청에 그것을 명하는 것을 구하는 소송유형(의무소송유형(제3조 제6항))을 만들었다. 이것은 신청에 대한 응답이 없는 경우 및 신청거부처분이 내려진 경우에 있어서 신청형의무이행소송(제3조 제6항 제2호, 제37조의 3) 및 제3자가 제기하는 비신청형의무소송(제3조 제6항, 제37조의 2)으로 나뉜다.

또 역으로 스스로 불이익한 처분·재결이 「행해지려고 하고 있는」 것에 대한 불복에 대하여 재판소가 그것을 해서는 안 된다는 것을 명하는 소송유형(금지소송 제3조 제7항, 제37조의 4)을 더하여 사전구제를 목적으로 하는 소송제도가 어느 정도 충실을 기하게 되었다.

2.2.3 원고적격에 있어서 고려사항의 규정

2004년 개정 전의 행소법 제9조는 원고적격에 대하여 단순히 「처분 또는 재결의 취소를 구함에 있어서 법률상의 이익을 갖는 자」라고 규정하고 있었다. 행정처분의 상대방은 통상 원고적격이 인정되기 위하여 그 유무는 오직 상대방 이외의 제3자에 대하여 다퉈져 왔다. 이 점에 대하여 판례는 「법률상의 이익을 갖는 자」를 「해당 처분에 의해 자기의 권리 혹은 법률상 보호된 이익을 침해 또는 필연적으로 침해될 염려가 있는 자」라고 바꿔 말한 후에 오직 처분의 근거규정, 그리고 그것에 의한 개별적 이익의 보호유무에 착안한다.

「해당 처분을 규정한 행정법규가 불특정다수자의 구체적 이익을 오직 일반적 공익 가운데 흡수해소시키는 데 그치지 아니하고 그것이 귀속하는 개개인의 개별적 이익으로서도 이것을 보호해야 하는 것으로 하는 취지로 해석되는 경우에는 이러한 이익도 앞에서 말하는 법률상 보호된 이익에 해당하여 해당 처분에 의해 이것을 침해 또는 필연적으로 침해될 염려가 있는 자는 해당처분의 취소소송에 있어서 원고적격을 갖는다고 해야만 한다……. 그리고 해당 행정법규가 불특정다수자의 구체적 이익을 그것이 귀속하는 개개인의 개별적 이익으로서도 보호해야 하는 것이라고 하는 취지를 포함하는가의 여부는 해당 행정법규가 해당 처분을 통하여 보호하려고 하고 있는 이익의 내용·성질 등을 고려하여 판단해야 한다」(最判1992년 9월 22일(몬쥬)(もんじゅ).[13]

이 점에 대하여 2004년 개정은 행소법 제9조 제2항을 삽입하여 원고적격판단에 있어서 재판소가 고려해야 할 사항을 규정하였다. 동조 동항은 먼저 재판소가 취해야 할 기본자세로서 「해당 처분 또는 재결의

13) 民集46卷6号571頁

근거가 되는 법령규정의 문언 만에 의하는 것이 아니라」고 한다. 그리고 나서 「①해당 법령의 취지 및 목적 과 함께 ②해당 처분에서 고려되어야 할 이익의 내용 및 성질」을 고려해야 한다는 것이다. 그리고 취지 · 목적의 고려(①)에 있어서는 「해당 법령과 목적을 공통으로 하는 관계법령이 있을 때는 그 취지 및 목적도 참작」(①(a))해야 한다고 한다. 내용 및 성질의 고려(②)에 있어서는 「해당 처분 또는 재결이 그 근거가 되는 법령에 위반하여 내려진 경우에 침해되게 되는 이익의 내용 및 성질(②(a))과 함께 이것이 침해되는 태양 및 정도(②(b))를 감안해야 한다고 하고 있다.

주의해야 할 것은 제9조 제2항에 추가된 고려사항은 그 때까지의 최고재판례에서 고려되고 있었던 요소[14]였다는 점이다. 「취지·목적」(①)「내용·성질」(②)은 모두 위의 최고재판례 1992년 9월 22일에서 명시적으로 등장하고 있는 개념이며 「관계법령의 취지목적의 참작」(①(a))도 이전의 판례[15]에서 행해지고 있다. 2004년 개정의 입안담당자의 설명에 의하면 그럼에도 불구하고 이 개정에는 「법률의 명문으로 이들 사항을 고려해야 할 것 등을 규정」함으로써 「이들 사항이 적절하게 고려되는 것이 모든 사안에 있어서 일반적으로 담보되게 되는」 의의[16]가 있다고 한다.

2.2.4 가(假)구제-집행정지요건의 완화′ 가(假)의무처분·가(假)금지처분제도의 창설

2004년 개정은 가(假)구제에 대해서도 개선을 꾀했다.

먼저 취소소송의 집행정지에 대해서이다. 행소법 제25조 제1항은 취소소송의 제기는 원칙적으로 「처분의 효력, 처분의 집행 또는 절차의

14) 다만 「태양 및 정도」(2(b))에 대해서는 다소 논의의 여지가 있을 수 있다.
15) 最判1989年2月17日民集43巻2号56頁(新潟空港)
16) 小林 · 前注(11)213頁

속행을 방해하지 않는다」라고 하여 집행부정지원칙을 채용한다. 이를 바탕으로 하여 개정전의 법률은 「회복이 곤란한 손해를 피하기 위한 긴급한 필요」가 있는 경우에는 처분의 집행정지[17]를 할 수 있다고 하고 있었다(제25조 제2항), 2004년 개정은 「회복이 곤란한 손해」를 「중대한 손해」로 바꿈으로써 그 요건을 완화하였다. 또 제25조 제3항을 신설하여 「중대한 손해」의 고려요소로서 「손해의 회복이 곤란한 정도」를 고려하여 「손해의 성질 및 정도와 함께 처분의 내용 및 성질」도 감안하는 것으로 하였다.

또 집행정지에 더하여 의무이행소송·금지소송의 도입(위의 2.2.2)에 대응한 가(假)구제로서 가(假)의무처분(제37조의5 제1항), 가(假)금지처분(제37조의5 제2항)제도를 신설하였다.

2.2.5 기타-피고적격·관할재판소·출소기간·석명처분·교시

그 밖에 「행정소송을 보다 이용하기 쉽고 알기 쉽게 하기 위한 제도」로서 몇 가지 점에 대한 개정이 이뤄졌다.

먼저 항고소송의 피고(행소법 제11조)에 대하여 종래 행정청으로 되어 있던 것을 「해당 처분(재결)을 한 행정청이 소속하는 국가 또는 공공단체」로 하도록 개정되었다. 이 개정은 특히 항고소송(=종래의 피고는 행정청)과 당사자소송(=종래의 피고는 행정주체)의 어디에 속하는 것인지 판단이 어려운 사례에 대하여 피고를 잘못 선정한 경우의 리스크를 경감한 것이 된다.

둘째로 관할재판소에 대하여 개정 전의 행소법 제12조가 규정하고 있던 「행정청의 소재지의 재판소」에 더하여 「피고(위에서처럼 「국가 또는 공공단체」가 된다)의 보통재판적의 소재지를 관할하는 재판소」(제12조 제1항)을 추가하고 나아가 국가 · 독립법인 등을 피고로 하는 취소소

17) 「처분의 집행 또는 절차의 속행의 정지」 및 그것으로는 목적을 달성할 수 없는 경우에는 「효력의 정지」

송에 대해서는 「원고의 보통재판적의 소재지를 관할하는 고등재판소의 소재지를 관할하는 지방재판소」도 관할을 갖는 것으로 하였다(제12조 제4항). 일본에 관한 지리적 지식이 없으면 그다지 알기 쉬운 예가 아닐지 모르지만 예를 들면 고베시에 거주하는 원고가 국토교통대신이 행한 처분에 대하여 취소소송을 제기하는 경우 개정 전에는 동경지방재판소에만 제소할 수 있었던 것이 개정 후에는 오오사카 지방재판소에도 제소할 수 있게 되었다.

셋째로 출소기간이 「처분 또는 재결이 있었던 것을 안 날」부터 「3개월」(제14조 제1항), 「처분 또는 재결일」부터 1년(제14조 제2항)으로 되어 있었는데 2004년 개정은 전자에 대해서는 「6개월」로 연장하였다. 또 개정 전에는 이들 「3개월」 「1년」에 대하여 예외가 인정되지 않았지만 2004년 개정은 「정당한 이유」가 있는 경우에 예외를 인정하였다.

넷째로 민사소송법이 규정하는 석명처분에 대한 특칙이 신설되고 재판소가 「처분 또는 재결의 내용, 처분 또는 재결의 근거가 되는 법령 조항, 처분 또는 재결의 원인이 되는 사실 그 밖의 처분 또는 재결의 이유를 명확히 하기 위한 자료」 등의 제출을 구할 수 있는 등의 규정이 만들어졌다(제23조의 2). 이 개정은 「행정법의 기본원칙으로서의 설명책임의 견지에서 근거지울 수 있다」[18]고 설명된다.

마지막으로 교시제도가 도입되었다. 행정청은 그에 대한 취소소송의 제기가 가능한 처분 또는 재결을 하는 경우에는 취소소송의 피고로 하여야 할 자, 출소기간, 불복심사전치의 규정이 있는 경우에는 그 취지를 서면으로 교시하지 않으면 안 되는 것으로 되었다(제46조 제1항). 또 재결주의가 취해지고 있는 경우에는 그 취지(제46조 제2항), 형식적 당사자소송[19]이 가능한 경우에는 피고와 출소기간을 교시하지 않으면 안 된다(제46조 제3항).

---

18) 塩野宏『行政法II(第5版補訂版)』(有斐閣、2013年) 154頁.
19) 참조、前注(9)

2.3 소괄(小括)

이들 2004년 개정은 발본적인 개선을 요구하는 목소리가 있었던 것에 비춰보면 전체적으로 미온적인 것이었다고 평할 수 있을 것이다.

전술한 것처럼 「처분」의 정의에 관한 제3조 제1항·제2항은 개정되지 않았다. 확인소송의 명시(제4조)도 어디까지나 「명시」로 새로운 것이 추가된 것은 아니다. 원고적격에 관한 고려사항의 규정(제9조 제2항)도 판례에서 이미 언급하고 있었던 것을 확인한 것에 지나지 않는다. 행정소송에 관한 종래의 도그매틱이나 처분성·원고적격에 관한 준칙은 기본적으로 유지되었던 것이다.

다른 한편 의무이행소송(제3조 제6항)이나 금지소송(제3조 제7항)의 도입은 현안(懸案)이었던 새로운 소송유형의 도입을 의미한다. 사후구제를 원칙으로 하여 이들 소송유형을 부정하는 「행정청의 제1차적 판단권」 도그매틱은 입법상 부정되었다.[20] 또 피고적격(제11조)이나 출소기간의 연장(제14조) 등은 바로 실무상 큰 영향을 미치게 되었다.

3. 2004년 개정의 영향

그러면 이와 같은 2004년 개정은 일본의 행정소송에 어떠한 영향을 미쳤던 것일까? 양적 영향과 질적 영향으로 나누어 고찰해 보자.

3.1 양적 영향

아래 그림은 1948년부터 2014년까지의 행정사건(제1심) 접수건수

---

20) 小早川光郎『行政法講義下III』(弘文堂、2007年)301頁.

의 추이이다.21)

이 그림에서 알 수 있는 것은 (1) 전체적으로 소송건수가 적다는 것(한국·타이완과 비교하여도 인구 1인당 행정사건 수는 상당히 적다고 할 것이다), (2) 1990년대부터 점차 증가하는 경향에 있다는 것, (3) 그러나 2004년 개정(2005년 시행)의 영향이 크다는 점을 발견하기는 어려울 것 같다.

그러나 다시 생각해보면 원래 2004년 개정은 그 내용에서 볼 때 소송건수에 큰 영향을 미칠 가능성은 낮다고 생각된다. 처분성이나 원고적격이 문제가 될 법한 사안은 사회적으로 중요한 영향을 미칠 가능성이 있는 사안일지라도 대량으로 일상적으로 발생하는 사안은 아닐 것이다. 의무이행소송이나 금지소송에 대해서도 사전소송이 가능하게 됨으

21) 출전은1948년부터 2000년까지는 행정사건소송검토회 제3회검토회자료(2002년4월8일), 2001년か부터2014년ま까지는 최고재판소사무총국행정국 「평성26년도행정사건의 개황」법조시보67卷9号85頁에 의함.

로써 충실한 구제가 가능하지만 사후적으로만 가능했던 구제가 사전구제로 앞당겨진 것일 뿐이기 때문에 큰 건수의 증가로 연결되지는 않을 것[22]으로 예상된다. 예를 들면, 민사소송분야에서 이자제한법의 제한을 넘은 변제가 유효하다고 인정될 가능성을 거의 부정한 최고재판례(最判2006年1月13日民集60卷1호쪽)는 과불금청구소송건수(過払金請求訴訟件数)를 현저히 증가시켰지만 2004년 개정에 대해서는 이와 같은 극적인 연향은 원래 생각하기 어려운 것은 아닐까?

3.2 질적 영향–2004년 개정은 재판례에 영향을 미쳤는가?

이하에서는 2004년 개정이「국민의 권리이익의 보다 실효적인 구제」[23]를 실현하는 관점에서 그 후의 재판례에 어떠한 영향을 미쳤는가에 대하여 검토한다. 결론을 먼저 이야기 하면 2000년 전후부터 종래의 공식을 보다 유연하게 해석함으로써 권리구제의 실질을 완만하게 전진시키고는 있지만 어느 정도까지가 2004년 개정 그것의 영향인가는 판단하기 어렵다. 이하 2.2에서 살펴본 개정의 포인트 가운데 특히 (1)–(3)에 대하여 검토한다.[24]

---

22) 더욱이 사후적 소송제기가 원래 불가능우에는 건수가 증가하게 된다.

23) 상기(上記)「행정소송제도개선을 위한 견해」(2004년1월6일)에 게시된 이념이다.

24) 이 점에 대해서는 법무성이 행한 검증작업으로서「개정행정사건소송법시행상황검증연구회」(http://www.moj.go.jp/MINJI/minji07_00037.html)의 활동이 있다. 동연구회 보고서(2012년11월)는 http://www.moj.go.jp/content/000104296.pdf에서 열람할 수 있다.(자료정리한 것으로서、高橋滋編『改正行訴法の施行状況の検証』(商事法務、2013年)。同報告書를 비판적으로 검증한 심포지움의 기록으로서 阿部泰隆 / 斎藤浩編『行政訴訟第2次改革の論点』(信山社、2013年) 1–97頁.

3.2.1 처분성의 확대와 확인소송의 활용

3.2.1.1 처분성의 확대경향

전술(2.2.1)한 것처럼 2004년 개정은 「처분」의 정의에는 아무런 변경도 가하지 않고 있다. 그럼에도 불구하고 동개념을 전후하여[25] 처분개념을 확대하는 중요한 재판례가 보인다.

최고재판례(最判2005年7月15日[26](裁判例①))는 지역의료계획에서 규정하는 필요병상수를 웃도는 병원개설신청에 있어서 의료법에 근거하여 현지사(県知事)가 행한 병원개설중지권고에 대하여 처분성을 인정했다. 이 권고는 어디까지나 행정지도이며 법적 구속력은 없지만[27] 최고재는 권고에 따르지 않는 경우에 예상되는 보험의료기관으로서의 지정거부에 주목하여 처분성을 인정했다. 권고가 행해진 경우 「해당 권고를 받은 것에 대하여 이것에 따르지 않은 경우에는 병원을 개설하여도 보험의료기관의 지정을 받을 수 없는 결과를 초래할 가능성이 상당히 높다」는 것이다.

최고재판례(最判2008年9月10日(裁判例②)[28])는 이전의 판례[29]에서 「청사진」에 지나지 않는다고 하여 처분성이 부정되고 있던 토지구획정리사업계획결정에 대하여 명시적인 판례변경에 의해 처분성을 인정했다. 최고재는 사업계획결정에 의하여 토지구획정리사업의 시행지구내의 택지소유자 등이 「전기(前記)와 같은 규제를 동반하는 토지구획정리사업의 절차에 따라서 환지처분을 받아야 하는 지위에 서게 되는」 점에

---

25) 본문에서는 2004년 개정시행 후의 예만을 들고 있으나 그 이전에도 건축기준법 제42조 제2항의 도로지정(2항도로、最判2002年1月17日民集56巻1項1頁)신재수학원호비지급결정(最判2003年9月4日判時1841号89頁)식품위생법위반통지(最判2004年4月26日民集58巻4号989頁)등, 처분성확대경향에 포함될 수 있는 중요한 판결이 엿보인다.

26) 民集59巻6号1661頁

27) 실제로 권고를 거부한 원고에 대하여 지사는 개설허가처분을 하였다.

28) 民集62巻8号2029頁

29) 最判1966年2月23日民集20巻2号271頁(前掲注(7))

주목하여 그것은「항고소송의 대상으로 하기에 족한 법적 효과」라고 한다. 또 그 때 후속(後續)의 환지처분단계에서는 실효적인 권리구제를 얻을 수 없다고 하는 점도 중시되고 있다.

최고재판례(最判2009年11月26日(裁判例③)[30])는 시립보육소를 민영화하는 요코하마시보육소조례의 개정에 대하여 처분성을 인정했다. 조례는 일반적 성질을 갖는 것이기 때문에 통상 처분성이 부정되지만 동조례 개정은 특정한 보육소에서 현재 보육을 받고 있는 아동 및 보호자에 대하여「보육의 실시기간이 만료할 때까지의 동안은 해당 보육소에 있어서 보육을 받을 것을 기대할 수 있는 법적 지위」를 빼앗는 결과를 발생시키는 것이기 때문에 처분성이 인정된다는 것이다.

여기서 주목해야 할 것은 적어도 재판례② 및 ③에 대해서는 종래의 처분성공식[31]을 유지하면서 그것을 이전보다도 유연하게 해석하여 문제가 된 행정의 행위의 구체적 법효과를 인정함으로써 처분성을 인정하고 있다는 점이다. 다만 재판례①은 해당 권고가 어떠한 법효과를 가져오는가에 대하여 언급하고 있지 않다는 점에서 약간 예외적이다.

3.2.1.2 확인소송의 활용

2004년 개정에서 법문 상 명시된 확인소송도 사회적으로 커다란 영향을 끼친 판결에서도 활용되고 있다.

최고재판례(最判2005年9月14日(裁判例④)[32])는 당시의 공직선거법이 외국에 주재하는 일본인에 대하여 국정(国政)선거에 있어서 선거권행사의 일부를 인정하고 있지 않은 점을 헌법위반이라고 했다. 최고재는 원고들의 청구를「앞으로 곧 실시되는 국정선거의 선거구선출의원의 선거….에 대하여 선거권을 행사할 권리를 갖는 다는 것의 확인을 구하는 소(訴)」로서 파악하여 그것에는「확인의 이익」이 인정된다고 하였던 것

30) 民集63巻9号2124頁
31) 最判1964年10月29日(前掲注(5))
32) 民集59巻7号2087頁

이다.

마찬가지로 최고재판례(最判2008年6月4日(裁判例⑤)[33])는 일본인의 부(父)와 외국인의 모(母)와의 사이에서 출생한 후에 부(父)로부터 인지된 자(子)에 대하여 일본국적을 인정하고 있지 않던 당시의 국적법을 위헌이라고 하여 원고들이 일본국적을 보유하고 있음을 확인했다.

또 최고재판례(最判2013年1月11日(裁判例⑥)[34])는 약사법에 근거하여 제정되어 있던 약사법시행규칙(성령(省令))이 인터넷을 이용한 우편 등에 의한 약품의 판매를 일부의 의약품(제1류·제2류의약품)에 대하여 일률적으로 금지하고 있던 것을 위법하다고 하였다. 이들 두 판결도 확인소송으로서 제기되었던 것이다.

3.2.2 의무이행소송·금지소송

2004년 개정이 새롭게 도입한 사전소송의 유형인 의무이행소송·금지소송에 있어서도 활용례를 볼 수 있다.

3.2.2.1 의무이행소송

먼저 의무이행소송은 원고의 신청이 행정청에 의해 거부되거나 응답이 없는 경우에 제기되는 신청형의무이행소송은 위와 같은 사례에 일상적으로 운용되고 있는 것처럼 보이며 원고의 청구가 인용된 하급심판례도 적지 않다.

이어서 처분의 상대방 이외의 제3자가 원고가 되는 비신청형의무이행소송에 대해서도 예를 들면, 산업폐기물처리시설에 대하여 행정청이 설치허가의 취소처분을 행해야 할 의무의 부여를 구한 주변주민의 청구를 인용하고 있는 하급심판결(福島地判2012年4月24日)[35]이 있다.

한편 비신청형의무이행소송의 요건으로서 규정하고 있는 「중대한

33) 民集62巻6号1367頁

34) 民集67巻1号1頁

35) 判例時報2148号45頁

손해」(행소법 제37조의2 제1항)가 부정되어 각하되고 았는 사례도 적지 않다. 이러한 점에서 보면「행정의 제1차적 판단권」의 도그매틱이 일정 정도 남아 있는 상태가 역시 보인다.

3.2.2.2 금지소송

마찬가지로 2004년 개정이 도입한 소송유형인 금지소송에 대해서는 국가(國歌) 제창(齊唱)을 둘러싼 소송에 관한 최고재판례(最判2012年2月9日(裁判例⑦)[36])가 동소송의 요건인「중대한 손해」(행소법 제37조의 4 제1항)에 관한 리딩 케이스이다. 공립소학교·중학교·고교의 졸업식에서 교직원에 대하여 국기에 향하여 기립하여 국가를 제창할 것을 명하는 직무명령[37]이나 그에 위반한 경우의 징계처분의 적법성에 대하여 많은 소송에서 다퉈지고 있는데 동판결은 징계처분의 금지소송의 적법성을 인정했다.[38] 그 때 위의「중대한 손해」의 요건에 대하여「처분이 행하여짐으로써 발생할 염려가 있는 손해가 처분이 행해진 후에 취소소송 등을 제기하여 집행정지결정을 받는 등에 의하여 보다 용이하게 구제를 받을 수 있는 것이 아니라 처분이 행해지기 전에 금지를 명하는 방법에 의하지 않으면 구제를 받는 것이 곤란한 것일 것을 요한다」라고 하는 판단기준을 제시하고 있다.

또 히로시마지재 판례(広島地判2009年10月1日[39](裁判例⑧))는 역사적인 중요성이 높은 항만인 도모노우라(鞆の浦)에 다리를 놓을 목적으

36) 民集66巻2号183頁

37) 이 직무명령은 행정처분이라고 보고 있지 않다.

38) 다만 면직처분의 금지소송의 청구에 대해서는 처분이 행해질 개연성이 없다고 하여 각하되었다. 또 그 밖의 청구도 본안에서 기각되었다. 최고재는 이와 같은 국가제창의무소송의 사안에서 감봉 이상의 처분에 대해서는「본건사안의 성질 등을 감안한 신중한 고려가 필요하다」(참조, 最判2012年1月16日判例時報2147号127頁)고 하는 입장을 취하였지만 그 적법성은「개개의 사안별로 해당 각처분의 시점에서 해당 교직원에 관한 개별구체적인 사정 여하에 의하기」때문에 현시점에서는 판단할 수 없다고 하는 것이다.

39) 判例時報2060号3頁

로 한 매립사업에 대하여 주변주민들이 제기한 공유수면매립면허금지소송에 대하여소송의 적법성을 인정하였고 본안에서도 청구를 인용하였다. 행정처분의 상대방이 아니라 제3자가 제기하는 금지소송이라고 하는 것은 아마 입법자가 생각하지 못했던 사례로 획기적인 판단이라고 할 수 있다.

3.2.2.3 항고소송과 당사자소송의 교착(交錯)

한편 위의 재판례⑦은 징계처분금지소송과 동시에 공법상 당사자소송으로서의 의무부존재확인소송에 대해서도 적법성을 인정하고 있다. 위의 직무명령에 근거한 기립제창의무의 부존재의 확인을 구하기 위해서는 징계처분 이외의 의무위반을 이유로 한「처우상의 불이익의 예방」을 목적으로 한다는 점에서 확인의 이익이 인정된다고 하는 것이다.

이와 같이 행정처분이 아직 행해지고 있지 않은 금지소송의 유형에 있어서는 항고소송으로서의 금지소송과 당사자소송으로서의 확인소송이 교착하게 된다. 위의 재판례⑦은 징계처분에 대해서는 금지소송 그 이외의 처우상의 불이익에 대해서는 확인소송이라고 하는 분류를 시도했지만 이와 같은 분류방식의 당부(當否) 혹은 원래 분류를 꼭해야만 하는가 하는 점에 대해서 견해는 나뉘고 있다.

또 처분성을 확대하여 항고소송의 대상으로 한 재판례(위의 3.2.1.1, 참조) 가운데에는 재판례①과 같이 공법상 당사자소송으로서의 구성도 가능하다고 생각되는 것도 있다.[40] 어느 구성이 합리적인가, 양자를 나누어 사용할 경우의 기준 등에 대하여 학설상 논의가 있다.[41]

---

40) 2항 도로지정에 처분성을 인정한 最判2002年1月17日(前揭注(25))에 대해서도 같은 내용을 지적할 수 있다.

41) 芝池義一「抗告訴訟と法律関系訴訟」行政法の新構想III(有斐閣、2008年)29頁은 이론상의 개념으로서의「행위소송과 법관계소송」이라고 하는 분류축으로부터 항고소송과 당사자소송의 관계를 고찰하려고 한다. 이에 대하여 中川丈久「行政訴訟の基本構造(1)(2)」民商法雑誌150巻1号1頁、2号171頁(2014年)은 항고소송과 당사자소송은 이론적으로 동의어이며 현행법의 해석으로서도 양자를 일체적 내지 통합적으로

3.2.3 원고적격의 확대와 한계

2.2.3에서 살펴본 것처럼 2004년 개정은 원고적격의 판단에 있어서 고려사항을 규정하는 행소법 제9조 제2항을 삽입했다. 거기에 포함되게 된 고려사항은 어느 것이나 이미 최고재판례에서 제시되고 있었던 점이었음에도 불구하고 재판실무에 있어서 유연한 해석수법을 촉구하게 되었다.

2004년 개정 후의 리딩 케이스로서 최고재판례(最判2005年12月7日[42](小田急判決、裁判例⑨))가 있다. 동판결은 사기업인 오다큐전철(小田急電鉄)의 일부구간을 고가(高架)화하는 계획을 포함한 동경도의 도시계획사업에 관한 건설대신(당시. 현재는 국토교통대신)의 인가(본건철도사업인가)에 대하여 소음피해 등을 입는다고 주장하는 주변주민의 원고적격을 인정했다. 종래 같은 사안에 대하여 원고적격을 부정하는 판례[43]가 있었던 바 명시적으로 판례변경을 했던 것이다.

먼저 최고재는 도시계획사업인가의 근거법인 도시계획법에 대하여 제9조 제2항에서 말하는 「취지·목적」(위의 2.2.3의 ①)을 검토한다. 공해대책기본법(본건인가당시. 현재는 환경기본법) 및 동경도환경영향평가조례의 규정도 검토한[44] 후 도시계획사업인가에 관한 도시계획법의 규정은 「사업에 따르는 소음, 진동 등에 의하여 사업지의 주변지역에 거주하는 주민에게 건강 또는 생활환경의 피해가 발생하는 것」의 방지도 취지 및 목적으로 하는 것이라고 해석된다고 한다.

운용하는 접근법을 구사해야 한다고 말하고 있다.

42) 民集59巻10号2645頁。동판결은 원고적격에 한정하여 대법정이 판단을 한 것이다. 이 사건의 본안판결로서 最判2006年11月2日民集60巻9号3249頁

43) 最判1999年11月25日判例時報1698号66頁

44) 공해대책기본법이 제9조 제2항에서 말하는 「관계법령」(상기2.2.3の①(a))에 해당하는 것인가, 또 도시계화법의 취지목적의 검토에 있어서 자주조례인 동경도환경영향평가조례를 왜 고려하는 것인가에 대하여 판결은 명확하다고는 말할 수 없다.

이어서 최고재는 도시계획사업인가에 관한 도시계획법의 규정의 「내용·성질」(위의 2.2.3의 ②)에 대하여 검토하고 위법한 도시계획사업이 인가된 경우 (i) 소음, 진동 등에 의한 피해를 직접적으로 받는 것은 사업지주변의 일정범위의 지역에 거주하는 주민에 한하고 그 피해의 정도는 거주지가 사업지에 근접함에 따라서 증대한다는 점, (ii) 주변주민이 위의 피해를 반복, 계속하여 받는 경우 건강이나 생활환경에 관한 현저한 피해를 입을 수도 있다는 점에 착안하여 그와 같은 피해를 입지 않을 주변주민의 구체적 이익은 「일반적 공익 속에서 흡수해소시키는 것이 곤란」하여 개별적 이익으로서 보호되고 있다고 하였던 것이다.

이와 같은 원고적격확대경향에 대하여 일정한 틀을 씌운 것이 최고재판례(最判2009年10月15日[45](새털라이트大阪判決、裁判例⑩))이다. 일본에서 인정되고 있는 공영갬블의 하나인 경륜(競輪)의 장외차권발매시설의 설치허가에 대하여 주변주민·의료시설설치자 등이 취소소송을 제기한 사건이다. 본판결의 특징은 본건시설에 의해 주변주민에게 발생할 수 있는 피해는 「교통, 풍기, 교육 등 폭넓은 의미에서의 생활환경의 악화」이고, 「그 설치, 운영에 의해 바로 주변주민 등의 생명, 신체의 안전이나 건강이 위협받기도 하고 재산에 현저한 피해가 발생한다는 것까지는 상정(想定)하기 어렵다」라고 하고 있다. 그와 같은 생활환경에 관한 이익은 「기본적으로는 공익에 속하는 이익」이며 법령에 단서가 없는 한 「위와 같은 피해를 입지 않는다고 하는 이익을 개개인의 개별적 이익으로서도 보호하는 취지를 포함한다고 해석하는 것은 곤란」하다고 하고 있다.

설치허가처분의 근거법인 자전거경기법 및 동법시행규칙은 설치허가의 요건으로서 「위치기준」 및 「주변환경조사기준」을 정하고 있었지만 최고재는 「생활환경」에 관한 위의 이해에 바탕하여 어떠한 기준도

45) 民集63巻8号1711頁

주변주민의 원고적격을 부여하고 있는 것은 아니라고 한다. 다른 한편 의료시설등개설자에 대해서는 위치기준은 「건전하고 평온한 환경 하에서 원활하게 업무를 행할 수 있는 이익을 개개의 개설자의 개별적 이익으로서 보호하는 취지도 포함한다」고 하여 「해당 장외시설의 설치, 운영에 따라 현저한 업무상의 장해가 발생할 염려가 있다고 위치적으로 인정되는 구역」에서 의료시설등개설자의의 원고적격이 인정된다고 하고 있다.

오다큐(小田急)판결(재판례⑨)은 주변주민의 「생활환경의 피해」에도 착안하여 원고적격을 인정하고 있었던 점에 비하여 새털라이트 오사카 판결(裁判例⑩)은 「생활환경」은 「기본적으로는 공익에 속하는 이익」에 속한다고 하여 원칙적으로 원고적격을 인정하지 않는다. 전자가 제시한 원고적격확대경향에 대하여 후자는 제동을 걸은 것이라고 이해할 수 있을 것이다.

그러나 재판례⑨와 재판례⑩을 정합적(整合的)으로 이해하는 것도 가능하다. 전(前)동경고등재판소판사인 나카지마 하지메는 오다큐(小田急)사건(재판례⑨)에서 문제가 된 「소음이나 진동 등에 의한 건강피해」는 「인격적 이익」으로서 민사소송에 의한 금지청구의 근거가 될 수 있는 「물권적청구권 또는 이에 준하는 배타성을 지닌 권리」에 해당한다. 한편 새털라이트 오사카사건(재판례⑩)에서 문제되었던 「교통, 풍기, 교육 등 넓은 의미에서의 생활환경」은 「민사상의 배타성을 지닌 개별적 이익으로 인정되고 있지 않다고 하는 차이는 중대」하다고 하는 것이다. 또 구체적 상황에 따라서는 의료시설등개설자에게 원고적격이 인정되는 것도 「일반적인 민사사건에서 법인의 영업권 내지 업무수행권에 일정한 요건 하에서 배타성을 인정하여 금지청구가 인정되고 있다는 점과……도 정합적」이라는 것이다.[46] 민사사건에서의 사고방식의 기본적 틀이 행정

46) 中島肇「原告適格・仮の差止めに関する実務的雑感」論究ジュリスト8号(2014年)52頁

소송에 있어서 원고적격판단에 영향을 미치고 있다는 점은 충분히 생각할 수 있을 것이다.[47)]

3.2.4 기타

2004년 개정의 그 밖의 영향에 대하여 간단하게 검토한다. 집행정지의 요건을 「회복곤란한 손해」에서 「중대한 손해」로 완화함으로써 재산적인 손해[48)]나 사회적 신용의 훼손[49)]을 이유로 한 집행정지를 인정한 하급심재판례가 있다. 가(假)의무처분에 대해서는 보육원입원(入園)[50)], 가극단공연을 위한 심포니시설의 사용허가[51)], 생활보호개시결정[52)] 등에 관하여 신청을 인정한 하급심결정이 있다. 가(假)금지처분에 대해서도 주민표소제(消除)처분[53)]이나 택시사업자에 대한 운임변경명령 · 자동차 등의 사용정지처분 · 사업허가취소처분[54)]에 대한 신청을 인용한 예가 있다.

피고적격 · 관할재판소 · 출소기간 · 석명처분 · 교시의 경우 실무상 큰 변화이기 때문에 국민의 권리이익의 실효적인 구제에 있어서 커다란 영

---

47) 中島 · 前揭注(46)도「행정사건도 통상 민사사건도 담당하는 재판관이 행소법의 해석 속에 통상 민사사건의 관점을 도입하는 것은 자연스럽다」(53頁)라고 평한다.

48) 前橋地決2009年10月23日裁判所ウェブサイト(「본건 제각명령에 따라 본건건물이 철거되었을 경우의 손해의 정도는 매우 큰 것으로 확실히 김전배상에 의한 사후적인 회복이 불가능하다고는 할 수 없다고 하여도 그 규모에 비춰보면 회복은 용이하지 않다.)

49) 東京高決2007年7月19日判例時報1994号25頁(「이와 같은 의뢰자와의 위임계약의 해제 등에 의하여 발생하는 변호사로서의 사회적 신용의 저하, 업무상의 신뢰관계의 훼손은 업무정지라고 하는 본건징계처분에 의하여 발생하는 신청인 자신이 입는 손해이며, 그 손해의 성질에서 보면 본안에서 승소하여도 완전하게 회복하는 것은 곤란하고 또 손해를 금전배상에 의하여 완전하게 보전하는 것도 곤란하다.」)

50) 東京地決2006年1月25日判例時報1931号10頁

51) 岡山地決2007年10月15日判例時報1994号26頁

52) 福岡高裁那覇支決2010年3月19日判例タイムズ1324号84頁

53) 大阪高決2007年3月1日裁判所 웹사이트

54) 大阪高決2015年1月7日判例時報2264号36頁

향을 미치고 있다고 생각되지만 사안의 성질상 이들과 직접 관련된 재판례는 적다.[55]

4. 약간의 고찰

이상에서 제시한 바와 같은 2004년 개정이 재판례에 미친 영향에 대해서 약간의 코멘트를 하고자 한다.

4.1 미온적인 개정과 상당한 실질적인 변화-그 이유는?

이미 언급한 것처럼(2.3) 2004년 개정은 전체적으로 미온적인 것이었다고 평하는 것도 가능하지만 그럼에도 불구하고 재판실무에 상당한 실질적 변화를 가져왔고 권리구제는 일정 정도 전진했다고 할 수 있다.

다만 이것들이 2004년 그것에 의한 변화라고 말할 수 있을 것인가의 여부는 미묘하다. 예를 들면 의무이행소송·금지소송(3.2.2) 및 가(假)의무처분·가(假)금지처분의 신청(3.2.4)은 2004년 개정이 없었다면 불가능하다는 것은 분명하다.[56] 집행정지요건의 완화(3.2.4)에 대해서도 같은 말을 할 수 있을 것이다.

그러나 2004년 개정이 손대지 않았던 처분개념에 대해서도 개정에 앞선 2000년 전후부터 처분성을 확대하는 판례의 경향을 볼 수 있다(3.2.1.1 및 전게주(25)). 제9조 제2항의 삽입은 종례의 판례에 의해서도

55) 다만 2004년개정에서 인정된 「정당한 이유」가 있는 경우의 출소기간에 대한 예외(행소법 제14조 제1항 단서)를 인정한 재판례로서 東京地判2010年9月29日判例時報2108号38頁이 있다.

56) 2004년 개정전에도 「법정외항고소송」으로서 이들 소송형태를 인정할 가능성이 주장되어 극히 적은 인용례(例：東京地判2001年12月4日判例時報1791号3頁(国立マンション行政訴訟１審)), 이것들을 일반화하기는 매우 힘들다.

고려되고 있던 고려사항을 명시한 것뿐이었으나 일정정도의 원고적격확대를 가져오게 되었다(3.2.3). 확인소송의 「명시」에 대해서도 마찬가지이다(3.2.1.2).[57]

또 행정소송을 국민이 보다 사용하기 편리한 것으로 하는 것을 목표로 한 2004년 개정은 본안에서 심사밀도와 직접 관련된 내용을 포함하고 있지 않다.[58] 그러나 역시 2000년 전후부터 행정재량에 관하여 보다 적극적으로 심사하는 경향[59]이나 위임명령의 적법성을 보다 엄격하게 심사하는 경향[60]을 찾아볼 수 있다. 위헌심사권의 행사가 이전과 비교해보면 적극적으로 되어가고 있는 경향[61]과 맞물려서 이 시기에서의

57) 최고재판사를 역임한 행정법학자 藤田宙靖(재임: 2002-2010년)은 재외내국인선거권판결(前揭注(32))에 대하여 「이른바 최고재판소가 어쩌다 실천하기에 알맞은 사안에 조우한 결과에 지나지 않은 일이라고 해야 할 것으로 적어도 그 탄생에 대하여 이번의 법개정이 결정적인 동기가 되었다(이 법개정이 없었다면 이 판결은 탄생하지 않았다)고 하는 관계는 아니다」라고 술회하고 있다(藤田 『最高裁回想録—学者判事の7年半』(有斐閣、2012年) 94頁. 또 참조, 같은 책 83頁.

58) 행정소송검토회(참조, 2.1)은 「행정소송개선을 위한 견해」의 공표와 2004년 개정법의 성립 후에도 검토를 계속하여 최종보고서(http://www.kantei.go.jp/jp/singi/sihou/kentoukai/gyouseisosyou/041029matome.html)를 공표했는데 거기서는 「더 논의를 해야 할 필요가 있다고 생각되는 논점」의 하나로서 「재량에 관한 사법심사」를 들고 있다.

59) 오다큐소송본안판결(最判2006년11월2일, 前揭注(42))은 결론적으로는 도시계획사업인가 및 그 전제가 되는 도시계획결정을 적법하다고 하기는 했지만 이 분야에서 재량판단의 틀을 제시하고 있다. 공원에 관한 도시계화사업인가에 대하여 엄격한 심사를 행한 것으로서 最判2006년 9월 4일 判例時報1948号26頁(林試の森)가 있다. 또 행정재산의 목적외 사용의 불허가처분을 재량권의 일탈 · 남용으로서 위법하다고 한 것으로서 最判2006년 2월 7일 民集60巻2号401頁(広島県教職員組合事件), 最判2007년12월 7일 民集61巻9号3290事件(獅子島)이 있다.

60) 직접청구제도에 관한 지방자치법시행령의 규정을 위법하다고 한 最大判2009년 11월 18일 民集63巻9号2033頁, 인터넷을 이용한 우편 등에 의한 일부의 의약품의 판매를 일률적으로 금지하는약사법시행령을 위법하다고 한 最判2013년 1월 11일 民集67巻1号1頁(前揭注(34) 등.

61) 2000년 이후에 법률을 헌법위반이라고 한 最高裁의 판결 · 결정으로서 最大判2002년 9월 11일 民集56巻7号1439頁(우편법), 最大判2005년 9월 14일(재외내국인선거권(前揭注(32)), 最判2008년 6월 4일(국적법(前揭注(33)), 最大決2013년 9월 4일 民集67巻

최고재의 자세의 변화를 지적하는 견해가 많다.[62]

최고재의 위와 같은 변화의 요인으로서는 반드시 조문에 한정되지 않는 사법제도개혁심의회에서의 심의나 그동안 제시되었던 여론,[63] 재판관의 「시선」의 변화와 조사관의 세대교체[64] 등이 지적되고 있지만 학문적 분석을 행하는 것은 곤란하다.[65]

4.2 종래 공식의 유지와 민사사건의 사고방법의 반영

처분성(3.2.1.1)이나 원고적격(3.2.3)의 확대의 항(項)에서 언급했던 것처럼 최고재는 이들 문제에 대한 종래의 공식 그 자체를 변경하지 않고 그것들을 보다 유연하게 해석함으로써 권리구제의 실질을 완만하게 전진시켜왔다. 그리고 처분성에 관한 「직접 국민의 권리의무를 형성하고 또는 그 범위를 확정하는」(=구체적 법효과성)이라고 하는 공식 및 원고적격에 관한 개별이익보호성의 중시는 「법률상의 쟁송」을 담당하는

6号1320頁(비적출자상속분), 最大判2015년 12월 16일判例時報2284号20頁(재혼금지기간)의 5건이 있다. 제이차대전후 모두 10건밖에 없었다는 점을 생각하면 위헌심사권행사의 적극화경향을 엿볼 수 있을 것이다.

62) 滝井繁男 전최고재판사(재임:2002－2006년)은 회상록에서 「행정소송에 대하여 새로운 조류라고 할 만한 것이 대두되고 있는 것은 아닌가 하는 느낌을 갖는 사람은 적지 않을 것이다」라고 술회하고 있다. 滝井 『最高裁判所は変わったか－一裁判官の自己検証』(岩波書店、2009년) 80頁。또 참조, 山口進 / 宮地ゆう 『最高裁の暗闘』(朝日新聞出版、2011년)市川正人 / 大久保史郎 / 斎藤浩 / 渡辺千原編 『日本の最高裁判所』 日本評論社、2015년)

63) 滝井·前掲注(62)、80頁、334頁.

64) 藤田宙靖/蟻川恒正/中川丈久 「藤田宙靖先生と最高裁判所(1)」 法学教室400号(2014年)59－80頁(62－63頁).

65) 또 최고재의 인적구성(출신속성(屬性))과의 관계에서 판결을 분석하는 시도는 종종 행해지고 있지만 적어도 행정소송의 소송요건이나 소송류형에 관한 한 「재판관의 출신속성(出身属性)의 영향을 나타내는 것은 볼 수 없었다」고 하여 그것은 「행정소송의 기술적성격이 강하기 때문인 것은 아닌가라고 생각된다」라고 하고 있다. (北村和生 「最高裁における人的構成と行政訴訟の活性化」 『日本の最高裁判所』 (前掲注62)39－54頁(53).

(참조, 2.2.1.1) 사법권의 역할을 「주관적 권리」에의 침해를 방지하는 것에서 구하는 사고와 연결되어 있다.[66] 물론 그것은 「법해석의 존재양식으로서 『연속성』 및 『점진적인 변화』를 존중해야 한다」[67]고 하는 생각에서는 적극적인 평가도 가능하지만 최고재의 「자세」가 바뀌면 용이하게 역류(逆流)하는 일도 있을 수 있게 된다.

또 한 가지 지적해야 할 것은 원고적격의 부분(3.2.3)에서 지적한 것처럼 재판관의 발상이 민사사건에서의 생각방식의 기본적 틀에 규정되고 있다는 점이다. 주관적 권리에의 침해를 방지하는 전기(前記)의 발상과도 관련되어 있다. 이와 같은 「민사법적 발상」은 예를 들면 새털라이트 오사카판결(재판례⑩)에서 문제를 낳고 있다.

확인소송의 활용은 이와 같은 재판관의 「민사법적 발상」[68]에 익숙해지기 쉽고 사용하기 쉬운 도구를 제공하는 것으로서 기대하는 면도 있다. 그러나 다른 한편에서는 항고소송과 당사자소송과의 사이의 약간 경직적이라고 할 수 있는 구별 등 민사법적인 발상에의 「번역」이 충분히 행해지고 있지 않은 까닭에서 유래하는 과제가 남아 있다.

4.3 남아 있는 입법적 과제

「행정소송검토회 최종보고서」[69]는 「행정소송제도에 대하여 더욱 논의를 심회시켜갈 필요가 있다고 생각하는 논점」으로서 「행정입법의

---

66) 참조, 角松「都市空間の法的ガバナンスと司法の役割」角松/山本顕治/小田中直樹『現代国家と市民社会の構造転換と法—学際的アプローチ』(日本評論社、2016年)21-44頁(42頁)

67) 藤田 · 前掲注(57)、89頁

68) 阿部泰隆「裁判例⑩評釈」判例時報2087号167頁。동판결이 「원고 개개인의 피침해이익의 성질·정도를 착안하는데 지나치게 기울어져 있다」는 점에 대한 필자의 비판으로서、角松 「『地域像維持請求権』をめぐって」阿部泰隆先生古稀論文集『行政法学の未来に向けて』(有斐閣、2012年)477-501頁(496頁).

69) 前掲注(58).

사법심사」, 「행정계획의 사법심사」, 「재량에 관한 사법심사」 그리고 「단체소송」을 들고 있다. 이 가운데에서 적어도 「행정계획의 사법심사」 및 「단체소송」에 대해서는 입법적 검토가 필요하다.

전자에 대해서는 2000년대 후반에 공표된 두 개의 보고서가 도시계획결정 자체를 쟁송절차에서 취급할 필요성을 지적하는 입법론적 제언을 행하고 있다. 후자의 경우 환경소송분야에서 단체소송제도의 도입이 논의되고 있다.[70] 그러나 어느 점에 대해서도 현재 입법을 향한 진전이 충분히 진행되고 있다고는 말할 수 없다.

70) (財)都市計画協会の自主研究『都市計画争訟研究報告書』(2006年8月)(http://www.tokeikyou.or.jp/research/doc/repsoushou.pdf)
都市計画協会 『人口減少社会に対応した都市計画争訟のあり方に関する調査業務 報告書』(国土交通省受託調査、2009年3月、http://www.tokeikyou.or.jp/research/doc/repsoushou2.pdf)
필자의 이들에 대한 간단한 고찰로서´ 角松「自治体のまちづくりと司法統制—都市計画を中心に」大久保規子編集代表 『争訟管理—争訟法務』 (ぎょうせい´ 2013年) 65−88頁(73−77頁).
단체소송 전반을 둘러싼 논의에 대한 최근의 특집으로서, 「特集 団体訴訟の制度設計」論究ジュリスト12号(2015年)114−163頁, 참조.

[특별기고] 行政法研究資料

行政法規 / 鷹松龍種 著 · 鄭夏重 解題 · 兪珍式 飜譯

[행정법연구자료]

行 政 法 規

鷹松龍種 著

鄭夏重 解題*

俞珍式 飜譯**

1915년

* 서강대학교 법학전문대학원 교수.

** 전북대학교 법학전문대학원 교수.

제1편 解題

Ⅰ. 序

이 글은 경성전수학교(京城專修學校)의 다카마쓰 류다네(鷹松龍鐘) 교수가 1915년에 스스로 집필하여 행정법 교재로 사용하였던 「行政法規」를 번역한 것이다.

경성전수학교는 한국에서 최초로 설립된 근대법학교육기관인 법관양성소(法官養成所)의 후신이다. 법관양성소는 갑오경장 이후 근대적 사법제도를 운영할 법관을 양성하기 위하여 1895년 3월에 당시 법원이었던 평리원(平理院) 내에 국립법학교육기관으로 설립되었다. 수업기간은 초기에는 6개월, 1903년에는 1년 6개월이었다가, 1907년에는 1년간의 예과를 포함하여 3년으로 연장하였다. 최초의 교과목은 민법·형법·소송법·명률(明律)·대전회통(大典會通)·무원록(無冤錄) 등의 대요와 민사·형사 소송 서류작성 등으로 구성되었으나 1904년부터는 헌법·행정법·국제법·상법·외국율례 등이 추가되었다. 졸업생은 1908년 제6회 58명을 포함하여 모두 209명을 배출하였다.

1909년 11월에는 법부(法部)에서 학부(學部)로 이관되고 법학교로 개칭되었으며, 1910년 8월 경성전수학교(京城專修學校)로 개편되었다. 경성전수학교는 1912년 제1회 23명의 졸업생을 시작으로 1922년까지 11회의 졸업생을 배출하였으며, 1922년 4월에는 경성법학전문학교(京城法學專門學校)로 개편되었다. 법학전수학교의 교수진은 대부분 일본인들로 구성되었으며, 한국인 교수로는 김병로, 양대경 등이 있었다.[1] 다카마쓰 류다네 교수는 1912년 8월에 경성전수학교에 부임한 이래 행정법과 상법을 강의하다가 1931년 4월부터 1940년 3월까지 경성법학전문학교 교장으로 재임하였다.

다카마쓰 류다네 교수의 저서 「行政法規」는 고급 미농지에 붓글씨로 필사한 책으로 전체 148면이며, 책표지에는 '京城專修學校 鷹松龍種述, 行政法規 大正 4年度'(1915)가 적혀 있다. 귀중한 문헌을 발굴하고 이를 한국의 행정법학자들에게 소개하도록 추천하고 격려해 주신 대한민국 학술원 회원이신 김효전 교수님께 존경의 마음을 전하며, 일본어 古文을 현대 한국어로 완벽하게 번역하여 주신 유진식 교수님의 노고에 깊은 감사와 위로의 말씀을 드린다. 이 번역본이 한국의 행정법발달사에 관심을 가진 분들에게 조금이나마 도움이 되기를 바란다

Ⅱ. 다카마쓰 류다네(鷹松龍鐘) 교수의 약력과 논설

1. 약력

1882년 12월 岐阜市 今泉町 출생

1907년 7월 京都帝大 法科大學 졸업

1910년 10월 朝鮮總督府 所屬 官吏

1912년 8월 京城專修學校 敎諭로 전관

1) 최종고, 한국법학사, 박영사, 1990; 박병호, 한국법제사, 법문사, 1974.

1916년 京城專修學校 敎授로 승진

1923년 2월 경성법학전문학교 교장대리.

1926년 11월 경성제국대학 강사 겸임

1931년 4월 경성법학전문학교 교장에 취임(1931. 4. 30~1940. 3. 30)

1940년 5월 이후 仁川昭和高等女學校 교장(인천박문여자고등학교의 전신)

1944년 8월 9일 타계

2. 논설

다카마쓰의 논설로는 「法制上より見たる內鮮の比較」(『朝鮮及滿洲』 1926년 2월, 3월 및 5월호), 「朝鮮に陪審制度實施する可否」(『朝鮮及滿洲』1929년 2월호), 「法律の使命に就て」(『朝鮮及滿洲』1932년 1월호) 외에, 경성법학전문학교의 교지 『六曹』에 교장으로서 쓴 다음의 몇 가지 에세이가 전한다. 鷹松龍種 (校長), 「處世の道 (제15호, 1934), 「幼學綱要を讀む」 제16호(1935. 2. 26), 「心田開發」 제17호(1936. 2.25), 「個と金の世界」 제18호(1937. 1. 25), 「支那事變の眞相と吾人の覺悟」 제19호(1938. 2. 25), 「聖戰第三年の新春を迎ふ」 제20호(1939. 2. 20) 등이 있다..

Ⅲ. 다카마쓰 류다네 교수의 그 당시의 사진

Ⅳ. 교재의 체계와 내용

1. 목차

다카마쓰 류다네 교수의 「행정법규」는 다음과 같은 목차로 구성되어 있다.

* 서론
* 본론

제1장 민적
  제1절 민적사무
  제2절 호적사무
제2장 경찰
  제1절 경찰의 관념
  제2절 경찰의 분류
  제3절 조선에서의 경찰의 조직
  제4절 행정집행령
  제5절 보안경찰
제3장 위생행정
  제1절 보건행정
  제2절 의료행정
제4장 공공단체
  제1절 총론
  제2절 부(府)
  제3절 학교조합
  제4절 수리조합
  제5절 지방비

제6절 면(面)
제5장 토지에 관한 행정
제1절 공용징수
제2절 토지조사
제3절 국유미개간지
제6장 원시산업에 관한 행정
제1절 산림
제2절 광업
제3절 어업
제7장 상공업에 대한 행정
제1절 특허의장실용신안 및 상표(공업소유권)
제2절 도량형
제3절 지방금융조합
제4절 농공은행
제8장 교통에 관한 행정
제1절 도로
제2절 철도, 경편(輕便)철도 및 궤도(軌度)
제3절 선박
제9장 재산에 관한 행정
제1절 국세징수
제2절 지방비부과금의 징수

2. 교재의 내용과 평가

1) 서론

서론 부분에서는 행정법의 법원(法源)에 관한 기술로서 1) 헌법, 2) 법률, 3) 칙령, 4) 제령, 5) 조선총독부령, 6) 조약 등의 개념과 효력에 대하여 약술하고 있다. 특히 당시 일본에 합병되어 독립된 입법기관이 존재하지 않았던 한국의 경우 법률을 요하는 사항은 조선총독의 제령(制令)으로써 규정할 수 있도록 하고 있으며, 이러한 제령을 발하기 위하여는 긴급을 요하는 외에는 미리 내각총리대신을 거쳐 천황의 재가를 받도록 하고 있다.

2) 본론

본론에서는 행정법총칙, 행정작용법, 행정구제법 등의 행정법 총론 부분이 생략되고 행정법 각론 중심으로 기술되어 있다. 이러한 각론 중심의 기술은 당시 한국에서의 행정법 교육이 학문적 연구 및 한국민의 행정구제보다는 근대화와 식민지 지배에 필요한 행정실무적 수요를 충족시키기 위한 목적에서 연유된 것으로 판단된다.

본론은 제1장 민적, 제2장 경찰, 제3장 위생행정, 제4장 공공단체, 제5장 토지에 관한 행정, 제6장 원시산업에 관한 행정, 제7장 상공업에 관한 행정, 제8장 교통에 관한 행정, 제9장 재산에 관한 행정으로 구성되어 있다.

제2장 경찰에서는 경찰의 관념과 분류 그리고 행정집행령에 대하여 설명하고 있는바, 경찰의 관념과 분류는 오늘날 우리 행정법 교과서의 내용과 큰 차이가 나지 않는다. 특히 행정집행령에 관한 기술에서는 우리의 경찰관직무집행법의 원류를 찾아 볼 수 있을 뿐 아니라 대집행, 강제벌(이행강제금), 직접강제에 대한 개념적 설명은 오늘날 교과서의 설명과 차이가 거의 없다. 보안경찰 부분은 1) 결사집회 및 군중단속, 2) 출판단속, 3) 개인의 단속, 4) 특정 영업에 대한 단속에 대한 기술로 이루어지고 있는바, 당시의 법제가 개인의 기본권은 거의 고려함이 없이 효과적인 식민직 지배를 위하여 강력한 통제중심을 내용으로 하고 있음을 알 수 있다.

제3장에서는 체계적으로 질서행정에 속하는 위생행정에 관하여 1)

보건행정과 2) 의료행정으로 구분하여 설명하고 있는바, 우리나라의 전염병예방법제와 의료법제의 기원을 찾아 볼 수 있다.

제4장은 공공단체로서 부(府), 학교조합, 수리조합, 지방비(地方費비), 면(面)등에 대하여 설명하고 있다. 당연히 식민지 시대에서 지방자치는 인정되고 있지 않으며, 다만 학교조합, 수리조합 등에서 현재의 공공조합의 원형을 발견할 수 있다.

제5장에서는 토지에 관한 행정에 관하여 1) 공공징수와 2) 토지조사에 대하여 설명하고 있는바, 특히 공용징수에 있어서 1) 공용징수의 개념, 2) 공용징수대상이 되는 사업의 범위, 3) 공익사업인정, 4) 관계인 협의, 4) 재결 및 재정, 5) 손실보상 등의 공용징수의 절차는 우리나라의 현행법상 공용수용절차와 기본적 골격에 있어서 차이가 나지 않는다.

제6장은 원시산업에 관한 행정으로 1) 산림, 2) 광업, 3) 어업에 대하여 기술하고 있는바, 우리나라의 산림법제, 광업법제, 수산업법제의 기원을 찾아 볼 수 있다.

제7장은 상공업에 관한 설명으로서 1) 특허의장실용신안 및 상표, 2) 도량형, 3) 지방금융조합, 4) 농공은행 등에 대하여 기슬하고 있는바, 오늘날 경제행정법의 분야에 해당된다고 볼 수 있다.

제8장에서는 교통에 관한 행정으로 1) 도로, 2) 철도, 경편 및 괘도, 3) 선박에 관한 간략한 설명이 이루어지고 있는바, 특히 도로의 개념과 분류는 현재의 법제와 비교하여 매우 흥미있는 시사를 주고 있다.

마지막으로 제9장 재산에 관한 행정에서는 1) 국세징수와 2) 지방비부과금의 징수에 대하여 설명하고 있다. 특히 체납처분에 있어서 ① 독촉, ② 압류, ③ 공매에 대한 설명은 기본적 골격에 있어서 현행법과 큰 차이가 나지 않는다.

전체적으로 평가할 때 다카마쓰 류다네 교수의 저서「行政法規」는 행정법 각론의 중요한 부분에 대한 개괄적 설명이라고 보아야 할 것이다. 그러나 이 책이 집필된 1915년 당시의 시대적 상황은 선진제국의 경우에도 행정법학의 발전이 개화(開花) 단계에 도달되었다고 보기 어려울 뿐만 아니라, 더욱이 한국의 경우에는 근대 법학교육이 겨우 초창기 단계에 머물러 있었던 상태임을 고려할 때, 다카마쓰 류다네 교수의 「행정법규」는 法史學的으로 높이 평가받아야 할 것이다. 특히 교재에 기술된 행정법제의 대부분이 오늘날 우리 행정법제의 원형이나 기원을 이루고 있다는 점은 한국의 행정법발달사 연구에 중요한 참고가 된다고 할 것이다.

제2편 번역

서론

행정법규의 연원인 법규에는 헌법, 법률, 명령, 조약(條約), 지방자치법규가 있고 또 명령에는 대권명령, 긴급명령, 위임명령, 행정명령 등의 구별이 있다. 따라서 행정법규라 하면 모든 이들 각종 법규를 포함하지만 본 강의에 있어서는 주로 현재 조선에서 시행되고 있는 것(즉, 조선 현행법규)만에 대하여 설명을 한다.

지금 조선에서 시행되는 법규를 형식적으로 유형화하면 대략 다음과 같다.[2)]

제1 헌법

헌법이 조선에서 시행되고 있는가에 대해서는 다소의 논의가 있다. 적극설을 주장하는 자는 헌법은 그 제정 당시에 있어서는 새로운 영토를 염두에 두지 않고 규정했기 때문에 헌법제정 후 증가한 영토에 대해

---

2) 조선총독부 법제에 대한 개관은 정긍식, 『조선총독부 법령사료(I) – 지배기구·입법』(한국법제연구원, 1996) 참조. (역주)

서도 그 효력이 미친다고 논하는 것이 오늘날 실무 및 학설의 다수가 적극설을 취하는데 일치하고 있다. 생각해 보건대 법은 특별히 시행구역을 한정하지 않는 이상 그 영토 전체에 행해지는 것이 원칙으로 한다. 따라서 헌법은 그 시행구역에 대하여 어떠한 제한도 두지 않고 있다.[3)]

제2 법률

전술한 원칙에 의거하면 법률도 또 특별한 구역을 정한 경우 외에는 모두 당연히 조선에서 시행되어야 하는 것이지만 법률에 대해서는

---

3) 이른바 메이지 헌법의 정식 명칭은 「대일본제국헌법」(1889년)이다. 다카마츠의 말처럼 그 당시 헌법이 식민지에도 적용된다는 것이 일반적인 견해였다. 그러나 이 이론은 일관되게 주장된 것이 아니라 정치적 상황에 따라 변화하기도 하였다. 예를 들면, 진보적인 학자에 속한다는 미노베(美濃部達吉) 조차도 대만총독에게 입법권을 부여하는 법률안에 대한 위헌논쟁(이른바 63문제)에서 다음과 같은 견해를 취하였다. 즉, 그는 "신영토에서는 헌법은 아직 시행되고 있지 않으며 따라서 군주는 어떠한 방법에 의해서든 통치할 수 있다. 즉, 친히 재가(裁可)하여 통치할 수도 있고 대만총독에게 위임하여 통치할 수도 있고, 의회의 협찬을 얻어 통치할 수 있는 데 이 모두 군주가 임의로 선택할 수 있다. 이번에 어쩌다 의회의 협찬을 얻고자 한 것인데 이것을 두고 바로 헌법이 대만에서 시행되고 있다고 하 는 것은 섣부른 결론이다"라고 하였다(中村哲, 植民地法, 鵜飼信成·福島雅夫·川島武宜·辻清明編, 『講座 日本近代法発達史 5』, 勁草書房(1978), 187쪽).
이처럼 식민지에도 헌법의 효력은 미친다고 하는 주장은 실질적인 의미를 갖지 못하였다. 의미를 갖기는커녕 조선인에 대한 우민정책의 발로에서 헌정이란 말조차 금기시해야 한다는 주장도 있었다(예컨대 釋尾旭邦, 朝鮮には憲政の聲は禁物なり, 『朝鮮及滿洲』 제67호(1913. 2)).
헌법 관련 문헌은 김효전, 대일본제국헌법의 한·영·독역, 『법사학연구』 제52호(2015), 133－191면; 鈴木敬夫, 『法을 통한 朝鮮植民地支配에 관한 硏究』 (고려대학교 민족문화연구소, 1989); 스즈키 케이후(양만식역), 「조선식민지통치법의 성격」, 『법학논총』(단국대) 제31권 제1호(2007), 19－35면; 권용우, 「법을 통한 일본의 한국식민지배」, 『법학논총』 (단국대) 제31권 제1호(2007), 91－120면 참조.
일본 문헌은 江橋崇(1985), 「植民地における憲法の適用―明治立憲體制の一側面」, 『法學志林』(法政大) 제82권 제3호·제4호 합병호(1985), 3－36면; 平野武, 「日本統治下の朝鮮の法的地位」, 『阪大法學』 제83호(1972), 3－82면 등.

특히 1910년(메이지 43년) 3월 법률 제30호 조선에서 시행되어야 할 법령에 관한 건[4] 제4조에 법률의 전부 또는 일부를 조선에서 시행해야할 필요가 있는 것은 칙령으로 정한다는 규정이 있기 때문에 칙령으로 규정하지 않는 한 법률은 당연히 조선에 효력이 미치는 것은 아니다.

제3 칙령

칙령에 대해서는 특별한 규정이 없기 때문에 제1에서 설명한 것과 동일한 이유로 당연히 조선에서 시행되는 것이라고 해석하는 것이 정당하다.

제4 제령

조선에서 법률을 요하는 사항은 조선총독의 명령으로써 규정할 수 있다. 이 명령을 제령(制令)이라고 한다.[5] 조선총독이 제령을 발하기 위해서는 임시긴급을 요하는 외에는 미리 내각총리대신을 거쳐 천황의 재가(裁可)를 받아야 한다. 또 임시긴급의 경우에 있어서도 발포 직후에 천황의 재가를 받아야 하고 만약 재가를 받지 못할 때에는 바로 그 명

---

4) 전문은 박희관, 『조선현행 법규대전』(수문서관, 1911), 제1편 1-2면에 수록. 이 책은 1997년 한국법제연구원에서 영인본 발간. 이 책 제14편 부록에는 조선형사령, 조선민사령, 조선태형령 등이 수록되어 있다.
형법에 관한 문헌으로는 조성구저, 『형사령·형법석의』(보문관, 1913)(2004년 관악사에서 영인본 발간), 이각종, 『주해 형법전서』(광동서국, 1913) 참조. 이 책은 내부 경무국장 겸 통감부 참여관인 마쓰이 시게루[松井茂, 1866-1945] 저, 조성구역, 『경찰학』(문화당, 1909)과 합본으로 2013년 도서출판 경진에서 영인본이 발간되었다. (역주)

5) 제령(制令)에 관하여는 김창록, 제령에 대한 연구, 『법사학연구』 제26호(2002), 109-171면 및 동인, 靑里 최종고교수환갑기념 『한국근현대의 법사와 법사상』(2007), 133-193면 참조. (역자 주)

령은 장래에 효력을 갖지 않는다는 내용을 공포해야 한다. 제령에서 법률의 규정에 의한다는 규정이 있는 경우에 그 법률의 개정이 있는 때는 개정법률 시행일로부터 그 개정법률에 의한다. 다만 별도의 규정이 있는 경우에는 그러하지 아니하다(1911년(메이지 44년) 법률 제11호).

제5 조선총독부령, 경무총감부령(警務摠監部令), 도명령(道命令), 경무부령(警務部令)

조선총독, 경무총장, 도장관(道長官) 및 경무부장은 각각 그 직권 또는 특별한 위임에 의하여 명령을 발할 수 있다. 그리고 조선총독부령에는 1년 이하의 징역 또는 금고, 구류, 2백 원 이하의 벌금 또는 과료(科料)의 벌칙, 경무총감부령 및 도령(道令)에는 3개월 이하의 징역 또는 금고, 구류, 2백 원 이하의 벌금 또는 과료(科料)의 벌칙 또는 경무부령에는 구류, 또는 과료의 벌칙을 둘 수 있다.

제6 조선병합과 동시에 그 효력을 잃은 제국법령 및 구(舊) 한국법령

조선병합과 동시에 조선에서 당연히 효력을 잃게 되는 제국법령(영사재판권에 따라 한국에 그 효력이 미치는 제국법령, 영사관(領事館)령, 통감부령, 이사청령(理事廳令), 경무총감부령, 경무부령) 및 구(舊) 한국법령(법률, 칙령, 각령(閣令), 부령(部令), 경무청령(警務廳令), 도령(道令))은 그 수가 매우 많아서 갑자기 개폐·제정할 수 없어서 1910년(메이지 43년) 8월 제령 제1호는 이들 법령은 당분간 조선총독이 발하는 명령으로서 그 효력을 갖는 것으로 하였다. 그리고 같은 해 10월 제령 제8호는 나아가 이들 법령의 구분에 관하여, 제령으로 정할 필요가 있는 사항을 규정한 것은 제령, 조선총독부령으로 정할 수 있는 사항을 규정한 것은 조선총독부령,

경무총감부령으로 정할 수 있는 사항을 규정한 것은 경무총감부령, 도령으로 정할 수 있는 사항을 규정한 것은 도령, 경무부령으로 규정할 수 있는 사항을 규정한 것은 경무부령으로 규정한 것으로 간주하였다.

제7 조약

종래 구 한국정부와 제(諸) 외국과의 사이에 체결된 조약은 병합과 동시에 자연히 소멸하고 제국과 제외국과의 사이에서의 현행 조약은 적용할 수 있는 한에서 조선에 적용하는 것으로 한다.[6] 그 결과 영사재판권은 철회되고,[7] 조선에 재류하는 외국인은 사정이 허락하는 한 내지(內地)(일본 본토-역자 주)에서와 동일한 권리 및 특권을 향유하는 것으로 한다. 다만 일본정부는 외국정부에 대하여 외국인의 적법한 기득권은 병합에 관계없이 종전과 같이 보호를 받으며 또 병합 후 10년 간은 조선에서 외국에 수출하거나 또는 외국에서 조선에 수입하는 화물 및 조선항구에 들어오는 외국 선박에 대하여 종전과 동률(同率)의 수출입세 및 톤(噸)세를 과할 것을 선언하였다.

조선에서의 법령의 시행시기에 관해서는 특별한 규정이 있는 것을 제외하고는 내지(內地)에 있어서와 같다. 이하에서 개략적인 설명을 한다.

법률 및 칙령은 별도의 시행시기가 있는 경우 외에 공포일로부터 기산하여 20일 이후에 시행한다(법례(法例) 제1조 제1항, 공식령 제1조). 제령, 조선총독부령, 경무총감부령은 특별히 시행기일을 두고 있는 경우

6) 이처럼 「조선이 각국과 체결한 조약은 효력을 정지하게 되며, 영사재판은 폐지하고, 조선에 거주하는 외국인은 일본 제국의 관할권 하에 들어오며 조건이 허용하는 한 일본에서와 같은 특권과 면제를 향유한다」는 표현은 Annual Report on Reforms and Progress in Korea (1910-11), Compiled by H.I.J.M.'s Residency General, p. 31에도 그대로 나타나 있다.

7) 영사재판(consular jurisdiction)에 관한 문헌은 정진석, 『대한매일신보와 배설』(나남, 1987); 小川原 宏幸, 「日本の韓國保護政策と韓國におけるイギリスの領事裁判權 - ベッセル裁判を事例として」, 『駿台史學』(明治大學) 第110號(2000) 참조.

외에는 각 관청에 다음 날부터 기산하여 7일 이후에 시행된다(제령공문식(公文式),[8] 조선총독령공문식, 경무총감부공문식), 도령(道令) 및 경무부령은 특별히 시행기일을 두고 있는 경우를 제외하고 공포일로 기산하여 7일 이후에 시행된다(도령공문식, 경무부령공문식).

본 론

제1장 민적(民籍)

국가가 행정목적을 달성하기 위해서는 인민의 신분 및 속적(屬籍)을 분명히 할 필요가 있다. 사람의 신분이란 호주, 가족, 친자, 부부, 적출(嫡出)자, 서자, 남녀 등 사람이 사회에서 갖는 법률상의 지위를 말하고 속적(屬籍)이란 사람이 속하는 가(家)의 소재지에 대한 관계를 말한다. 국가가 이들 관계를 명확히 하기 위하여 공부(公簿)를 만들어 일정한 사항을 등록한다. 이것이 즉 민적(民籍)사무이다. 민적사무에는 조선인의 민적사무와 내지인의 호적(戶籍)사무 두 가지가 있다.

제1절 민적사무

조선인의 민적사무는 민적법(民籍法)(1909년 3월 법률 제1호)[9]에 따른다. 동법(同法)에 의하면 부(府) 및 면(面)에 민적부를 갖추고 신분상에 관한 법정(法定)사실, 즉, 1. 출생, 2. 사망, 3. 호주변경, 4. 혼인, 5. 이혼, 6. 양자, 7. 파양, 8. 분가, 9. 일가(一家)창립, 10. 입가(入家), 11. 폐

8) 법률·명령의 공포방법을 규정한 일본의 구(舊)법령(1886년 칙령 제1호). 공식령(公式令)(1916년 칙령 제6호의 제정에 의해 폐지되었음(역자 주).

9) 전문은 대한민국 국회도서관, 『한말 근대법령자료집』VIII (1972), 120-122면 참조(역주)

가(廢家), 12. 폐절가재흥(廢絶家再興), 13. 부적(附籍), 14. 이거(移居), 15. 개명(改名)의 15항목을 기재한다. 인민은 위의 해당사항이 발생한 때는 발생일(만일 사실발생을 알 수 없을 때는 사실을 알게 된 날)부터 10일 이내에 본적지소할(所轄) 부윤(府尹) 또는 면장에게 신고할 것을 요한다. 만약 이 신고를 게을리 한 때에는 50 이하의 태형(笞刑) 또는 5원 이하의 벌금에 처해진다. 그리고 신고의무자는 사항에 따라 달라진다. 즉, 앞서 말한 사항 중 출생, 사망, 호주변경, 분가, 일가(一家)창립, 폐가(廢家), 폐절가재흥(廢絶家再興), 이거(移居) 및 개명(改名)사항은 당해 호주, 양자, 파양사항은 양가(養家)의 호주, 혼인 및 이혼사항은 혼가(婚家)[10]의 호주, 입가(入家)사항은 입가하려고 하는 사람의 호주, 부적(附籍)사항은 부적(附籍)하려고 하는 사람의 호주가 신고의무자이다. 민적부(民籍簿)를 열람 또는 민적등본 또는 초본(抄本)의 교부를 받고자 하는 자는 일정한 수수료(5전(錢))를 납부하여 부윤 또는 면장에게 청구할 수 있다.

마지막으로 조선인 중에는 쓸 때 없이 성명(姓名)을 개칭(改稱)하려는 폐습이 있다. 조선총독은 1911년 10월 총독부령 제124호로 조선인으로 하여금 성명을 개칭하려고 하는 때에는 부윤 및 면장의 허가를 요하는 것으로 하였다.[11] 또 그 개칭은 구관(舊慣) 또는 특별한 사정을 말하여 개칭할 필요가 있는 경우를 제외하고는 함부로 허가할 수 없다.

제2절 호적사무[12]

조선에는 아직 호적법의 시행이 없기 때문에 내지인이 본적지를 조선에 둘 수 없다. 재류(在留) 내지인은 호적법상 기류(寄留)자에 지나지

---

10) 혼가(婚家)는 남자의 가(家), 실가(實家)는 여자의 가(家)
11) 개명하기 위해서는 50전의 인지(印紙)를 필요로 한다.
12) 호적법은 조선에 적용되지 않는다. 그리하여 일본인은 호적법에 따라 조선인의 양자 및 처를 맞아들일 수 있어도 조선에서 이 법률이 시행되지 않기 때문에 내지인의 양자 또는 처를 맞아들일 수 없다. 따라서 조선인 남자와 일본인 여자가 사실상 부부관계를 유지하고 있어도 내연의 처에 지나지 않는다.

않기 때문에 신분상의 이동(異動)은 내지본적지의 호적리(戶籍吏, 호적공무원-역자)에 신고하지 않으면 안 된다. 또 위의 호적법에 의한 수속법(手續法) 외에 내지인은 1911년 6월 조선총독부령 제75호 숙박 및 거주규칙에 따라 숙박, 거주, 이전, 출생, 사망 그 밖의 사항을 소할(所轄)부윤 또는 면장에게 신고할 것을 요한다.

제2장 경찰[13]

제1절 경찰의 관념

경찰[14]은 직접 사회의 안녕질서에 대한 위해를 방지하기 위하여 사람의 자유를 제한하는 행정작용이다.

1. 경찰은 사회의 안녕질서에 대한 위해를 방지하는 것을 그 목적으로 한다. 그리고 내무행정은 그 목적에 따라 두 가지로 분류할 수 있다. 그 하나는 사회의 권익을 적극적으로 증진하는 것을 목적으로 하는 행정 즉, 조장(助長)행정(복리행정)이고 또 하나는 사회의 안녕질서를 소극적으로 유지하는 것을 목적으로 하는 행정 즉, 경찰행정이다. 따라서 사람의 자유를 제한하는 것도 그 목적으로 하고 적극적으로 민복(民福)을 증진하는 일도 있는 때는 경찰이라고 할 수 없다. 예를 들면, 아동을 강제로 공부하게 한다든가 도로를 축조하기 위하여 토지를 수용하거나 또는 관개(灌漑)의 편의를 도모하기 위하여 수리조합의 설립을 명하는 것과 같은 경우이다. 이에 반하여 청소법을 시행하거나 차마(車馬)를 단

---

13) 경찰에 관한 문헌은 김효전, 구 한국말 경찰의 이론과 실제, 『인권과 정의』2003년 9월호, 221-240면 및 동인, 근대 한국의 경찰 관계 문헌, 『인권과 정의』 2003년 10월호, 188-208면 이상의 자료는 김효전, 『근대한국의 법제와 법학』(세종출판사, 2006), 575-615면에 재수록. 기타 이윤정, 『한국경찰사』(근대 이전)(소명출판, 2015) 참조. (역주)

14) 숙박, 거주규칙은 조선인에게는 적용이 없다.

속하는 것과 같은 것은 그 목적이 소극적으로 위해를 방지하는데 있기 때문에 경찰이다.

위해방지작용에는 두 가지 작용이 있다. 그 하나는 이미 발생한 위해를 방지하는 것이고 또 하나는 아직 발생하지 않은 위해를 미연에 방지하는 것이다. 그 가운데에서 가장 중요한 것은 위해의 예방에 있다.

2. 경찰은 직접 사회의 안녕질서를 유지하기 위하여 사람의 자유를 제한하는 것이다. 자유의 제한이란 사람이 행하려고 하는 것을 하지 못하도록 하거나 하지 않으려고 하는 것을 하도록 하는 것을 말한다. 사회의 안녕질서에 대한 위해를 방지하는 행위라고 해서 언제나 모두 경찰인 것은 아니다. 위해를 방지하기 위하여 사람의 자유를 제한하기에 이르렀을 때에야 이것을 경찰이라고 할 수 있다. 따라서 단지 위생적 설비를 하거나 또는 밤중에 도둑이 배회하는 것을 막기 위하여 골목길에 가로등을 설치하는 것과 같은 것은 사람의 자유를 제한하고 이로써 안녕질서를 유지하기 위한 행위가 아니라면 경찰에 해당하지 않는다. 그러나 전염병을 예방하기 위하여 청결법을 명하는 것은 사람의 자유를 제한하고 권력으로 이를 강행하는 것이라면 경찰이다. 자유의 제한은 신체 및 재산에 대한 것이다. 예를 들면, 싸움을 하는 사람에 대하여 그 신체의 자유를 제한하거나 또는 방수(防水), 방화(防火)에 필요한 범위에서 물품의 제공을 명하는 것과 같은 것이다.

경찰은 직접 사회의 안녕질서를 유지하기 위하여 사람의 자유를 제한하는 것이다. 따라서 자유의 제한이 직접 사회의 안녕질서를 유지함에 있지 않고 다른 목적을 달성하기 위하여 행하는 것은 경찰이 아니다. 예를 들면, 군사행정에서 징병, 징발(徵發) 등은 사람의 자유를 제한하지만 직접 국방의 수단을 갖추는 데 있고 공공의 안녕질서를 유지하기 위한 특징이 없으면 경찰이라고 할 수 없다.

제2절 경찰의 분류

제1 국가경찰 및 지방경찰

국가경찰이란 위해의 성질이 주로 국가 전체에 관한 것에 대한 경찰이고 지방경찰이란 위해의 성질이 주로 지방공공단체의 구역에 한하는 것에 대한 경찰을 말한다(조선에는 이 구별이 필요 없다).

제2 사법경찰 및 행정경찰

사법경찰이란 이미 위해가 발생한 후에 그 위해의 원인인 범죄자를 수색하여 체포하거나 증빙을 수집하는 것을 목적으로 하는 것으로서 사법경찰은 사법재판소의 관할에 속한다. 행정경찰(광의)은 사법경찰을 제외한 모든 경찰을 말한다.

제3 보안경찰 및 행정경찰

이 구별은 전항에서 언급한 행정경찰에 대한 분류로서 혹은 보통경찰 및 특별경찰이라고도 한다. 즉, 보안경찰은 일반적으로 공공의 안녕질서에 대한 위해를 방지하기 위한 목적으로 하는 것이고 행정경찰은 행정각부의 작용에 따른 행동하는 경찰을 말한다. 예를 들면, 산림경찰, 광산경찰, 교통경찰 등과 같은 것이다.

제4 고등보안경찰 및 보통보안경찰

이것은 보안경찰에 대한 분류로서 고등보안경찰이란 그 방지하려고 하는 위해의 성질이 널리 국가 또는 사회의 전체에 관한 것을 말한다. 보통보안경찰이란 그 위해가 주로 한 사람의 사인(私人)에 관한 것만을 말한다.

제3절 조선에서의 경찰의 조직

조선에서 경찰사무집행기관은 경찰관서 및 헌병대의 두 종류가 있다.

제1 경찰관서

경찰관서는 경무총감부, 경무부, 경찰서의 세 종류가 있으며 조선총독의 관리에 속한다. 그리고 경무총감부는 경성에 두고 조선에서 경찰 및 위생사무를 총리한다. 경무부는 각도에 두고 도내 경찰 및 위생사무와 함께 관내 경찰서에 대한 감독을 행한다. 경찰서는 필요한 지역에 두고 관내 경찰 및 위생사무를 관장한다. 또 경찰서의 관내에는 순사(巡査)주재소, 파출소를 설치하여 각관할구역내의 사무를 관장한다.

경찰관서에는 경무총장 1인, 경무관 3인, 경무부장 12인, 경시 35인, 경찰서장, 통역관 4인, 기사(技師) 3인, 항무관(港務官) 1인, 항무의관(港務醫官) 1인, 수의(獸醫)관 1인(이상은 고등관)을 둔다. 그리고 그 아래 경부(警部), 항리(港吏), 항무(港務)의관보(醫官補), 수의(獸醫)관보, 기수(技手), 통역생을 포함하여 판임(判任) 367인을 둔다. 앞서의 직(職) 가운데 경무총장은 경무총감부의 장(長)으로서 경무부장은 각도의 경무부의 장(長)으로서 각각 부하경찰관서의 직무를 지휘감독하고 사무를 장리(掌理)한다. 앞서 언급한 외에 경찰관서에 순사 및 순사보를 두고 그 정원 및 직무 등에 관해서는 조선총독령으로 정한다.

경무총장 및 경무부장은 각각 그 직역 또는 위임범위 내에서 경무총감부령 또는 경무부령을 발할 수 있다. 이미 언급한 바와 같이 경무부장이 명령을 발하려고 할 때는 도장관(道長官)의 승인을 받을 것을 요한다. 그렇지 않으면 지방행정과 일치하지 않게 된다(1915년 개정됨)

경찰관서관제(1910년 6월 칙령 제196호)

경무총장 등이 발하는 명령의 벌칙에 관한 건(1910년 7월 칙령 제376호)

보안법(1907년 법률 제3호)

보안규칙(1906년 통감부령 제10호)

행정집행령(1914년 7월 제령 제23호)

동 시행규칙(동년 8월 총독부령 제130호)

집회단속(1910년 8월 경무총감부 제3호)

출판법(1909년 법률 제15호)

출판규칙(1910년 통감부령 제20호)

신문법(1907년 법률 제1호)

신문지규칙(1908년 통감부령 제12호)

총포화약류단속령(1912년 8월 제령 제3호)

고물상단속의 건(1912년 3월 제령 제2호)

전당포단속의 건(동(同)제령 제3호)

기부금품모집단속규칙(1911년 11월 제령 제138호)

묘지화장장매장(埋葬) 및 화장(火葬)단속규칙(1912년 6월 총독부령 제123호)

하천단속규칙(1914년 3월 총독부령 제46호)

경찰범처벌규칙(1912년 총독부령 제40호)

제2 헌병대

조선주둔헌병은 치안유지에 관한 경찰 및 군사경찰을 관장하는 헌병은 육군대신의 관할에 속하지만 그 직무집행에 대해서는 조선총독의 지휘감독을 받는 것으로 한다. 경성에 헌병대사령부를 두고 각 헌병대의 관구에 하나의 헌병대를 파견하여 헌병대는 이것을 본부 및 분대로 나누고 분대 아래에는 헌병분견(分遣)소, 파견(派遣)소 및 출장소 등을 둔다.

헌병장교(소위 이상), 준(准)사관(특채정교(正校)), 하사(오장(伍長), 조장(曹長)), 상등병에는 조선총독이 정하는 바에 따라 재직의 신분으로 일반경찰관의 직무를 집행할 수 있다. 뿐만 아니라 헌병분대 및 헌병분견(分遣)소는 경찰관서를 두지 않은 지역에서 일반경찰사무를 행한다. 헌병대사령부의 장(長)은 헌병대사령관으로서 각 헌병대를 통할하고 사령부의 사무를 총리(總理)한다. 또 헌병대장은 헌병대장으로서 각분대장을 통할하고 대내의 사무를 관리한다. 경찰관서 및 헌병대는 사무상 밀접한 관계를 가지며 양자의 통일을 도모할 필요가 있기 때문에 경찰총장은 헌병대사령관, 각도 경무부장은 헌병대장으로 충원할 수 있다.

헌병대에는 경찰관서에 있어서 순사보와 마찬가지로 헌병보조원을 둘 수 있고 그 정원, 직무 등에 관해서는 조선총독령으로 정한다.

제4절 행정집행령(1914년 제령 23호)

행정집행령은 행정관청이 행정상 필요한 강제수단을 행사하는 방법 및 범위를 정한 법규이다. 그 규정내용은 헌법에서 소위 인신의 자유, 거주의 자유 등에 관한 것으로서 보안경찰과 가장 밀접한 관계를 갖는 것이기 때문에 편의상 본절에서 설명하기로 한다. 현재 동령(同令)이 규정하는 강제수단을 열거하면 다음과 같다.

1. 인신검속(檢束)
2. 재산의 제한
3. 저택의 침입
4. 밀매음(密賣淫)자의 건강진단 및 주거의 제한
5. 대집행
6. 강제벌
7. 직접강제

제1 인신검속

인신검속이란 사람을 체포하여 구인하거나 감치(監置)하는 등의 자유를 구속하는 것을 말한다. 행정관청은 만취자, 정신이상자, 자살하려고 하는 자 그 밖의 구호를 필요로 한다고 인정되는 자 또는 싸움 그 밖의 공안을 해할 염려가 있는 자에 대하여 3일을 넘지 않는 범위 내에서 필요한 검속을 할 수 있다(동령(同令) 제1조)

제2 재산의 제한

1. 위험물의 가영치

행정관청은 만취자, 정신이상자, 자살하려고 하는 자 그 밖의 구호를 필요로 한다고 인정되는 자 또는 폭행, 싸움 그 밖의 공안을 해할 염려가 있는 자에 대하여 무기, 흉기 그 밖의 위험성 있는 물건의 가영치(假領置)를 할 수 있다(동 제1조). 생각건대 이들에게 위험물을 소지하게 하는 것은 자기 자신을 자해할 염려가 있을 뿐만 아니라 나아가 타인을 살상할 염려가 있다. 무기란 칼과 창, 총포 등과 같이 사람을 살상하는데 사용하기 위하여 만들어진 것을 말한다. 흉기란 식칼, 곤봉 등 사람을 살상하는 데 사용될 수 있는 기구(器具)를 말한다. 또 가영치란 사인(私人)의 사유권을 뺏는 것이 아니라 나중에 돌려주는 것을 조건으로 일시적으로 점유를 압수하거나 처분하는 것을 말한다. 그리고 가영치의 기간은 30일 이내로 되어 있다. 가영치된 물건에 대하여 1년 이내에 반환을 청구하는 자 없을 때에는 국고에 귀속된다(동 7조).

2. 토지물건의 제한

토지물건의 제한은 그 목적에 따라 두 가지가 있다. 그 하나는 공공의 행복증진을 위하여 행해지는 것으로 이것을 공용제한이라고 한다. 또 하나는 위해를 방지하기 위하여 공공의 안녕질서를 유지하기 위하여 행해지는 것으로 이것을 경찰제한이라고 한다. 행정집행령에 규정하는 바는 즉 후자에 속한다.

행정관청은 천재, 사변시 또는 조선총독이 정하는 경우에 위험예방 혹은 위생을 위하여 필요하다고 인정할 때에는 토지물건을 사용처분 또는 그 사용을 제한할 수 있다(동 4조).

제3 저택의 침입

함부로 타인의 저택 내에 침입하여 가내(家內)의 평온·안정을 깨트리는 것은 형법이 금하고 있는 바이다. 또 헌법에서도 일본 신민은 법률이 정하는 경우를 제외하고는 허락 없이 거주하는 곳에 침입하거나 수색할 수 없다고 규정하고 있다. 따라서 형사재판권의 시행의 필요상 저택에 침입, 수사하는 경우 대부분 형사소송법에 규정하고 있다. 행정집행령에 있어서는 주로 경찰행정의 필요에 따라 저택에 침입하여 수색하는 경우에 관한 것이다.

행정집행령에 의하면 행정관청은 일출 전, 일몰 후에 있어서는 생명·신체 또는 재산에 대하여 위해가 절박하다고 인정될 때 또는 도박, 밀매음이 현재 행해지고 있다고 인정되지 않을 때에는 현거주자의 의사에 반하여 저택에 들어갈 수 없다.

제4 밀매음자의 건강진단 및 주거의 제한

밀매음은 건전한 풍속을 해하고 매독을 만연시키는 매개체며 국민의 신체정신을 좀먹는 실로 중대한 일이다. 그렇다면 매춘의 죄를 범한 자는 그것을 벌하는 것은 물론 장래에 향하여 그 해독을 방지하기 위한 방법을 강구하지 않으면 안 되는데 그 방법에는 두 가지가 있다.

1. 행정관청은 밀매음을 행하거나 또는 그 전과자 또는 상습적으로 밀매음을 행하는 자에 대하여 건강을 진단하거나 또는 지정된 의사의 검진을 받도록 한다(인신의 자유의 제한).

2. 진단한 결과 전염성질환을 앓아서 필요하다고 인정할 때에는 병원에 입원시키거나 또는 지정된 의사의 치료를 받게 하여 치료될 때까지 지정된 장소에 거주하게 하여 외출을 금지해야 한다(거주의 제한).

위의 비용은 본인 또는 밀매음자에게 부담시켜야 하지만 본인 또는 밀매음자에게 부담할 능력이 없는 때에는 국고에서 지불된다(동 제3조 제1, 2항).

또 헌법 제22조에 의하면 사람의 거주를 제한하기 위해서는 반드시 법률의 규정에 의하지 않으면 안 된다. 그렇지만 풍속 상의 단속을 필요로 하는 자의 거주이전 등의 제한은 토지, 민정(民情)이 달라서 그 규정을 달리 적용할 필요가 있는 경우에는 이들 제한은 명령으로서 정할 수 있다(동 제3조 제3항).

제5 대집행

행정집행령에 의하면 행정관청은 법령 또는 법령에 근거하여 행하는 처분에 따라 명해진 행위 또는 불행위를 강제하기 위하여 일정한 처분을 행할 수 있다. 그 중의 하나가 대집행이다.

대집행이란 특정한 행위를 할 의무 있는 자가 그 행위를 행하지 않는 경우에 행정관청 스스로 행하거나 또는 제3자로 하여금 이를 행하게 하고 그 비용을 의무자에게 징수하는 처분을 하는 것을 말한다(동 제3조 제1항 제1호). 따라서 대집행을 행하기 위해서는 그 의무가 행위의무일 것을 요한다. 불행위의 의무는 성질상 대집행을 행할 수 없다. 또 행위의무에 있어서도 특별한 기능을 요하는 행위와 같은 것은 통상 대집행을 행하기에 적합하지 않다.

의무자가 임의로 대집행비용을 지불하지 않을 때에는 국세징수령에 따라 강제징수할 수 있다(동 제6조).

행정관청이 대집행을 하기 위해서는 일정한 조건을 필요로 한다. 즉, 급박한 사정이 있는 경우를 제외하고는 미리 그 취지를 계고하지 않으면 이를 행할 수 없다.

제6 강제벌(집행벌)

강제벌이란 행위의무에 대하여 대집행을 행하기에 적합하지 않거나 또는 불행위의무를 강제하기 위하여 과료(過料)에 처하는 것을 말한다. 과료액은 25원 이하로 하고 이를 부과함에 있어서 행정관청의 계급에 따라서 차이가 있을 때에는 행정집행령 시행규칙이 정하는 바에 따른다. 그리고 그 징수방법은 대집행의 비용과 같다. 만약 의무자가 임의로 납부하지 않을 때에는 국세징수령에 의하는 것으로 한다.

강제벌을 행하기 위해서는 대집행과 마찬가지로 미리 이것을 계고하지 않으면 안 됨과 동시에 대집행과는 달리 예외 없이 계고를 요한다. 계고는 이행기간을 정하여 서면으로 행해지지 않으면 안 된다(동 제5조 제1항).

강제벌인 과료(過料)는 다음과 같은 점에서 형벌법규에서의 벌금 또는 과료(科料)와 다르다.

가. 벌금 및 과료(科料)는 형벌로서 과(科)해지지만 강제벌인 과료(過料)는 행정처분으로서 이를 명한다. 따라서 전자(前者)는 각 범죄에 관하여 미리 법규로서 이를 규정해둘 것이 요구되지만 후자(後者)는 그렇지 않고 직권이 있는 행정청이 각 경우에 대하여 당해 처분을 할 것인지의 여부를 규정한다.

나. 벌금 및 과료(科料)는 의무위반에 대하여 당연히 이를 과(科)하지만 강제벌은 미리 계고하고 그래도 이행하지 않을 경우에 이를 과(科)한다.

다. 벌금 및 과료(科料)는 의무위반의 사실이 있으면 반드시 과(科)해야 하지만 강제벌은 행정관청이 임의로 이를 과한다.

라. 벌금 및 과료(科料)는 동일한 의무위반사실에 대하여 중복하여 이를 과할 수 없지만 강제벌은 당해 사실이 계속되는 한 몇 번이고 이를 과할 수 있다.

마. 벌금 및 과료(科料)에는 환형(換刑)처분이 있지만 강제벌인 과료(過料)는 국세징수령에 따라 징수한다.

제7 직접강제

직접강제란 대집행 또는 강제벌에 의하여 목적을 달성할 수 없는 경우 또는 급박한 사정이 있는 경우에 실력으로 특정한 행위 또는 불행위의 의무를 강제하는 처분이다.

제5절 보안경찰

경찰의 분류 가운데 가장 중요한 것은 보안경찰과 행정경찰이다. 그러나 행정경찰은 행정각부의 작용을 설명하는 때로 넘기로 이하에서는 오직 보안경찰에 대하여 서술한다.

제1항 결사집회 및 군중단속

결사란 공동의 목적을 위하여 다수인이 합의에 따라 계속적으로 단결하는 것을 말한다. 나누어 설명하면,

1. 다중인이 단결하는 것이기 때문에 한 개인이 어떠한 목적을 가지고 어떠한 행동을 한다 하더라도 결사에 해당하지 않는다는 것은 논할 필요가 없다.

2. 다중인이 합의할 것을 요하기 때문에 법령에 따라 설립 또는 가입이 강제되는 공공단체는 결사에 해당하지 않는다.

3. 다소 계속되어야 하는 성질을 갖지 않으면 결사에 해당하지 않는다. 이 점에서 후술하는 집회와 다르다.

4. 공동의 목적은 그 내용 여하를 묻지 않지만 단지 사적인 것, 예를 들면 상행위를 행하는 회사 같은 것은 여기에 포함되지 않는다. 따라서 경찰목적이 되는 것은 정치에 관한 것 및 정치 이외의 공사(公事)에 관한 것 두 가지가 있다.

집회란 공동이 목적으로 하는 일일 것을 요하기 때문에 각인이 별도로 우연히 서로 만났다고 해서 집회에 해당하지 않는다. 이것은 군중과도 다르다. 집회는 그 목적에 따라 정치상[15] 및 공사(公事)상으로 구별할 수 있을 뿐만 아니라 당해 회합장소에 따라 옥내집회 및 옥외집회

15) 한국의 경찰권은 1910년 8월 23일 일본에 넘겨졌다.

두 가지로 구별할 수 있다.

군중은 공동의 목적 없이 우연하게 다중인이 동일한 장소에서 회동하는 것을 말한다.

결사집회 및 군중단속에 관해서는 1907년 7월 법률 제2호 보안법에 규정이 있다.[16] 동법에 의하면 경찰총장(내무대신)은 안녕질서를 유지하기 위하여 필요한 경우에는 결사의 해산을 명하고 또 경찰관은 집회·다중(多衆)운동 혹은 군중을 제한 금지하고 또는 해산할 수 있다. 또 조선병합 전후에 있어서 공공의 안녕질서를 확실하게 보호하고 유지할 필요가 있었다. 이를 위하여 1910년 경무총감부령 제3호를 발령하여 당분간 정치에 관한 집회 혹은 옥외에서 다중의 집회를 절대적으로 금지하였다. 다만 옥외에서 설교 또는 학교생도의 체육운동의 집회는 소할(所轄) 경찰관서의 허가를 받은 경우에는 여기에서 제외되었다.

제2항 출판단속

출판이란 문서도화를 인쇄하여 이것을 발매 또는 배포하는 것을 말한다. 따라서 출판에는 다음과 같은 세 가지 조건을 필요로 한다.

(1) 문서도화에 관한 사항

문서도화란 문자 또는 도형으로 사람의 사상을 표시하는 것을 말한다.

(2) 인쇄에 관한 사항

인쇄란 기계 또는 화학적인 방법으로 동일한 형상(形象)을 다수 표시하는 것을 말한다. 따라서 목판, 석판, 동판, 등사판, 사진 등에 의한 것은 모두 인쇄에 해당한다.

(3) 발매 또는 배포에 관한 사항

배포란 다수의 자에게 나눠주는 것을 말한다. 발매도 또한 배포의

16) 결사의 설립은 총독부의 허가를 요하지만 유사시에는 이를 허용하지 않는다.

일종인데 단지 배포가 매매의 방법에 의하는 것을 말한다. 문서도화를 시장에 게시하거나 다중인에게 열람시키는 것과 같은 것은 배포에 해당하지 않기 때문에 출판이라고 할 수 없다.

(4) 출판은 크게 나눠 보통출판 및 신문지(정기적으로 발행하는 잡지를 포함한다)의 두 가지 종류가 있으며 이에 대한 단속방법이 다르다. 즉, 보통출판에는 1909년 2월 법률 제6호 출판법(조선인에게) 및 1910년 5월 통감부령 제20호 출판규칙(일본인에게)을 적용하고 신문지에는 1907년 7월 법률 제1호 신문지법(조선인이게) 및 1908년 4월 통감부령 제12호 신문지규칙(일본인에게)을 적용한다.

제1 보통출판

일본인들이 문서 도화를 출판하려고 하는 때는 저작자 및 발행자는 발행일로부터 3일전에 제본(製本) 2부를 첨부하여 경무총감부를 경유하여 조선총독부에 신고해야 한다. 관청출판물은 신고할 필요가 없다. 다만, 발행 전에 제본을 송부하는 것으로서 족하다. 조선인은 원고를 첨부하여 경무부장을 경유하여 경무총장에게 신청하여 허가를 받은 후 출판할 수 있다. 그리고 출판했을 때는 즉시 제본 2부를 경무총감부에 제출하여야 한다. 또 관청의 문서, 도화 또는 타인의 연설 또는 필기(筆記)를 출판하려고 하는 때 또는 저작권을 갖는 타인의 저작물을 출판하려고 하는 때는 신청서에 해당 관청의 허가서 또는 연설자, 강의(講義)자, 저작권자의 승낙서를 첨부해야할 의무가 있다. 또 출판물의 말미에는 발행자, 인쇄자의 씨명(氏名), 주소, 발행인쇄의 일시 및 인쇄장소를 기재해야 한다.

출판법 및 출판규칙에 규정된 절차는 서한(書翰), 통신, 보고, 사칙(社則), 전단(傳單)지, 광고, 각종 예술에 대한 내력서, 각종 용지류 및 사진의 출판에는 이를 적용하지 않는다.[17]

출판규칙은 신고주의를 취하고 있지만 일정한 사항에 대해서는 미리 허가를 필요로 할 뿐만 아니라 그 외에 절대적으로 금지되는 사항이 있다. 즉, 외교, 군사 그밖에 관청기밀에 속하여 공개할 수 없는 국가의 문서 및 외교기사, 군사기밀에 관한 문장도화는 해당 관청의 허가를 받지 않으면 출판할 수 없다. 또 범죄를 비호하거나 형사에 저촉되는 자 또는 형사재판중인 자를 구호하거나 혹은 찬양, 동정하는 문서, 중죄(重罪), 경죄(輕罪)를 미리 판단하는 사항 및 방청이 금지된 소송에 관한 사항 및 법률에 따라 방청이 금지된 공회(公會)의 의사(議事), 안녕질서를 방해하거나 또는 풍속을 해치는 문서도화, 정체(政體)를 바꾸고 무너뜨려 국헌을 문란시키는 문서 도화는 절대적으로 출판할 수 없다.

출판법은 허가주의이기 때문에 전술한 것과 같은 규정이 없어도 허가를 얻지 않고 출판하는 저작자, 발행자는 다음과 같은 내용에 따라 처벌된다.

1. 국제(國際)를 저해하거나 또는 정체(政體)를 바꾸고 무너뜨려 국헌을 문란시키는 문서도화를 출판한 때(3년 이하의 징역)

2. 외교군사기밀에 관한 문서 도화를 출판한 때(2년 이하의 징역)

3. 위의 두 가지 경우 외에 안녕질서를 방해하거나 또는 풍속을 해치는 문서도화를 출판한 때(10월 이하의 징역)

4. 그 외의 문서 도화를 출판한 때(100원 이하의 벌금)

불법출판에 대한 경찰처분으로서는 발매, 배포의 금지 및 각판(刻版), 인본(印本)의 압류의 두 가지가 있다(일본인, 조선인에게 공통으로 적용됨).

출판규칙에 의하면 예약출판에 관해서는 1910년 법률 제55호 예약출판법이 준용(準用)된다.

---

17) 조선에 거주하는 일선인(日鮮人) 가운데 그 중 한 사람이 저작자이고 한 사람이 발행자인 경우 저작자가 조선인일 때에는 출판법에 의하고 이에 반하여 일본인인 때에는 일본인에게 적용되는 출판규칙에 의한다.

예약출판[18]이란 비용의 전부 또는 일부를 미리 받아서 문서도화의 배포를 예약하는 출판을 말한다. 조선의 출판법에는 이와 같은 종류의 규정이 없기 때문에 조선인에 대해서는 예약출판이 허용되지 않는다고 해석할 수밖에 없다.

제2 신문지

신문지란 정기 또는 부정기를 묻지 않고 동일한 제호를 사용하여 계속적으로 발행하는 저작물을 말한다. 잡지의 발행도 또한 신문지법의 적용을 받는다.

내지(內地)인이 신문지를 발행하고자 할 때는 일정한 사항을 기재하여 발행지를 관할하는 경무부장의 인가를 받아야 한다. 조선인의 경우에는 발행지를 관할하는 경무부장을 거쳐 경무청장에게 청원(請願)하여 허가를 받아야 한다.

신문지발행인은 일본인의 경우에는 허가를 받음과 동시에 또 조선인의 경우에는 청원시에 정액(定額)의 보증금을 납부[19]해야 한다. 이것은 무자력자 또는 부랑자 등이 함부로 신문지를 발행하는 것을 막기 위함이다. 신문지에는 매호(每號)마다 발행자, 편집인 및 인쇄인의 씨명(氏名) 및 발행소를 기재해야 한다. 또 매호 발행과 동시에 경무총감부, 관할경무부 및 관할지방법원 검사(檢事)국에 각각 2부를 제출해야 한다. 신문지의 기재사항에 관해서는 적극, 소극의 양면의 제한이 있다. 그리하여 적극적 제한이란 법률이 어느 사항의 게재를 명하는 경우 신문사가 의무적으로 이것을 게재하지 않으면 안 되는 것을 말한다. 또 소극적 제한이란 법률이 어느 사항의 게재를 금지하는 경우 그 사항은 보통출

18) 예약자는 출판자에게 보증금으로써 출판서적의 정가가 10엔 미만의 책에는 500엔, 10엔 이상의 책에는 1,000엔을 제공해야 한다.

19) 이 보증금은 일본인에 대해서는 세 종류가 있다. 경성, 인천, 평양에서는 2,000원, 이사(理事)가 있는 곳은 1,000엔, 그 밖의 곳에서는 500엔. 조선인은 형편에 관계없이 300엔.

판에 대한 것과 대동소이(大同小異)하다.

신문지는 신문지의 불법출판에 대한 경찰처분으로서 발매, 배포의 금지, 압류, 발행의 정지, 금지 등이 있다.[20]

제3항 개인의 단속

공공의 안녕질서를 해할 염려가 있는 개인에 대해서는 그 자유(주로 거주이전)를 제한함으로써 위해발생을 방지할 수밖에 없다. 특히 단속을 필요로 하는 주된 자는 부랑자, 거지, 전과자, 외국인 및 보안법, 보안규칙의 규정에 저촉(抵觸)되는 자 등이 있다.

제1 부랑자 및 거지

부랑자란 일정한 주거 또는 생업이 없이 여기 저기 배회하는 자를 말한다. 1912년 3월 총독부 동 제40호 경찰범처벌규칙 제1조에 의하면 일정한 주거 또는 생업 없이 여기 저기 배회하는 자는 구류 또는 과료(過料)에 처하도록 되어 있고(일본인, 조선인에 모두 적용됨) 그 외에 보안규칙(일본인에게 적용됨) 제1조에는 경무부장은 일정한 주거 또는 생업을 갖지 않고 평상시 조잡하고 포악한 언론행위를 하는 자에 대해서는 일정한 기간 내에 주거를 정하고 또는 생업을 구할 것을 명할 수 있다는 취지의 규정이 있다.

거지도 또한 일종의 부랑자이지만 다만 각 집을 돌아다니며 생활상의 보호를 구걸하는 점에서 부랑자와 다르다. 경찰범처벌규칙 제1조에서 구걸을 하거나 또는 하려고 하는 자는 구류 또는 과료(過料)에 처한다는 취지의 규정이 있다.

부랑자 및 거지의 경우처럼 이를 처벌하여도 아무런 효과가 없는 경우가 많기 때문에 사회정책으로서는 노동을 할만한 자는 강제적으로 노동에 종사시키고, 할 수 없는 자는 상당한 구제방법을 강구하여 근절할 수 있는 조치를 취해야 한다.

---

20) 정지(停止)는 1년을 넘을 수 없다.

제2 전과자

전과자란 범죄를 저질러 감옥에 있던 자가 은사(恩赦) 또는 직권있는 자의 명령 또는 형기의 종료에 따라 감옥에서 나온 자를 말한다. 전과자에 대해서도 공공의 안녕질서를 보호하고 유지하기 위하여 조사를 할 필요가 있다. 종래 전과자에게 부가형(附加刑)으로써 또는 행정처분으로써 감시를 하였지만 신형법의 제정에 따라 감시제도를 폐지하였다. 다만 가출옥인(假出獄人)(형법 제28조)에 대해서는 1912년 3월 총독부 동 제23호 가출옥단속규칙에 따라 가출옥이 허용된 자는 그 기간 내에, 1) 제대로 된 일자리를 구하여 선행을 행할 것, 2) 경찰관서 또는 위임을 받은 자의 감독을 받을 것, 3) 주거이전 또는 10일 이상 여행을 하려고 하는 때에는 감독자의 허가를 얻을 것 등의 여러 사항을 준수하도록 하였다.

제3 외국인

외국인에 대해서는 헌법의 적용이 없기 때문에 이론상 거주이전 그 밖에 자유에 관하여 일본 신민과 동일한 보장을 받을 수 없다. 외국인의 자유권은 조약에 따라서 정해진다. 그렇지만 실제로는 조약국인이든 무조약국인이든 관계없이 일본 신민과 같이 국법상의 취급을 받게 된다. 단지 여기에는 예외가 있다.

1. 외국인으로서 내국(內國)의 안녕질서를 문란하게 할 우려가 있는 때는 그를 외국에 추방할 수 있다는 점에 대해서는 법령상 별도의 규정이 없어도 국가자위권에 바탕하여 국제적, 일반적으로 인정되고 있다.

2. 조약에 의해 거주의 자유를 갖지 않는 외국인에 대한 제한에 있어, 이러한 외국인이라 하더라도 일반적으로 거주이전, 영업 그 밖의 행위의 자유가 인정되지만 일정한 노동자에 대해서는 특별히 법령으로 지방장관의 허가를 받지 않으면 종전의 종전의 거류지(居留地) 이외에서

거주하거나 또는 해당 업무를 행할 수 없다(1910년 8월 통감부령 제52호 조약에 따라 거주의 자유를 갖지 않는 외국인의 거주 및 업무에 관한 건).

제4 보안법 및 보안규칙에 저촉되는 자

보안규칙에 규정된 내용은 다음과 같다.

1. 변호사 또는 이사(理事)관의 허가를 받지 않고서[21] 타인의 소송사항의 위탁을 받거나 또는 이에 관여하거나 혹은 변호사 또는 이사(理事)관의 허가를 받은 자로 하여금 함부로 소송쟁의를 권유, 교사(教唆)하는 일

2. 경찰부장의 인가를 얻지 않고 단체가입을 권유하는 일

3. 폭행협박 또는 사기에 해당하는 수단으로 타인의 업무 또는 그 밖의 행위를 방해하는 일

4. 폭행협박 또는 사기에 해당하는 수단으로 타인의 행위, 불행위 또는 재물을 요구하거나 또는 타인의 진퇴(進退)의견에 간섭하는 일

5. 재물을 매매하거나 또는 노동력을 수급(需給)함에 있어서 폭행협박 또는 사기에 해당하는 수단으로써 그 가액(價額)을 부당하게 증감하는 일

6. 재물의 대차(貸借) 또는 그 주선(周旋)을 행함에 있어서 이자, 수수료 그밖에 명의의 여하에 관계없이 부당하게 고리(高利) 또는 보수를 요구하는 행위

7. 채무변제를 받기 위하여 폭행협박 또는 사기에 해당하는 수단을 이용하거나 혹은 신체의 자유를 구속하는 일

8. 공직을 얻는 데 필요한 주선을 받기 위하여 금전 그 밖의 보수를 받거나 또는 받을 것을 약속하는 일(이하, 제8조 재판소에도 이를 적용한다)

또 보안법에 규정된 것은 다음과 같다(조선인에게만 적용).

---

21) 형법과 이 규칙 등이 서로 저촉되는 경우에는 먼저 형법이 적용된다. 형법에 규정이 없을 때에만 이 규칙을 적용한다.

9. 정사(政事)에 관하여 불온한 동작을 행할 염려가 있다고 인정되는 자에 대하여 경무총장은 그 거주처소로부터 퇴거를 명함과 동시에 일 년 이내의 기간을 정하여 일정한 구역 내에 들어오는 것을 금할 수 있다. 이것이 이른바 경찰 예계(豫戒)이다.

10. 정사(政事)에 관하여 불온한 언론의 동작 또는 타인을 선동, 교사 혹은 사용하거나 또는 타인의 행위에 간섭함으로써 치안을 방해하는 일

제4항 특종의 영업에 대한 단속

우리 헌법은 영업의 자유를 보장하고 있지는 않지만 신민은 법이 명시적으로 금지하지 않는 한 자유롭게 영업을 할 수 있음을 원칙으로 한다. 그렇지만 영업의 성질이 공공의 안녕질서 혹은 풍속을 문란하게 할 염려가 있는 것에 대해서는 제한을 법으로 규정할 수 있다. 영업은 그 단속의 유무 및 관대함과 엄격함에 따라 다음과 같이 3종류로 나눌 수 있다.

제1 자유영업

개인이 허가를 받지 않고서 자유롭게 할 수 있는 영업을 말한다. 보통의 영업은 모두 여기에 속한다.

제2. 신고영업[22)]

영업을 하는 것은 온전히 개인의 자유이지만 관청에서 단속의 필요상 신고의무를 부담하게 하는 영업을 말한다.

제3 면허영업[23)]

어떤 종류의 영업은 단속의 필요상 미리 그 영업을 행하는 사람은 어떠한지 그리고 설비는 어떠한지에 대하여 심사를 하고 나서 적당하다고 인정되는 경우에 한하여 허가하는 것과 같은 영업을 면허영업이라고 한다.

---

22) 조세징수를 위한 것임
23) 조세징수를 위한 것임

위와 같은 경우 외에 국가가 수입을 얻기 위하여 또는 행정목적을 위하여 절대로 개인의 영업을 금지하는 것이 있다. 예를 들면, 각종의 전매(專賣), 우편전신전화, 화약제조, 화폐주조와 같은 것들이다.

영업에 관하여 경찰이 단속해야할 사항은 영업의 성질에 따라 각각 다르다. 혹은 주로 도범(盜犯)을 검거하는 사법상의 목적으로 단속하는 것도 있다. 예를 들면, 전당포, 고물상과 같은 것이다. 혹은 주로 풍속상의 목적으로 단속하는 것도 있다. 예를 들면, 요리점, 음식점과 같은 것이다. 혹은 주로 화재(火災) 그 밖의 위험을 예방할 목적으로 단속하는 것도 있다. 예를 들면 화약영업, 목욕탕영업과 같은 것이다. 혹은 위생상의 목적으로 단속하는 것이 있다. 우유영업, 약품(藥品)상(商), 수육(獸肉)판매영업과 같은 것이다.

영업단속에 관한 법규는 두, 세 개 중요한 것을 제외하고는 대개 각도(各道) 경무부령에 따라서 제정되기 때문에 전도(全道)에 획일적으로 적용되는 규칙은 없다. 동(同)영업단속에 관한 중앙경찰령을 들면 다음과 같다.

1. 총포화약류단속령(1912년 8월 제령 제3호)

본령에 의하면 군용총포의 제조, 개조 및 화약류의 제조는 전적으로 금지되며 비(非)군용총포의 제조업은 경무총장, 비군용총포 또는 화약류의 판매는 영업지를 관할하는 경무부장의 허가를 받아야 한다. 총포화약류는 이것을 행상(行商) 또는 시장, 노점(露店) 그밖에 옥외에서 판매할 수 없다.

2. 고물상단속의 건(1912년 3월 제령 제2호)

본령에 의하여 고물상단속에 관해서는 고물상단속법(1895년 법률 제13호)에 의하는 것으로 되어 있다. 고물상이란 주로 한 번 사용한 물품 혹은 그 물품에 약간 손질을 한 것을 매매, 교환하는 영업을 말한다. 고물상영업을 하려고 하는 자는 일정한 내용을 기재하여 소할(所轄) 경찰서의 허가를 받아야 한다. 그리고 본령(本令)은 포목, 피륙가게, 가구점,

잡화상, 장식품가게, 시계점, 서적상, 구둣가게 그밖에 경무부장이 지정하는 상업영업가 수시로 영업에 속하는 고물을 매매, 교환하는 자에게도 적용한다.

3. 전당포단속에 관한 건(1912년 3월 제령 제3호)

전당포란 물품을 담보로 하여 금전을 빌려주는 것을 영업으로 하는 자를 말한다. 「전당포단속의 건」에 의해 조선에서의 전당포의 단속에 관해서는 전당포단속법(1995년 3월 법률 제14호)이 적용된다. 전당포영업은 그 성질이 전적으로 고물상과 마찬가지로 주로 도범검거를 목적으로 단속하는 것으로 단속의 내용 또한 대체로 고물상에 있어서와 같다.

또 영업단속에서 지방경찰 가운데 겹치는 것은 여관영업단속규칙, 목욕탕영업단속규칙, 기생단속규칙, 요리점음식점단속규칙, 각종흥행단속규칙, 대(大)상업단속규칙, 수육(獸肉)판매영업단속규칙, 도선(渡船)영업단속규칙 등이 있지만 각도의 사정에 따라서 다소 규정의 내용이 다르지만 하나 하나 설명할 필요가 없기 때문에 여기서는 생략한다.

제5항 기부금품모집규칙

기부금품모집이란 각종사업의 비용에 충당하기 위하여 널리 일반에 대하여 금전, 물품을 권유하는 것을 말한다. 종래 조선에서는 학교의 설립, 유지, 교회의 건설 그밖에 각종 공공사업경영의 이름하에 금품의 기증을 강요하는 일이 많았다. 그 폐해가 컸기 때문에 구(舊)한국정부에서 이를 단속하기 위한 규칙을 제정했지만 미비점이 많았기 때문에 합병 후 1911년 11월 총독부령 제38호로 기부금품모집단속규칙을 제정하게 되었다. 동규칙의 내용을 약술하면 다음과 같다.

어떠한 명의(名義)를 사용하느냐에 관계없이 기부금품을 모집하려고 하는 자는 일정한 사항을 갖추어 경무부장에게 제출하여 허가를 받아야 한다. 기부금품모집자가 타인으로 하여금 모집에 종사하도록 하는 때에는 허가관청의 인가를 받지 않으면 안 되며 또 모집자는 일정한 형식의 장부를 갖추고 기금품의 출납을 명확히 함과 동시에 모집을 폐지, 중지 또는 종료한 때는 수지계산서, 사업을 완성했을 때에는 수지결산서를 첨부하여 허가관청에 제출하여야 한다. 허가관청은 모집자가 법령을 위반하거나 또는 필요하다고 인정할 때는 모집을 제한 또는 정지하고 모집허가를 취소하거나 또는 모집한 금품의 반환을 명할 수 있다.

제3장 위생행정

위생이란 인체의 건강을 보전하는 것을 말한다. 이에 관한 행정을 위생행정이라고 칭한다. 위생행정을 분류하면 보건행정 및 의료행정의 둘로 나눌 수 있다. 보건행정은 건강에 대한 위해를 발생하기 전에 방지하거나 또는 이미 발생한 위해의 전파를 방지하는 것을 목적으로 한다. 예를 들면, 전염병의 예방, 상하수의 보호단속, 오물소지, 도로청결, 도살장단속, 음식물단속, 매독검사 등과 같은 것을 말한다. 또 의료행정이란 의료업 및 의약에 관한 단속으로서 예를 들면, 의료업에 관해서는 의사, 치과의, 약제사, 약상(藥商)업자, 제약사, 산판, 병원 등의 단속, 의약에 관해서는 일반약품, 매약(賣藥), 아편, 두묘(痘苗), 혈청 등의 단속을 말한다.

제1절 보건행정

제1 전염병예방령(1915년 6월 제령 제2호)

널리 전염병이라 칭할 때에는 성질상 타인에게 감염시키는 일체의 질병을 말하지만 그 감염이 맹위를 떨치지 못하게 하기 위해서는 국가가 특별히 단속할 필요가 있다. 따라서 본령(本令)에서 규정하는 전염병은 콜레라, 설사, 장티푸스, 파라티푸스, 두창(痘瘡), 발진티푸스, 성홍열, 디프테리아 및 페스트의 9종에 한한다. 다만 이 이외에도 유행병이 돌아 예방방법을 집행할 필요가 있는 때는 조선총독이 이를 지정한다. 전염병이 아직 발생하지 않았을 때는 그 발생을 예방하기 위하여 별도로 상하수도, 음식물의 감독, 오물소지 등의 규정이 있다. 본령(本令)의 목적은 주로 이미 병독이 발생한 후 가능한 신속하게 박멸시킴과 동시에 다른 곳에 전파하는 것을 막는 데에 있다.[24] 동규정의 내용을 간단히 말하면 제1조 제2호에서 본령(本令)이 적용되는 전염병의 종류를 열거하고, 제3조 이하에서 전염병발생의 경우에 의사, 사인(私人)의 신고의무(제3조 제4호), 병자의 격리, 청결방법, 소독방법 그밖에 처치(제5조 내지 제10조), 전염병자의 사체의 처치(제11조, 제12조), 선박기차의 여객의 검역(제14조 내지 제16조), 전염병이 유행할 때의 경무부장의 권한(제17조), 규칙위반의 벌칙(제23조, 제24조) 등에 대하여 규정하고 있다.

제2 항만검역에 관한 건(1911년 1월 제령 제1호)

최근 교통의 발달과 함께 해외로부터 전염병이 들어오는 경우가 많다. 본령(本令)은 해외의 여러 항구, 타이완, 사할린으로부터 들어오는 선박에 대하여 검역을 시행하기 위하여 제정된 것이다.

제3. 수도상수보호규칙(1910년 9월 통감부령 제61호)

물은 인류가 하루도 거를 수 없는 것이고 또 각종 병독, 전염의 매개자이다. 본규칙은 수도상수 부근에서 수질을 오염시키는 행위를 금하고 그 부근에서 가옥 그 밖의 건조물을 만들어 전답을 개간하거나 혹은 토지의 형상을 변경하려고 하는 때에는 소할(所轄) 경찰관서의 허가를 받도록 하고 있다.

제4. 음식물 그 밖의 물품단속에 관한 법규

음식물은 각개인의 건강을 유지하는데 필요한 것이어서 불량식품은 공공위생에 가장 큰 위험을 초래하는 원인이 된다. 따라서 각국 모두 엄중한 단속규정을 두고 있는데 조선에서는 1911년 10월 동령(同令) 제

24) 진단은 살아있는 사람, 검안(檢案)은 사인(死人)에 대한 것이고 전귀(轉歸)는 치료한 후 귀가시키는 것을 말한다.

27조 제12호로(1900년 법률 제15호) 음식물 그 밖의 물품단속규정을 제정하여 조선에서 시행하였다. 또 동시에 총독부령 제133호로 위생상 유해음식물 및 유해음식물품단속규칙을 제정하였다.

이들 규정에 근거하여 단속의 대상이 되는 사항은 크게, (1) 위생상 유해한 음식물의 제조, 판매의 금지, (2) 유해음식물의 폐기, (3) 음식물 검사의 셋으로 하고 또 단순히 음식물뿐만 아니라 판매할 목적으로 하거나 혹은 영업상 사용할 식기 그 밖의 물품에 대하여 역시 단속하였다.

제2절 의료행정

제1 의사, 치과의사, 의생(醫生)에 관한 규칙

종래 조선인인 의사는 전적으로 자유롭게 개업을 하고 있는 상황이었는데 다만 구(舊)한국관립학교 내의 대한의원부속의학교, 조선총독부의원부속의학강습소 등을 졸업한 자 또는 사립의학교에서 수업을 받아 위의 출신자와 동등 이상의 학력이 있다고 인정되는 자에 대해서는 개업이 인허(認許)되었다고 하여도 이것은 단지 학력을 증명하는데 그치고 업무상의 단속에 대해서는 어떠한 방법도 준비되어 있지 않았다. 또 내지인의 의사는 내지에서 의사자격을 가진 자를 원칙으로 하여 개업시 신고를 하도록 하고 있었는데 1913년 11월 조선총독부령(제100호)으로 의사규칙, 의생규칙(제102호)을 제정하여 종래 의술개업인허장을 갖고 있는 자 및 일정한 자격소지자로서 조선총독부의 면허를 받은 자는 의사로서 의사규칙의 적용을 받도록 하였고 또 종래 2년 이상 조선에서 의료업을 행했던 자 또는 20세 이상의 조선인으로서 의료업을 하기에 적당하다고 인정되는 때에는 경무총장이 의생면허장을 주어서 의생규칙의 적용을 받도록 하였다. 또 별도로 치과의사규칙(조선총독부령 제101호)를 제정하여 의료업을 행하는 자에 대한 단속방법을 온전하게 정비하였다.

의사 및 의생에 관해서는 의무를 지게 하였다. 즉, 그 주된 것을 열거하면 다음과 같다.

가. 의사 및 의생은 스스로 진단하지 않고 치료를 하거나 혹은 진단서, 처방전을 교부하거나 또는 검안(檢按)하지 않고 검안(檢按)서, 사산(死産)증서를 교부할 수 없다.

나. 의사 또는 의생은 방법 여하를 불문하고 그 기능, 요법 또는 경력에 관한 광고를 할 수 없다.

다. 의사 또는 의생이 환자를 진단하거나 또는 사체 또는 사산아를 검안(檢按)하는 경우 범죄의 가능성이 있다고 인정하는 때에는 경찰관서에 신고하여야 한다.

라. 의사 또는 의생이 환자에게 교부하는 처방전, 약제(藥劑)용기, 포장에는 일정한 사항을 기재하여야 한다.

마. 의사 또는 의생은 진료장부를 비치하고 일정한 사항을 기재하여 10년간 보존하여야 한다.

제2 약품, 약품영업단속령(1912년 3월 제령 제22호)

본령(本令)의 단속의 대상이 되는 약품영업자에는 약제사, 약종상, 제약(製藥)자, 매약(賣藥)업자의 넷이다.

약제사란 의사의 처방전에 따라 약제를 조합하는 자를 말한다. 조선총독이 발행하는 약제사면허증 또는 내무대신이 발행하는 약제면허장을 보유한 자가 아니면 약제사업무를 할 수 없다. 약종상이란 약품을 판매하는 자, 제약자란 약품을 제조하여 판매하는 자, 매약업자란 매약(賣藥)을 조제, 이입(移入) 또는 수입하여 판매하는 자를 말한다. 위에 해당하는 자 모두 영업을 하기 위해서는 경찰관서의 허가를 받아야 한다. 약제사는 별도로 허가를 받지 않아도 약품의 제조, 판매를 하고 또 의사는 별도로 허가를 받지 않아도 진료를 위하여 환자에게 약품을 판매, 제공할 수 있다.

제4장 공공단체[25)]

제1절 총론

근세 진보한 국가의 행정작용에는 두 개의 큰 계통이 있다. 하나는 관치행정이고 또 하나는 자치행정이 그것이다. 관치행정이란 국가가 직접 기관 즉, 관청을 설치하여 이를 통해서 행하는 행정을 말한다. 자치행정이란 국가가 공공단체의 존립을 인정하고 이로 하여금 스스로 공동사무를 처리하도록 하는 것을 말한다.[26)] 원래 행정작용에는 국가전반의 이해에 관한 것과 한 부분의 이해에 관계되는 것의 구별이 있다. 전자는 행정의 통일을 도모하기 위하여 이것을 관치행정의 범위에 포함시키고, 후자는 이것을 각 단체의 자영에 맡기고 국가에 대한 의무로서 발달을 도모하게 하는 것이 복잡한 국가사무에 대응책으로써 유리하다고 한다. 자치행정의 본체인 공공단체는 특정한 지역에 따라서 성립하거나 혹은 특정한 사무를 목적으로 하여 성립하기 때문에 이것을 구별하여 지방공공단체 및 공공조합이라고 한다. 즉, 지방공공단체는 일정한 지역을 기초로 하여 성립하는 공공단체로서 그 성립요소로서 토지 및 인민이 있고 일정한 권력을 가지고 통치하는 것이 국가와 다르다. 다만 그 다른 점은 여기서 말하는 권력이란 고유 독립한 것이 아니라 국법에 의해서 부여된 것이라는 점에 있다. 내지의 부현군시정촌(府縣郡市町村)과 같은 것이 여기에 속한다.

공공조합은 토지를 성립요소로 하는 것이 아니라 단지 사람 즉 조합원을 요소로 하여 특정한 공공사무를 위하여 조직되는 공공단체이다. 설립시 일정한 지역을 한정하기 때문에 언뜻 토지를 기초로 하는 것 같

25) (1)부(府), (2)학교조합, (3)수리조합, (4)지방비, (5)면

26) 지방자치에 관하여는 김효전, 지방자치 관념의 성립과 전개, 『인권과 정의』2003년 11월호, 163-191면 및 동인, 『근대한국의 법제와 법학』, 616-644면에 재수록. (역주)

지만 그 지역은 필경 조합원을 정하는 표준에 지나지 않는다. 내지(內地)의 수리조합, 중요물산조합, 상업회의소와 같은 것이 여기에 속한다. 조선에서 자치행정의 발달은 극히 최근의 일이어서 아직 그에 관한 규정이 명확하지 않아 법규에 근거하여 명확하게 공공단체라고 규정하고 있는 것은 부(府), 학교조합, 수리조합의 세 가지이다. 또 이 외에 법규에 명시되어 있지 않지만 공공단체로 인정할 수 있는 것에 지방비, 면이 있다.

제2절 부(府)

제1 부(府)의 성질 및 그 구역

부(府)에 두 가지 의의가 있는데 하나는 행정구획인 부(府)이고 또 하나는 1913년 10월 제령 제7호 부제(府制)에 의해 인정되는 부(府)이다. 그리고 여기서 부(府)라고 칭하는 것은 후자를 말한다. 종래 조선의 중요한 도시에는 내지인만으로 조직된 거류민단이 있지만 거류민단은 외국에서 거류하는 일본인이 설립하는 것으로서 병합 후 이것을 폐지함과 동시에 내선인 공동의 자치제를 펼치게 되었다. 여기서 내선인 공동경영이 쉽지 않은 교육사무를 제외하고 일반 공공사무를 시행하기 위하여 부제(府制)를 제정하였다.

부제(府制)시행구역은 행정구획인 부(府)의 구획으로 하는데 즉, 경성, 부산, 마산, 군산, 목포, 대구, 인천, 평양, 진남포, 신의주, 원산, 청진의 12개 부(府)가 있다.

제2 부(府)주민의 권리의무 및 부(府)의 재무

부(府) 내에 주소를 갖는 자는 내선인이든 외국인이든 묻지 않고 당연히 부(府)주민으로서 부제(府制)가 정하는 바에 따라 부(府)의 영조물을 공유하는 권리를 가짐과 동시에 부(府)의 부담(負擔)을 분담(分擔)하는 의무를 진다. 또 부(府)주민뿐만 아니라 3월 이상 부(府) 내에서 체재하는 자 부(府) 내에서 토지, 가옥 그 밖의 소유물건을 소유, 사용 혹은 점유하여 부(府) 내에서 영업소를 설립하여 영업을 하거나 또는 부(府) 내에서 특정한 행위를 행하는 자는 그 토지 가옥, 물건, 영업 혹은 그 수입에 대하여 또는 행위에 대하여 부세(府稅)를 납부하지 않으면 안 된다.

부(府)는 부세(府稅) 외에 영조물의 사용료, 특히 한 개인에 대하여 수수료를 징수하거나 또는 부역(賦役)현품(現品)을 부과할 수 있다.

제3 부(府)의 기관

부(府)의 기관에는 부윤(府尹),[27] 부(府)이원(吏員) 및 협의회의 셋으로 되어 있다. 부윤은 국가의 관리로서 부(府)를 통할(統轄)하고 이를 대표한다. 부윤은 부(府)이원(吏員)으로 하여금 부(府)이원(吏員)의 사무를 처리하도록 할 수 있다. 부(府)이원(吏員)은 유급 및 명예직의 두 종류가 있으며 부윤의 명을 받아 부(府)의 사무를 처리한다. 협의회는 부윤 및 협의회원으로 조직하며 부윤이 의장이 되며 부(府)의 사무에 관하여 부윤의 자문에 응한다. 협의회원은 부(府)주민 가운데에서 조선총독의 인가를 받아 도장관(道長官)이 임명한다. 협의회원은 명예직으로 임기는 2년이다.

제3절 학교조합

학교조합은 국가의 감독을 받아 법령의 범위 내에서 내지인의 교육에 관한 사무를 처리하는 공동조합이다. 학교조합을 설치하기 위해서는 발기인이 구역을 정하고 조합규약을 작성하여 조선총독의 허가를 받아야 한다. 그리고 조합원은 조합구역 내에서 조합구역 내에 주소를 갖는 내지인으로서 영조물을 공유하는 권리를 가짐과 동시에 조합의 부담을 분담하는 의무를 진다. 학교조합[28]의 기관은 관리자, 이원(吏員-지자체의 직원, 역자주) 및 조합의원의 셋으로 한다. 관리자는 조합이 속해 있는 부(府)의 구역의 부윤이 겸업을 하거나 그 이외에는 조합원 중에서 도장

27) (1) 관리, (2) 부(府)통할자, (3) 학교조합의 관리자

28) 1915년 4월에 실시된 조사에 의하면 현존하는 학교조합은 294개이다.

관(道長官)이 임명한다.

제4절 수리조합

제1 수리조합의 성질

수리사업은 농사에 가장 필요한 것으로서 공공의 이익에 크게 관련되기 때문에 국가가 이것을 경영시설에 맡길 수 없는 것이 원칙이지만 역시 한 지방에 특별히 관계하는 사업에 대해서는 편의상 그 한 지방인으로 하여금 단체를 조직하여 자영하도록 하고 있다. 수리조합은 실제로 수리에 따라 토지의 관개(灌漑), 착소(鑿疏), 개척, 보호에 관한 사업을 목적으로 하여 설립된 공공조합이다.

수리조합에 관한 현행법령은 1906년 탁지부(度支部)령 제3호 수리조합조례가 있지만 조문이 너무 간단하여 구(舊)탁지부대신은 별도로 수리설립요령이라는 훈령을 발하여 법의 불비를 보완하였다.

제2 수리조합의 조직 및 그 설립절차

수리조합은 조합사업으로 사익을 얻는 토지를 그 구역으로 하고 해당 구역 내에 토지를 소유하는 자를 조합원으로 한다.

수리조합의 설립에는 2단계의 절차가 필요하다. 첫째 단계는 설립인가이며 그 다음 단계가 조합규약의 인가이다.

1. 설립인가

조선총독은 조합원이 될 수 있는 자 5명 이상의 청원 또는 조합사업에 관계하는 부윤, 군수 혹은 도장관의 신청을 받아 필요하다고 인정할 때는 조합구역을 지정하여 설립을 인가한다. 그러나 조합은 이 인가에 의해 바로 설립되는 것이 아니라 다음에 말하는 조합규약의 인가에 의해 완전하게 성립한다.

2. 조합규약의 인가설립인가가 있고 난 후 도장관은 설립위원을 임명한다. 설립위원은 조합규약안을 작성하고 조합원이 될 수 있는 자의

총회 또는 총대(總代)회의 의결에 붙인 후 조선총독의 인가를 신청해야 한다. 조합은 규약의 인가에 의해 비로소 성립한다.

제3 수리조합의 기관

수리조합에 조합장 1명, 평의원 약간명, 이사 1명(보통 군서기 혹은 도서기)을 둔다. 조합장 및 평의원은 조합원 가운데에서 선거하여 도장관의 인가를 얻어 취임하며, 이사는 도장관의 추천에 의해 취임한다. 평의원은 평의원회를 조직하여 조합에 관한 중요사항을 의결한다.

제4 조합의 재무

조합의 경비는 토지의 면적 및 등급에 따라 조합원이 부단하고 그 징수 및 체납처분에 대해서는 국세징수령의 규정에 의하도록 되어 있다. 또 조합은 사업을 위하여 필요하다고 인정할 때는 부역현품을 부과하거나 또는 토지의 수용 등을 청구할 수 있다.

제5 수리조합의 감독

수리조합의 사업은 지방농민의 이해와 깊이 관련되어 있기 때문에 엄중한 감독이 필요하다. 즉, 조합재무에 관한 중요사무(조합원부담의 사정(査定), 부역현품의 부과 및 기채(起債)는 조선총독의 인가를 받아야 할뿐만 아니라 평의회의 의결사항을 집행하기 위해서는 미리 도장관의 인가를 받아야 한다.

제5절 지방비

제1 지방비의 성질

지방비(地方費)는 (1909년 10월 법률 제12호) 지방비법에 따라 각도에 설정된 것으로 도장관이 관리를 하며 당해 지방의 공공사업을 시설 경영하는 것을 목적으로 한다. 지방비의 법률상 성질에 대해서는 종래 다수의 논의가 있다. 어느 설은 공법상의 재단법인이라고 해석하기도 하고 또는 도(道) 그 자체를 공공단체로 해석하기도 하고 또는 지방비를 국가의 특별회계자금[29)]이라고 해석하기도 한다.

원래 조선의 현상(現狀)에서는 아직 완전한 자치제를 일반적으로 실시할 기운에 이르지 못하고 있다. 더구나 지방공공사업의 시설을 필요로 하는 것이 많이 존재하고 이것을 모두 국가가 직접 경영할 수 없는 경우도 있다. 지방비는 바로 이러한 과도기에 실제의 필요에 응해서 만들어진 것으로 법률상 극히 불명확한 것이라는 것은 어쩔 수 없는 일이다. 굳이 그 성질을 말하면 도(道)는 공공단체라고 하고 지방비 지급의 사무는 즉, 도의 사업이라고 해석하는 것도 가능하기 때문에 필자가 지방비를 공공단체의 장(章)에서 설명하는 이유이다.

제2 지방비 지급의 사업

지방비로 지급하는 사업은 다음과 같다.

1. 청사의 건축 및 수선에 관한 경비
2. 토목에 관한 경비
3. 위생, 병원, 구휼(救恤) 및 자선에 관한 경비
4. 권업(勸業)에 관한 경비
5. 교육 및 학업에 관한 경비
6. 전(前) 각항 외에 법령에 따라 지방비의 지급에 속하는 경비 및 지방공공상 사업에 관한 보조금

제3 지방비의 재원

지방비의 재원은 지방비소속 재산수입, 지방비사업수입, 지방비부과금은 국고보조금 등으로 충당하는데 이 가운데에서 가장 중요한 것은 지방비부과금이다. 부과금의 종목, 과율(課率), 납기 그 밖의 부관에 관한 필요한 규정은 조선총독의 인가를 얻어서 도장관이 정한다. 부과금의 종목은 종래 지방에서 징수하는 각종 세(稅) 가운데에서 선정하여 인민으로 하여금 새로운 부담을 느끼지 않도록 해야 한다.

---

29) 현재 조선 13도의 지방비 총액은 100만엔이다(1년분)

지방비부과금의 징수는 국세징수령 및 동령(同令)시행규칙에 따라 부윤, 군수가 징수하는 외에 또 별도로 지방비부과금 징수규칙(1911년 4월 총독부령 25호)의 규정이 있다.

제6절 면(面)[30]

면은 조선에서 최하급의 행정구역으로 내지에서 정촌(町村)에 해당한다. 그렇지만 면은 정촌과 같이 온전한 자치체는 아니다. 면장은 군수의 명을 받아 면내의 행정사무를 보조집행하고 국세, 지방비, 면비의 징수 그 밖의 사무에 종사하지만 이것은 면의 자치사무가 아니라 국가사무이다. 그렇지만 한편으로 면유(面有)재산을 인정하고 또 어떤 종류의 공공사무를 자영하는 일이 있는 것을 보면 지방공공단체와 같다고 할 수 있다.

면의 명칭 및 구역은 (1910년 10월 총독부령 제8호 0면에 관한 규정에 따라 종전 그대로 하고 장래에 이를 변경하는 경우에는 조선총독의 인가를 얻어 도장관이 정하는 것으로 한다.

면장의 보조기관으로서는 공전(公錢)영수(領收)원(員), 면서기, 면주인 등을 둘 수 있다. 그리고 면장 그 밖의 면리원(面吏員)의 수당 및 사무집행에 필요한 비용은 면의 부담으로 하고 면민, 일반에게 부가징수한다.

제5장 토지에 관한 행정

제1절 공용징수

공용징수란 공공의 이익인 사업을 위하여 특정한 토지가 필요한 경우 통상의 매매, 대차 등의 사법행위에 의해 이의 수용목적을 달성할 수

30) 원래 면(面)은 4,321면이었는데 현재 2,521면이 있고 면비(面費)는 1호(戶)당 1엔 내외이다.

없는 때, 공력(公力)으로써 토지소유권 또는 사용권을 국가 또는 제3자에게 이전하는 것을 말한다. 이것을 나누어 설명하면 다음과 같다.

1. 공용징수는 공공의 이익이 되는 사업을 위하여 행한다. 토지수용처분은 공익상 필요한 사업을 위하여 사익을 희생하여 제공되는 것이다. 때문에 만약 어느 사업이 공익상 필요가 있을 때에는 사업의 종류가 무엇이든 관계없이 토지수용이 허용된다고 할지라도 소유권을 존중하기 때문에 각국은 법률로써 그 사업의 종류를 한정하는 것이 보통이다.

2. 토지소유권 또는 사용권을 수용하는 것이다.

학자들 중에는 이론상 공용징수는 반드시 부동산에 한하지 않는다는 설명도 있지만 원래 공용징수는 연혁상 및 입법례에서 부동산에 한정하고 있을 뿐만 아니라 동산은 대체물일 것을 원칙으로 하기 때문에 만약 동산을 필요로 하는 경우라면 이것을 강제징수하지 않아도 자유계약에 의해 구매할 수 있다. 또 개인에 있어서도 동산의 강제징수를 원하지 않으면 언제라도 이것을 은닉 혹은 훼손하여도 국가는 어떻게 할 도리가 없다.

공용징수는 단지 소유권에 한하지 않고 토지사용 및 권리의 제한도 인정된다. 생각하건데 필요 없는 한 개인의 소유권을 수용할 수 없기 때문이다.

3. 공용징수는 공력(公力)의 강제이다.

공용징수에 의해 토지상의 권리를 취득한 자는 반드시 국가가 아니더라도 공용징수를 행하는 자는 항상 국가이다.

4. 토지소유권 또는 사용권을 수용하여 이것을 국가 또는 제3자에게 이전하는 처분이다. 국가가 개인의 권리를 수용하여 이것을 공공의 이익이 되는 국가사무 등에 이용하든가 또는 공공사업을 행하는 제3자 즉 기업자에게 이전하지 않으면 공용징수가 아니다. 공용징수에 관한 조선현행법규는 1911년 4월 제령 제3호 토지수용령이다. 동령에 규정된 공용징수절차에 대하여 설명한다.

제1 공용징수를 행할 수 있는 사업의 범위

공용징수를 행할 수 있는 사업은 공공의 이익이 있을 것을 필요로 한다. 논의할 것도 없이 역시 제령은 그 사업의 종류를 한정하고 있다. 다음의 어느 하나에 해당하지 않으면 공용징수를 행할 수 없다.

가. 국방 그 밖의 군사에 관한 사업

나. 관청 또는 공소(公所)건설에 관한 사업

다. 교육학예 또는 자선에 관한 사업

라. 도철(道鐵), 궤도(軌道), 도로, 교량, 하천, 제방, 사방(砂防), 운하, 용수로, 유지(溜池), 도크, 항만, 부두, 수도(상수(上水)), 하수(구거(溝渠)), 전기, 가스 또는 화장장에 관한 사업

마. 위생, 측후(測候), 항로표지, 방풍, 수해예방, 그 밖의 공용목적으로서 국가 또는 공공단체에서 시설하는 사업

제2. 공익사업인정

어떠한 사업이 공공의 이익에 해당하는 가의 여부, 또 토지수용을 필요로 하느냐의 여부[31]는 법규로써 미리 정할 수 없다. 따라서 사업의 인정은 조선총독의 직권에 속한다. 조선총독이 사업의 인정을 하는 때는 기업자에게 사업의 종류 및 수용 또는 사용하고자 하는 토지의 세목(細目)을 공공한다. 이 공고가 있은 후 2년 내에 토지물건에 관한 권리를 기업자가 취득하지 않은 때는 사업인정은 그 효력을 잃는다.

제3 관계인 협의

토지수용에 관한 공공가 있는 때는 기업자는 그 토지에 관하여 수용 또는 사용의 권리를 취득하기 위하여 관계인과 협의를 하여 협의가 성립하는 때는 별도로 公力에 의한 수용을 요하지 않고 종결된다.

제4 재결(裁決) 및 재정(裁定)

31) 천재 또는 사변으로 급박한 경우에는 부윤 또는 군수는 토지사용을 인정할 수 있다.

협의가 여의치 않거나 불가능한 때 기업자는 지방장관의 재결을 구하고 이에 불복하는 경우 기업자 또는 관계인은 그 때부터 기산하여 30일 내에 조선총독의 재정(裁定)을 구할 수 있다. 이 재결 또는 재정은 토지수용처분이다.

제5 손실보상

기업자는 토지소유자 및 관계인에 대하여 수용, 사용으로 입은 손실, 수용 또는 사용해야할 토지에 어떤 물체의 이전료 및 공고 후 기업자가 사업을 폐지, 변경함으로써 관계인이 입는 손실에 대해서는 보상을 해야 한다.

제6 수용의 효과

토지소유권을 수용한 때는 이와 동시에 소유권은 기업자에게 이전되고 토지상에 존재하는 다른 권리는 소멸한다.[32] 또 사용권을 수용한 때는 이와 동시에 사용권은 기업자에게 이전되고 토지상에 존재하는 다른 권리의 행사는 사용에 방해가 되지 않는 것을 제외하고는 사용기간이 정지된다.

또 마지막으로 주의해야할 것은 본례(本例)는 조선에서 일반적으로 시행되는 것이 아니고 필요에 따라 점차 시행함에 있어서는 그 시행지역 및 기일은 총독부령으로 정한다.

제2절 토지조사

토지조사는 토지의 면적 및 소속을 명확하게 조사할 것을 목적으로 한다.[33] 종래 토지제도가 불완전한 조선에서 토지조사를 시행하여 토지세부담의 공평, 토지소유권의 보호, 매매양도의 간편함과 확실성을 시급히 도모할 필요가 있다.[34]

---

32) 토지사용이 5년 이상인 경우 토지소유자는 사용을 폐지하고 수용할 것을 요구할 수 있다.

33) 토지조사는 1909년에 시작하여 8년 10개월간 계속되었다.

제1 토지조사기관

조선총독부 임시토지조사국관제는 1910년 3월 칙령 제361호로 공포되어 조선에서의 토지조사사업은 조선총독이 관리하는 해당국에서 관장한다. 국장 1인(칙임(勅任)), 사무관 2인(진임(秦任)), 부(副)사무관 7인(진임(秦任)), 감사관 1인(진임(秦任)), 기사(技師) 6인(진임(秦任)), 서기, 서기보, 기수(技手), 기수보 50인(판임(判任))의 정원을 두고 나아가 필요에 따라 예산의 범위 내에서 감사관, 서기, 서기보, 기수 및 기수보를 정원 외로 증원할 수 있고 또 필요하다고 인정되는 지역에 지국(支局) 또는 출장소를 설치할 수 있다.

제2 조사절차

토지조사는 사업을 조사 및 측량의 둘로 나눈다. 조사란 토지의 경계, 소유주, 지목 등을 조사하고 토지대장을 작성하는 것을 말한다. 측량은 지반을 측량하여 면적 등을 파악하여 도면을 작성하는 것을 말한다.

토지조사에 대해서는 한편에서 토지소유권 및 경계를 조사하기 위하여 토지소유자로 하여금 그 소유지를 신고하게 하고 다른 한편으로 지반(地盤)의 측량을 한다. 임시토지조사국장은 그 결과를 지방토지조사위원회에 자문한 후 토지소유자 및 그 경계를 사정(査定)한다. 이 사정(査定)에 대하여 불복하는 자는 (90일 이내에) 고등토지조사위원회에 신청하여 재결을 구할 수 있다. 그리고 토지소유자의 권리는 사정(査定)의 확정 또는 재결에 의해 확정된다.[35]

토지조사 및 측량이 끝났을 때에는 토지대장 및 지도(地圖)를 제작하여 사정(査定)으로 확립한 사항 또는 재결을 거친 사항을 여기에 등록한다.

---

34) 조선의 토지는 440만 8천 정보(町步)이다.
35) 사정(査定) 후 30일간 부윤이 이것을 공시한다.

제3 토지조사위원회의 조직

토지조사위원회는 지방토지조사위원회와 고등토지조사위원회의 두 종류가 있다. 지방토지조사위원회는 각도에 두고 토지소유권에 관한 사정(査定)에 대하여 임시토지조사국장의 자문에 응한다. 위원장 1인, 위원 5인으로 조직하고 위원장은 도장관이 맡으며 도참여(參與)관 및 제1부장(구(舊)내무부장) 및 제2부장(구(舊)재무부장)인 도사무관이 맡는 외에 도(道)에서 명망 있는 자 가운데 조선총독이 임명한다. 또 필요한 경우에는 3인 이내의 임시요원을 둘 수 있다. 고등토지조사위원회는 조선총독부에 두고 임시토지조사국장이 행하는 토지소유권에 관한 조자에 대한 불복신청에 대한 재결과 사정(査定) 및 재결에 대한 재심(再審)을 한다. 위원장 1인, 위원 10인으로 조직하고 위원장은 정무총감이 맡으며 위원은 조선총독의 진청(奏請)에 의해 조선총독부판사(3인 이하(3인 이하를 밑돌면 안 된다), 조선총독부고등관 및 임시토지조사국고등관 가운데에서 임명한다.

제4 토지조사의 효과

토지조사의 결과는 산업 및 재산의 기초를 공고히 함으로서 정치, 경제의 발달에 이바지 한다는 것은 너무도 분명한 사실이다. 여기서 그 효과 가운데 중요한 것을 들면 다음과 같다.

1. 개인의 토지소유권의 확인한다. 때문에 누구나 당해 토지에 대하여 안심하고 개량하거나 생산을 도모할 수 있음과 동시에 그 가격을 상승하게 한다.

2. 토지권리에 관한 증명 또는 등기제도를 확실하게 한다. 따라서 매매 및 저당권의 설정을 용이하게 하여 토지의 경제적 이용을 증대시킨다.

3. 토지분쟁을 미연에 방지한다. 분쟁이 발생하는 경우 해결을 용이하게 한다.

4. 재정의 기초를 확실하게 한다. 토지조사는 토지소유권을 확실하게 함과 동시에 토지의 품질 등을 조사, 결정하기 때문에 지세(地稅)부과의 공평을 기함으로서 세입이 증대되어 재정의 기초를 확실하게 할 수 있다.

5. 산업개발 그 밖의 행정상의 시설, 개선에 크게 이바지한다. 토지조사는 행정구역을 명확하게 하기 때문에 지방행정에 기여할 뿐만 아니라 경지면적의 분포 등을 명확하게 하기 때문에 산업개발에 큰 도움이 된다.

제3절 국유미개간지

조선에서 일반 관유재산(官有財産)(국유부동산, 선박 및 그 부속물)의 관리처분은 1911년 칙령 제200호 조선관유재산관리규칙에 따라 행해지지만 어떤 종류의 국유재산에 대해서는 행정상 또는 재정상의 목적에 따라 특별한 규정을 만들어 두는 경우가 있다. 즉, 국유미개간지와 같은 것이 그것이다. 원래 한 국가내의 토지자본은 관유, 민유(民有)를 묻지 않고 이용하지 않고 무익하게 방치하는 것을 국가에 있어서 가장 부이익한 일이다. 내지에서는 국내에 거의 남김없이 개간되었기 때문에 그 필요가 없지만 홋카이도, 타이완, 조선 등에는 아직 개척되지 않은 토지가 눈에 띤다. 이들의 경우 개간을 권장하기 위하여 특별한 방법을 강구하지 않으면 안 된다. 조선에는 국유미개간지이용법(1907년 법률 제4호)[36]이 있다. 동법에 규정된 중요한 사항을 들면 다음과 같다.

1. 동법에서 국유미개간지란 민유에 속하지 않는 벌판(原野), 황무지, 초생지(草生地), 소택지(沼澤地) 및 개펄(干潟)을 말한다(때문에 삼림 등을 의미하지 않는다).

2. 미개간지의 대부(貸付)는 총독부에 출원하여 허가를 받아야 하며

---

36) 전문은 국회도서관,『한말 근대법령자료집』V, 574-575면 참조.

대부기간은 10년 이내로 한다. 다만 3정보(町步)(1정보는 3,000평임) 이내의 토지의 대부는 당분간 종래의 관행에 따라 행해질 수 있다.

3. 대부를 받은 자는 일정한 대부료를 납부하여야 한다. 다만 특별한 사유가 있는 자에 대해서는 이를 감면한다(1년, 3정보에 대하여 50전임).

4. 대부를 받은 자가 예정된 사업을 성공시킨 경우 총독은 그 토지를 불하하거나 또는 무상으로 대부할 수 있다. 그리고 그 토지에 대해서는 5년간 소재하는 도(道)에서 최하급에 속하는 토지가 부담하는 3분의 1의 세율을 부가할 뿐이다.

5. 일정한 사유가 있을 때에는 총독은 대부의 허가를 취소하거나 또는 이용방법의 개량 혹은 정지를 명할 수 있다.

제6장 원시(原始)산업에 관한 행정

제1절 삼림

삼림은 국토의 보안, 산업의 발달에 중대한 관계가 있다는 것은 말할 필요가 없다. 조선의 현재의 상황을 보면 삼림은 그 면적이 매우 넓어 전국토의 7할 5부를 차지하고 있음에도 불구하고 관민 모두 이를 보호하려는 의지가 없어 남벌한 결과 거의 황폐하게 되었다. 그래서 산림의 보호경영이 매우 시급하여 공익상 사인(私人)의 자유방임에 맡길 수 없기 때문에 국가는 1911년 6월 제령 제10호 삼림령을 제정하여 적당한 제한 감독을 행하고 있다. 여기서 동령(同令)의 대체적인 내용을 소개하면 다음과 같다.

삼림은 국유삼림과 사유삼림의 둘로 나뉜다. 사유삼림은 삼림관리상 필요하다고 인정할 때에는 조선총독은 그 소유자 또는 점유자에 대하여 영림방법을 지정하거나 도는 조림을 명할 수 있다. 또 특정한 경우에는 개간의 금지 또는 제한을 행할 수 있다.

삼림에 대하여 국토보안, 위해의 방지, 수원(水源)함양, 항행목표,

공중위생, 어부(魚附) 또는 풍치를 위하여 필요하다고 인정할 때에는 조선총독은 이것을 보안림으로 편입할 수 있다. 보안림으로 편입된 산림에 대해서는 지방장관의 허가를 받지 않으면 삼림의 관리가 아닌 목죽(木竹)의 벌채 혹은 채굴을 하거나 방수(防水)할 수 없다.

국유삼림은 존치를 필요로 하는 삼림과 필요로 하지 않는 삼림으로 나누어 존치를 요하는 삼림은 공용 또는 공익사업을 위한 경우를 제외하고는 이를 매각, 교환 또는 증여할 수 없지만 존치를 요하지 않는 삼림은 조림을 위하여 인민에게 이를 대부하고 또 사업이 성공한 경우에는 특히 이것을 증여 할 수 있다.

종래 온돌연료, 목초채취, 방목 등을 이유로 국유삼림은 입회(入會)의 관행이 있었다.[37] 토지에 대한 그 지역 주민에 대하여 사용을 허가하고 동시에 필요하다고 인정할 때에는 당해 토지에 조림하도록 하고 사업성공 후 증여할 수 있다. 또 그 지역 주민으로 하여금 연대책임으로 보호하도록 하고 보수로서 그 산물의 일부를 증여할 수 있다.

삼림보호를 위하여 삼림령 제19조 이하에 일정한 경우에 위반자에 대한 형법상의 제재가 규정되어 있다.

이상이 삼림령의 규정의 대체적인 내용이지만 또 국유삼림 및 삼림산물의 처분에 대해서는 별도로 조선국유삼림미개간지 및 삼림산물특별처분령(1912년 8월 칙령 제6호)이 있다. 동령(同令)에 의하면 삼림의 매도, 대부 및 삼림산물의 매도는 경쟁입찰에 의하는 것을 원칙으로 하고 공용 또는 공익사업을 위하여 필요한 때에는 그 외에 특정한 경우가 아니면 수의(隨意)계약에 의하거나 또는 무료대부를 할 수 없다. 그 밖에 대부기간 내에 대해서도 일정한 제한이 있다.

---

37) 삼림은 전면적의 7할 3부에 해당한다.

제2절 광업(1915년 12월 제령 제8호로 개정됨)

제1 광업의 의의

광업이란 광물의 채굴 및 이에 부속하는 사업이라고 규정하고, 광업령의 적용을 받는 광업의 의의를 규정하고 있다.[38] 여기서 채굴이란 광물을 파내서 그 소유권을 취득하는 것을 말한다. 그리고 채굴한 광물을 사회에 유용한 것으로 하기 위해서는 더 나아가 선광(選鑛), 정련(精鍊) 등의 사업이 필요한 것이 보통이다. 또 이들 사업은 대개 채굴에 따른 부속사업으로서 이를 행하기 때문에 그 사업의 성질은 공업에 속하며 원시산업인 광업과는 동일하지 않지만 편의상 법률은 이것을 광업속에 포함 시키고 있다.

제2 광물의 소유권

광업령에서 광물이란 금광, 은광, 동광, 석광(錫鑛), 연광(鉛鑛), 안티모니광(鑛), 수은광, 아연광, 철광, 망간광, 흑연, 석탄, 석유 및 유황에 한한다.

아직 채굴되지 않은 광물, 폐광 및 광재(鑛滓-광물 찌꺼기, 역자주)는 국가의 소유로 한다. 원래 토지소유권은 단지 지표에 그치지 않고 그 상하에 미치는 것을 원칙으로 한다(민법 제207조). 따라서 특별한 예외가 없는 한 지하의 광물은 그 토지소유자의 소유에 속하는 것이 원칙이다. 그러나 토지소유자가 반드시 광업을 행하고자 하는 것이 아니고 또 행하고자 하더라도 적당한 사업이 아니다. 더욱이 광업의 성쇠는 국가경제상에 중대한 관계가 있기 때문에 토지소유자의 자유방임에 맡길 수 없다. 여기서 광업령은 특별히 민법의 예외를 규정하여 광물은 모두 국유로 하고 있다. 지방인민 가운데에는 광물이 국유에 속한다는 사실을

38) 개정된 광업령에 의해 광업권 사광(砂鑛)채취법 및 국유토석채취규칙은 폐지되고 이들에 관한 일체의 광물은 광업령의 적용을 받게 되었다. 광업령은 벌칙 이외에 국가가 광업을 영위하는 경우에도 적용을 받는다.

모르고 타인의 광물채굴출원에 대하여 자기의 소유지이기 때문에 허가해서는 안 된다거나 허가를 취소하라는 취지의 청원을 하는 자가 많다고 한다. 이러한 것은 광업령의 규정을 모르기 때문에 발생하는 일이다.

제3 출원절차

광업권은 조선총독의 허가에 의해 부여된다. 즉, 광업을 하려고 하는 자는 신청서에 채굴하고자 하는 광물의 종류를 명기하고 광구도(鑛區圖)를 첨부하여 조선총독에게 출원해야 한다.[39] 허가는 선(先)출원주의를 원칙으로 하고 동일한 땅에 근거하여 2인 이상이 출원했을 때에는 신청서가 도달한 날의 선후에 따라서 허부를 결정한다. 같은 날에 도달한 경우에는 조선총독이 적당하다고 인정하는 자에게 허가한다. 그리고 허가는 공익상 그 밖의 사유에 따라 필요하다고 인정할 때는 이를 부여하지 않는다. 또 이미 허가한 것이라 할지라도 일정한 사유가 있는 때에는 이를 취소할 수 있다.

제4 광구(鑛區)

광물의 채굴을 하는 토지를 광구라 한다. 한 광구의 면적은 석탄의 경우 5만평 이상, 그 밖의 광물에 있어서는 5천 평 이상으로 하고 모두 특별한 사정이 있는 경우를 제외하고는 100만평을 넘길 수 없다. 또 일정한 지역은 공익의 필요상 광구로 하거나 광업을 위하여 사용하는 것이 금지된다.

제5 토지사용

광업은 지하에 매장된 광물을 채굴하는 것이기 때문에 광물이 매장된 부분을 사용할 필요는 물론이며 그 갱구, 갱도를 뚫어 공작물을 설치하기 위하여 타인의 토지를 사용할 필요가 있다. 그래서 광업령은 광업상 필요한 때는 광업권자로 하여금 토지소유자 또는 관계인에 대하여 토지의 대여를 강제할 수 있다고 규정하고 있다. 다만 광업권자는 매년

39) 외국인은 광업권을 취득할 수 없다. 그러나 기득권은 그러하지 아니한다.

선불로 사용료를 지불해야 하며 또 이로 인하여 손해가 발생한 때에는 배상책임이 있다. 이 외에 토지소유자의 이익을 보호하기 위하여 광업권자가 대여를 받은 토지를 3년 이상 계속 사용하거나 또는 사용할 목적이 있는 때에는 토지소유자는 광업권자에 대하여 토지의 매수를 청구할 권리가 있다. 그리고 사용료, 토지매수가액 또는 손해배상가액에 대해서는 가능한 한 당사자간의 협의에 의하도록 하고 만약 협의가 원만히 진행되지 않을 때에는 조선총독의 판정을 구할 수 있다.

제6 광업에 관한 조세 및 수수료

광업권자는 광산(鑛産)세 및 광구세를 납부하여야 한다. 광산세는 광물산가액의 100분의 1로 하고 광구세는 광구 천평당 1년에 60전(錢)으로 한다. 또 국가는 함부로 광업에 관한 광업에 관한 신청이 행해지는 것을 막기 위하여 일정한 수수료(100원)를 징수한다.

제3절 어업

제1 어업의 의의

어업(漁業)이란 종래의 의의에 따르면, 어개(魚介), 해조(海藻) 그 밖의 수산동식물을 채포(採捕)하는 것을 총칭한다. 그러므로 사유(私有)수면에서 어업을 행하는 것은 소유권을 행사하는 것이기 때문에 행정상 목적으로 이뤄지는 것은 아니다. 따라서 어업령(1911년 6월 제령 제6호)는 제1조에서 본령에서 어업이라고 칭하는 것은 공공의 이용에 제공되는 수면에서 영리를 목적으로 수산동식물을 채포(採捕)하거나 또는 양식하는 업(業)을 말한다고 규정하여 어업령이 적용되어야 할 어업을 정의하고 있다.

제2 어업의 종류

어업령 및 어업령시행규칙에 의하면 어업을 세 종류로 구별한다.

1. 신고어업

신고어업이란 한 척의 어선에 3인 이상이 승선하여 어망, 주낙 그 밖의 낚시도구를 사용하여 행하는 어업 그 밖에 모든 간이(簡易) 한 어업을 말하며 단지 부윤 또는 군수에게 신고하고 감찰(鑑札)을 받아 어업을 행할 수 있다.

2. 허가어업

허가어업이란 포경, 트롤, 잠수기, 해수(海獸) 그 밖에 이와 유사한 어업을 말하며(9종이 있다) 여기에는 조선총독의 허가를 필요로 하는 것(제1종에서 제5종까지)과 지방장관의 허가를 요하는 것(제6종에서 제9종까지)의 두 종류가 있다.

3. 면허어업

면허어업이란 일정한 수면에 어구(漁具)를 설치하거나 또는 부설(敷設)하여 일정한 고기잡이 기간 이것을 이를 정치(定置)하여 행하는 어업 또는 수면을 구획하여 양식을 하는 것 그 밖에 수면을 전용(專用)하여 행하는 어업은 모두 여기에 속한다. 조선총독의 면허를 받지 않으면 이 어업을 행할 수 없다. 다만 수면을 전용(專用)하여 어업을 행하는 면허를 받은 자라 할지라도 종래의 관행에 따라 그 어장에서 어업을 행하는 자의 입어(入漁)를 거부할 수 없다. 이 경우에 어업권자는 입어자에 대하여 지방장관의 허가를 받아 입어료를 징수할 수 있다(제1종에서 6종까지).

제3 어업권

어업권이란 면허를 얻어서 어업을 행하는 권리로서 사권의 일종이다. 이 권리는 상속, 양도, 공유, 저당 또는 대부의 경우에 한하여 이를 권리의 목적으로 할 수 있다. 그러므로 상속의 경우 외에는 조선총독의 허가를 받지 않으면 이를 행할 수 없다.

어업권에는 존속기간이 있다. 즉, 면허를 받은 날부터 10년 이내에서 조선총독이 정한다. 다만 어업권자의 신청에 따라 기간을 갱신할 수 있다(적어도 기간만료 3개월 이내에 신청을 해야 한다).

제4 어업조합 및 수산조합

어업조합은 어업령 제16조에 따라 일정한 지구 내에 거주하는 어업자가 조선총독의 허가를 받아서 설립하는 법인으로서 어업권을 취득하거나 또는 그 대부를 받아 조합원의 어업에 관한 공동의 시설을 행하는 것을 목적으로 한다. 그리고 조합은 스스로 어업을 행할 수는 없어도 조합원은 어업조합이 취득하거나 또는 대부를 받은 어업권의 범위 내에서 각자 어업을 행하는 권리를 갖는다. 조합의 지구는 면(面)의 구역 또는 면내의 부락의 구역에 따라 이를 정하기 때문에 중복되는 일은 없다. 다만 구역에 따라 어려운 사정이 존재하는 경우에는 별도의 지역을 정할 수 있다.

수산조합 또한 어업령 제18조에 따라 조선총독의 허가를 받아 설립하는 법인으로 일정한 구역에서 어업자 또는 수산물의 제조 또는 판매를 업(業)으로 하는 자로 조직하여 수산물의 개량창달, 수산동식물의 양식보호 그 밖의 수산업에 관하여 공동의 이익을 도모하는 것을 목적으로 한다.

제7장 상공업에 관한 행정

제1절 특허의장실용신안 및 상표(공업소유권)

특허법, 의장법, 실용신안법 및 상표법은 1910년 3월 칙령 325호로써 조선에서 시행되게 되었다. 이들에 관한 사무는 중앙집권주의를 취하여 모두 농상무성 특허국에서 이를 취급하며 지방에서 분장하는 일이 없을 뿐만 아니라 지방관청을 경유하는 일도 없다.

제1 특허

신규로 공업적 발명을 한 자는 농상무성 특허국장에게 출원하여 특허를 받을 수 있다. 즉, 특허란 특정한 개인에 대하여 발명을 전용(專用)

하는 권리를 부여하는 행정행위이다. 그리고 이 행정행위에 의해 부여된 권리를 특허권이라고 한다. 이 특허권은 후술하는 의장권, 실용신안권, 상표권 등과 함께 세 종류의 사법상의 권리로서 널리 제3자에게 대항할 수 있기 때문에 그 성질이 소유권과 유사하여 공업소유권(혹은 지식적 소유권 또는 정신적 소유권이라고도 한다)이라고 한다.

발명이란 아직 알려지지 않은 물품을 제작하거나 또는 이미 알려진 물품을 새로운 방법으로 제작할 수 있는 사람의 행위이다. 따라서 사람의 행위가 아니거나 자연이 창조한 것은 발명이 아니며 또 사실의 새로운 인식에 지나지 않는 것은 이른바 발견이지 발명은 아니다. 다음에 단순히 사상적인 작용에 지나지 않는 것, 예를 들면 학문연구의 새로운 방법을 발명하거나 혹은 기억술을 발명하는 것과 같은 것은 여기서 말하는 발명이 아니다.

특허의 목적물인 발명에는 두 종류가 있다. 하나는 물품의 발명이고 방법의 발명이 그것이다. 물품의 발명에 관한 특허권자는 그 발명에 관한 물품을 제작, 사용, 판매 또는 확산시키는 권리를 전유(專有)하고 방법의 발명에 관한 특허권자는 그 방법을 사용하거나 그 방법에 따라서 제작한 것을 사용, 판매 또는 확산시키는 권리를 전유(專有)한다. 그리하여 (1) 음식물기호물, (2) 의약의 조합방법, (3) 공공의 질서 혹은 풍속을 문란하게 하거나 또는 위생을 해할 염려가 있는 것은 특허의 목적물이 될 수 없다.

특허를 출원한 때에는 특허국심사관, 그 발명을 그 발명을 심사하여 특허를 부여하기로 사정(査定)한 대에는 특허국장은 특허(特許)원부(原簿)에 등록하고 특허증을 교부한다. 특허의 연한은 15년으로 한다. 특허권은 등록에 의해 그 효력이 발생한다.

특허권은 일반재산권과 마찬가지로 양도, 공유, 상속할 수 있는 것은 물론이다. 특허법 제32조에 특허권은 제한을 두거나 또는 두지 않고 이전할 수 있다고 규정하고 또 제33조에는 질권의 목적으로 할 수 있다는 취지를 규정하고 있다. 그리고 이들의 행위는 모두 등록하지 않으면 이를 가지고 제3자에게 대항할 수 없다고 규정하고 있다.

특허권은 기한의 만료, 포기, 무효, 상속인 흠결(?)에 의해 소멸한다.

제2 의장(意匠)

물품에 응용할 수 있는 형상(形狀), 모양, 색채 또는 그 결합에 관한 신규의 공업적 의장(意匠)을 안출한 자는 의장등록을 받을 수 있다. 다만 국화(菊花)어문장(御紋章)과 동일 혹은 유사한 형상 또는 모양을 가진 것 질서 혹은 풍속을 문란하게 하고 또는 사람을 기만할 염려가 있는 것은 그렇지 않다. 그리하여 의장권자는 그 물품에 관하여 업(業)으로써 그 의장을 응용하거나 또는 이것을 응용한 물품을 판매 혹은 교부하는 권리를 전유(專有)한다. 의장전용연한은 10년으로 한다. 의장권의 처분 및 소멸에 대해서는 대체로 특허권에 대하여 설명한 것과 같다.

제3 실용신안

물품에 관하여 그 형상(形狀), 구조 또는 조합에 따라 실용성 있는 신규의 공업적 고찰을 이룬 자는 실용신안의 등록을 받아 이것을 전유(專有)할 수 있다. 실용신안에 대해서도 역시 의장과 마찬가지로 국화(菊花)어문장(御紋章)과 동일 혹은 유사한 형상 또는 모양을 가진 것 질서 혹은 풍속을 문란하게 하거나 또는 위생을 해할 염려가 있는 것은 등록을 받을 수 없다.

실용신안은 특허국에서 등록을 받은 때는 3년간 그 신안을 전유(專有)할 수 있다. 다만 이 기간은 또한 3년간 이를 연장할 수 있다.

전술한 특허 및 의장과 실용, 신안을 비교하면 특허권은 새롭게 발명한 것에 대해서 부여하는 것으로서 세인(世人)이 아직 지각하지 못한 물품을 창조하거나 또는 이미 알려진 물품을 아직 지각하지 못한 방법으로 만들어내는 자에게 부여한다. 세상에서 일반적으로 지각하는 물건에 대하여 어떻게 그 형상(形狀) 혹은 구조를 변경하거나 또는 조합하고 개량하여 실용상 매우 편리함을 가져온다고 해도 특허권을 받을 수 없다. 또 의장권은 미술상의 의장을 부여하는데 그 주안점은 인류의 취미를 적절하게 응용하여 물품에 미관을 더하는 것이다. 때문에 이것을 사용함에 있어서 실제로 편리한 것인지의 여부는 묻지 않는다.

제4 상표

상표란 자기의 상품을 표창(表彰)하기 위하여 이용하는 표장(票章)을 말한다. 바꾸어 말하면 자기가 생산, 제조, 가공, 선택, 증명, 취급 또는 판매영업에 관한 상품을 표창(表彰)하는 표장(票章)이다. 그리하여 상표는 문자, 도형, 기호 또는 그 결합에 따라 이것을 전용하려는 자는 특허국에 출원하여 등록을 받아야 한다. 상표전용연한은 20년으로 하고 이것을 갱신할 수 있다.

상표권은 그 영업과 함께 하는 경우에 한하여 이것을 이전할 수 있다. 상표권자가 그 영업을 폐지하는 때 상표권은 소멸한다.

제2절 도량형

도(度)란 기준을 재는 표준이 되는 것을 말한다. 량(量)이란 용적을 재는 표준이 되는 것을 말한다. 형(衡)이란 무게를 재는 표준이 되는 것을 말한다. 도량형의 제도는 상공업의 기본을 이루기 때문에 국가는 이에 관하여 엄밀한 규정을 두고 있다.

제1 도량형법의 제정

조선에서 도량형기(度量衡器)는 근대에 이르러 인민이 멋대로 이것을 제작, 사용하여 매우 난잡한 상황에 있다. 이렇기 때문에 구(舊)한국정부는 종래의 불규율, 불완전한 도량형을 개선, 통일시키기 위하여 1909년 9월 법률 제26호로 현행 도량형법을 제정하였다.[40] 이 도량형법은 전적으로 내지의 도량형법을 준거한 것으로 당해 법에 의하면 도량

---

40) 1909년 9월 20일의 도량형법 개정 전문은 대한민국 국회도서관, 『한말 근대법령자료집』VIII (1972), 447-450면 참조. (역주)

형의 명칭, 명위(命位)도 내지의 그것과 전적으로 동일하다.

본법의 시행에 대해서는 일시에 전국에 이것을 실시하려 해도 법의 주지(周知)와 신기(新器)의 공급 등을 하기에 어려운 사정이 있어서 거래가 번잡하여 필요한 지역부터 순차적으로 그 시행구역을 지정, 확장하였고 마침내 1912년 6월 1일 전국에 시행하기에 이르렀다.

제2 도량형기의 제작, 이입(移入), 판매

도량형기의 제작, 이입 또는 판매는 정부의 전속으로 하고 있다. 이것은 정확성과 통일성을 기하기 위해서이다. 그리고 판매는 정부가 직접 이것을 행하는 외에 위탁판매자를 각지에 두고 이것을 판매하게 하고 있다. 또 정부의 특허를 받은 자는 내지관청이 검정한 도량형기의 이입, 판매를 할 수 있다. 그래도 실제로 취급되는 것을 보면 가장 보편적으로 사용되는 도량형기는 정부의 손에 의해서만 공급하고 이입, 판매를 하도록 하고 있다. 다만 측량, 제도(製圖), 의료 등에 사용하는 것에 한하여 이입, 판매가 허용된다.

제3 도량형기의 수리

도량형기의 수리는 정부 또는 정부의 특허를 받은 자가 아니면 이를 행할 수 없다. 특허를 받은 자가 수리를 할 때에는 정부의 검정을 받아야 한다. 다만 간단한 수리는 사용자가 임의로 이것을 행할 수 있다. 간단한 수리란 금속이 아닌 토리오, 추끈, 받침끈, 갈고리끈의 교환에 한한다. 이 경우에 있어서도 수리재료는 정부가 판매하는 것이 아니면 이것을 사용할 수 없다.

제3절 지방금융조합

지방금융조합은 종래 조선에서 행해지던 계(契)의 제도를 참작하여 창설된 것으로서 농민에게 저리자금을 제공함으로써 금융을 완화하여 농사의 개량, 발달을 도모하는 것을 목적으로 한다. 원래 조선에서 지방농민의 금융기관으로서는 농공은행, 동양척식회사 금융부가 있었지만 보통의 일반농민에게까지 금융이 미치지 못하였기 때문에 금융조합을 설치하게 되었다. 이렇게 하여 1907년 구(舊)한국정부 아래에 설립한 이래 해를 거듭할수록 증설되어 현재 조합수 230, 조합원수 6만여명 대출금 총액 220만원, 적립금 50만원에 이른다고 한다. 지방금융조합은 조합의 구역 내에서 일년 이상 계속하여 주소를 두고 독립한 생계를 영위하는 농업자로서 조직하여 농민의 금융을 완화하여 경제발달을 도모하는 것을 목적으로 하는 사단법인이다. 금융조합이 공법인이 아닌 것은 분명하지만 공익법인인지 영리법인인가 확실하지 않다. 그 목적에서 보면 공익법인 같지만 업무의 상태에서 보면 영리법인이라고 보는 것이 타당하다. 지방금융조합이 영위하는 업무의 종류는 다음과 같다.

1. 조합원에게 농사에 필요한 자금을 대여하는 일
2. 조합원을 위한 예금업무
3. 조합원을 위한 종자, 종묘, 비료, 농기구 그밖의 농업에 필요한 재료를 구입하거나 또는 배분하는 일
4. 조합원에게 농업에 필요한 재료를 대부하는 일
5. 조합원이 위탁한 생산물을 판매하는 일
6. 조합원을 위하여 생산물을 창고에 보관하거나 이에 대하여 창하(倉荷)증권을 발행하는 일
7. 조합원 공동의 이익을 위하여 농업시설을 설치하는 일

또 앞서 언급한 것 외에도 조합은 조선총독의 인가를 받은 때는 조합원 이외의 자의 예금업무도 취급할 수 있다. 또 농공은행의 업무를 대리하거나 혹은 그 업무를 매개할 수 있다.

지방금융조합을 설립하려고 하는 때에는 설립자가 정관을 작성하여 조선총독의 인가를 받아야 한다. 조합원의 출자는 1구좌의 금액이 10원이며 조합원은 각자 1구좌 이상을 가질 것을 요하고 그 책임은 출

자액을 한도로 한다. 조합은 매년 일정한 금액을 적립한 후 그 잉여금은 가입한 출자액에 따라서 연 7부 이하의 비율로 배당할 수 있다.

조합원의 지분은 조합원의 승낙이 없으면 양도할 수 없다. 또 어떠한 경우에 있어서도 지분을 질권의 목적으로 하거나 또는 수인이 공유할 수 없다.

지방금융조합은 조합장 1인, 이사장 1인, 감사 2인 이상 및 평의원 7인 이상 둔다. 조합장은 총회에서 조합원 가운데 지방장관의 인가를 얻어서 선임하고 이사는 조선총독이 임명하며 감사 및 평의원은 총회에서 조합원 가운데에서 선임한다. 조합장은 이사와 협동하여 조합의 대표기관이고 이사는 업무집행기관이다. 또 감사는 조합의 재산 및 업무집행의 상황을 감사하고 평의원은 평의원회를 조직하여 조합에 관한 중요한 사항을 결의한다.[41]

조합은 다음과 같은 사유로 해산한다.

1. 정관이 정한 존립기간의 만료 또는 사유의 발생
2. 총회의 결의
3. 합병
4. 조합원의 부족
5. 파산
6. 조선총독의 명령

해산하는 경우 청산절차는 대체로 민법의 법인규정에 의한다.

제4절 농공은행(1914년 5월 제령 제7호 농공은행령)

농공은행은 그 이름이 나타내고 있는 것처럼 농공업의 개량, 발달에 필요한 자금의 대부를 주된 목적으로 하고 있다. 농공은행은 주식회

41) 임기는 조합장 3년, 감사와 평의원은 2년이다.

사로 자본금은 10만 원 이상이어야 하며 설립할 수 있는 은행 수에 제한이 있어서 함부로 설립이 허용되지 않는다. 조선총독이 정하는 하나의 영업구역 내에서 하나의 은행에 한한다. 현재 조선 전역에 6개(한호(漢湖)(경성), 평안(평양), 경상(대구), 전주(전라), 광주(광주), 함경(원산))의 농공은행이 있고 자본금총액 이백 일 만원 이내, 가입액 일백 사십 만원이다.

농공은행의 주주가 될 수 있는 자는 정부 또는 그 영업구역내의 공공단체 또는 영업구역 내에서 주로 농업 또는 공업을 영위하며 1년 이상 계속하여 주소를 둔 일본의 신민 또는 회사에 한한다. 그러나 일단 주주가 되면 전기(前記)의 요건을 결하더라도 국적상실의 경우를 제외하고는 주주의 자격을 잃지 않는다. 농공은행이 영위하는 업무는 다음과 같다.

1. 20년 이내의 연부상환 방법에 의한 부동산을 저당으로 하는 대부

2. 5년 이내의 정기상환의 방법에 의한 부동산을 저당으로 하는 대부

3. 농업자 또는 공업자 20인 이상 연대하여 채무를 지는 자에 대한 5년 이내의 정기상환의 방법에 의한 무담보대부

앞서의 1, 2, 3의 대부는 그 자금을 개간, 식림(植林), 종묘, 비료, 공업용재료의 구입 등 농업 또는 공업용에 이용하는 경우에 한한다.

4. 공공단체에 대한 전기(前記) 1, 2의 방법에 의한 무담보대부

5. 지방금융조합, 어업조합, 그 밖의 영리를 목적으로 하지 않는 산업에 관한 법인에 대한 전기(前記) 1, 2의 방법에 의한 무담보대부

6. 조선의 산물을 담보로 하는 대부

7. 조선의 산물의 저장을 주된 목적으로 하는 창고업자가 발행하는 예증권(預證券), 질입(質入)증권 혹은 창하(倉荷)증권에 대한 대부 또는 지방금융조합이 발행하는 창하(倉荷)증권에 대한 대부

8. 조선에서 농업 또는 공업을 영위하는 일을 주된 목적으로 하는

주식회사 주권 또는 사채권(社債券)에 대한 대부

9. 외환 및 화환(貨換)어음

10. 수표할인, 다만 전기(前記), 6, 7의 산물 또는 증권을 담보로 하는 경우에 한한다.

위에서 언급한 것 외에도 농공은행은 예금업무를 취급하거나 또는 금은(金銀), 유가증권의 보호를 위한 예치를 할 수 있다. 또 조선총독의 인가를 받아 공공단체를 위하여 금전출납업무를 취급할 수 있다.

농공은행의 대부자원은 주로 농공채권에만 의존하지 않고 자본금 4분의 1 이상의 가입금이 있을 때에는 가입금액의 5배에 한하여 또 연부상환대부금의 현재액을 초과하지 않는 범위 내에서 농공채권을 발행할 수 있다. 그리고 권면(券面)금액은 5원 이상으로 하고 무기명이찰(利札)부(附)를 원칙으로 한다.

제8장 교통에 관한 행정

제1절 도로

도로란 사람, 동물 및 자동차에 의한 교통운수에 제공되는 토지의 부분으로서 도로에는 공도(公道)와 사도(私道)가 있다.

공도(公道)란 일반의 자유교통용에 제공되는 토지의 부분으로서 사권의 작용에 의해 그 사용이 방해받지 않는 것을 말한다. 즉, 공도(公道)이기 위해서는,

1. 일반의 자유교통용에 제공되는 것이어야 한다. 따라서 국가가 혹은 특별한 목적을 위하여 예를 들면, 포대(砲臺), 관설(官設)공장 등에 통하도록 설치한 도로는 공로(公路)가 아니다.

2. 사권의 작용에 의해 그 사용이 방해받지 않아야 한다. 때문에 어느 사인이 자기 소유의 토지를 도로로서 일반의 자유교통을 허용하여도

공도(公道)가 아니다. 이것은 소유권의 행사에 의해 언제든지 사권의 작용에 의해 정지될 수 있기 때문이다.

1915년 10월 29일 총독부령 제121호 도로규칙에 의하면 조선의 공도(公道)는 이것을 1등도로, 2등도로, 3등도로 및 등외도로의 4종류로 하고 그 등급에 따라서 관리, 축조, 유지의 방법을 달리한다.

제1 1등도로

1. 경성에서 도청소재지, 사단(용산)사령부 소재지, 여단(평양, 나남)사령부 소재지, 요새(진해만, 영흥만)사령부 소재지, 진수(鎭守)부 소재지, 요항(要港)부 소재지, 중추가 되는 개항(開港) 또는 철도정거장에 이르는 도로

2. 군사상 중요한 도로

3. (조선총독이 정하는) 경제상 특히 중요한 도로

제2 2등도로

1, 인접도청소재지를 연결하는 도로

2. 도청소재지에서 그 관할부청 또는 군청소재지에 이르는 도로

3. 도청소재지에서 도내 중요한 지점, 항진(港津) 또는 철도정차장에 이르는 도로

4. 도내 중요한 지점, 항진(港津), 철도정차장 또는 도로 상호를 연결하는 도로

5. 인접한 도내 중요한 지점, 항진(港津), 철도정차장 또는 상호 연결하는 도로에 대해서는 조선총독이 정한다.

1등도로 및 2등도로의 관할, 축조 및 유지, 수선은 총독부에서 행하는 것을 원칙으로 한다. 다만 통상의 유지, 수선은 도장관이 이를 시행한다.[42]

---

42) 도장관이 시행하는 경우의 비용은 지방비로 충당한다.

제3. 3등도로

1. 인접한 부청(府廳) 또는 군청소재지를 연결하는 도로

2. 부청(府廳), 군청 또는 도청(島廳)소재지에서 부군도(府郡島)내(內) 중요한 지점, 항진(港津), 철도정차장 또는 도로 상호를 연결하는 도로

3. 인접한 부군도(府郡島)내(內) 중요한 지점, 항진(港津), 철도정차장 또는 도로 상호를 연결하는 도로. 이에 대해서는 조선총독의 허가를 받아 도장관이 정하고 그 관리, 축조 및 유지, 수선은 도장관이 이를 행한다.

등외(等外)도로란 1, 2, 3등 도로에 속하지 않는 도로로서 그 관리, 축조 및 유지, 수선은 부윤, 군수 또는 도사(島司)가 이를 행한다.[43]

도로의 폭은 1등도로는 4간(間) 이상, 2등도로는 3간(間) 이상, 3등 도로는 2간(間) 이상으로 한다.[44]

제3절 철도, 경편(輕便)철도 및 궤도(軌度)

도로 이외에 철도를 부설하여 일반 운송용에 제공하는 것으로서 증기의 힘으로 운전원동력을 삼는 것을 철도라고 한다. 원동력에 제한이 없는 것을 경편철도라 한다. 또 궤도(軌道)란 일반 운송용에 제공되기 때문에 공공도로상에 부설하는 것으로서 그 운전원동력에 제한이 없는 것을 말한다.

철도는 이를 국유로 할 것인가의 여부에 대해서는 종래 학자들 사이에 논의가 있다. 그도 그럴 것이 일본에서는 1896년 철도국유법이 발포된 이래 중요한 철도는 모두 국가가 경영하는 방침을 취했다. 철도, 경편(輕便)철도 및 궤도(軌度)의 영업은 민활(敏活)하고 정확함뿐만 아니라 항상 위험을 동반하기 때문에 국가가 이에 대하여 엄격한 규정을 두

---

43) 이 등외도로에 관한 비용은 부(府) 또는 관계부처의 부담으로 하기 때문에 지방비로 변제할 수 없다.

44) 경성광화문통 도로폭은 30간(間)이다.

고 있다. 조선에서는 1912년 6월 제령 제4호로 철도, 경편(輕便)철도 및 궤도(軌度)의 영업에 관한 건을 발포하여 철도의 설비, 운송요원의 직무, 여객공중에 대한 단속 등에 관하여 대체로 내지의 철도영업법이 규정하는 내용 외에 조선경편철도령(1912년 6월 제령 제25호), 경편(輕便)철도 및 궤도(軌度)건설, 군수 그 밖에 업무에 관한 건(1912년 총독부령 제119호) 전용(專用)의 경편(輕便)철도 및 궤도(軌度)에 관한 건(1912년 총독부령 제120호) 등의 제(諸)법규를 제정하였다.

제3절 선박

종래 조선에서 해사(海事)법규[45]는 내지인과 조선인에 따라 적용하는 법규가 달랐을 뿐만 아니라 선박 및 해원(海員)에 관한 보호단속의 법규가 불완전 하여 1914년 4월 제령으로 조선선박령 이하 중요한 해사법규를 제정하였다. 종래의 불편, 불비한 경우를 제외하고는 내선(內鮮)인 모두 동일한 법규 아래 통일되게 되었다. 대체로 내지법을 인용하여 내지인과 동일한 취급을 하게 되었다. 다만 특정한 사항에 대해서는 특별한 규정을 두고 있다.

1. 조선선박령(1914년 4월 7일 제령 제7호)
2. 조선해원(海員)징계령(1914년 4월 7일 제령 제8호)
3. 조선선박검사령(1914년 4월 7일 제령 제9호)
4. 조선수난(水難)구호령(1914년 4월 7일 제령 제10호)
5. 조선선원(船員)령(1914년 4월 7일 제령 제11호)
6. 조선선박직원령(1914년 4월 7일 제령 제12호)
7. 해상충돌예방법시행의건(칙령)
8. 선세(船稅)령
9. 조선선박등기규칙령

45) 예컨대 『船舶에 關훈 新法規』(1910)에는 선박법, 선박검사법이 수록되어 있다. 황성신문 1909. 2. 3. 이 책은 1976년 도선사들이 영인본을 발간하였다.

10. 감찰(鑑札)령(1914년 5월 총령(總令))

등이 있다.

9장 재산에 관한 행정

제1절 국세징수

제1 수세(收稅)기관

국세징수령시행규칙 제1조에 의하면 지세(地稅), 호세(戶稅), 가옥세(家屋稅), 주세(酒稅), 담배세, 0세, 선세(船稅) 및 인삼세는 면(面)이 징수하고 그 밖의 국세는 특별한 규정이 있는 것을 제외하고 부군(府郡)이 납세의무자에 대하여 직접 징수한다. 다만 면(面)이 징수하는 국세일지라도 납세의무자가 직접 납부하는 것이 편리하다고 인정될 때에는 부군(府郡)에서 징수한다.

면(面)에서 국세를 징수하는 경우에 징수비용은 면이 부담하고 국고(國庫)에 납부하는 세금의 100분의 2에 상당하는 금액을 면에 교부한다.

제2 징수방법

1. 부군(府郡)이 징수하는 경우

부군(府郡)에서 납세의무자에게 직접 징수하는 경우에는 부윤, 군수는 납세의무자에 대하여 일정한 양식의 납세고지서를 발부한다. 납세의무자가 납세고지서를 받았을 때에는 세금에 납금납세고지서를 첨부하여 지정하는 장소에 납부하여야 한다.

납세고지서는 납세의무자가 현실적으로 납부해야 할 세금액을 결정하여 이것을 의무자에게 통지하도록 되어 있는데 납세고지서를 발부하는 자를 세입징수관이라고 한다. 세입징수관은 세입징수액을 조사확정하여 고지서를 발부한 총액을 세입조정제액(濟額)이라고 한다.

2. 면(面)이 징수하는 경우

국세를 면에서 징수하는 경우에 있어서도 면장은 세입징수관이 아니라 군수가 조정(調定)하는 세금액을 징수하는데 지나지 않는다.

면에서 국세를 징수하기 위해서는 군수는 면에 대하여 일정한 양식의 납세통지서를 발부하여 면에서 이를 받았을 때에는 납세의무자에 대하여 일정한 양식의 납세고지서를 발부한다. 납세의무자가 납세고지서를 받았을 때에는 세금에 납세고지서를 첨부하여 지정하는 장소에 납부하여야 한다. 면에서 징수하는 세금은 일정한 양식의 납부서를 첨부하여 지체없이 금고 또는 국고금을 취급하는 통신관서에 납부해야 한다.

제3 체납처분

납세의무자가 납기를 지나서도 세금을 완납하지 않을 때는 강제징수의 방법에 의해 체납처분을 행해야 한다. 강제징수의 방법은 독촉, 재산의 압류 및 공매(公賣)이다.

1. 독촉

납세의무자가 납세기한을 지나서도 세금을 완납하지 않을 때는 부윤 또는 군수는 기한을 지정하여 독촉장을 발부한다. 독촉장을 발부한 때에는 독촉절차료로서 체납세액의 100분의 1에 상당하는 금액을 징수한다. 만약 그 금액이 10전 이하일 때에는 10전을 징수한다.

2. 재산압류

납세자가 독촉을 받아 지정한 기한까지 독촉수수료 및 세금을 납부하지 않을 때에는 부윤 또는 군수는 납세자의 재산을 압류해야 한다. 다만 법률은 일정한 재산에 대하여 압류를 금하고 있다. 그리고 이것은 민사소송법에서 규정하고 있는 압류금지품과 대동소이하다(국세징수령 제16조).

3. 공매(公賣)

압류한 재산은 통화(通貨)를 제외하고 공매에 붙인다. 그리고 공매는 입찰 또는 경매의 방법에 의하여야 한다. 다만 압류물건의 견적가액이 50원 미만인 물건은 수의계약으로 이것을 매각할 수 있다. 압류물건의 매각대금 및 압류한 통화(通貨)는 독촉절차료, 체납처분비 및 세금에 충당하고 아직 잔여가 있을 때에는 이것을 체납자에게 교부한다. 다만 매각한 물건이 질권, 저당권의 목적물인 경우에는 그 대금의 잔여는 바로 체납처분자에게 교부하지 않고 채권자에게 교부하고 그래도 잔여가 있을 때에는 이것을 체납자에게 교부한다.

제2절 지방비부과금의 징수

현재 지방비부과금으로서 각도(各道)에서 징수하는 종목은 지세(地稅)부가세, 시가지세부가세, 도장(屠場)세(도축세) 및 시장(市場)세이다.

지세부가세는 국세인 지세에 부가하여 평안남북, 함경남북의 4개도는 본세(本稅) 100분의 5를 본세와 동시에 징수한다.

시가지세부가세는 국세인 시가지세에 부가하여 본세(本稅) 100분의 5를 본세와 동시에 징수한다.

도장(屠場)세(도축세)는 도장(屠場)영업자(또는 도축의뢰자)에 대하여 도축수에 따라서 부과징수한다.

시장세는 경성부에서 시장의 등급을 정하여 월세로서 시장관리자에게 부과하고 그 밖에 매출가액의 100분의 1을 매출자에게 부과하며 상설시장은 월세 그밖에는 개시(開始)할 때마다 수시로 징수한다.

지방비부과금 징수절차는 대체로 국세의 예에 의한다. 먼저 지세부가세, 시가지세부가세를 징수하기 위해서는 부(府) 또는 면(面)에서 또 시장세를 징수하기 위해서는 시장관리자에 대하여 납세고지서를 발부하고 그 밖의 부과금을 징수하기 위해서는 직접 납세자에게 납입고지서를 발부한다. 그리고 부(府), 면(面) 또는 시장관리자는 그 징수한 현금에 납부서를 첨부하고 또 납세자는 현금에 납입고지서를 첨부하여 도(道)금고에 납입해야 한다. 부(府), 면(面) 및 시장관리자에 대하여는 그 징수금액의 100분의 2를 수수료로서 교부한다.

附　　錄

研究倫理委員會 規程

研究論集 刊行 및 編輯規則

「行政判例硏究」 原稿作成要領

歷代 任員 名單

月例 集會 記錄

研究倫理委員會 規程

제1장 총　　칙

제 1 조 (목적)

이 규정은 사단법인 한국행정판례연구회(이하 “학회”라 한다) 정관 제26조에 의하여 연구의 진실성을 확보하기 위하여 설치하는 연구윤리위원회(이하 “위원회”라 한다)의 구성 및 운영에 관한 기본적인 사항을 정함을 목적으로 한다.

제 2 조 (적용대상)

이 규정은 학회의 정회원·준회원 및 특별회원(이하 “회원”이라 한다)에 대하여 적용한다.

제 3 조 (적용범위)

연구윤리의 확립 및 연구진실성의 검증과 관련하여 다른 특별한 규정이 없는 한 이 규정에 따른다.

제 4 조 (용어의 정의)

이 규정에서 사용하는 용어의 정의는 다음과 같다.

1. “연구부정행위”는 연구를 제안, 수행, 발표하는 과정에서 연구목적과 무관하게 고의 또는 중대한 과실로 행하여진 위조·변조·표절·부당한 저자표시 등 연구의 진실성을 심각하게 해치는 행위를 말한다.
2. “위조”는 존재하지 않는 자료나 연구결과를 허위로 만들고 이를 기록하거나 보고하는 행위를 말한다.
3. “변조”는 연구와 관련된 자료, 과정, 결과를 사실과 다르게

변경하거나 누락시켜 연구가 진실에 부합하지 않도록 하는 행위를 말한다.

4. "표절"은 타인의 아이디어, 연구 과정 및 연구결과 등을 정당한 승인 또는 적절한 인용표시 없이 연구에 사용하는 행위를 말한다.
5. "부당한 저자 표시"는 연구내용 또는 결과에 대하여 학술적 공헌 또는 기여를 한 자에게 정당한 이유 없이 저자 자격을 부여하지 않거나, 학술적 공헌 또는 기여를 하지 않은 자에게 감사의 표시 또는 예우 등을 이유로 저자 자격을 부여하는 행위를 말한다.

제 2 장 연구윤리위원회의 구성 및 운영

제 5 조 (기능)

위원회는 학회 회원의 연구윤리와 관련된 다음 각 호의 사항을 심의 · 의결한다.

1. 연구윤리 · 진실성 관련 제도의 수립 및 운영 등 연구윤리확립에 관한 사항
2. 연구윤리 · 진실성 관련 규정의 제·개정에 관한 사항
3. 연구부정행위의 예방 · 조사에 관한 사항
4. 제보자 및 피조사자 보호에 관한 사항
5. 연구진실성의 검증·결과처리 및 후속조치에 관한 사항
6. 기타 위원장이 부의하는 사항

제 6 조 (구성)

① 위원회는 위원장과 부위원장 각 1인을 포함하여 7인 이내의 위원으로 구성한다.

② 위원장은 부회장 중에서, 부위원장은 위원 중에서 회장이 지명

한다.

③ 부위원장은 위원장을 보좌하고 위원장의 유고시에 위원장의 직무를 대행한다.

④ 위원은 정회원 중에서 회장이 위촉한다.

⑤ 위원장과 부위원장 및 위원의 임기는 1년으로 하되 연임할 수 있다.

⑥ 위원회의 제반업무를 처리하기 위해 위원장이 위원 중에서 지명하는 간사 1인을 둘 수 있다.

⑦ 위원장은 위원회의 의견을 들어 전문위원을 위촉할 수 있다.

제 7 조 (회의)

① 위원장은 필요한 경우 위원회의 회의를 소집하고 그 의장이 된다.

② 회의는 재적위원 과반수 출석과 출석위원 과반수 찬성으로 의결한다. 단 위임장은 위원회의 성립에 있어 출석으로 인정하되 의결권은 부여하지 않는다.

③ 회의는 비공개를 원칙으로 하되, 필요한 경우에는 위원이 아닌 자를 참석시켜 의견을 진술하게 할 수 있다.

제 3 장 연구진실성의 검증

제 8 조 (연구부정행위의 조사)

① 위원회는 구체적인 제보가 있거나 상당한 의혹이 있는 경우에는 연구부정행위의 존재 여부를 조사하여야 한다.

② 위원회는 조사과정에서 제보자·피조사자·증인 및 참고인에 대하여 진술을 위한 출석과 자료의 제출을 요구할 수 있다.

③ 위원회는 연구기록이나 증거의 멸실, 파손, 은닉 또는 변조 등을 방지하기 위하여 상당한 조치를 취할 수 있다.

제 9 조 (제보자와 피조사자의 권리 보호)

① 위원회는 어떠한 경우에도 제보자의 신원을 직·간접적으로 노출시켜서는 안 된다. 다만, 제보 내용이 허위인 줄 알았거나 알 수 있었음에도 불구하고 이를 신고한 경우에는 보호 대상에 포함되지 않는다.

② 위원회는 연구부정행위 여부에 대한 검증과정이 종료될 때까지 피조사자의 명예나 권리가 침해되지 않도록 노력하여야 한다.

제10조 (비밀엄수)

① 위원회의 위원은 연구부정행위의 조사, 판정 및 제재조치의 건의 등과 관련한 일체의 사항을 비밀로 하며, 검증과정에 직·간접적으로 참여한 자는 검증과정에서 취득한 정보를 누설하여서는 아니된다.

② 위원장은 제 1 항에 규정된 사항으로서 합당한 공개의 필요성이 있는 때에는 위원회의 의결을 거쳐 공개할 수 있다. 다만, 제보자 · 조사위원 · 증인 · 참고인 · 자문에 참여한 자의 명단 등 신원과 관련된 정보가 당사자에게 부당한 불이익을 줄 가능성이 있는 때에는 공개하지 아니한다.

제11조 (제척 · 기피 · 회피)

① 위원은 검증사건과 직접적인 이해관계가 있는 때에는 당해 사건의 조사 · 심의 및 의결에 관여하지 못한다. ② 제보자 또는 피조사자는 위원에게 공정성을 기대하기 어려운 사정이 있는 때에는 그 이유를 밝혀 당해 위원의 기피를 신청할 수 있다. 위원회에서 기피신청이 인용된 때에는 기피 신청된 위원은 당해 사건의 조사 · 심의 및 의결에 관여하지 못한다.

③ 위원은 제 1 항 또는 제 2 항의 사유가 있다고 판단하는 때에는 회피하여야 한다.

④ 위원장은 위원이 검증사건과 직접적인 이해관계가 있다고 인정하는 때에는 당해 검증사건과 관련하여 위원의 자격을 정지할 수 있다.

제12조 (의견진술, 이의제기 및 변론기회의 보장)
위원회는 제보자와 피조사자에게 관련 절차를 사전에 알려주어야 하며, 의견진술, 이의제기 및 변론의 기회를 동등하게 보장하여야 한다.

제13조 (판정)
① 위원회는 위원들의 조사와 심의 결과, 제보자와 피조사자의 의견진술, 이의제기 및 변론의 내용을 토대로 검증대상행위의 연구부정행위 해당 여부를 판정한다.
② 위원회가 검증대상행위의 연구부정행위 해당을 확인하는 판정을 하는 경우에는 재적위원 과반수 출석과 출석위원 3분의 2 이상의 찬성으로 한다.

제4장 검증에 따른 조치

제14조 (판정에 따른 조치)
① 위원장은 제13조 제1항의 규정에 의한 판정결과를 회장에게 통보하고, 검증대상행위가 연구부정행위에 해당한다고 판정된 경우에는 위원회의 심의를 거쳐 그 판정결과에 따라 필요한 조치를 건의할 수 있다.
② 회장은 제 1 항의 건의가 있는 경우에는 다음 각 호 중 어느 하나의 제재조치를 하거나 이를 병과할 수 있다.

1. 연구부정논문의 게재취소
2. 연구부정논문의 게재취소사실의 공지
3. 회원의 제명절차에의 회부

4. 관계 기관에의 통보

5. 기타 적절한 조치

③ 전항 제 2 호의 공지는 저자명, 논문명, 논문의 수록 권·호수, 취소일자, 취소이유 등이 포함되어야 한다.

④ 회장은 학회의 연구윤리와 관련하여 고의 또는 중대한 과실로 진실과 다른 제보를 하거나 허위의 사실을 유포한 자가 회원인 경우 이를 제명절차에 회부할 수 있다.

제15조 (조사결과 및 제재조치의 통지)

회장은 위원회의 조사결과 및 제재조치에 대하여 제보자 및 피조사자 등에게 지체없이 서면으로 통지한다.

제16조 (재심의)

피조사자 또는 제보자가 판정결과 및 제재조치에 대해 불복할 경우 제15조의 통지를 받은 날부터 20일 이내에 이유를 기재한 서면으로 재심의를 요청할 수 있다.

제17조 (명예회복 등 후속조치)

검증대상행위가 연구부정행위에 해당하지 아니한다고 판정된 경우에는 학회 및 위원회는 피조사자의 명예회복을 위해 노력하여야 하며 적절한 후속조치를 취하여야한다.

제18조 (기록의 보관) ① 학회는 조사와 관련된 기록은 조사 종료 시점을 기준으로 5년간 보관하여야 한다.

부 칙

제 1 조 (시행일) 이 규정은 2007년 11월 29일부터 시행한다.

研究論集 刊行 및 編輯規則

제정: 1999. 08. 20.
제 1 차 개정: 2003. 08. 22.
제 2 차 개정: 2004. 04. 16.
제 3 차 개정: 2005. 03. 18.
전문개정: 2008. 05. 26.
제 5 차 개정: 2009. 12. 18.

제1장 총　　칙

제 1 조 (目的)

이 규칙은 사단법인 한국행정판례연구회(이하 "학회"라 한다)의 정관 제27조의 규정에 따라 연구논집(이하 '논집'이라 한다)을 간행 및 편집함에 있어서 필요한 사항을 정함을 목적으로 한다.

제 2 조 (題號)

논집의 제호는 '行政判例研究'(Studies on Public Administration Cases)라 한다.

제 3 조 (刊行週期)

① 논집은 연 2회 정기적으로 매년 6월 30일, 12월 31일에 간행함을 원칙으로 한다.

② 전항의 정기간행 이외에 필요한 경우는 특별호를 간행할 수 있다.

제 4 조 (刊行形式)

논집의 간행형식은 다음 각 호의 어느 하나에 의한다.

1. 등록된 출판사와의 출판권 설정의 형식
2. 자비출판의 형식

제 5 조 (收錄對象)

① 논집에 수록할 논문은 다음과 같다.

1. 발표논문: 학회의 연구발표회에서 발표하고 제출한 논문으로서 편집위원회의 심사절차를 거쳐 게재확정된 논문
2. 제출논문: 회원 또는 비회원이 논집게재를 위하여 따로 제출한 논문으로서 편집위원회의 심사절차를 거쳐 게재확정된 논문
3. 그 밖에 편집위원회의 심사절차와 간행위원회의 의결을 거쳐 수록하기로 한 논문 등

② 논집에는 부록으로서 다음의 문건을 수록할 수 있다.

1. 학회의 정관, 회칙 및 각종 규칙
2. 학회의 역사 또는 활동상황
3. 학회의 각종 통계

③ 논집에는 간행비용의 조달을 위하여 광고를 게재할 수 있다.

제 6 조 (收錄論文要件)

논집에 수록할 논문은 다음 각호의 요건을 갖춘 것이어야 한다.

1. 행정판례의 평석 또는 연구에 관한 논문일 것
2. 다른 학술지 등에 발표한 일이 없는 논문일 것
3. 이 규정 또는 별도의 공고에 의한 원고작성요령 및 심사기준에 부합하는 학술연구로서의 형식과 품격을 갖춘 논문일 것

제7조 (著作權)

① 논집의 편자는 학회의 명의로 하고, 논집의 개별 논문에는 집필자(저작자)를 명기한다.

② 학회는 논집의 편집저작권을 보유한다.

제2장 刊行委員會와 編輯委員會

제8조 (刊行 및 編輯主管)

① 논집의 간행 및 편집에 관한 업무를 관장하기 위하여 학회에 간 행위원회와 편집위원회를 둔다.

② 간행위원회는 논집의 간행에 관한 중요한 사항을 심의·의결한다.

③ 편집위원회는 간행위원회의 결정에 따라 논집의 편집에 관한 업무를 행한다.

제9조 (刊行委員會의 構成과 職務 등)

① 간행위원회는 편집위원을 포함하여 회장이 위촉하는 적정한 수의 위원으로 구성하고 임기는 1년으로 하되 연임할 수 있다.

② 간행위원회는 위원장, 부위원장 및 간사 각 1인을 둔다.

③ 간행위원장은 위원 중에서 호선하고, 부위원장은 학회의 출판담당 상임이사로 하고, 간사는 위원 중에서 위원장이 위촉한다.

④ 간행위원회는 다음의 사항을 심의·의결한다.

1. 논집의 간행계획에 관한 사항
2. 논집의 특별호의 기획 등에 관한 사항
3. 이 규칙의 개정에 관한 사항
4. 출판권을 설정할 출판사의 선정에 관한 사항
5. 그 밖에 논집의 간행과 관련된 중요한 사항

⑤ 간행위원회는 다음 각 호의 경우에 위원장이 소집하고, 간행위원회는 위원 과반수의 출석과 출석위원 과반수의 찬성으로 의결

한다.

1. 회장 또는 위원장이 필요하다고 판단하는 경우

2. 위원 과반수의 요구가 있는 경우

제10조 (編輯委員會의 構成과 職務 등)

① 편집위원회는 학회의 출판담당 상임이사를 포함하여 회장이 이사회의 승인을 얻어 선임하는 10인 내외의 위원으로 구성하고 임기는 3년으로 한다.

② 편집위원회는 위원장, 부위원장 및 간사 각 1인을 둔다.

③ 편집위원장은 위원 중에서 호선하고, 부위원장은 학회의 출판담당 상임이사로 하고, 간사는 위원 중에서 위원장이 위촉한다.

④ 편집위원회는 다음의 사항을 행한다.

1. 이 규칙에 의하는 외에 논집에 수록할 논문의 원고작성요령 및 심사기준에 관한 세칙의 제정 및 개정

2. 논문심사위원의 위촉

3. 논문심사의 의뢰 및 취합, 종합판정, 수정요청 및 수정후재심사, 논집에의 게재확정 또는 거부 등 논문심사절차의 진행

4. 논집의 편집 및 교정

5. 그 밖에 논집의 편집과 관련된 사항

⑤ 편집위원회는 다음 각 호의 경우에 위원장이 소집하고, 위원 과반수의 출석과 출석위원 과반수의 찬성으로 의결한다.

1. 회장 또는 위원장이 필요하다고 판단하는 경우

2. 위원 과반수의 요구가 있는 경우

제3장 論文의 提出과 審査節次 등

제11조 (論文提出의 基準)

① 논문원고의 분량은 A4용지 20매(200자 원고지 150매) 내외로 한다.

② 논문의 원고는 (주)한글과 컴퓨터의 "문서파일(HWP)"로 작성하고 한글사용을 원칙으로 하되, 필요한 경우 국한문혼용 또는 외국어를 사용할 수 있다.

③ 논문원고의 구성은 다음 각 호의 순서에 의한다.

1. 제목
2. 목차
3. 본문
4. 한글초록·주제어
5. 외국어초록·주제어
6. 참고문헌
7. 부록(필요한 경우)

④ 논문은 제1항 내지 제3항 이외에 편집위원회가 따로 정하는 원고작성요령 또는 심사기준에 관한 세칙을 준수하고, 원고는 편집위원회가 정하여 공고하는 기한 내에 출판간사를 통하여 출판담당 상임이사에게 제출하여야 한다.

제12조 (論文審査節次의 開始)

① 논문접수가 완료되면 출판담당 상임이사는 심사절차에 필요한 서류를 작성하여 편집위원장에게 보고하여야 한다.

② 편집위원장은 전항의 보고를 받으면 편집위원회를 소집하여 논문심사절차를 진행하여야 한다.

제13조 (論文審査委員의 委囑과 審査 依頼 등)

① 편집위원회는 간행위원, 편집위원 기타 해당 분야의 전문가 중에서 심사대상 논문 한 편당 3인의 논문심사위원을 위촉하여 심사를 의뢰한다.

② 제1항의 규정에 의하여 위촉되어 심사를 의뢰받는 논문심사위원이 심사대상 논문 또는 그 제출자와 특별한 관계가 명백하게 있어 논문심사의 공정성을 해할 우려가 있는 사람이어서는 안 된다.

제14조 (秘密維持) ① 편집위원장은 논문심사위원의 선정 및 심사의 진행에 관한 사항이 외부로 누설되지 않도록 필요한 조치를 취하여야 한다.

② 편집위원 및 논문심사위원은 논문심사에 관한 사항을 외부로 누설해서는 안 된다.

제15조 (論文審査의 基準) 논문심사위원이 논집에 수록할 논문을 심사함에 있어서는 다음 각 호의 기준을 종합적으로 고려하여 심사의견을 제출하여야 한다.

1. 제6조에 정한 수록요건
2. 제11조에 정한 논문제출기준
3. 연구내용의 전문성과 창의성 및 논리적 체계성
4. 연구내용의 근거제시의 적절성 및 객관성

제16조 (論文審査委員別 論文審査의 判定) ① 논문심사위원은 제15조의 논문심사기준에 따라 [별표 1]의 [논문심사서](서식)에 심사의견을 기술하여 제출하여야 한다.

② 논문심사위원은 심사대상 논문에 대하여 다음 각호에 따라 '판정의견'을 제출한다.

1. '게재적합': 논집에의 게재가 적합하다고 판단하는 경우
2. '게재부적합': 논집에의 게재가 부적합하다고 판단하는 경우

3. '수정후게재': 논문내용의 수정·보완 후 논집에의 게재가 적합하다고 판단하는 경우

③ 전항 제 1 호에 의한 '게재적합' 판정의 경우에도 논문심사위원은 수정·보완이 필요한 경미한 사항을 기술할 수 있다.

④ 제 2 항 제 2 호에 의한 '게재부적합' 판정 및 제 3 호에 의한 '수정후게재' 판정의 경우에는 각각 부적합사유와 논문내용의 수정·보완할 점을 구체적으로 명기하여야 한다.

第17조 (編輯委員會의 綜合判定 및 再審査) ① 편집위원회는 논문심사위원 3인의 논문심사서가 접수되면 [별표 2]의 종합판정기준에 의하여 '게재확정', '수정후게재', '수정후재심사' 또는 '불게재'로 종합판정을 하고, 그 결과 및 논문심사위원의 심사의견을 논문제출자에게 통보한다.

② 편집위원회의 종합판정 결과, '수정후재심사'로 판정된 논문에 대하여는 재심사절차를 진행한다. 이때 최초심사에서 '게재적합' 또는 '수정후게재' 판정을 한 심사위원은 교체하지 아니하고, '게재부적합' 판정을 한 논문심사위원은 다른 사람으로 교체하여 심사를 의뢰한다.

③ 전항의 논문을 재심사하는 논문심사위원은 '게재적합' 또는 '게재부적합'으로만 판정하며, 편집위원회는 재심사의 결과 '게재적합'이 둘 이상이면 '게재확정'으로 최종 판정한다.

第18조 (修正要請 등)

① 편집위원장은 제17조의 규정에 의해 '수정후게재/ 또는 '수정후재심사' 판정을 받은 논문에 대하여 수정을 요청하여야 한다.

② 편집위원장은 제17조의 규정에 의해 '게재확정'으로 판정된 논문에 대하여도 편집위원회의 판단에 따라 수정이 필요하다고 인정하는 때에는 내용상 수정을 요청할 수 있다.

③ 편집위원회는 집필자가 전항의 수정요청에 따르지 않거나 재심

사를 위해 고지된 기한 내에 수정된 논문을 제출하지 않을 때에는 처음 제출된 논문을 '불게재'로 최종 판정한다.

제4장 기 타

제19조 (審査謝禮費의 支給) 논문심사위원에게 논집의 간행·편집을 위한 예산의 범위 안에서 심사사례비를 지급할 수 있다.

제20조(輔助要員) 학회는 논집의 간행·편집을 위하여 필요하다고 인정하는 때에는 원고의 편집, 인쇄본의 교정, 부록의 작성 등에 관한 보조요원을 고용할 수 있다.

제21조 (刊行·編輯財源) ① 논집의 간행·편집에 필요한 재원은 다음 각호에 의한다.

1. 출판수입
2. 광고수입
3. 판매수입
4. 논문게재료
5. 외부 지원금
6. 기타 학회의 재원

② 논문 집필자에 대한 원고료는 따로 지급하지 아니한다.

제22조 (論集의 配布) ① 간행된 논집은 회원에게 배포한다.

② 논문의 집필자에게는 전항의 배포본 외에 일정한 부수의 증정본을 교부할 수 있다.

附 則 (1999. 8. 20. 제정)

이 규칙은 1999년 8 월 20일부터 시행한다.

附 則

이 규칙은 2003년 8 월 22일부터 시행한다

附 則

이 규칙은 2004년 4 월 17일부터 시행한다.

附 則

이 규칙은 2005년 3 월 19일부터 시행한다.

附 則

이 규칙은 2008년 5 월 26일부터 시행한다.

附 則

이 규칙은 2009년 12월 18일부터 시행한다.

[별표 1 : 논문심사서(서식)]

「行政判例硏究」 게재신청논문 심사서

社團法人 韓國行政判例硏究會

<table>
<tr><td>게재논집</td><td colspan="2">行政判例硏究 제15－2집</td><td>심사일</td><td>2010. . .</td></tr>
<tr><td rowspan="2">심사위원</td><td rowspan="2">소속</td><td rowspan="2"></td><td>직위</td><td></td></tr>
<tr><td>성명</td><td>(인)</td></tr>
<tr><td>게재신청논문
[심사대상논문]</td><td colspan="4"></td></tr>
<tr><td>판정의견</td><td colspan="4">1. 게재적합 (　　　): 논집의 게재가 가능하다고 판단하는 경우
2. 게재부적합 (　　　): 논집의 게재가 불가능하다고 판단하는 경우
3. 수정후게재 (　　　): 논문내용의 수정·보완 후 논집의 게재가 가능하다고 판단하는 경우</td></tr>
<tr><td>심사의견</td><td colspan="4"></td></tr>
<tr><td>심사기준</td><td colspan="4">• 행정판례의 평석 또는 연구에 관한 논문일 것
• 다른 학술지 등에 발표한 일이 없는 논문일 것
• 연구내용의 전문성과 창의성 및 논리적 체계성이 인정되는 논문일 것
• 연구내용의 근거제시가 적절성과 객관성을 갖춘 논문일 것</td></tr>
</table>

※ 심사의견 작성시 유의사항 ※

▷ '게재적합' 판정의 경우에도 수정·보완이 필요한 사항을 기술할 수 있습니다.

▷ '게재부적합' 및 '수정후 게재' 판정의 경우에는 각각 부적합사유와 논문내용의 수정·보완할 점을 구체적으로 명기하여 주십시오.

▷ 표 안의 공간이 부족하면 별지를 이용해 주십시오.

[별표 2: 종합판정기준]

	심사위원의 판정	편집위원회 종합판정
1	○ ○ ○	게재확정
2	○ ○ △	
3	○ △ △	수정후게재
4	△ △ △	
5	○ ○ ×	
6	○ △ ×	수정후재심사
7	△ △ ×	
8	○ × ×	
9	△ × ×	불게재
10	× × ×	

○ = "게재적합" △ = "수정후게재" × = "게재부적합"

「行政判例研究」 原稿作成要領

I. 원고작성기준

1. 원고는 워드프로세서 프로그램인 [한글]로 작성하여 전자우편을 통해 출판간사에게 제출한다.
2. 원고분량은 도표, 사진, 참고문헌 포함하여 200자 원고지 150매 내외로 한다.
3. 원고는 「원고표지 – 제목 – 저자 – 목차(로마자표시와 아라비아숫자까지) – 본문 – 참고문헌 – 국문 초록 – 국문 주제어(5개 내외) – 외국문 초록 – 외국문 주제어(5개 내외)」의 순으로 작성한다.
4. 원고의 표지에는 논문제목, 저자명, 소속기관과 직책, 주소, 전화번호(사무실, 핸드폰)와 e–mail주소를 기재하여야 한다.
5. 외국문 초록(논문제목, 저자명, 소속 및 직위 포함)은 영어를 사용하는 것이 원칙이지만, 논문의 내용에 따라서 독일어, 프랑스어, 중국어, 일본어를 사용할 수도 있다.
6. 논문의 저자가 2인 이상인 경우 주저자(First Author)와 공동저자(Corresponding Author)를 구분하고, 주저자·공동저자의 순서로 표기하여야 한다. 특별한 표시가 없는 경우에는 제일 앞에 기재된 자를 주저자로 본다.
7. 목차는 로마숫자(보기 : Ⅰ, Ⅱ), 아라비아숫자(보기 : 1, 2), 괄호숫자(보기: (1), (2)), 반괄호숫자(보기 : 1), 2), 원숫자(보기 : ①, ②)의 순으로 한다. 그 이후의 목차번호는 논문제출자가 임의로 정하여 사용할 수 있다.

II. 각주작성기준

1. 기본원칙

(1) 본문과 관련한 저술을 소개하거나 부연이 필요한 경우 각주로 처리한다. 각주는 일련번호를 사용하여 작성한다.

(2) 각주의 인명, 서명, 논문명 등은 원어대로 씀을 원칙으로 한다.

(3) 외국 잡지의 경우 처음 인용시 잡지명을 전부 기재하고 그 이후 각 주에서는 약어로 표시한다.

2. 처음 인용할 경우의 각주 표기 방법

(1) 저서: 저자명, 서명, 출판사, 출판년도, 면수.

번역서의 경우 저자명은 본래의 이름으로 표기하고, 저자명과 서명 사이에 옮긴이의 이름을 쓰고 "옮김"을 덧붙인다.

엮은 책의 경우 저자명과 서명 사이에 엮은이의 이름을 쓰고 "엮음"을 덧붙인다. 저자와 엮은이가 같은 경우 엮은이를 생략할 수 있다.

(2) 정기간행물: 저자명, "논문제목", 「잡지명」, 제00권 제00호, 출판연도, 면수.

번역문헌의 경우 저자명과 논문제목 사이에 역자명을 쓰고 "옮김"을 덧붙인다.

(3) 기념논문집: 저자명, "논문제목", 기념논문집명(000선생00기념논문집), 출판사, 출판년도, 면수.

(4) 판결 인용: 다음과 같이 대법원과 헌법재판소의 양식에 준하여 작성한다.

판결 : 대법원 2000. 00. 00. 선고 00두0000 판결.

결정 : 대법원 2000. 00. 00.자 00아0000 결정.

헌법재판소 결정 : 헌법재판소 2000. 00. 00. 선고 00헌가00

결정.

(5) 외국문헌 : 그 나라의 표준표기방식에 의한다.

(6) 외국판결 : 그 나라의 표준표기방식에 의한다.

(7) 신문기사는 기사면수를 따로 밝히지 않는다(신문명 0000. 00. 00.자). 다만, 필요한 경우 글쓴이와 글제목을 밝힐 수 있다.

(8) 인터넷에서의 자료인용은 원칙적으로 다음과 같이 표기한다.
저자 혹은 서버관리주체, 자료명, 해당 URL(검색일자)

(9) 국문 또는 한자로 표기되는 저서나 논문을 인용할 때는 면으로(120면, 120면-122면), 로마자로 표기되는 저서나 논문을 인용할 때는 p.(p. 120, pp. 121-135) 또는 S.(S. 120, S. 121 ff.)로 인용면수를 표기한다.

3. 앞의 각주 혹은 각주에서 제시된 문헌을 다시 인용할 경우 다음과 같이 표기한다. 국내문헌, 외국문헌 모두 같다. 다만, 저자나 문헌 혹은 양자 모두가 여럿인 경우 이에 따르지 않고 각각 필요한 저자명, 문헌명 등을 덧붙여 표기함으로써 구별한다.

(1) 바로 위의 각주가 아닌 앞의 각주의 문헌을 다시 인용할 경우

1) 저서인용: 저자명, 앞의 책, 면수

2) 논문인용: 저자명, 앞의 글, 면수

3) 논문 이외의 글 인용: 저자명, 앞의 글, 면수

(2) 바로 위의 각주에 인용된 문헌을 다시 인용할 경우에는 "위의 책, 면수", "위의 글, 면수"로 표시한다.

(3) 하나의 각주에서 앞서 인용한 문헌을 다시 인용할 경우에는 "같은 책, 면수", "같은 글, 면수"로 표시한다.

4. 기타

(1) 3인 공저까지는 저자명을 모두 표기하되, 저자간의 표시는 "/"

로 구분하고 "/" 이후에는 한 칸을 띄어 쓴다. 4인 이상의 경우 성을 온전히 표기하되, 중간이름은 첫글자만을 표기한다.

(2) 부제의 표기가 필요한 경우 원래 문헌의 표기양식과 관계없이 원칙적으로 콜론으로 연결한다.

(3) 글의 성격상 전거만을 밝히는 각주가 너무 많을 경우 약자를 사용하여 본문에서 그 전거를 밝힐 수 있다.

(4) 여러 문헌의 소개는 세미콜론(;)으로 하고, 재인용의 경우 원전과 재인용출처 사이를 콜론(:)으로 연결한다.

III. 참고문헌작성기준

1. 순서

국문, 외국문헌 순으로 정리하되, 단행본, 논문, 자료의 순으로 정리한다.

2. 국내문헌

(1) 단행본: 저자, 서명, 출판사, 출판연도.

(2) 논문: 저자명, "논문제목", 잡지명 제00권 제00호, 출판연도.

3. 외국문헌

그 나라의 표준적인 인용방법과 순서에 따라 정리한다.

歷代 任員 名單

■ 초대(1984. 10. 29.)

회　　장　金道昶
부 회 장　徐元宇·崔光律(1987. 11. 27.부터)

■ 제 2 대(1988. 12. 9.)

회　　장　金道昶
부 회 장　徐元宇·崔光律
감　　사　李尙圭
상임이사　李鴻薰(총무), 金南辰(연구), 朴鈗炘(출판), 梁承斗(섭외)
이　　사　金東熙, 金斗千, 金英勳, 金元主, 金伊烈, 金鐵容, 石琮顯, 芮鍾德, 李康爀, 李升煥, 趙慶根, 崔松和, 韓昌奎, 黃祐呂

■ 제 3 대(1990. 2. 23.)

회　　장　金道昶
부 회 장　徐元宇·崔光律
감　　사　金鐵容
상임이사　李鴻薰(총무), 黃祐呂(총무), 金南辰(연구), 朴鈗炘(출판), 梁承斗(섭외)
이　　사　金東熙, 金斗千, 金英勳, 金元主, 金伊烈, 石琮顯, 芮鍾德, 李康爀, 李升煥, 李鴻薰
(1991. 1. 25.부터) 趙慶根, 崔松和, 韓昌奎, 黃祐呂

■ 제 4 대(1993. 2. 23.)

회　　장　金道昶
부 회 장　徐元宇·崔光律
감　　사　金鐵容
상임이사　李鴻薰(총무), 金南辰(연구), 朴鈗炘(출판), 梁承斗(섭외)
이　　사　金東熙, 金英勳, 金元主, 朴松圭, 卞在玉, 石琮顯, 孫智烈, 芮鍾德, 李康國, 李康爀, 李京運, 李淳容, 李重光, 李鴻薰, 趙慶根, 趙憲銖, 千柄泰, 崔松和, 韓昌奎, 黃祐呂

■ 제 5 대(1996. 2. 23.)

명예회장　金道昶
고　　문　徐元宇·金鐵容
회　　장　崔光律
부 회 장　金南辰·徐廷友
감　　사　韓昌奎
상임이사　金東熙(총무), 金元主(연구), 李康國(출판), 梁承斗(섭외)
이　　사　金英勳, 朴松圭, 朴鈗炘, 卞在玉, 石琮顯, 李康爀, 李京運, 李淳容, 李升煥, 李重光, 李鴻薰, 趙慶根, 趙憲銖, 千柄泰, 崔松和, 黃祐呂

■ 제 6 대(1999. 2. 19.)

명예회장　金道昶
고　　문　徐元宇, 金鐵容, 金南辰, 徐廷友, 韓昌奎
회　　장　崔光律
부 회 장　梁承斗, 李康國
감　　사　金元主
상임이사　李鴻薰(총무), 金東熙(연구), 崔松和(출판), 金善旭(섭외)

이 사 金東建, 金英勳, 南勝吉, 朴松圭, 朴鈗炘, 白潤基, 卞海喆, 石琮顯, 李京運, 李光潤, 李升煥, 李重光, 鄭然彧, 趙憲銖, 洪準亨, 黃祐呂

■ 제 7 대(2002. 2. 15.)

명예회장 金道昶
고 문 金南辰, 金元主, 徐元宇, 徐廷友, 梁承斗, 李康國, 崔光律, 韓昌奎
회 장 金鐵容
부 회 장 金東建, 崔松和
감 사 金東熙
상임이사 金善旭(총무), 朴正勳(연구), 李光潤(출판), 李京運(섭외)
이 사 金英勳, 金海龍, 南勝吉, 朴均省, 朴鈗炘, 白潤基, 卞海喆, 石琮顯, 李東洽, 李範柱, 李重光, 李鴻薰, 鄭夏重, 趙憲銖, 洪準亨, 黃祐呂

■ 제 8 대(2005. 2. 21. / 2008. 2. 20.) *

명예회장 金道昶(2005. 7. 17. 별세)
고 문 金南辰, 金元主, 徐元宇(2005. 10. 16. 별세), 徐廷友, 梁承斗, 李康國, 崔光律, 韓昌奎, 金鐵容, 金英勳, 朴鈗炘, 金東熙
회 장 崔松和
부 회 장 李鴻薰, 鄭夏重
감 사 金東建, 李京運,
상임이사 李光潤(총무), 安哲相(기획), 洪準亨/吳峻根(연구), 金性洙(출판), 徐基錫(섭외)
이 사 金善旭, 金海龍, 南勝吉, 朴均省, 朴秀赫, 朴正勳, 白潤基, 卞海喆, 石琮顯, 石鎬哲, 蘇淳茂, 柳至泰, 尹炯漢, 李東洽, 李範柱, 李殷祈, 李重光, 趙龍鎬, 趙憲銖, 崔正一, 黃祐呂,

金香基, 裵柄皓, 劉南碩
간　　사 李元雨 / 金鐘甫(총무), 李賢修(연구), 金重權(재무),
宣正源 / 李熙貞(출판), 권은민(섭외)

＊ 위 '회장', '부회장', '상임이사', '이사'는 2007. 4. 20. 제정된 사단법인 한국행정판례연구회 정관 제13조, 제14조, 제15조의 '이사장 겸 회장', '이사 겸 부회장', '이사 겸 상임이사', '운영이사'임.

■제 9 대(2008. 2. 15. / 2011. 2. 14.)

고　　문 金南辰, 金東熙, 金英勳, 金元主, 金鐵容, 朴鈗炘, 徐廷友, 梁承斗, 李康國, 李鴻薰, 鄭夏重, 崔光律, 韓昌奎
회　　장 崔松和
부 회 장 李京運, 徐基錫
감　　사 金東建, 金善旭
이사 겸 상임이사 慶　健(총무), 安哲相(기획), 朴均省(연구), 韓堅愚(출판), 權純一(섭외/연구)
운영이사 具旭書, 권은민, 金光洙, 金性洙, 金連泰, 金容燮, 金容贊, 金裕煥, 金義煥, 金重權, 金敞祚, 金海龍, 金香基, 金鉉峻, 朴正勳, 朴海植, 裵柄皓, 白潤基, 卞海喆, 石琮顯, 石鎬哲, 成百玹, 蘇淳茂, 申東昇, 辛奉起, 吳峻根, 劉南碩, 俞珍式, 尹炯漢, 李光潤, 李承寧, 李元雨, 李殷祈, 李重光, 鄭鍾錧, 鄭準鉉, 趙龍鎬, 曺海鉉, 趙憲銖, 崔正一, 洪準亨
간　　사 張暻源·李殷相·安東寅(총무), 鄭亨植·장상균(기획), 金泰昊(기획/연구), 金聖泰·崔善雄·鄭南哲(연구), 李熙貞·河明鎬·崔桂暎(출판), 林聖勳(섭외), 박재윤(총무)

■제 10 대(2011. 2. 15./ 2014. 2. 14)

명예회장 金鐵容, 崔光律

고　　문　金南辰, 金東建, 金東熙, 金英勳, 金元主, 朴鈗炘, 徐廷友, 梁承斗, 李康國, 李京運, 鄭夏重, 崔松和, 韓昌奎

회　　장　李鴻薰

부 회 장　徐基錫, 李光潤

감　　사　金善旭, 蘇淳茂

이사 겸 상임이사　金重權(총무), 安哲相(기획), 劉南碩, 金容燮(연구), 金鐘甫(출판), 金敞祚, 金義煥(섭외/연구)

운영이사　姜錫勳, 慶　健, 具旭書, 權純一, 權殷旼, 琴泰煥, 金光洙, 金性洙, 金連泰, 金容燮, 金容贊, 金海龍, 金香基, 金鉉峻, 朴均省, 朴正勳, 朴海植, 裵柄皓, 白潤基, 卞海喆, 石琮顯, 石鎬哲, 宣正源, 成百玹, 申東昇, 辛奉起, 呂相薰, 吳峻根, 俞珍式, 尹炯漢, 李承寧, 李元雨, 李殷祈, 李重光, 李賢修, 李熙貞, 林永浩, 鄭南哲, 鄭鍾錧, 鄭準鉉, 鄭亨植, 趙龍鎬, 曺海鉉, 趙憲銖, 崔正一, 洪準亨, 韓堅愚, 河明鎬

간　　사　安東寅, 李羲俊(총무), 蔣尙均(기획), 金泰昊, 朴在胤(연구), 朴玄廷, 姜知恩(출판), 李殷相(섭외)

■제 11 대(2014. 2. 15./ 2017. 2. 14.)

명예회장　金鐵容, 崔光律

고　　문　金南辰, 金東建, 金東熙, 金英勳, 金元主, 朴鈗炘, 徐廷友, 梁承斗, 李康國, 李京運, 崔松和, 韓昌奎 李光潤, 徐基錫

회　　장　鄭夏重

부 회 장　安哲相, 朴正勳

감　　사　蘇淳茂, 白潤基

상임이사　李熙貞(총무), 鄭鎬庚(연구), 李承寧, 康鉉浩(기획) 金義煥, 鄭夏明(섭외), 鄭南哲(출판)

운영이사　姜錫勳, 慶　健, 具旭書, 權殷旼, 琴泰煥, 金光洙, 金國鉉,

金南撤, 金炳圻, 金性洙, 金聖泰, 金秀珍, 金連泰, 金容燮, 金容贊, 金裕煥, 金重權, 金鐘甫, 金敞祚, 金致煥, 金海龍, 金香基, 金鉉峻, 文尙德, 朴均省, 朴海植, 裵柄晧, 卞海喆, 石鎬哲, 宣正源, 宋鎭賢, 成百玹, 申東昇, 辛奉起, 呂相薰, 吳峻根, 兪珍式, 柳哲馨, 尹炯漢, 李東植, 李元雨, 李殷祈, 李重光, 李賢修, 林永浩, 張暻源, 藏尙均, 田聖銖, 田 勳, 鄭鍾錧, 鄭準鉉, 鄭亨植, 趙成奎, 趙龍鎬, 曺海鉉, 趙憲銖, 趙弘植, 朱한길, 崔峰碩, 崔善雄, 崔正一, 洪準亨, 韓堅愚, 河明鎬, 河宗大, 黃彰根

간 사 房東熙, 崔允寧(총무), 崔桂暎, 張承爀(연구), 洪先基(기획) 桂仁國, 李惠診(출판)

月例 集會 記錄

〈2015. 12. 현재〉

순번	연월일	발표자	발 표 제 목
1-1	84.12.11.	金南辰	聽問을 결한 行政處分의 違法性
-2		李鴻薰	都市計劃과 行政拒否處分
2-1	85.2.22.	崔世英	行政規則의 法規性 認定 與否
-2		崔光律	實地讓渡價額을 넘는 讓渡差益의 인정여부
3-1	3.29.	石琮顯	都市計劃決定의 法的 性質
-2		金東建	違法한 旅館建物의 건축과 營業許可의 취소
4-1	4.26.	徐元宇	當然無效의 行政訴訟과 事情判決
-2		黃祐呂	아파트地區내의 土地와 空閑地稅
5-1	5.31.	朴銳炘	林産物團束에관한法律 제7조에 대한 違法性 認定의 與否
-2		姜求哲	行政訴訟에 있어서의 立證責任의 문제
6-1	6.28.	金鐵容	酒類販賣業 免許處分 撤回의 근거와 撤回權 留保의 한계
-2		盧瑩保	國稅基本法 제42조 소정의 讓渡擔保財産의 의미
7-1	9.27.	金道昶	信賴保護에 관한 行政判例의 최근 동향
-2		金東熙	自動車運輸事業法 제31조 등에 관한 處分要

순번	연월일	발표자	발 표 제 목
			領의 성질
8-1	10.25.	李尙圭	入札參加資格 制限行爲의 법적 성질
-2		李相敦	公有水面埋立에 따른 不動産所有權 國家歸屬의 무효확인
9-1	11.22.	梁承斗	抗告訴訟의 提起要件
-2		韓昌奎	地目變更 拒否의 성질
10	86.1.31.	李相赫	行政訴訟에 있어서의 訴의 利益의 문제
11	2.28	崔松和	運轉免許 缺格者에 대한 면허의 효력
12	3.28	金道昶	憲法上의 違憲審査權의 所在
13	4.25.	趙慶根	美聯邦情報公開法에 대한 약간의 고찰
14	5.30.	張台柱	西獨에 있어서 隣人保護에 관한 判例의 최근동향
15	6.27.	金斗千	僞裝事業者와 買入稅額 控除
外1	9.30.	藤田宙靖	日本의 最近行政判例 동향
16	10.31.	金英勳	注油所 許可와 瑕疵의 承繼
17	11.28.	芮鍾德	漁業免許의 취소와 裁量權의 濫用
外2	87.3.21.	鹽野宏	日本 行政法學界의 現況
		園部逸夫	새 行政訴訟法 시행 1년을 보고
18	4.25.	金道昶	知的財産權의 문제들
19-1	4.22.	李升煥	商標法에 관한 최근판례의 동향
-2			工場登錄 拒否處分과 소의 이익
20	5.29.	金南辰	執行停止의 요건과 本案理由와의 관계
21	9.25.	崔光律	日本公法學會 總會參觀 등에 관한 보고
22-1	10.30.	金道昶	地方自治權의 강화와 行政權限의 위임에 관한 문제
-2			
23	11.27.	金鐵容	不作爲를 구하는 訴의 가부

순번	연월일	발표자	발 표 제 목
24	88.2.26.	金時秀	租稅賦課處分에 있어서의 當初處分과 更正拒否處分의 법률관계
25-1	3.25.	徐元宇	최근 日本公法學界의 동향
-2		朴鈗炘	平澤港 漁業補償 문제
外3	4.29.	成田賴明	日本 行政法學과 行政判例의 최근 동향
26	5.27.	李尙圭	防衛稅 過誤納 還給拒否處分의 취소
27	6.24.	徐元宇	運輸事業計劃 변경인가처분의 취소
28	8.26.	金完燮	처분후의 事情變更과 소의 이익
29	10.7.	石琮顯	行政處分(訓令)의 법적 성질
30	10.28.	李鴻薰	土地收用裁決處分의 취소
31	11.17.	朴鈗炘	行政計劃의 법적 성질
32	89.1.27.	金東熙	載量行爲에 대한 司法的統制의 한계
33	2.24.	李碩祐	國稅還給申請權의 인정 여부
34	3.24.	朴松圭	國産新技術製品 保護決定處分의 일부취소
35-1	4.28.	金鐵容	독일 行政法學界의 최근동향
-2		千柄泰	제 3 자의 行政審判前置節次 이행 여부
36	5.26.	金善旭	公務員의 團體行動의 違法性
37	6.30.	金元主	租稅行政과 信義誠實의 원칙
38	8.25.	趙憲銖	國稅還給拒否處分의 법적 성질
39	9.29.	鄭準鉉	刑事訴追와 行政處分의 효력
40	10.27.	韓堅愚	行政規則(訓令)의 성질
41	11.24.	金斗千	相續稅法 제32조의2의 違憲 여부
外4	12.27.	小早川光朗	日本 行政法學界의 최근 동향
42	90.1.19.	金鐵容	豫防的 不作爲訴訟의 許容 여부
43	2.23.	李光潤	營造物行爲의 법적 성질
44	3.30.	南勝吉	行政刑罰의 범위

순번	연월일	발표자	발 표 제 목
45	4.27.	黃祐呂	法律의 遡及效
46	5.25.	朴均省	行政訴訟과 訴의 이익
47	6.29.	卞在玉	軍檢察官의 公訴權行使에 관한 憲法訴願
48	8.31.	成樂寅	結社의 自由의 事前制限
49	9.28.	辛奉起	憲法訴願과 辯護士 强制主義
50	10.26.	朴圭河	行政官廳의 權限의 委任·再委任
51	11.30.	朴國洙	行政行爲의 公定力과 國家賠償責任
52	91.1.25.	梁承斗	土地去來許可의 법적 성질
53	2.22.	徐元宇	建築許可 保留의 위법성 문제
外5-1	3.29.	南博方	處分取消訴訟과 裁決取消訴訟
-2		藤田宙靖	日本 土地法制의 현황과 課題
54	4.26.	吳峻根	遺傳子工學的 施設 設置許可와 法律留保
55	5.31.	金南辰	拒否行爲의 行政處分性과 "법률상 이익 있는 자"의 의미
56	6.28.	鄭然彧	無效確認訴訟과 訴의 이익
57	8.30.	金性洙	主觀的公權과 基本權
58	9.27.	金英勳	運轉免許 取消處分의 취소
59	10.25.	石琮顯	基準地價告示地域 내의 收用補償額 算定基準에 관한 판례동향
60	11.29.	朴鈗炘	工事中止處分의 취소
61	92.1.31.	卞海喆	公物에 대한 强制執行
62	2.28.	李康國	違憲法律의 효력—그 遡及效의 범위와 관련하여
63	3.27	金善旭	公勤務에 관한 女性支援指針과 憲法上의 平等原則
64	4.24.	全光錫	不合致決定의 허용 여부
65	5.29.	崔正一	行政規則의 법적성질 및 효력

순번	연월일	발표자	발 표 제 목
66	6.26.	李琦雨	獨逸 Műnster 高等行政裁判所 1964.1.8. 판결
67	8.28.	朴鈗炘	地方自治團體의 자주적인 條例制定權과 規律 문제
68	9.18.	金元主	讓渡所得稅 등 賦課處分의 취소
69	10.16.	洪準亨	結果除去請求權과 行政介入請求權
70	11.20.	金時秀	土地收用裁決處分의 취소
71	93.1.15.	金海龍	環境技術관계 行政決定에 대한 司法的 統制의 범위
72	2.19.	李重光	租稅法上 不當利得 返還請求權
73	3.19.	高永訓	行政規則에 의한 行政府의 立法行爲外
外6	4.16.	J.Anouil	EC法의 現在와 將來
74	5.21.	柳至泰	行政訴訟에서의 行政行爲 根據變更에 관한 판례분석
75	6.18.	徐元宇	原處分主義와 被告適格
76	8.20.	朴均省	國家의 公務員에 대한 求償權
77	9.17.	金東熙	教員任用義務不履行 違法確認訴訟
78	10.15.	盧永錄	建設業免許 取消處分의 취소
79	94.1.21.	徐廷友	無效確認을 구하는 의미의 租稅取消訴訟과 租稅還給金 消滅時效의 起算點
80	2.18.	洪準亨	判斷餘地의 한계
81	3.18.	裵輔允	憲法訴願 審判請求 却下決定에 대한 헌법소원
82	4.15.	金善旭	舊東獨判事의 獨逸判事任用에 관한 決定과 그 不服에 대한 管轄權
83	5.20.	李京運	學則의 법적 성질
84	6.17.	朴松圭	任用行爲取消處分의 취소
85	8.19.	金鐵容	公務員 個人의 不法行爲責任

순번	연월일	발표자	발 표 제 목
86	9.30.	卞在玉	日本 家永教科書檢定 第一次訴訟 上告審 判決의 評釋
87	10.21.	金香基	無名抗告訴訟의 可否
88	11.18.	李康國	行政行爲의 瑕疵의 治癒
89	95.1.20.	趙憲銖	取消判決의 遡及效
90	2.17.	朴秀赫	獨逸 統一條約과 補償法上의 原狀回復 排除規定의 合憲 여부
外7	3.17.	小高剛	損失補償에 관한 日本 最高裁判所 判決의 분석
91	4.21.	崔松和	行政處分의 理由明示義務에 관한 판례
92	5.19.	崔正一	石油販賣業의 양도와 歸責事由의 승계
93	6.16.	鄭夏重	國家賠償法 제5조에 의한 배상책임의 성격
94	8.18.	吳振煥	無效인 條例에 근거한 行政處分의 효력
95	9.15.	金敞祚	日本 長良川 安八水害 賠償判決
96	10.20.	黃祐呂	非常高等軍法會議 判決의 破棄와 還送法院
97	11.17.	白潤基	地方自治法 제98조 및 제159조에 의한 訴訟
98	96.1.19.	徐元宇	營業停止期間徒過後의 取消訴訟과 訴의 이익
99	2.23.	金海龍	計劃變更 내지 保障請求權의 성립요건
外8	3.19.	鹽野宏	日本 行政法 判例의 近年動向 - 行政訴訟을 중심으로
100	4.19.	金東熙	國家賠償과 公務員에 대한 求償
101	5.17.	梁承斗	教員懲戒와 그 救濟制度
102	6.28.	金容燮	運轉免許取消·停止處分의 法的 性質 및 그 한계
103	8.16.	李京運	轉補發令의 處分性
104	9.20.	盧永錄	申告納稅方式의 租稅와 그 瑕疵의 판단기준
105	10.18.	金敞祚	道路公害와 道路設置·管理者의 賠償責任

순번	연월일	발표자	발 표 제 목
106	11.15.	金裕煥	形式的 拒否處分에 대한 取消訴訟의 審理범위
107	97.1.17.	裵柄皓	北韓國籍住民에 대한 强制退去命令의 적법성
108	2.21.	趙龍鎬	公衆保健醫師 採用契約解止에 대한 爭訟
109	3.21.	金鐵容	行政節次法의 내용
110	4.18.	趙憲銖	建築物臺帳 職權訂正行爲의 처분성
111	5.16.	鄭夏重	交通標識板의 법적성격
112	6.20.	裵輔允	違憲決定과 行政處分의 효력
113	8.22.	吳峻根	聽聞의 실시요건
114	9.19.	金善旭	옴부즈만條例案 再議決 無效確認判決의 문제점
115	10.17.	李光潤	機關訴訟의 성질
116	11.21.	朴正勳	敎授再任用拒否의 처분성
117	98.1.16.	白潤基	當事者訴訟의 대상
118	2.20.	辛奉起	機關訴訟 주문의 형식
119	3.20.	洪準亨	行政法院 出帆의 意義와 행정법원의 課題
120	4.17.	宣正源	오스트리아와 독일의 不作爲訴訟에 관한 고찰
121	5.16.	李東洽	刑事記錄 열람·등사 거부처분
122	6.19.	金東建	環境行政訴訟과 地域住民의 原告適格
123	98.8.21.	金南辰	法規命令과 行政規則의 구별
124	9.18.	金敞祚	河川 管理 責任
125	10.16.	金容燮	行政審判의 裁決에 대한 取消訴訟
126	11.20.	徐廷友	垈地造成事業計劃 승인처분의 재량행위
127	99.1.15.	南勝吉	處分의 기준을 규정한 施行規則(部令)의 성격
128	2.19.	金裕煥	違憲法律에 根據한 行政處分의 效力
129	3.19.	鄭夏重	多段階行政節次에 있어서 事前決定과 部分許可의 意味

순번	연월일	발표자	발 표 제 목
130	4.16.	裵輔允	南北交流協力 등 統一에 관한 법적 문제
131	5.21.	康鉉浩	計劃承認과 司法的 統制
132	6.18.	俞珍式	行政指導와 違法性阻却事由
133	8.20.	朴正勳	侵益的 行政行爲의 公定力과 刑事裁判
134	9.17.	金東熙	建築許可신청서 返戾처분취소
		金南澈	行政審判法 제37조 제2항에 의한 自治權侵害의 가능성
135	10.15.	金炳圻	條例에 대한 再議要求事由와 大法院提訴
		權殷玟	公賣決定 · 通知의 처분성 및 소송상 문제점
136	11.19.	石鎬哲	羈束力의 범위로서의 처분사유의 동일
		金珉昊	직무와 관련된 不法行爲에 있어 공무원 개인의 책임
137	00.1.21.	尹炯漢	任用缺格과 退職給與
		裵柄皓	還買權소송의 管轄문제
138	2.18.	趙憲銖	個人事業의 法人轉換과 租稅減免
		金連泰	조세행정에 있어서 경정처분의 효력
139	3.17.	俞珍式	自動車運輸事業 면허처분에 있어서 競業, 競願의 범위
		慶 健	情報公開請求權의 憲法的 根據와 그 制限
140	4.21.	朴正勳	拒否處分 取消訴訟에 있어 違法判斷의 基準時와 訴의 利益
		金柄圻	行政訴訟上 執行停止의 要件으로서의 '回復하기 어려운 損害'와 그 立證責任
141	5.19.	洪準亨	不可變力, 信賴保護, 그리고 行政上 二重危險의 禁止
		康鉉浩	建築變更許可와 附款

순번	연월일	발표자	발 표 제 목
142	6.16.	趙龍鎬	寄附金品募集許可의 法的性質
		金容燮	行政上 公表
143	8.18.	朴松圭	盜難당한 自動車에 대한 自動車稅와 免許稅
		權殷玫	廢棄物處理業 許可權者가 한 '不適正通報' 의 法的性質
144	9.22.	石鎬哲	公法的 側面에서 본 日照權 保護
145	10.20.	蘇淳茂	後發的 事由에 의한 更正請求權을 條理上 인정할 수 있는지 與否
		金光洙	土地形質變更許可와 信賴保護原則
146	11.17.	朴鈗炘	慣行漁業權
		宣正源	複合民願과 認·許可擬制
147	01.1.19.	崔松和	판례에 있어서 공익
		李光潤	도로가 행정재산이 되기 위한 요건 및 잡종재산에 대한 시효취득
148	2.16.	金鐵容	개발제한 구역의 시정과 손실 보상
		鄭夏重	부관에 대한 행정소송
149	3. 8.	金性洙	독일연방헌재의 폐기물법에 대한 결정과 환경법상 협력의 원칙
		李東植	중소기업에 대한 조세 특례와 종업원의 전출.파견
150	4.20.	李京運	주택건설사업계획 사전결정의 구속력
		裵輔允	2000년 미국대통령 선거 소송 사건
151	5. 9.	李東洽	위헌법률에 근거한 처분에 대한 집행력 허용 여부
		金珉昊	상속세 및 증여세법상 증여의 의미
152	6.15.	李元雨	정부투자기관의 부정당업자 제재조치의 법적

순번	연월일	발표자	발 표 제 목
			성질
		朴榮萬	군사시설보호법상의 협의와 항고소송
153	8.17.	崔正一	법규명령형식의 재량준칙의 법적성질 및 효력
		趙憲銖	유적발굴허가와 행정청의 재량
154	9.21.	金東熙	국가배상법 제5조상의 영조물의 설치·관리상 하자의 관념
		金東建	대법원 판례상의 재량행위
155	10.10.	吳峻根	행정절차법 시행이후의 행정절차 관련 주요 행정판례 동향분석
		柳至泰	공물법의 체계에 관한 판례 검토
156	11. 7.	白潤基	행정소송에 있어서 건축주와 인근주민의 이익의 충돌과 그 조화
		徐廷範	국가배상에 있어서 위법성과 과실의 일원화에 관하여
157	02.1.18.	金善旭	독일헌법상의 직업공무원제도와 시간제공무원
		朴正勳	처분사유의 추가·변경–제재철회와 공익상 철회
158	2.15.	辛奉起	일본의 기관소송 법제와 판례
		權殷玟	원천징수행위의 처분성과 원천징수의무자의 불복방법
159	3.15.	朴均省	환경영향평가의 하자와 사업계획승인처분의 효력
		金鐘甫	관리처분계획의 처분성과 그 공정력의 범위
160	4.19.	崔光律	농지전용에 관한 위임명령의 한계
		俞珍式	건축법상 일조보호규정의 私法上의 의미
161	5.17.	朴鈗炘	국가배상법 제2조 제1항 단서에 대한 헌법재

순번	연월일	발표자	발 표 제 목
			판소의 한정위헌결정 및 관련 대법원판례에 대한 평석
		宣正源	행정의 공증에 대한 사법적 통제의 의미와 기능의 명확화
162	6.21.	金元主	도로배연에 의한 대기오염과 인과관계
		康鉉浩	재량준칙의 법적 성격
163	7.19.	裵柄皓	회의록과 정보공개법상 비공개대상정보
		慶 健	공문서관리의 잘못과 국가배상책임
164	8.16.	金容燮	거부처분취소판결의 기속력
		金炳圻	보완요구의 '부작위'성과 재결의 기속력
165	9.13.	尹炯漢	기납부 택지초과소유부담금 환급청구권의 성질과 환급가산금의 이자율
		鄭夏明	미국연방대법원의 이른바 임시규제적 수용에 관한 새로운 판결례
166	10.18.	李鴻薰	공용지하사용과 간접손실보상
		金光洙	국가배상소송과 헌법소원심판의 관계
167	11.15.	徐元宇	행정법규위반행위의 사법적 효력
		李康國	조세채무의 성립과 확정
168	12.20.	蘇淳茂	인텔리전트빌딩에 대한 재산세중과시행규칙의 유효성 여부
169	03.1.17.	金敞祚	정보공개제도상의 비공개사유와 본인개시청구
		金聖泰	운전면허수시적성검사와 개인 정보보호
170	2.21.	金東熙	기속재량행위와 관련된 몇 가지 논점 또는 의문점
		曺海鉉	행정처분의 근거 및 이유제시의 정도
171	3.21.	白潤基	불합격처분에 대한 효력정지결정에 대한 고찰

순번	연월일	발표자	발 표 제 목
		宣正源	행정입법에 대한 부수적 통제
172	5.16.	李元雨	한국증권업협회의 협회등록최소결정의 법적 성질
		金容贊	정보공개청구사건에서의 몇 가지 쟁점
173	6.20.	金重權	이른바 "수리를 요하는 신고"의 문제점에 관한 소고
		洪準亨	평생교육시설 설치자 지위승계와 설치자 변경 신청서 반려처분의 적법 여부
174	7.18.	金鐵容	학교법인임원취임승인취소처분과 행정절차법
		金秀珍	성별에 따른 상이한 창업지원금신청기간설정과 국가의 평등보장의무
175	8.22.	鄭夏重	법관의 재판작용에 대한 국가배상책임
		金鐘甫	정비조합(재건축, 재개발조합) 인가의 법적 성격
176	9.19.	金炳圻	수익적 행정행위의 철회의 법적 성질과 철회사유
		朴榮萬	군사시설보호구역설정행위의 법적 성격
177	10. 9	朴正勳	취소판결의 기판력과 기속력
		李東植	구 소득세법 제101조 제2항에 따른 양도소득세부과와 이중과세 문제
178	11.21.	李東洽	최근 행정소송의 주요사례
		慶　健	하천구역으로 편입된 토지에 대한 손실보상
179	12.19.	朴均省	거부처분취소판결의 기속력과 간접강제
180	04.1.16.	李光潤	광역지방자치단체와 기초지방자치단체의 성격
		朴海植	행정소송법상 간접강제결정에 기한 배상금의 성질
181	2.20.	金海龍	행정계획에 대한 사법심사에 있어서 법원의

순번	연월일	발표자	발 표 제 목
			석명권행사 한계와 입증책임
		李賢修	영업양도와 공법상 지위의 승계
182	3.19.	俞珍式	기부채납부관을 둘러싼 법률문제
		鄭泰學	매입세액의 공제와 세금계산서의 작성·교부시기
183	4.16.	柳至泰	행정행위의 취소의 취소
		金致煥	통지의 법적 성질
184	5.21.	鄭準鉉	단순하자 있는 행정명령을 위반한 행위의 가벌성
		權殷玟	압류처분취소소송에서 부과처분의 근거법률이 위헌이라는 주장이 허용되는지 여부
185	6.18.	趙憲銖	사업양도와 제2차 납세의무
		金連泰	과징금 부과처분에 대한 집행정지결정의 효력
186	7.16.	金容燮	보조금 교부결정을 둘러싼 법적 문제
		林聖勳	영내 구타·가혹 행위로 인한 자살에 대한 배상과 보상
187	8.20.	李京運	교수재임용거부처분취소
		曺媛卿	국가공무원법 제69조 위헌제청
188	9.17.	鄭成太	법규명령의 처분성
		金敞祚	원자로 설치허가 무효확인소송
189	04.10.15.	崔正一	법령보충적행정규칙의 법적 성질 및 효력
		李湖暎	독점규제법상 특수관계인에 대한 부당지원행위의 규제
190	11.19.	金香基	재결에 대한 취소소송
		劉南碩	집행정지의 요건으로서 "회복하기 어려운 손해를 예방하기 위한 긴급한 필요"와 그 고려

순번	연월일	발표자	발 표 제 목
			사항으로서의 '승소가능성'
191	12.17.	尹炯漢	사전통지의 대상과 흠결의 효과
192	05.1.31.	鄭鎬慶	행정소송의 협의의 소의 이익과 헌법소원의 보충성
		金重權	국토이용계획변경신청권의 예외적 인정의 문제점에 관한 소고
193	2.18.	宣正源	하자승계론에 몇 가지 쟁점에 관한 검토
		李熙貞	공법상 계약의 해지와 의견청취절차
194	3.18.	安哲相	취소소송 사이의 소의 변경과 새로운 소의 제소기간
		康鉉浩	민간투자법제에 따른 우선협상대상자지정의 법적 제문제
195	4.15.	吳峻根	재량행위의 판단기준과 재량행위 투명화를 위한 법제정비
		李根壽	대집행의 법적 성격
196	5.20.	河宗大	금산법에 기한 계약이전결정 등의 처분과 주주의 원고적격
		金鐘甫	토지형질변경의 법적 성격
197	6.17.	朴海植	제재적 행정처분의 효력기간 경과와 법률상 이익
		李桂洙	공무원의 정치적 자유와 정치운동금지의무
198	8.19.	金容燮	재결의 기속력의 주관적 범위를 둘러싼 논의
		徐正旭	공시지가와 하자의 승계
199	9.16.	金鉉峻	용도지역 지정 · 변경행위의 법적 성질과 그에 대한 사법심사
		趙成奎	직접민주주의와 조례제정권의 한계

순번	연월일	발표자	발 표 제 목
200	10.21.	金光洙	공직선거법과 행정형벌
		崔桂暎	용도폐지된 공공시설에 대한 무상양도신청거부의 처분성
201	11.12.	鄭夏重	행정판례의 발전과 전망
		朴正勳	행정판례의 발전과 전망
		尹炯漢	행정재판제도의 발전과 행정판례
		朴海植	행정재판제도의 발전과 행정판례
202	12.16.	鄭泰容	행정심판청구인적격에 관한 몇 가지 사례
203	06. 1.20	朴均省	행정상 즉시강제의 통제 — 비례원칙, 영장주의, 적법절차의 원칙과 관련하여 —
		權殷玟	기본행위인 영업권 양도계약이 무효라고 주장하는 경우에 행정청이 한 변경신고수리처분에 대한 불복방법 등
204	2.17.	曺海鉉	민주화운동관련자명예회복및보상등에관한법률에 기한 행정소송의 형태
		金重權	사권형성적 행정행위와 그 폐지의 문제점에 관한 소고
205	06.3.17.	朴正勳	불확정개념과 재량 — 법규의 적용에 관한 행정의 우선권
		李相悳	한국지역난방공사 공급규정 변경신고를 산업자원부장관이 수리한 행위의 법적 성질
206	4.21.	兪珍式	공유수면매립법상 사정변경에 의한 매립면허의 취소신청
		林永浩	채석허가기간의 만료와 채석허가취소처분에 대한 소의 이익
207	5.19	嚴基燮	공정거래법상 사업자단체의 부당제한행위의

순번	연월일	발표자	발 표 제 목
			성립요건
		李賢修	납입고지에 의한 변상금부과처분의 취소와 소멸시효의 중단
208	6.16.	金鐘甫	재건축 창립총회의 이중기능
		鄭夏明	미국 연방대법원의 행정입법재량통제
209	8.17.	裵柄皓	개정 하천법 부칙 제2조의 손실보상과 당사자 소송
		金裕煥	공공갈등의 사법적 해결 — 의미와 한계
210	9.15.	金容燮	텔레비전 수신료와 관련된 행정법적 쟁점
		崔桂暎	행정처분과 형벌
211	10.20.	金海龍	처분기간이 경과된 행정처분을 다툴 법률상 이익(행정소송법 제12조 후문 관련)과 제재적
		石鎬哲	처분기준을 정한 부령의 법규성 인정 문제
212	11.17.	宣正源	입헌주의적 지방자치와 조직고권
		李熙貞	주민투표권 침해에 대한 사법심사
213	06.12.8.-		법제처 · 한국행정판례연구회 공동주관 관학협동워크샵
	9.	朴 仁	법령보충적 성격의 행정규칙의 현황과 문제점
		林永浩	법령보충적 성격의 행정규칙에 대한 판례분석
		鄭南哲	법령보충적 성격의 행정규칙의 정비방향과 위임사항의 한계
		金重權	민주적 법치국가에서 의회와 행정의 공관적 법정립에 따른 법제처의 역할에 관한 소고
		金海龍	국토계획 관련법제의 문제점과 개선방안
214	07.1.19.	張暻源	독일 맥주순수령 판결을 통해 본 유럽과 독일의 경제행정법

순번	연월일	발표자	발 표 제 목
		權純一	재정경제부령에 의한 덤핑방지관세부과조치의 처분성 재론-기능적 관점에서-
215	2.23.	鄭準鉉	소위 '공익사업법'상 협의취득의 법적 성질
		裵輔允	구 농어촌정비법 제93조 제1항의 국공유지양증여의 창설환지 등의 문제점
216	3.16.	朴榮萬	법령의 개정과 신뢰보호의 원칙
		金重權	행정입법적 고시의 처분성인정과 관련한 문제점에 관한 소고
217	4.20.	金容贊	국가지정문화재현상변경허가처분의 재량행위성
		李湖暎	합의추정된 가격담합의 과징금산정
218	5.18	金敞祚	공인중개사시험불합격처분 취소소송
		李宣憙	행정청의 고시와 원고적격
219	6.15.	李光潤	제재적 처분기준의 성격과 제재기간 경과후의 소익
		金暎賢	행정소송의 피고적격
220	07.8.17.	金義煥	정보공개법상의 공공기관 및 정보공개청구와 권리남용
		金秀珍	행정서류의 외국으로의 송달
221	9.21.	蘇淳茂	명의신탁 주식에 대한 증여의제에 있어서 조세회피목적의 해석
		慶 健	관계기관과의 협의를 거치지 아니한 조례의 효력
222	10.19.	成百玹	공특법상 '이주대책'과 공급규칙상 '특별공급'과의 관계
		金南澈	건축허가의 법적 성질에 대한 판례의 검토
223	11.16.	金性洙	민간투자사업의 성격과 사업자 선정의 법적

순번	연월일	발표자	발 표 제 목
			과제
224	12.21.	趙憲銖	병역의무 이행과 불이익 처우 금지의 관계
225	08.1.18.	金南辰	국가의 경찰법, 질서법상의 책임
		李殷祈	폐기물관리법제와 폐기물처리조치명령취소처분
		鄭成太	대형국책사업에 대한 사법심사(일명 새만금사건을 중심으로)
226	2.15.	辛奉起	한국 행정판례에 있어서 형량하자론의 도입과 평가
		鄭鍾錧	하천법상의 손실보상
227	3.21.	鄭夏重	사립학교법상의 임시이사의 이사선임권한
		林聖勳	행정입법 부작위에 관한 몇가지 문제점
228	4.18.	金光洙	자치사무에 대한 국가감독의 한계
		金熙喆	토지수용으로 인한 손실보상금 산정
229	5.16.	申東昇	행정행위 하자승계와 선결문제
		趙成奎	과징금의 법적 성질과 부과기준
230	6.20.	姜錫勳	위임입법의 방식 및 해석론에 관한 고찰
		鄭南哲	명확성원칙의 판단기준과 사법심사의 한계
231	8.22.	鄭泰學	조세통칙과 신의성실의 원칙
		李京運	부관으로서의 기한
232	9.19.	朴尙勳	시간강사의 근로자성
		金善旭	지방자치단체장의 소속공무원에 대한 징계권과 직무유기
233	10.17.	趙允熙	정보통신부 장관의 위성망국제등록신청과 항고소송의 대상
		金鉉峻	환경사법 액세스권 보장을 위한 "법률상 이익"의 해석

순번	연월일	발표자	발 표 제 목
234	11.21.	裵輔允	권한쟁의심판의 제3자 소송담당
		李賢修	공물의 성립요건
235	12.19.	金鐵容	행정청의 처분근거·이유제시의무와 처분근거·이유제시의 정도
236	09.1.16.	金炳圻	행정법상 신뢰보호원칙
		劉慶才	원인자부담금
237	2.20.	金聖泰	도로교통법 제58조 위헌확인
		林永浩	공매 통지의 법적 성격
238	3.20.	崔桂暎	위헌결정의 효력과 취소소송의 제소기간
		金尙煥	법규명령에 대한 헌법소원의 적법요건
239	4.17.	朴均省	직무상 의무위반으로 인한 국가배상책임
		金國鉉	사망자의 법규위반으로 인한 제재사유의 승계
240	5.15.	金容燮	택지개발업무처리지침 위반과 영업소 폐쇄
		金炅蘭	개발제한구역의 해제와 원고적격
241	6.19.	朴正勳	무효확인소송의 보충성
		曺海鉉	민주화운동관련자 명예회복 및 보상 등에 관한 법률에 의한 보상금의 지급을 구하는 소송의 형태
242	8.21.	鄭泰容	행정심판 재결 확정력의 의미
		安哲相	지방계약직 공무원의 징계
243	9.18.	金鏞甫	「도시 및 주거환경정비법」상 정비기반시설의 귀속 관계
		徐基錫	국회의 입법행위 또는 입법부작위로 인한 국가배상책임
244	10.16.	河明鎬	법인에 대한 양벌규정의 위헌여부
		趙龍鎬	표준지공시지가 하자의 승계

순번	연월일	발표자	발 표 제 목
245	11.20.	金連泰	한국마사회의 조교사 및 기수의 면허부여 또는 취소의 처분성
		金義煥	행정상 법률관계에 있어서의 소멸시효의 원용과 신의성실의 원칙
246	12.18.	朴鈗炘	주거이전비 보상의 법적 절차, 성격 및 소송법적 쟁점
247	10.1.15	林宰洪	출입국관리법상 난민인정행위의 법적 성격과 난민인정요건
		金泰昊	하자있는 수익적 행정처분의 직권취소
248	2.19	金南澈	국가기관의 지방자치단체에 대한 감독·감사권한
		權殷玟	미국산 쇠고기 수입 고시의 법적 문제
249	3.19	金聲培	수용재결과 헌법상 정교분리원칙
		姜相旭	건축물대장 용도변경신청 거부의 처분성
250	4.16	李宣憙	공정거래법상 시정조치로서 정보교환 금지명령
		金鍾泌	이주대책대상자제외처분 취소소송의 쟁점
251	5.14	鄭夏重	공법상 부당이득반환청구권의 독자성
		魯坰泌	관리처분계획안에 대한 총회결의 무효확인을 다투는 소송방법
252	6.18	金秀珍	합의제 행정기관의 설치에 관한 조례 제정의 허용 여부
		白濟欽	과세처분에 대한 증액경정처분과 행정소송
253	8.20	崔正一	경원자 소송에서의 원고적격과 사정판결제도의 위헌 여부
		蔣尙均	승진임용신청에 대한 부작위위법확인소송
254	9.17	金敞祚	강의전담교원제와 해직처분
		河宗大	행정처분으로서의 통보 및 신고의 수리

순번	연월일	발표자	발 표 제 목
255	10.15	최진수	징발매수재산의 환매권
		朴海植	주민등록전입신고 수리 여부에 대한 심사범위와 대상
256	11.12	金容燮	부당결부금지원칙과 부관
		朴尙勳	공무원에 대한 불이익한 전보인사 조치와 손해배상
257	12.10	金東熙	제재적 재량처분의 기준을 정한 부령
258	11.1.14	成智鏞	위임입법의 한계와 행정입법에 대한 사법심사
		安東寅	법령의 개정과 신뢰보호원칙 — 신뢰보호원칙의 적극적 활용에 대한 관견 —
259	2.18	崔桂暎	민간기업에 의한 수용
		金泰昊	사전환경성검토와 사법심사
260	3.18	金鉉峻	규제권한 불행사에 의한 국가배상책임의 구조와 위법성 판단기준
		朴在胤	지방자치단체 자치감사의 범위와 한계
261	4.15	金重權	민간투자사업의 법적 절차와 처분하자
		徐輔國	행정입법의 부작위에 대한 헌법소원과 행정소송
262	5.20	李熙貞	귀화허가의 법적 성질
		尹仁聖	독점규제 및 공정거래에 관한 법률 제3조의2 제1항 제5호 후단에 규정된 "부당하게 소비자의 이익을 현저히 저해할 우려가 있는 행위"에 관한 소고
263	6.17	朴均省	납골당설치신고 수리거부의 법적 성질 및 적법성 판단
		姜錫勳	재조사결정의 법적 성격과 제소기간의 기산점
264	8.19	金光洙	임시이사의법적 지원

순번	연월일	발표자	발 표 제 목
		趙允熙	불복절차 도중의 과세처분 취소와 재처분금지
265	9.16	鄭準鉉	개인택시사업면허 양도시 하자의 승계
		김용하	잔여지 수용청구권의 행사방법 및 불복수단
266	10.21	崔峰碩	과징금 부과처분의 재량권 일탈·남용
		朴榮萬	군인공무원관계와 기본권 보장
267	11.11	俞珍式	정보공개법상 비공개사유
		주한길	행정소송법상 집행정지의 요건
268	12.16	琴泰煥	최근 외국 행정판례의 동향 및 분석
		金致煥	미국, 일본, 프랑스, 독일
		田勳	
		李殷相	
		李鴻薰	사회발전과 행정판결
269	12.1.27	裵炳皓	재개발조합설립인가 등에 관한 소송의 방법
		河明鎬	사회보장행정에서 권리의 체계와 구제
270	2.17	朴玄廷	건축법 위반과 이행강제금
		金善娥	출퇴근 재해의 인정범위
271	3.16	金重權	국가배상법상 중과실의 의미
		徐泰煥	행정소송법상 직권심리주의의 의미와 범위
272	4.20	李湖暎	시장지배적사업자의 기술적 보호조치와 공정거래법
		李玩憙	공정거래법상 신고자 감면제도
273	5.18	李東植	세무조사 결정통지의 처분성
		鄭基相	조세소송에서 실의성실원칙
274	6.15	許康茂	생활대책대상자선정거부의 처분성과 신청권의 존부
		朴貞杹	기대권의 법리와 교원재임용거부 및 부당한 근로계약 갱신 거절의 효력
275	8.17	金敞祚	정보공개법상 비공개사유로서 법인 등의 경

순번	연월일	발표자	발 표 제 목
			영·영업상 비밀에 관한 사항
		成承桓	경찰권 발동의 한계와 기본권
276	9.21	金宣希	도시정비법상 조합설립인가처분과 변경인가처분
		李相悳	국가와 지방자치단체의 보조금 지원과 지원거부의 처분성
277	10.19	康鉉浩	건축법상 인허가의제의 효과를 수반하는 신고
		尹景雅	결손처분과 그 취소 및 공매통지의 처분성
278	11.16	金容燮	원격평생교육시설 신고 및 그 수리거부
		李義俊	사업시행자의 생활기본시설 설치 의무
279	12.21	琴泰煥	미국, 일본, 프랑스, 독일의 최근 행정판례동향
		金致煥	
		田 勳	
		李殷相	
		崔松和	행정판례의 회고와 전망
280	13.1.18	崔桂暎	행정처분의 위법성과 국가배상책임
		金泰昊	정보공개법상 비공개사유로서 '진행 중인 재판에 관련된 정보'
281	2.15	金致煥	주민소송의 대상
		朴在胤	체육시설을 위한 수용
282	3.15	金聲培	국가유공자요건비해당결정처분
		金東國	해임처분무효
283	4.19	徐輔國	압류등처분무효확인
		崔柄律	자동차운전면허취소처분취소
284	5.24	裵柄皓	국가배상청구권의 소멸시효
		朴海植	감면불인정처분등취소
285	6.21	朴均省	국방·군사시설사업실시계획승인처분무효확인 등

순번	연월일	발표자	발 표 제 목
		金慧眞	형의 집행 및 수용자의 처우에 관한 법률 第45조 제1항 위헌확인
286	8.16	兪珍式	여객자동차운수사업법 제14조 등 위헌확인 등
		김필용	증여세부과처분취소
287	9.27	慶建	정보공개청구거부처분취소
		이산해	과징금부과처분취소 · 부당이득환수처분취소
288	10.18	金裕煥	직권면직취소
		許盛旭	관리처분계획무효확인
289	11.15	金炳圻	완충녹지지정의 해제신청거부처분의 취소
		成重卓	조합설립인가처분무효확인
290	12.20	金聲培 金致煥 吳丞奎 桂仁國	미국, 일본, 프랑스, 독일의 최근 행정판례 동향
		鄭夏重	행정판례에 있어서 몇 가지 쟁점에 관한 소고
291	14. 1. 17	金相贊	국가공무원 복무규정 제3조 제2항 등 위헌확인
		金容河	사업시행승인처분취소
292	2.21	姜知恩	주택건설사업승인불허가처분 취소 등
		金世鉉	소득금액변동통지와 하자의 승계 판례변경에 따른 신뢰성 보호 문제
293	3.21	金重權	지방자치단체의 구역관할결정의 제 문제에 관한 소고
		李相悳	체납자 출국금지처분의 요건과 재량통제
294	4.18	兪珍式	정보공개거부처분취소
		金惠眞	백두대간보호에관한법률 제7조 제1항 제6호 위헌소원

순번	연월일	발표자	발 표 제 목
295	5.16	安東寅	토지대장의 직권말소 및 기재사항 변경거부의 처분성
		河泰興	증액경정처분의 취소를 구하는 항고소송에서 납세의무자가 다툴 수 있는 불복사유의 범위
296	6.20	金容燮	독립유공자법적용배제결정 - 처분취소소송에 있어 선행처분의 위법성승계
		李承勳	조합설립추진위원회 설립승인 무효 확인
297	8.22	鄭鎬庚	不利益處分原狀回復 등 要求處分取消
		이병희	解任處分取消決定取消
298	9.19	崔峰碩	職務履行命令取消
		文俊弼	還買代金增減
299	10.17	朴均省	行政判例 30年의 回顧와 展望: 행정법총론 I
		金重權	行政判例의 回顧와 展望-행정절차, 정보공개, 행정조사, 행정의 실효성확보의 분야
		洪準亨	行政判例 30年의 回顧와 展望-행정구제법: 한국행정판례의 정체성을 찾아서
300	11.21	康鉉浩	不正當業者制裁處分取消
		李承寧	讓受金
301	12.19	金聲培	美國의 最近 行政判例動向
		吳丞奎	프랑스의 最近 行政判例動向
		桂仁國	獨逸의 最近 行政判例動向
		咸仁善	日本의 最近 行政判例動向
		朴鋭炘	온실가스 배출거래권 제도 도입에 즈음하여
302	15. 1.23	金泰昊	수정명령 취소
		李羲俊	손해배상(기)
303	2.27	朴玄廷	정비사업조합설립과 토지 또는 건축물을 소유

순번	연월일	발표자	발 표 제 목
			한 국가·지방자치단체의 지위
		李羲俊	건축허가처분취소
304	3.20	俞珍式	공공감사법의 재심의신청과 행정심판에 관한 제소기간의 특례
		金世鉉	명의신탁과 양도소득세의 납세의무자
305	4.17	朴均省	노동조합설립신고반려처분취소
		金海磨中	국세부과취소
306	5.15	崔峰碩	직무이행명령취소청구
		박준희	지역균형개발 및 지방중소기업 육성에 관한 법률 제16조 제1항 제4호 등 위헌소원
307	6.19	裵柄皓	인신보호법 제2조 제1항 위헌확인
		金東柱	생태자연도등급조정처분무효확인
		裵柄皓	인신보호법 제2조 제1항 위헌확인
		김동주	생태자연도등급조정처분무효확인
308	8.29		牧村 金道昶 박사 10주기 기념 학술대회
309	9.18	崔桂暎	정보비공개결정처분취소
		정지영	부당이득금반환
310	10.16	鄭夏明	예방접종으로 인한 장애인정거부처분취소
		郭相鉉	급여제한및 환수처분취소
311		鄭鎬庚	독립유공자서훈취소결정무효확인등
		김혜성	직위해제처분취소
312		金聲培	최근(2014/2015) 미국 행정판례의 동향 및 분석 연구
		咸仁善	일본의 최근(2014) 행정판례의 동향 및 분석
		吳丞奎	2014년 프랑스 행정판례의 동향 연구
		桂仁國	국가의 종교적·윤리적 중립성과 윤리과목

순번	연월일	발표자	발 표 제 목
			편성 요구권
		金海龍	행정재판과 법치주의 확립
313	1.22	金泰昊	주민소송(부당이득 반환)
		朴淵昱	건축협의취소처분취소
314	2.26	李熙貞	보상금환수처분취소
		李羲俊	변상금부과처분취소
315	3.18	成重卓	영업시간제한등처분취소
		임지영	조정반지정거부처분
316	4.15	裵柄皓	하천공사시행계획취소청구
		李用雨	세무조사결정행정처분취소
317	5.20	金南澈	과징금납부명령등취소청구의소
		李煌熙	홍▽군과 태△군 등 간의 권한쟁의
318	6.11	金重權	환경기술개발사업중단처분취소
		崔瑨修	관리처분계획안에대한총회결의효력정지가처분
		강주영	시설개수명령처분취소
		角松生史	일본 행정소송법개정의 성과와 한계

行政判例研究 I~ XXI-1 總目次

行政判例研究 I ~ XXI-1 總目次

[第 I 卷]

I. 行政上立法

II. 行政裁量

III. 行政行爲의 附款

IV. 行政行爲의 取消

V. 行政節次

Ⅵ. 行政計劃

Ⅶ. 行政訴訟의 對象

Ⅷ. 行政訴訟에 있어서의 訴의 利益

Ⅸ. 行政訴訟의 執行停止

Ⅹ. 行政權限의 委任

Ⅺ. 公務員法

Ⅻ. 營造物法

ⅩⅢ. **知的所有權 · 遺傳工學**

ⅩⅣ. **租 稅**

ⅩⅤ. **違憲審査**

[第 II 卷]

Ⅰ. **個人的 公權**

Ⅱ. **行政上立法**

Ⅲ. **行政行爲**

[第 Ⅲ 卷]

[第 Ⅳ 卷]

Ⅰ. 行政行爲

Ⅱ. 行政計劃

Ⅲ. 行政節次

Ⅳ. 行政爭訟 一般

Ⅴ. 行政訴訟의 對象과 權利保護 必要性

[第 V 卷]

Ⅱ. 行政行爲

Ⅲ. 行政計劃

Ⅳ. 行政節次

Ⅴ. 行政訴訟

Ⅵ. 損害塡補

Ⅲ. 行政訴訟

Ⅳ. 給付行政 · 環境行政

Ⅴ. 租 稅

Ⅵ. 外國判例硏究

[第 Ⅶ 卷]

Ⅰ. 行政行爲

Ⅱ. 行政行爲

Ⅲ. 行政節次

Ⅳ. 行政上 損害塡補

Ⅴ. 行政訴訟

Ⅵ. 建築行政法

Ⅶ. 環境行政法

Ⅷ. 文化行政法

Ⅸ. 外國行政法判例研究

[第 Ⅷ 卷]

Ⅰ. 行政立法

Ⅱ. 行政行爲

Ⅲ. 情報公開

[第 Ⅸ 卷]

Ⅰ. 行政行爲

Ⅱ. 行政節次

Ⅲ. 行政訴訟

Ⅳ. 地方自治法

Ⅴ. 租稅行政法

Ⅵ. 최근 行政訴訟判決의 主要動向

[第 X 卷]

Ⅰ. 行政立法

Ⅱ. 行政行爲

Ⅲ. 行政節次

Ⅳ. 行政上 損害塡補

Ⅴ. 行政訴訟

Ⅵ. 租稅行政法

[第XI 卷]

Ⅰ. 韓國行政判例研究會 200회 特輯 紀念論文

Ⅱ. 行政行爲

Ⅲ. 行政의 實效性確保手段

Ⅳ. 行政訴訟

Ⅴ. 地方自治法

VI. 建築行政法

[第XII卷]

I. 韓法令補充的 性格의 行政規則의 整備方案
— 法制處·韓國行政判例研究會 官學協同 Workshop —

II. 行政立法

III. 行政訴訟法

Ⅳ. 經濟行政法

Ⅴ. 租稅行政法

[第 XIII 卷]

Ⅰ. 行政立法

Ⅱ. 行政行爲

Ⅲ. 行政計劃

Ⅳ. 行政節次法

Ⅴ. 行政上 損害塡補

[第XIV卷]

Ⅳ. 行政의 實效性確保手段

Ⅴ. 行政上 損害塡補

Ⅵ. 行政訴訟法

Ⅶ. 公物·營造物法

Ⅷ. 外國判例 및 外國法制 硏究

[第ⅩⅣ-2卷]

Ⅰ. 行政法의 基本原理

[第XV-2卷]

Ⅰ. 認·許可 擬制 制度의 效果와 立法의 方向

Ⅱ. 行政立法

Ⅲ. 行政行爲

Ⅳ. 行政訴訟

Ⅴ. 地方自治法

Ⅵ. 外國判例 및 外國法制 研究

[第 XVI-1卷]

Ⅰ. 行政法의 基本原理

Ⅱ. 行政立法

Ⅲ. 行政行爲

Ⅳ. 損害塡補

Ⅴ. 地方自治法

Ⅵ. 租稅行政法

[第XVI-2卷]

Ⅰ.行政行爲의 瑕疵

Ⅱ. 行政訴訟一般

Ⅲ. 行政訴訟의 類型

Ⅳ. 經濟行政法

Ⅴ. 外國判例 및 外國法制 研究

[第XVII-1卷]

Ⅰ. 行政行爲의 附款

Ⅱ. 行政計劃

Ⅲ. 行政의 實效性 確保手段

Ⅳ. 取消訴訟의 對象

Ⅴ. 行政訴訟의 類型

Ⅵ. 地方自治法

Ⅶ. 經濟行政法

Ⅷ. 租稅行政法

[第 XVII -2卷]

Ⅰ. 行政行爲의 槪念과 種類

Ⅱ. 行政節次 및 情報公開

Ⅲ. 損害塡補

Ⅳ. 秩序行政法

Ⅴ. 經濟行政法

Ⅵ. 勞動行政法

Ⅶ. 外國判例 및 外國法制 研究

[第 XVIII -1卷]

Ⅰ. 行政行爲의 瑕疵

Ⅱ. 行政節次 및 情報公開

Ⅲ. 取消訴訟의 對象

[第 XVIII -2卷]

Ⅴ. 損害塡補

Ⅵ. 建築行政法

Ⅶ. 環境行政法

Ⅷ. 外國判例 및 外國法制研究

[第XIX-1卷]

Ⅰ. 行政行爲의 瑕疵

Ⅱ. 行政節次 및 情報公開

[第XX-2卷]

Ⅰ. 行政法의 基本原理

Ⅱ. 行政節次 및 情報公開

Ⅲ. 行政爭訟一般

Ⅳ. 損害塡補

Ⅴ. 建築行政法

Ⅵ. 憲法裁判

Ⅶ. 外國判例 및 外國法制 硏究

[第XXI-1卷]

Ⅰ. 行政行爲의 槪念과 種類

Ⅱ. 損害塡補

Ⅲ. 地方自治法

Ⅳ. 經濟行政法

Ⅴ. 外國判例 및 外國法制硏究

Ⅵ. [특별기고] 行政法硏究資料

主題別 總目次(行政判例研究 Ⅰ~ⅩⅪ-1)

行政法의 基本原理

個人的 公權

行政立法

行政行爲의 槪念과 種類

行政行爲의 附款

行政行爲의 效力

行政行爲의 瑕疵

行政行爲의 職權取消·撤回

行政計劃

行政節次 및 情報公開

行政의 實效性確保手段

行政爭訟一般

取消訴訟의 對象

行政訴訟에 있어서의 訴의 利益

行政訴訟의 審理

行政訴訟과 假救濟

行政訴訟의 類型

損害塡補

行政組織法

公務員法

地方自治法

秩序行政法

公物·營造物法

環境行政法

助成行政法

經濟行政法

租稅行政法

建築行政法

土地行政法

敎育行政法

文化行政法

勞動行政法

憲法裁判

外國判例 및 外國法制 研究

行政訴訟判決의 主要動向

紀念論文

[特別寄稿] 行政法研究資料

研究判例 總目次
(行政判例研究 Ⅰ~ⅩⅩⅠ-1)

〔대 법 원〕

[EU판례]

[독일판례]

[프랑스판례]

[미국판례]

[일본판례]

号, 35면. XIX-2-281

최고재판소 平成25(2013).4.16. 平24(行ヒ)第245号, 122면. XIX-2-281

최고재판소 平成25(2013).7.12. 平成24年(行ヒ) 第156号, 判例タイムズ 1396号, 2014.3, 147면. XIX-2-281

최고재판소 平成25(2013).11.20. 平成25年(行ツ) 第209号, 第210号, 第211号, 判例タイムズ 1396号, 2014.3, 122면. XIX-2-281

최고재판소 第一小法廷 平成25(2013).3.21. 平成22年(行ヒ)第242号, 民集 67巻3号, 438면, 判例タイムズ 第1391号, 2013.10, 113면. XIX-2-281

최고재판소 第一小法廷 平成25(2013).3.21. 平成23年(行ツ) 第406号, 民集67巻3号, 375면. XIX-2-281

최고재판소 第二小法廷 平成26(2014).7.18. 平成24年(行ヒ)第45号, 判例地方自治 386号, 78면. XX-2-311

최고재판소 第一小法廷 平成26(2014).9.25. 平成25年(行ヒ)第35号, 民集68巻7号, 722면. XX-2-311

최고재판소 第二小法廷 平成26(2014).7.14. 平成24年(行ヒ)第33号, 判例タイムズ 1407号, 52면. XX-2-311

최고재판소 第二小法廷 平成26(2014).8.19. 平成26年(行ト)第55号, 判例タイムズ 1406号, 50면. XX-2-311

최고재판소 第一小法廷 平成26(2014).10.9. 平成26年(受)第771号, 判例タイムズ 1408号, 32면. XX-2-311

최고재판소 第一小法廷 平成26(2014).10.9. 平成23年(受)第2455号, 判例タイムズ 1408号, 44면. XX-2-311

최고재판소 第三小法廷 平成26(2014).5.27. 平成24年(オ)第888号, 判例タイムズ 1405号, 83면. XX-2-311

行政判例研究 XXI-1

2016년 6월 25일 초판인쇄
2016년 6월 30일 초판발행

편저자 사단법인 한국행정판례연구회
대 표 정 하 중

발행인 안 종 만

발행처 (주) 박영사

서울특별시 종로구 새문안로3길 36, 1601
전화 (733) 6771 FAX (736) 4818

등록 1959. 3. 11. 제300-1959-1호(倫)

www.pybook.co.kr e-mail: pys@pybook.co.kr

정 가 43,000원

ISBN 979-11-303-2919-2
ISBN 978-89-6454-600-0(세트)
ISSN 1599-7413 27